HISTOIRE

DE LA VIE ET DU CULTE

DE

SAINTE MARTHE

HOTESSE DE NOTRE-SEIGNEUR JÉSUS-CHRIST

PATRONNE DU DIOCÈSE D'AVIGNON

ET DE LA VILLE DE TARASCON

SUIVIE D'UNE NOTICE HISTORIQUE SUR CETTE DERNIÈRE VILLE

PAR

M. L'ABBÉ JOSEPH VÉRAN

CHANOINE HONORAIRE D'AIX.

AVIGNON

SEGUIN AINÉ, IMPRIMEUR-LIBRAIRE
rue Bouquerie, 13.

1868

Tous droits de reproduction et de traduction réservés.

HISTOIRE

DE LA VIE ET DU CULTE

DE

SAINTE MARTHE

PROPRIÉTÉ.

FRONTISPICE

Ste MARTHE TRIOMPHANT DE LA TARASQUE

Lith. Legier-Tornery, r Bonneterie, 14 Avignon.

HISTOIRE

DE LA VIE ET DU CULTE

DE

SAINTE MARTHE

HOTESSE DE NOTRE-SEIGNEUR JÉSUS-CHRIST

PATRONNE DU DIOCÈSE D'AVIGNON

ET DE LA VILLE DE TARASCON

SUIVIE D'UNE NOTICE HISTORIQUE SUR CETTE DERNIÈRE VILLE

PAR

M. L'Abbé Joseph VÉRAN

CHANOINE HONORAIRE D'AIX.

AVIGNON

SEGUIN AINÉ, IMPRIMEUR-LIBRAIRE
rue Bouquerie, 13.

1868

Tous droits de reproduction et de traduction réservés.

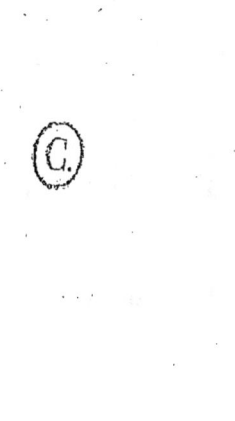

A

MONSEIGNEUR

GEORGES-CLAUDE-LOUIS-PIE

CHALANDON,

ARCHEVÊQUE D'AIX, D'ARLES ET D'EMBRUN.

Hommage de dévoûment sacerdotal
et d'affectueux respect,

J^h. VÉRAN, Chanoine honoraire.

APPROBATION

DE MONSEIGNEUR L'ARCHEVÊQUE D'AIX.

Georges-Claude-Louis-Pie CHALANDON, par la miséricorde de Dieu et la grâce du St-Siége Apostolique, Archevêque d'Aix, d'Arles et d'Embrun :

M. l'abbé Véran, chanoine-honoraire de notre Métropole et aumônier de l'hospice de la Charité de Tarascon, nous ayant présenté un volume composé par lui sous le titre d'*Histoire de la vie et du culte de Sainte Marthe*, nous l'avons lu avec intérêt et édification et en autorisons la publication.

Nous souhaitons qu'il contribue à affermir de plus en plus nos pieuses traditions de Provence et à propager la dévotion à la sainte Hôtesse de Notre-Seigneur, Patronne de Tarascon et protectrice de notre diocèse.

Donné à Aix, sous notre seing, le sceau de nos armes et le contre-seing du secrétaire de notre Archevêché, le 23 décembre 1867.

† GEORGES, *Archevêque d'Aix.*

Par Mandement,

Guillibert, *Pro-Secrétaire.*

TABLE DES MATIÈRES.

Dédicace. Page v
Approbation de Mgr l'Archevêque d'Aix. vij

AVANT-PROPOS
ET OBSERVATIONS PRÉLIMINAIRES.

État de la question. — La tradition provençale universellement acceptée sans contradiction jusqu'au XVIIe siècle. — Elle est combattue alors pour la première fois par quelques critiques, notamment par Launoy, quoique toujours respectée par l'Église Romaine et défendue par de très-graves auteurs. — Discrédit général où elle tombe, à cette époque, et où elle était restée depuis. — Réaction en faveur de cette tradition, produite principalement par la publication des *Monuments inédits de l'Apostolat des Saints tutélaires de la Provence*. — Aperçu sommaire de cet ouvrage. — Les monuments *écrits*, les monuments *lapidaires*, l'argument de prescription, la preuve traditionnelle. — Idée générale du présent écrit, son plan, sa division, son but. 1

PREMIÈRE PARTIE.
PRÉCIS HISTORIQUE DE LA VIE DE SAINTE MARTHE.

CHAPITRE PREMIER.

État religieux et politique de la nation juive au temps de Sainte Marthe. — Attente du Messie, fondement et but final de tout le culte judaïque. — Cette attente, très-prochaine au temps dont nous parlons. — Sectes diverses parmi les Juifs. — Avénement du Messie dans la personne de Notre-Seigneur. — Il est annoncé et montré au peuple par son Précurseur. — Il se manifeste lui-même par son caractère, ses discours et ses œuvres. — Il devient un signe de contradiction. — Il est méconnu par le plus grand nombre. — Il est révélé à quelques-uns de sa nation. 64

CHAPITRE II.

Le pays de Sainte Marthe. — Sa naissance. — Sa famille. — Sa condition. — Son éducation. 83

CHAPITRE III.

Marthe perd sa mère. — Elle est chargée seule du soin de sa famille et du gouvernement de sa maison. — Les égarements de Madeleine. — Douleur et affliction de Marthe. 92

CHAPITRE IV.

La vie publique de Notre-Seigneur. — Première rencontre de Marthe avec le Fils de Dieu. — Elle reconnaît en lui le Messie attendu. — Elle engage et décide sa sœur à venir l'entendre. — Conversion de Madeleine. 102

CHAPITRE V.

Relations de Notre-Seigneur avec Sainte Marthe et sa famille. — Hospitalité qu'il reçoit à Béthanie. — Conflit entre Madeleine et sa sœur. — Plaintes de Sainte Marthe. — Réponse du Sauveur. — La vie active et la vie contemplative. 111

CHAPITRE VI.

La maladie, — la mort, — et la résurrection de Lazare. 123

CHAPITRE VII.

Conduite de Sainte Marthe pendant la Passion de Jésus-Christ.

— Après son Ascension, elle s'attache et se dévoue à la personne de la Très-Sainte Vierge. — Descente du Saint-Esprit, le jour de la Pentecôte. — Part de Sainte Marthe dans la distribution de ses dons. — Commencement de l'Église chrétienne. — Beaux exemples qu'y donne Sainte Marthe. 132

CHAPITRE VIII.

Des caractères de l'enseignement et de la prédication évangéliques. — De l'ordre à suivre dans leur diffusion — De la persécution suscitée contre les premiers disciples, et de leur dispersion lors de la lapidation de Saint Étienne. — De l'opinion de ceux qui indiquent cette époque comme celle de l'arrivée en Provence de nos saints Patrons. 143

CHAPITRE IX.

De la prédication de l'Évangile dans le monde païen, — particulièrement dans les Gaules et dans la Provence. 157

CHAPITRE X.

Prédication de Sainte Marthe à Tarascon et à Avignon; ses miracles. — Elle ressuscite un mort; — elle extermine un monstre appelé depuis la *Tarasque*. — L'extermination de la *Tarasque* n'est pas un fait allégorique, c'est le récit d'un événement réel. 176

CHAPITRE XI.

Fruits de la prédication de Sainte Marthe à Avignon et à Tarascon. — Elle fonde une église dans chacune de ces deux villes. — Ses travaux et ses courses évangéliques. — Elle établit à Tarascon une société de vierges qu'elle s'applique à former à la vertu. 192

CHAPITRE XII.

De la sainteté et des vertus de Sainte Marthe. — Sa charité. — Son zèle. — Son affection pour les pauvres et les misérables. — Sa pénitence. — Sa piété.   204

CHAPITRE XIII.

Sainte Marthe malade. — Sa résignation. — Circonstances merveilleuses qui marquent ses derniers moments. — Sa sœur Madeleine et Notre-Seigneur lui apparaissent. — Elle veut mourir sur la cendre. — Son trépas. — Ses obsèques.   247

SECONDE PARTIE.

HISTOIRE DU CULTE DE SAINTE MARTHE.

CHAPITRE Ier.

Origine du culte rendu à Sainte Marthe. — Miracles qui s'opèrent à son tombeau. — Prodiges d'un genre particulier et connus sous le nom de jugements de Dieu. — Concours des peuples au sépulcre de la Sainte Hôtesse de Jésus-Christ. — De quelques pèlerins célèbres, notamment de Clovis Ier, Saint Louis, François Ier, Louis XIV, Marie-Thérèse de France, fille de Louis XVI.   235

CHAPITRE II.

Les reliques de Sainte Marthe cachées aux approches de l'invasion Sarrasine. — Découverte et élévation qui en fut faite en 1187. — Reprise du pèlerinage au tombeau de la Sainte Hôtesse de Jésus-Christ. — Mesures provoquées par l'Autorité Municipale de Tarascon pour la satisfaction de la piété des pèlerins. — Élévation du chef de Sainte Marthe, sous le roi René *le bon*. — Reconnaissance de ses reliques par un délégué de Mgr. l'Archevêque d'Aix et d'Arles après la réorganisation du culte en 1805. — Autre reconnaissance après les désastres de l'inondation de 1840. — Dons partiels des reliques de Sainte Marthe en faveur de diverses églises. — Défense expresse de rien distraire à l'avenir de ses reliques. — Dérogation faite en dernier lieu à cette défense en faveur de l'église de Sainte-Madeleine à St-Maximin. 250

CHAPITRE III.

De la fête de Sainte Marthe et de sa fixation définitive au 29 juillet, vers la fin du XIIe siècle. — De la manière qu'elle était autrefois et qu'elle est encore célébrée à Tarascon. — De l'office de Sainte Marthe, suivant les anciennes et nouvelles liturgies. — Des divers pays où elle reçoit un culte particulier. 278

CHAPITRE IV.

De l'église de Ste-Marthe à Tarascon. — Date de la construction de ses diverses parties. — L'église primitive ou la crypte. — Autres églises dont il ne reste pas de traces bien sensibles, mais qui ont dû être construites dès les temps les plus anciens, une entre autres par Clovis Ier. — Église romane bâtie à la fin du XIIe siècle et consacrée en 1197. — Église ogivale ou moderne édifiée au commencement du XIVe siècle. — La tour du clocher et le campanile. — Divers personnages qui ont eu leur sépulture dans l'église de Sainte-Marthe. 298

CHAPITRE V.

Du ministère ecclésiastique attaché au service de l'église de Sainte-Marthe. — Par qui ce service a-t-il été rempli après la fondation de cette église et dans les premiers temps qui suivirent? — Le Prieuré de Sainte-Marthe uni à la fin du XIe siècle au Chapitre cathédral d'Avignon. — Ce Prieuré desservi ensuite par les chanoines réguliers du Monastère de Saint-Michel de Frigolet. — Fondation par le roi Louis XI à la fin du XVe siècle d'un Chapitre royal et séculier dans l'église de Sainte-Marthe. — Suppression de ce Chapitre en 1790.   335

CHAPITRE VI.

De la munificence et de la piété des princes et de quelques personnages envers Sainte Marthe. — Les Papes d'Avignon. — Les Comtes de Provence. — Le roi Louis XI. — Mgr de Marinis, Archevêque d'Avignon. — Le Père Chérubin de Noves etc.
368

CHAPITRE VII.

Des grâces particulières et des bienfaits publics obtenus par la protection de Sainte Marthe. — De l'amour et du dévouement du peuple tarasconnais pour sa Patronne.   400

PIÈCES JUSTIFICATIVES.

LES MONUMENTS ÉCRITS.

§. 1. Récit de l'embarquement et du voyage des apôtres de la Provence.   423
§. 2. Les actes du martyre de Saint Alexandre de Brescia.   455

LES MONUMENTS LAPIDAIRES.

Le tombeau antique de Sainte Marthe.   466

APPENDICE.

NOTICE HISTORIQUE SUR LA VILLE DE TARASCON.

§. 1. Origines de la ville de Tarascon. — Sa fondation. — Vestiges de son antiquité. — Sa situation topographique d'autrefois.   479

§. 2. La ville de Tarascon au moyen-âge et dans les temps postérieurs. — Son enceinte murée. — Ses portes. — Ses édifices publics et particulièrement le Château. 486

§. 3. Des anciens établissements religieux d'instruction et de bienfaisance dans la ville de Tarascon : les paroisses, les couvents, les chapelles rurales, les lieux de pèlerinage, les hospices etc. 500

§. 4. De l'ancien régime politique et municipal de la ville de Tarascon. 517

§. 5. De quelques institutions particulières de la ville de Tarascon, notamment des jeux et fêtes de la *Tarasque*. 529

§. 6. Des personnages célèbres nés ou ayant vécu à Tarascon : — Les dignitaires ecclésiastiques. — Les illustrations politiques et militaires. — Les théologiens et les auteurs ascétiques. — Les orateurs sacrés. — Les hommes de lettres, troubadours, poëtes, historiens. — Les savants et les médecins illustres. — Le laboureur Henri. 535

FIN DE LA TABLE.

ERRATA.

Page XXXV, *ligne* 18; — Page 300, *ligne* 24 *de la note :* —.
Page 468, *ligne* 21, Guéruzzi — *lisez :* Garucci.
Page XLIX, *ligne* 18, appréhentions — *lisez :* appréhensions.
Page 88, *ligne* 9, ses pages — *lisez :* ces pages.
Page 273, *ligne* 6, Hoxara — *lisez :* Noxara.
Page 288, *ligne* 14, péniiente — *lisez :* pénitente.
Page 301, *ligne* 11, au-dessus — *lisez :* au-dessous.
Page 359, *ligne* 24, en Mont-de-piété — *lisez :* au Mont-de-Piété.
Page 366, *ligne* 4 *de la note*, Mgr Darcimoles — *lisez :* Mgr Chalandon.
Page 481, *ligne* 27, lavaient — *lisez :* l'avaient.
Page 496, *ligne* 25, Thanus — *lisez :* Thuanus.
Page 505, *ligne* 12, Jean — *lisez :* Jacques.

AVANT-PROPOS

ET

OBSERVATIONS PRÉLIMINAIRES.

État de la question. — La tradition provençale universellement acceptée sans contradiction jusqu'au XVIIe siècle. — Elle est combattue alors pour la première fois par quelques critiques, notamment par Launoy, quoique toujours respectée par l'Église Romaine et défendue par de très-graves auteurs. — Discrédit général où elle tombe, à cette époque, et où elle était restée depuis. — Réaction en faveur de cette tradition, produite principalement par la publication des *Monuments inédits de l'Apostolat des Saints tutélaires de la Provence*. — Aperçu sommaire de cet ouvrage. — Les monuments *écrits*, les monuments *lapidaires*, l'argument de prescription, la preuve traditionnelle. — Idée générale du présent écrit, son plan, sa division, son but.

Est-il bien certain que Sainte Marthe, sœur de Saint Lazare ressuscité par le Sauveur, et de l'illustre pénitente Sainte Madeleine, ait honoré de sa présence cette contrée, et qu'elle l'ait sanctifiée par sa prédication? Est-il vrai que le tombeau que l'on vénère dans cette ville, et que ses habitants considèrent, à bon droit, comme son plus riche trésor, renferme

1

ERRATA.

Page xxxv, *ligne* 18 ; — *Page* 300, *ligne* 24 *de la note :* — *Page* 468, *ligne* 21, Guéruzzi — *lisez :* Garucci.

Page xlix, *ligne* 18, appréhentions — *lisez :* appréhensions.

Page 88, *ligne* 9, ses pages — *lisez :* ces pages.

Page 273, *ligne* 6, Hoxara — *lisez :* Noxara.

Page 288, *ligne* 14, péniiente — *lisez :* pénitente.

Page 301, *ligne* 11, au-dessus — *lisez :* au-dessous.

Page 359, *ligne* 24, en Mont-de-piété — *lisez :* au Mont-de-Piété.

Page 366, *ligne* 4 *de la note*, Mgr Darcimoles — *lisez :* Mgr Chalandon.

Page 481, *ligne* 27, lavaient — *lisez :* l'avaient.

Page 496, *ligne* 25, Thanus — *lisez :* Thuanus.

Page 505, *ligne* 12, Jean — *lisez :* Jacques.

AVANT-PROPOS

ET

OBSERVATIONS PRÉLIMINAIRES.

État de la question. — La tradition provençale universellement acceptée sans contradiction jusqu'au XVIIe siècle. — Elle est combattue alors pour la première fois par quelques critiques, notamment par Launoy, quoique toujours respectée par l'Église Romaine et défendue par de très-graves auteurs. — Discrédit général où elle tombe, à cette époque, et où elle était restée depuis. — Réaction en faveur de cette tradition, produite principalement par la publication des *Monuments inédits de l'Apostolat des Saints tutélaires de la Provence.* — Aperçu sommaire de cet ouvrage. — Les monuments *écrits*, les monuments *lapidaires*, l'argument de prescription, la preuve traditionnelle. — Idée générale du présent écrit, son plan, sa division, son but.

Est-il bien certain que Sainte Marthe, sœur de Saint Lazare ressuscité par le Sauveur, et de l'illustre pénitente Sainte Madeleine, ait honoré de sa présence cette contrée, et qu'elle l'ait sanctifiée par sa prédication? Est-il vrai que le tombeau que l'on vénère dans cette ville, et que ses habitants considèrent, à bon droit, comme son plus riche trésor, renferme réellement les restes précieux de la sainte hôtesse de Jésus-Christ? Cette croyance, appuyée dans ce pays par la foi de tant de siècles, repose-t-elle sur de solides fondements; ou bien, faut-il la ranger au nombre de ces légendes (1) dont aucun monument ne garantit l'authenticité, et ne doivent leur crédit qu'à l'ignorance ou à la crédulité des âges antérieurs?

Telle est la première question qui, d'elle-même, se posera dans l'esprit du lecteur, et dont la solution décidera du sort de cet ouvrage.

Jusqu'au milieu du XVIIe siècle, cette question

---

(1) Les récits légendaires ne méritent pas toujours le mépris absolu dont ils sont généralement l'objet. Alors même qu'ils eussent été embellis ou poëtisés par l'imagination des chroniqueurs, quand ils se lient à une tradition ancienne et constante, il est difficile de croire qu'ils ne renferment point un fonds de vérité qui aura servi de thème à ces amplifications. La critique, si elle est raisonnable, doit alors se borner à dégager l'élément historique des superfétations légendaires; car ces superfétations elles-mêmes doivent être à ses yeux l'indice à peu près certain d'un fait réel qui aura été comme leur point de départ; elle tomberait dans un excès blâmable, et s'exposerait à outre-passer son but, si elle allait au-delà.

Cette observation n'est pas d'ailleurs présentée ici comme une sorte de circonstance atténuante au profit de nos traditions; car l'histoire de Sainte Marthe se distingue essentiellement, ainsi qu'on le verra, des récits purement légendaires : elle repose sur des titres et sur des monuments authentiques.

n'avait été l'objet d'aucun doute, ou excité, du moins, aucune controverse. A cette époque, elle fut soulevée, pour la première fois, par un auteur célèbre autant par la singularité de ses opinions, que par son entêtement à les soutenir. En 1641, le docteur Launoy (1) s'avisa d'entreprendre contre la tradition

(1) Jean de Launoy né à Walderic, près de Valognes, en Normandie, en 1603, fut reçu docteur de Sorbonne en 1634. Plus tard, il se vit exclure de cette compagnie, à cause de son opiniâtreté à soutenir les doctrines condamnées de l'École Janséniste. S'il n'a pas été l'écrivain le plus exact de son époque, il en a été l'un des plus féconds. Dans la liste très-longue de ses ouvrages, se distinguent deux dissertations en latin contre la tradition provençale. On doit ajouter que vingt-neuf de ses ouvrages furent censurés à Rome et mis à l'*Index*. Launoy eut le malheur plus grand encore d'encourir, de la part du Pape Benoit XIV, le reproche public et mérité d'avoir *menti impudemment*, en falsifiant à dessein un décret du Concile de Trente.

Ce n'est pas seulement à nos traditions locales que Launoy se déclarait hostile. Il avait pris à tâche de discréditer toutes les croyances du même genre consacrées par la foi des peuples. Cette espèce d'acharnement l'avait rendu véritablement redoutable, à ce point que l'un des curés de Paris se plaisait à dire : « Je lui fais toujours de profondes révérences, dans la « crainte qu'il ne m'ôte mon Saint Roch. » Et le président de Lamoignon l'ayant un jour supplié d'épargner Saint Yon, patron de l'un de ses villages : « Comment pourrais-je lui faire « du mal, répondit le malin docteur, puisque je ne le con- « nais pas. »

de nos Églises une espèce de croisade. Il essaya de prouver que jamais Sainte Marthe n'avait paru à Tarascon ; ni Saint Lazare, à Marseille ; ni Saint Maximin à Aix ; ni Sainte Madeleine, dans le lieu réputé jusqu'alors comme ayant été le théâtre de sa pénitence.

Toutefois cette opinion étrange, se produisant pour la première fois, rencontra d'assez nombreuses et puissantes contradictions. Le cardinal Baronius, le P. Sollier, l'un des célèbres agiographes connus sous le nom de *Bollandistes*, les PP. Lequien, Pagi et Noël-Alexandre, tous personnages dont l'autorité scientifique balançait au moins celle de Launoy, parurent au premier rang de ceux qui repoussèrent ses prétentions. Bien plus, le premier et le plus docte d'entr'eux, chargé par le Souverain Pontife de la correction du Martyrologe, y avait expressément confirmé les traditions de Provence. Ce travail de révision, justifié par des annotations savantes, fut sanctionné plus tard par l'autorité de Benoît XIV, et le Martyrologe, rédigé suivant les indications de l'éminent cardinal, adopté comme celui de l'Église Romaine.

Déjà, du reste, et depuis longtemps, les Souverains Pontifes, prédécesseurs de ce grand Pape, s'étaient montrés favorables à nos traditions ; puisque, lorsqu'il avait été procédé sous leurs auspices, et d'après leurs ordres, à la réforme du Bréviaire, ils avaient voulu que, dans l'Office propre de Sainte Marthe, il fût fait mention expresse de cette circonstance, que *son corps est, à Tarascon, l'objet d'une grande vénération.*

Il fut donc extrêmement regrettable, après cet exemple et cette leçon donnés par l'Église Mère et Maîtresse, de voir quelques Églises particulières introduire dans leurs liturgies, jusqu'à ce moment conformes, sur ce point, à celle de Rome, des modifications en harmonie avec les idées de Launoy, et n'ayant guères d'autre garantie que celle de son nom.

Mais ce qui le fut bien plus encore, c'est que le pays, qui, plus qu'aucun autre au monde, aurait dû opposer à l'invasion de ces idées une résistance invincible, les accueillit, au contraire, avec une aveugle et bien malheureuse docilité. Le livre de Launoy fut, il est vrai, dès son apparition, censuré d'abord par l'Université d'Aix, puis condamné par le Parlement, comme impie, scandaleux, subversif de la foi des peuples. Quelques voix généreuses (1) s'élevèrent pour le combattre. Mais ces protestations, dont quel-

(1) Le P. Guesnay, jésuite, auteur du *Magdalena Massiliensis advena*; — Honoré Bouche, qui composa la *Défense de la foi de Provence.*

ques-unes eurent le tort d'être formulées d'une façon mal habile, furent étouffées bientôt par les clameurs bien mieux accentuées du parti contraire, devenu tout puissant par l'influence odieusement dominatrice qu'exerçait dès lors sur les esprits l'opinion accréditée dans la capitale. Si la piété des fidèles n'en fut point affaiblie, ni leurs convictions ébranlées, dans le monde lettré, la séduction fut presque générale. Malgré les censures de l'Université et les arrêts du Parlement, les affirmations si téméraires du novateur obtinrent chaque jour plus de créance ; et depuis, elles n'ont cessé, presque jusqu'à ces derniers temps, de trouver des approbations dans la plupart des chroniques (1) écrites par des auteurs provençaux ; et, chose bien plus étrange, de rencontrer des échos jusque dans les chaires de notre Faculté de théologie (2).

Tel fut même, à ce sujet, l'égarement de l'opi-

---

(1) Entr'autres, la Statistique du département des Bouches-du-Rhône, recueil très-précieux pour les renseignements qu'il renferme, mais laissant quelquefois à désirer, sous le rapport de l'exactitude. Nos traditions y sont sans façon et sans scrupule reléguées au rang des mythes.

(2) Il est à peine besoin de faire remarquer que cette observation ne saurait s'appliquer à notre faculté de théologie actuelle, où la science ecclésiastique est interprétée avec tant de savoir et de distinction par des professeurs éminents.

nion, qu'il se traduisit, dans les premières années de ce siècle, par un acte à jamais déplorable, et que l'on ne doit pas craindre de taxer trop sévèrement en le qualifiant de vandalisme.

Il existait dans l'un des bas-côtés de la Métropole d'Aix, désigné sous le nom de *Corpus Domini*, un édicule dont la foi des peuples avait, de temps immémorial, attribué la construction à Saint Maximin, premier évêque de cette ville, et que l'on appelait *l'oratoire de Saint-Sauveur*. En 1808, ce monument fut rasé jusqu'au sol (1) : et une inscription, que l'on peut lire encore, constata que l'on avait cru devoir le détruire, parce que, bien qu'il fût depuis longtemps l'objet de la vénération publique, il ne présentait pas un type d'antiquité démontré suffisamment, et que d'ailleurs il nuisait à l'harmonie des lignes de cette

(1) Si cette œuvre de destruction était à refaire, il est permis de penser que l'on hésiterait avant de l'accomplir, et surtout que l'on n'essayerait pas de la justifier par les motifs énoncés en l'inscription de 1808. On peut voir, du reste, dans l'ouvrage de M. Faillon, les raisons de haute convenance qui, à défaut de toute autre considération, auraient dû protéger ce monument contre le marteau des démolisseurs, et devraient même engager, s'il se pouvait, à le reconstruire. On trouve dans le même auteur de très-curieux détails sur *l'oratoire de Saint-Sauveur* et la construction de la Métropole à Aix. — Voyez les *Monuments inédits*, tom 1er p. 502 et suiv.

partie de l'édifice, où il obstruait également le passage.

Telles étaient, sur le sujet qui nous occupe, les dispositions des esprits, quand un enfant de la Provence, subjugué, en quelque sorte, par l'inspiration de sa piété et de son patriotisme, s'imposa à lui-même la tâche de dégager la vérité des ombres répandues autour d'elle par une critique malveillante et audacieuse.

Nul peut-être n'était, au même degré, doué des aptitudes nécessaires au succès de ce dessein. Passionné, presque dès ses plus jeunes ans, pour les études archéologiques, nourri d'une lecture immense, versé surtout profondément dans la connaissance des écrivains ecclésiastiques ; esprit d'ailleurs calme et pénétrant, autant que judicieux, il se voua à ce labeur, et le poursuivit pendant vingt années avec un courage qui méritait sa récompense. Elle vint. Après de si patientes études, de si longues investigations, la vérité apparut enfin radieuse, éclatante, comme la lumière du jour ; et, dès ce moment, nos traditions religieuses reconquirent, pour ne plus la perdre désormais, leur place parmi les faits de l'histoire les plus rigoureusement démontrés.

L'auteur de ce merveilleux travail en publia les

résultats dans l'année 1847, sous le titre de *Monuments inédits sur l'apostolat de Sainte Madeleine en Provence, et sur les autres apôtres de cette contrée.* Cet ouvrage, véritable prodige d'érudition, produisit, dès qu'il fut connu, une sensation immense. Partout il fut accueilli avec un sentiment d'admiration; et à Rome, où il devait surtout rencontrer des appréciateurs compétents, on n'hésita pas à le proclamer « l'ouvrage le plus rempli de science que l'on « eût écrit depuis deux siècles en matière de criti- « que sacrée et d'histoire ecclésiastique (1). » Il n'est pas, en effet, de manuscrits perdus dans les limbes des bibliothèques savantes que le docte et patient auteur ne fût parvenu à découvrir et dont il n'eût dévoilé les énigmes; pas un texte obscur ou contesté dont il n'eût invariablement déterminé le sens; pas une charte ancienne qu'il n'eût vérifiée, et dont il n'eût certifié la date; pas un coin de terre sur toute la surface de nos contrées méridionales qu'il n'eût

(1) *Osservatore Romano.* Depuis la publication de son ouvrage, M. l'abbé Faillon a découvert dans les collections si précieuses de la Ville Éternelle, où il a résidé plusieurs années, de nouveaux documents de la plus haute importance, tous à l'appui et en confirmation de celles qu'ont fait connaître déjà les *Monuments inédits.* Le savant sulpicien dispose en ce moment les éléments de ce nouveau travail.

exploré avec la plus minutieuse attention; pas une pierre surtout de nos monuments religieux qu'il n'eût interrogée, et dont il n'eût obtenu des réponses précises et des témoignages décisifs.

Donner ici une idée, même succincte, de cet incomparable travail, serait chose assez difficile; car il embrasse tant de détails, et des détails d'une nature si diverse, que l'on ne parviendrait pas aisément à les classer dans le cadre d'une analyse.

L'auteur, après avoir, dans une section préliminaire, chef-d'œuvre de discussion, examiné la question autrefois tant débattue de la pluralité des Madeleines, et démontré qu'il n'y en eut qu'une seule, la pécheresse de l'Évangile, aborde son sujet principal.

Il établit que, à juger ce procès seulement par voie d'autorité, nous l'avons gagné incontestablement; car nous avons pour nous l'assentiment unanime et constant de l'Église, depuis son premier âge jusqu'à ce jour.

Au XVII° siècle seulement, pas plus tôt, une contradiction inattendue s'élève et vient rompre ce concert. D'où est-elle venue? Qui en a donné le signal? Un seul homme se présente, le docteur Launoy, lui seul. Car, parmi les autres auteurs qui l'ont suivi, même les plus vantés, tels que Tillemont et Fleury, il n'en est pas un qui ne l'ait cru sur parole et copié servilement; pas un qui ait pris la peine d'y regarder de plus près, de recourir aux sources, de se former enfin sur ce sujet une opinion personnelle et consciencieuse. Tous les autres écrivains, au contraire, contemporains de Launoy, ou venus après lui, qui ont cru devoir soumettre la question soulevée par lui à un examen attentif et contradictoire, loin d'abonder dans son sens, se sont montrés et sont restés convaincus, la plupart, de la vérité de nos traditions. Quelques-uns, se gardant bien de les taxer d'erreur, ont cru devoir suspendre leur jugement, et ont évité de se prononcer.

En sorte que, en réalité et dans ce conflit, nous nous trouvons avec toute l'Église dans un camp; tandis que l'autre n'est réellement défendu que par un seul homme.

Il est donc bien redoutable cet antagoniste, puisque, à lui seul, il représente toute une armée. On va le voir: il nous reproche d'invoquer en faveur de notre cause des témoignages suspects parce qu'ils sont, pense-t-il, d'une date trop récente. Et ceux qu'il allègue lui-même, à l'appui de ses prétentions, sont plus récents encore (1) et bien plus justement sujets à suspicion, car on les voit entachés d'anachronismes évidents et de grossières bévues. Il allègue contre nous le nom et l'autorité de Saint Épiphane : vérification faite, on lui montre que le saint évêque, dans le passage qu'il lui emprunte, ne dit pas un seul mot se rapportant, même indirectement, à la thèse qu'il soutient ; bien plus, qu'à interpréter sa pensée par le contexte et le sens général de l'ouvrage, il en ressort une conclusion tout opposée à celle qu'il prétend en déduire (2).

Il veut que Saint Lazare, l'un de nos Saints tutélaires, ait été évêque en Chypre, qu'il y soit mort, et que, mille ans après, son corps ait été transporté à

---

(1) Les historiens du Bas-empire. — Les éphémérides des Grecs, connues sous le nom de *Grandes Menées* : recueil composé, au plus tôt, au XIe siècle. Entr'autres choses curieuses, on y voit que le César, dont il est parlé dans l'épître de Saint Paul aux Philippiens, ch. IV, v. 22, *Les Saints qui sont de la maison de César vous saluent*, ce César, qui n'était autre que l'empereur Néron, on lit, disons-nous, dans les *Grandes Menées*, que ce César était un Saint, et qu'il devint évêque de Corone. En sorte que, d'après les garants de Launoy, voilà l'empereur Néron transformé en évêque, et, ce qui est mieux encore, en Saint.

(2) Voyez Noël-Alexandre, *Hist. Eccles.* liv. 1er, dissert. 17. page 181 et suiv.

Constantinople. Et les moines Cypriotes qui, mieux que personne, devaient connaître les traditions de leur Église, lui donnent, sur ce point, un démenti formel ; car, ayant été consultés à ce sujet, ils n'ont pas hésité à répondre que, d'après tout ce qui était venu à leur connaissance de l'histoire de ces temps anciens, il était constant à leurs yeux, que ce Saint, après avoir vécu quelque temps en Provence, avec ses sœurs Sainte Marthe et Sainte Madeleine, y était mort, et qu'il y avait été enseveli (1).

Quelle confiance mérite donc un écrivain qui veut établir et défendre à outrance un système étayé sur des bases si fragiles et soutenu par des moyens si décriés?

Il reproche à nos traditions de n'être justifiées par aucun monument antérieur au X° siècle. Il se trompe évidemment, ou il veut tromper, on le verra bientôt. Mais quand cela serait, quelle conséquence serait-il sage de tirer de ce défaut prétendu de monuments? Supposé que, par une cause quelconque, l'histoire d'un peuple ait été perdue jusqu'à une certaine époque, serait-il raisonnable de nier l'existence de ce peuple, et son avénement sur la scène du monde, jusqu'à ce qu'il présentât des annales au-

---

(1) Voyez *Acta Sanct. Bolland.* XXII *Julii. p.* 206.

thentiquement et régulièrement écrites ? Nos Églises de Provence avaient, elles aussi, leurs annales. Elles ont péri presque entièrement dans ce grand cataclysme qui suivit l'invasion des Sarrasins au VIIIe, au IXe et jusques vers le milieu du Xe siècle. Le fait de cette invasion ne saurait être nié ; car il existe des désastres qui l'accompagnèrent, des vestiges que le temps n'a pas effacés encore. Mais, sous prétexte que nos titres de possession nous ont été ravis, est-il juste de nous contester notre possession elle-même ? Nous montrerons bientôt, et par un argument invincible, que cette possession est, à elle seule, le meilleur et le plus incontestable de tous les titres.

Mais, grâces à Dieu, tous n'ont pas été perdus. Il en est quelques-uns, et des plus significatifs, que la Providence a sauvés de la main des barbares, et qui suffisent à prouver surabondamment la vérité de nos traditions.

1° Le premier par sa date, ce sont les actes du martyre de Saint Alexandre de Brescia. Cette pièce, dont nous nous réservons de montrer la valeur dans l'examen et la revue que nous ferons, à la fin de ce volume, de nos titres justificatifs, ne saurait être suspectée d'avoir été composée pour le besoin et en faveur de notre cause. Elle est remarquable surtout par une circonstance décisive au point de vue de nos traditions.

Nous y lisons que Saint Alexandre, né à Brescia d'une famille honorable, et instruit des vérités de la religion chrétienne, vint à Marseille, lorsque l'empereur Claude persécutait les Chrétiens, et qu'il vit dans cette ville le Bienheureux Lazare; que, de là, il se rendit à Aix, auprès du Bienheureux Maximin, et qu'ayant été affermi dans la foi par ses exhortations, enflammé du désir de souffrir pour la cause de Jésus-Christ, il retourna dans sa patrie, où, sous le règne et par les ordres de l'empereur Néron, il fut mis à mort, à cause de son refus de sacrifier aux idoles (1).

Voilà donc un martyr du premier siècle de l'Église qui a vu, à Marseille et à Aix, quelques-uns de nos Saints tutélaires, conversé avec eux, a été affermi par leurs exhortations dans la foi qu'il professait, jusqu'à verser son sang pour elle.

Ainsi tombe, et du premier coup, l'assertion si téméraire de Launoy affirmant que la tradition provençale n'est appuyée sur aucun monument antérieur au Xe siècle.

(1) Voyez *Acta Sanct. Bolland.* tom. v, *August.* p. 777. — Les *Monum. inédits.* Tom. 1er, p. 522 et suiv. où l'auteur discute et établit l'authenticité de ces actes.

2° Il a été tiré, dans ces dernières années, de la bibliothèque de l'Université protestante d'Oxford, un manuscrit depuis assez longtemps connu, mais dont le contenu ne l'était point avant la publication des *Monuments inédits.* Cet ouvrage, qui porte le nom de Raban-Maur, archevêque de Mayence, renferme la vie de Sainte Marthe et de Sainte Madeleine écrite exactement, sauf quelques erreurs de détail, dans le sens de nos traditions. M. Faillon a cru, il a essayé même de démontrer que cette œuvre est bien réellement celle de Raban (1). D'autres, au contraire, ont

(1) Un journal religieux, publié à Avignon, sous le titre de *Revue des bibliothèques paroissiales,* s'est occupé pendant l'année 1866, des traditions provençales. Sans s'y montrer le moins du monde hostile, l'auteur des articles insérés dans cette feuille, M. A. C*** a cru devoir entretenir ses lecteurs des contradictions opposées à l'auteur des *Monuments inédits* par deux écrivains laïques, d'ailleurs très-estimables, MM. Taillart et d'Ozouville, qui attribuent à un autre qu'à Raban la Vie de Sainte Madeleine et soutiennent que cet ouvrage est une production du XIVe, si ce n'est du XVe siècle.

M. C*** ajoutait, ce qui est beaucoup plus grave, il insinuait au moins, que telle était également, sur ce livre, l'opinion exprimée par les nouveaux Bollandistes. L'autorité de ces doctes écrivains est d'un grand poids en des matières de ce genre; mais il est singulièrement à regretter que M. C***, en se faisant, sur un sujet assez délicat de sa nature, l'écho de leur sentiment, ne l'ait pas reproduit avec une suffisante et complète fidélité.

pensé qu'elle ne pouvait lui être attribuée. La divergence des opinions sur ce point importe peu ; il en est un autre bien plus essentiel : c'est celui de sa-

Ces savants hagiographes ne pouvaient, sans doute, laisser passer inaperçues les questions soulevées par l'auteur des *Monuments inédits*. Deux d'entr'eux, les PP. Van-Hecke, et Benjamin Bossüe, les ont, l'un après l'autre, discutées avec la plus sérieuse attention.

Le premier hésite, il est vrai, sur le point de décider si la Vie de Sainte Madeleine est bien réellement l'œuvre de Raban, et ses doutes, ou ses scrupules, comme il les appelle, viennent d'abord de ce qu'entre certains ouvrages qui passent généralement pour être de Raban, notamment le Martyrologe qui porte son nom, et la Vie de Sainte Madeleine, il existe des divergences, et même des contradictions si marquées que, à moins de supposer ce Martyrologe apocryphe ou interpolé, ce que l'on ne doit pas admettre légèrement, il est impossible de reconnaître, dans les deux ouvrages, l'empreinte de la même main. Ces scrupules et ces doutes naissent encore de ce que l'on remarque, dans cette Vie de Sainte Madeleine, des erreurs de géographie et de chronologie si grossières que l'on ne saurait avec justice les imputer à un auteur aussi instruit que l'était Raban.

Mais est-ce à dire, pour cela, que le continuateur de Bollandus considère la Vie de Sainte Madeleine comme une œuvre du XIVe ou du XVe siècle ? Tout au contraire, il s'exprime sur ce sujet, avec une netteté et une précision qui écartent jusqu'à la possibilité d'une méprise.

« Je ne fais *nul* doute, dit-il, d'adopter *pleinement* l'opi-
« nion qui place au IXe siècle l'apparition de ce livre. »

Et après avoir exposé les motifs de son assentiment, il

voir si cet ouvrage, quel qu'en soit l'auteur, a été composé au IXe siècle, soit par Raban lui-même, soit par l'un de ses contemporains. Sur cette question ajoute : « Il devient par là *manifeste* que l'auteur de ce livre « a dû vivre au IXe siècle. Sur cet article, je suis *tout à fait* « de l'avis de M. Faillon. » *Acta Sanct.* 8e vol. Octobre, p. 29.

Or, cet article est essentiel ; et, au point de vue de M. Faillon, il importe peu que ce livre ait été écrit par celui-ci ou par celui-là. Ce qui importe, c'est qu'il l'ait été au IXe siècle, et sur ce point capital, le Jésuite et le Sulpicien sont, comme on le voit, *exactement* du même avis.

Quant au P. Benjamin Bossüe, il ne partage pas, sur ce sujet, les hésitations de son confrère. Il est plus affirmatif, et, pour les mêmes motifs qui viennent d'être exposés, il nie ouvertement que ce livre appartienne à l'auteur dont il porte le nom. Il y a plus, et pour ne rien dissimuler, il va jusqu'à dénier à la plupart des titres *écrits*, produits dans cette cause par M. Faillon, la portée ou la valeur qu'il y attache.

Toutefois, malgré la sévérité excessive, peut-être, de ses critiques, le docte écrivain n'en fait pas moins des aveux qu'il faut ne pas négliger, mais recueillir, au contraire, comme très-significatifs et d'un bien grand prix.

Après avoir longuement et savamment exposé sa thèse, il en donne les conclusions dans les termes que nous traduisons textuellement :

« Afin de résumer en peu de mots, dit-il, une discussion « peut-être trop prolixe, j'estime que les sarcophages et les « autres monuments de ce genre (les monuments lapidaires) « donnent la preuve *certaine* que le culte des SS. Patrons de « la Provence remonte à la *plus haute antiquité* : *Ad sum-« mam antiquitatem*.

capitale, les critiques les plus autorisés, ceux dont les jugements sont acceptés généralement sans contradiction, tels que les modernes continuateurs de

« Je crois encore que le livre récemment publié (le *Manuscrit d'Oxford*) bien qu'il faille l'attribuer à un autre qu'à Raban, *démontre* également qu'au *IXe siècle* la tradition touchant l'apostolat de ces Saints était en pleine vigueur, et que, sur ce point, les assertions contraires de Launoy ne méritent aucune créance. » *Acta Sanct.* Bolland. T. 9 Octob. p. 452.

Ce texte est assez explicite pour n'avoir pas besoin de commentaire. Donc, de l'aveu, et dans la conviction raisonnée des Bollandistes modernes, 1° quel que soit l'auteur de la vie de Sainte Madeleine, il en résulte évidemment qu'au *IXe siècle* nos traditions étaient en *pleine vigueur*, et que les assertions contraires de Launoy sont absolument insoutenables : *Omnino deserenda*. M. Faillon n'a voulu et ne demande pas autre chose.

2° Alors même que nos *Monuments écrits* n'auraient pas la valeur qu'il y attache, ce dont nous sommes loin de convenir, toujours est-il que les *Monuments lapidaires* démontrent clairement que le culte rendu à nos Saints tutélaires remonte à la *plus haute antiquité*.

Mais puisque telle est la conviction du savant jésuite, on peut, ce semble, lui demander comment ce culte aurait pu s'établir dès l'antiquité la *plus reculée*, s'il n'avait eu son fondement et sa raison d'être dans la vérité même de nos faits traditionnels.

3° Il suit encore évidemment de ces explications que l'opposition entre les modernes Bollandistes et l'auteur des *Monuments inédits* n'est ni aussi radicale, ni aussi absolue que le ferait supposer la *Revue des bibliothèques paroissiales*.

Bollandus, sont en parfait accord avec l'auteur des *Monuments inédits*.

Dans leur conviction comme dans la sienne, la Vie de Sainte Marthe et de Sainte Madeleine, trouvée dans la bibliothèque d'Oxfort, est incontestablement, à quelque auteur qu'on veuille l'attribuer, une œuvre du IXe siècle. A leur avis, et dans leur opinion raisonnée, il ne saurait s'élever sur ce point l'ombre même d'un doute. Mais de cette constatation jaillissent des conséquences trop importantes pour que nous négligions de les signaler.

Elle fournit d'abord une réponse directe et péremptoire au défi, si hardiment mais si imprudemment porté par Launoy, de produire en faveur de nos traditions un monument antérieur au Xe siècle, et une réponse encore d'une égale valeur à l'engagement formel contracté par lui de se ranger à notre avis, le jour où on lui montrerait un document, un seul, auquel on peut attribuer une aussi haute origine.

Cette constatation nous donne de plus la preuve qu'au IXe siècle l'arrivée de Sainte Marthe dans ce pays, sa prédication, ses miracles, sa sépulture, le concours des fidèles à son tombeau, les prodiges qui s'y opéraient, étaient des faits notoires et publics;

AVANT-PROPOS. XXI

puisque l'auteur de sa vie, quel qu'il ait été, Raban ou un autre, les donnait pour tels, ce qu'il n'aurait pu, ni osé faire, si, dès cette époque, ces faits n'eussent eu ce caractère de publicité.

Mais voici quelque chose de plus considérable et qui mérite une particulière attention. Il ressort des termes exprès du manuscrit d'Oxfort que ces mêmes faits avaient été originairement, et à une époque bien plus ancienne, consignés dans une autre histoire où l'auteur, quel qu'il soit, de la Vie de Sainte Madeleine, assure en avoir puisé le récit. La vérité de son affirmation a sa garantie dans l'assurance qu'il donne encore de n'avoir entrepris son travail que dans le dessein de rendre à ce récit ancien son intégrité et sa pureté primitives grossièrement altérées (1) par

(1) Au nombre de ces narrations infidèles, auxquelles l'auteur du manuscrit d'Oxfort fait une manifeste allusion, il faut placer en première ligne l'histoire de Sainte Marthe que, dès avant le temps de Raban, un pseudonyme avait supposé avoir été écrite d'abord en hébreu par Marcelle, l'une des suivantes de Sainte Marthe, puis bientôt après, traduite en latin par Syntique, autre compagne de l'hôtesse de Jésus-Christ. Cette Vie de Sainte Marthe dont les Bollandistes ne parlent qu'avec un juste mépris, et qu'ils désignent sous le nom d'*Acta Marcelliana*, était donc décriée, dès le IXe siècle. Mais pour quel motif l'était-elle ? Serait-ce parce qu'elle n'aurait présenté, d'un bout à l'autre, qu'un récit entièrement et absolument

des narrateurs peu scrupuleux ou moins instruits qui l'avaient précédé.

D'où cette conséquence, qui semble rigoureuse, savoir : Que le témoignage si éclatant, rendu au IXe siècle à la notoriété et à la réalité de nos faits traditionnels, n'était pas le premier qui leur a été déféré. Il n'était que l'écho lointain, mais fidèle d'un témoignage équivalent que leur avaient rendu les âges antérieurs. Le manuscrit d'Oxfort, quelle qu'en soit la véritable origine, mais composé incontestablement au IXe siècle, suppose, en effet, ou plutôt, révèle manifestement l'existence d'une autre histoire de Sainte Madeleine d'une date bien plus ancienne, et conforme exactement à nos croyances traditionnelles.

Le savant auteur des *Monuments inédits* croit, avec une grande apparence de raison, avoir retrouvé et remis en lumière cette ancienne vie de l'illustre

romanesque? Nullement; mais plutôt parce que, à des faits vrais, généralement reconnus pour tels, le faussaire avait ajouté des circonstances ridicules et visiblement fabuleuses. C'était précisément afin de rendre à l'histoire de Sainte Marthe et de Sainte Madeleine, défigurée par ces grossières altérations, sa physionomie et ses traits primitifs, que l'auteur du manuscrit d'Oxfort, ayant sous les yeux la relation originale et beaucoup plus ancienne qui lui servait de guide, avait composé sa narration, telle que nous la lisons aujourd'hui.

pénitente. Suivant ses appréciations, elle devrait être rapportée au Ve, ou, au plus tard, au VIe siècle. Mais, se trompât-il sur ce point, il en est un autre qui est acquis au débat et ne saurait être mis en discussion : c'est-à-dire que cette ancienne histoire a existé, qu'elle a précédé, et de beaucoup, celle que l'on a trouvée à Oxfort et lui a servi de modèle et de type ; conséquemment, qu'à une époque bien antérieure au IXe siècle, nos faits traditionnels, tels qu'ils nous ont été transmis, appartenaient déjà au domaine de l'histoire.

Quelle que soit ainsi l'opinion que l'on adopte sur l'attribution faite à Raban du manuscrit d'Oxfort, il n'en reste pas moins établi que la découverte de ce document a été infiniment précieuse au point de vue et dans l'intérêt de la tradition provençale.

3° Une autre, qui ne le fut pas moins, eut lieu en l'année 1279. A cette époque, se fit, en présence de Charles de Salerne, neveu de Saint Louis, et dans la crypte de l'église de St-Maximin, l'élévation des reliques de Sainte Marie Madeleine. Dans cette circonstance, ce prince, obéissant à l'instigation et au pressentiment de sa piété, ordonna qu'il fût fait, dans le sous-sol de cette crypte, des fouilles auxquelles lui-même travailla. Après de longues et de minutieuses recherches, quatre sarcophages antiques (1) apparurent, dans l'un desquels deux inscriptions furent trouvées, l'une sur parchemin renfermée dans un morceau de liége, l'autre sur une tablette de bois enduite en cire, et contenue elle-même dans un globe de la même matière. Cette double découverte fut accompagnée de signes évidemment surnaturels, dont on peut lire les détails dans les procès-verbaux qui en furent dressés et certifiés véritables par des témoins trop nombreux, trop éclairés et trop honorables, pour qu'il soit possible de supposer, de leur part, une supercherie, ou de leur prêter une hallucination.

L'inscription sur parchemin portait textuellement ceci :

« L'an de Notre-Seigneur 710, et le 6 décembre,
« sous le règne d'Odoïn (Eudes), très-bon roi des
« Français, au temps des ravages de la perfide na-
« tion des Sarrasins, le corps de la très-chère et
« très-vénérable Marie Madeleine a été, à cause de

---

(1) Ces quatre tombeaux existent encore dans cette crypte. Ce sont ceux de Sainte Madeleine qui fut inhumée la première ; de Saint Maximin, premier évêque d'Aix ; de Saint Sidoine, son successeur ; des Saints Innocents.

Celui de Sainte Madeleine est en albâtre ; les autres sont en marbre.

« la crainte de cette même perfide nation, transféré
« de son sépulcre d'albâtre dans celui qui est en
« marbre, d'où l'on a retiré celui de Saint Sidoine,
« parce qu'il y est plus caché. »

L'inscription en cire portait ces mots :

« Ici repose le corps de Marie Madeleine. »

Ce fut à la suite de cette découverte, et des prodiges qui l'avaient signalée, que Charles de Salerne résolut de construire (1) en ce lieu même, à l'hon-

(1) Après la découverte des reliques de Sainte Madeleine, et sur le vœu exprimé au Souverain Pontife par Charles de Salerne, l'église de St-Maximin, le couvent y attenant et la Sainte Baume, qui formait l'une de ses dépendances, furent donnés aux religieux de l'Ordre de Saint Dominique qui sont revenus, dans ces derniers temps, les occuper encore. Jusqu'à cette époque, et depuis un temps dont on ne saurait assigner la date, cette église et ses annexes avaient été desservies par des moines Cassianîtes, relevant de l'abbaye de St-Victor de Marseille. Ce furent donc les religieux Cassianites qui, à la fin de l'année 1710, enlevèrent le corps de Sainte Madeleine de son tombeau d'albâtre, et le récelèrent dans celui de Saint Sidoine, pour le mettre à l'abri des profanations dont il était menacé par l'invasion, alors imminente, des Sarrasins.

A ce propos, on se demandera, peut-être, comment des reliques si précieuses, restèrent pendant un temps si long, depuis l'an 710 jusqu'à 1279, soustraites à la vénération, et même à la connaissance des fidèles. Cette question serait assez embarrassante, si l'invasion des Sarrasins en Provence et

neur de Sainte Madeleine, le temple magnifique que l'on y admire encore ; construction commencée par ce prince, et achevée par ses successeurs.

Les deux inscriptions, dont il vient d'être parlé, furent, au moment même où elles devinrent visibles, vérifiées et reconnues authentiques par sept archevêques ou évêques, témoins de cette découverte, savoir : les archevêques d'Arles, d'Aix, de Narbonne, d'Embrun, les évêques de Maguelone, d'Agde, de Glandèves, qui tous y apposèrent leur sceau. Charles de Salerne y joignit le sien, et il voulut que les deux inscriptions, ainsi scellées, fussent envoyées à Rome, et soumises à l'appréciation du Souverain Pontife. Le pape régnant alors, Boniface VIII, s'étant fait

leur domination dans ce pays n'eussent été que transitoires et passagères. Mais on doit se souvenir que ce pays, envahi par ces barbares, fut à leur merci jusques vers le milieu du Xe siècle, et comprendre dès lors que les mêmes causes qui avaient engagé les moines Cassianites à cacher ce trésor, durent les empêcher longtemps de le reproduire. La ville d'Aix, voisine de Saint-Maximin et saccagée dans le même temps, ne commença à se relever elle-même de ses ruines que vers la fin du XIe siècle. Il est même permis de conjecturer que, bien que le souvenir de Ste Madeleine ne se fût jamais entièrement effacé dans l'esprit des peuples de cette contrée, on avait fini, après un laps de temps si long, et en l'absence de toute indication, par ne plus savoir précisément le lieu où ses reliques avaient été déposées.

rendre un compte exact de toute cette affaire, confirma pleinement la sentence des premiers juges ; et, par une bulle en date du 8ᵉ des Ides d'avril, la première année de son pontificat, il déclara juridiquement que le corps de Sainte Madeleine reposait véritablement dans l'église de St-Maximin.

Bien évidemment, c'était sur la foi de l'inscription datée du 6 décembre 710 que le Souverain Pontife donnait cette déclaration, confirmée au surplus et renouvelée expressément par ses successeurs : Benoît XI, Jean XXII, Eugène IV, Innocent VIII, Adrien VI.

Cette inscription rendue ensuite au couvent de Saint Maximin s'y conserva longtemps, et presque jusqu'à nos jours. Des auteurs que l'on ne saurait, sans une criante injustice, accuser d'imposture, tels que Bernard de la Guyonie (1), et beaucoup d'au-

---

C'est probablement à cet oubli ou à cette ignorance qu'il faut attribuer la vogue et la célébrité dont jouit, pendant un certain temps, le pèlerinage de Vézelai dont nous parlerons bientôt.

(1) Bernard de la Guyonie, de l'Ordre des Frères Prêcheurs et évêque de Lodève, est loué par ses contemporains comme un écrivain très-pieux, très-exact, très-véridique. En 1320, il dédia au pape Jean XXII sa chronique des papes et des empereurs. C'est dans cet ouvrage qu'il rend témoignage de l'existence de l'inscription de l'année 710 et des merveilles qui

très, assurent positivement l'avoir tenue dans leurs mains, et lue, mot pour mot comme nous l'avons rapportée. Les commissaires du Parlement de accompagnèrent cette découverte. Ce témoignage est reproduit intégralement et textuellement dans les *Monuments inédits* tom. II. p. 778. Il faut voir dans le même ouvrage, tom. I. p. 867, et suiv., avec quelle puissance de logique le savant critique établit la certitude et la vérité de l'inscription du 6 décembre 710. C'est la fixation, désormais invariable, de cette date qui doit fournir le dernier mot dans la question soulevée et agitée si longtemps à l'occasion du pèlerinage de Vézelai.

Gérard de Roussillon, comte et gouverneur de Provence avait, dans le IX siècle, fondé à Vézelai, en Bourgogne, une abbaye sous l'invocation de Notre-Seigneur et de la très-Sainte Vierge. Il est pleinement avéré que, jusqu'au commencement de XI siècle, les religieux de ce monastère n'avaient jamais eu d'autre patronage, jamais surtout n'avaient songé à se prévaloir de celui de Sainte Madeleine.

A cette époque, et pour la première fois, ils s'avisèrent de se prétendre possesseurs des reliques de l'illustre pénitente. Quelques miracles obtenus, à ce que l'on prétend, par son intercession, accréditèrent bientôt ce bruit, devenu peu à peu la foi commune Afin de la justifier, les religieux de Vézelai, sans donner la date précise, ni citer les témoins de cet événement, publièrent que, pendant les ravages des Sarrasins, Gérard de Roussillon, s'étant rendu en Provence, y aurait, à l'aide de quelques soldats, enlevé furtivement le corps de Sainte Madeleine à Saint-Maximin, et de là, l'aurait transporté en Bourgogne.

Cette opinion obtint d'autant plus de crédit, qu'à cette

Provence délégués à diverses époques, et à des intervalles assez éloignés, en constatèrent plusieurs fois authentiquement l'existence.

époque, ainsi qu'il a été observé déjà, on avait depuis longtemps cessé de montrer et même de connaître le lieu précis de la sépulture de Sainte Madeleine Enfin ce récit fut accepté sans contradiction, et tenu généralement pour véritable.

Mais il faut observer, avant tout, qu'eût-il été vrai, nos traditions n'en auraient pas souffert la moindre atteinte. Ce récit, au contraire, en eût été la pleine confirmation, puisqu'il supposait qu'avant d'être transporté en Bourgogne, le le corps de Sainte Madeleine avait été jusques-là possédé par les Provençaux. Mais ce récit n'était pas vrai : il ne pouvait l'être ; et l'inscription de 710 en montre l'évidente fausseté. Comment ce fondateur de l'abbaye de Vézelai aurait-il pu enlever et transférer en Bourgogne, à l'époque que l'on suppose, le corps de Sainte Madeleine, puisque ni cette abbaye ni même son fondateur n'existaient encore, que déjà depuis longtemps les Cassianites l'avaient retiré de son tombeau d'albâtre et recélé dans celui de Saint Sidoine où il fut retrouvé en 1279 ?

On peut raisonnablement présumer qu'une autre Madeleine se serait, dans le même temps, ou peu auparavant, signalée en Bourgogne par sa sainteté, et que la similitude de nom l'aura fait confondre plus tard, comme cela s'est vu souvent, avec son homonyme de Béthanie.

Quoi qu'il en soit, le conflit qui naquit de cette compétition a depuis longtemps cessé Dès avant l'année 1279, et plus encore après la découverte faite à Saint-Maximin, les pèlerins ne prirent plus généralement le chemin de la

Un document de cette importance, destiné à jeter un si grand jour sur la question de nos traditions, ne pouvait être négligé et passer inaperçu. Il exerça longtemps, au XVIIe siècle, la sagacité des critiques, et devint parmi eux l'objet d'ardentes controverses. Mais après les éclaircissements si lumineux donnés par le P. Pagi; plus encore, après les études si remarquables de l'auteur des *Monuments inédits*, ce point d'histoire doit être considéré comme fixé invariablement.

L'inscription du 6 décembre 710 se réfère certainement à la date qu'elle porte. Les faits qu'elle constate ne sauraient être controuvés; la preuve s'en déduirait même, au besoin, des inexactitudes apparentes que l'on signala d'abord et qui eurent ensuite leur explication : inexactitudes qu'un faussaire, si réellement il y avait eu ici un faussaire, aurait soigneusement évitées. Et comme ces faits se lient eux-

Bourgogne : ils vinrent en Provence y vénérer les reliques de Sainte Madeleine ; enfin, dans l'année 1560, les Calvinistes, excités par Théodore de Bèze, natif lui-même de Vézelai, brûlèrent et jetèrent aux vents les reliques que l'on y vénérait et que depuis longtemps déjà on avait cessé d'attribuer à Ste Madeleine. Ainsi finit cette question, qui ne s'est plus réveillée depuis. — Voyez, à ce sujet, les *Monum. inédits*. tom. I. *p.* 819 et suiv.

mêmes, par une relation intime, avec ceux qui composent l'ensemble de nos traditions, il en résulte que loin d'avoir pris naissance au X° siècle, ainsi que l'a prétendu Launoy, ces traditions étaient vivantes au commencement du VIII°; qu'à cette époque, et depuis longtemps, nos saints protecteurs étaient, dans toute la contrée, l'objet d'un culte spécial, et que l'on croyait fermement y posséder leurs restes vénérés.

4° Mais cette croyance si ancienne se manifeste encore par d'autres indices non moins significatifs. Le grand évêque d'Hippone prononçait, dans l'une de ces discussions doctrinales où son génie se montrait avec tant d'éclat, une parole qui est restée célèbre. Fidèle à cette méthode d'enseignement qu'a toujours suivie l'Église catholique, parce qu'elle est la sauvegarde de sa foi, il soutenait, avec la puissance de sa haute raison, que, suivant l'institution divine, la vérité religieuse ne pouvait arriver jusqu'à nous par une autre voie que par le canal de la tradition. Puis, il établissait, comme une maxime fondamentale que l'enseignement dogmatique traditionnel, ayant son reflet nécessaire dans les pratiques de la liturgie, la règle liturgique doit devenir elle-même la règle de la foi : *Ita ut legem credendi statuat lex supplicandi.*

Ne pouvons-nous point, par une analogie bien légitime et toute naturelle, appliquer cette maxime à la question qui nous occupe ? Mais envisagée à ce point de vue, de quel jour elle s'éclaire ? Quelle multitude de témoignages viennent, quelques-uns des points les plus éloignés, déposer en faveur de nos croyances traditionnelles ? Ce ne sont pas seulement les Églises de la Provence, intéressées, dirait-on, peut-être dans cette cause, que nous pouvons appeler en garantie de ces traditions.

Les anciennes liturgies des Églises de Lyon, d'Autun, du Puy, de Tours, d'Orléans, de Paris, de Reims, d'Auch, de Coutances, de Cologne, leur rendent un témoignage également favorable. Nous ne pouvons mettre ici sous les yeux du lecteur les pièces authentiques justifiant l'unanimité de ce concert. Ces documents si précieux pourront trouver ailleurs leur place (1), et on en a d'autre part, dans les *Monuments inédits* (2), la liste exacte et le dénombrement. Nous nous bornerons à demander à nos contradicteurs qui donc avait appris, et dès un temps déjà bien loin de nous, aux fidèles de ces Églises, dont quelques-unes étaient si distantes de la nôtre et

(1) Voyez le chap. III. de la IIe partie de cet ouvrage.
(2) *Monum. inédits.* tom. II. p. 582 et suiv.

n'avaient avec elle aucune communauté d'origine, ces cantiques sacrés où se reconnaît si visiblement l'empreinte de nos croyances religieuses ? Comment se seraient-elles popularisées à la fois en des pays si divers, au point d'être célébrées dans les cérémonies et au milieu des pompes du culte public, si elles n'avaient eu leur origine incontestée dans la foi des anciens âges ? Ces formules d'invocation que l'on répéterait, sans doute, encore aujourd'hui dans les mêmes lieux, si la critique du XVIIe siècle, si aveugle et si insensée, n'en avait arbitrairement proscrit l'usage, ne peuvent-elles pas dès lors être considérées comme la sincère expression de la foi des temps anciens, et, par une conséquence nécessaire, comme la parfaite justification de la nôtre ?

5° Mais elle a des fondements plus solides, s'il se peut, et des garanties dont il serait plus difficile encore de contester la valeur.

Des récits historiques sont en effet tenus pour certains, lorsqu'ayant été composés d'après le rapport de témoins irréprochables, ils ont été acceptés de temps immémorial par la foi publique. Mais cette certitude devient plus grande encore quand, à côté et en confirmation de ces récits consignés en des pages fugitives, se présente une autre histoire écrite sur le marbre ou sur l'airain, pour servir de garant et comme de caution à la première. Et de fait, il a toujours été dans le génie et les habitudes des peuples, lorsque sont survenus des événements d'une certaine importance, de les constater par des signes propres à en conserver le souvenir, et destinés à en transmettre le fidèle témoignage à la postérité la plus reculée.

Lors donc que l'on éleva, au XVIIe siècle, des doutes sur la vérité de nos traditions, il y avait à examiner sérieusement si, parmi les monuments *lapidaires* qui nous sont restés de ces temps anciens, il ne s'en rencontrerait pas quelques-uns d'où il fût possible de tirer, sur ce sujet, dans un sens ou dans un autre, d'utiles indications. Il est infiniment regrettable, et l'on ne s'explique pas que ce point de vue, d'où pouvaient jaillir des lumières si vives, ait été presque entièrement négligé par les auteurs qui se mêlèrent à cette controverse. Et cet oubli est d'autant plus étonnant, que les premiers biographes de nos saints protecteurs avaient eu soin de nous apprendre, chose singulièrement remarquable ! que, de leur temps, on voyait encore les monuments que la dévotion des peuples avait érigés en leur honneur, et sur lesquels avaient été gravés, à dessein, les traits les plus mémorables de leur vie.

Mais cet aspect de la question ne pouvait échapper à l'auteur des *Monuments inédits*. Il l'a étudié avec un soin, une patience et une pénétration qui donnent à cette partie de son travail l'intérêt le plus saisissant. Les tombeaux existant dans les catacombes de Rome, et dont on connaît la date précise, lui ont servi de point de comparaison. Du rapprochement de nos sarcophages avec ceux des catacombes romaines, de la parfaite ressemblance de leur style et de leur forme, est résultée la preuve évidente que ces divers monuments sont du même âge, et que les quatre tombeaux qui se voient à Saint-Maximin, celui de Sainte Marthe à Tarascon (1), ne sauraient être rapportés à une époque postérieure au IVe siècle, s'ils ne remontent pas plus haut. Telle est, du reste, sur ce point, l'opinion des juges les plus compétens : Aringhi, Millin, Raoul-Rochette, etc. Une circonstance presque providentielle, que nous ne saurions nous empêcher de relater ici, nous a mis un moment en rapport avec l'un de ces hommes (2) qui

(1) Non pas le sarcophage en marbre qui se voit dans la crypte, et où Sainte Marthe est représentée couchée sur un lit de parade, mais celui dont on a fait tirer en fonte le *fac simile* placé sous l'orgue dans l'église haute.

(2) Le P. Gueruzzi, jésuite napolitain, connu déjà par des travaux archéologiques très-appréciés dans le monde savant.

cultivent avec le plus de succès ce genre d'études. Il a vécu longtemps à Rome et en a exploré, dans tous leurs détails, les antiques monuments. Il a parcouru l'Italie, la France, l'Allemagne, beaucoup d'autres pays, en pèlerin de la science, et recueillant, partout où il a pu les rencontrer, les éléments d'un ouvrage monumental sur l'iconographie ancienne dont il prépare la publication. Précisément dans ce but, il venait en ce moment (février 1867) de visiter les quatre tombeaux de Saint-Maximin, et d'étudier celui de Sainte Marthe à Tarascon. Quelle satisfaction a été la nôtre, quand nous l'avons entendu exprimer, avec l'accent d'une conviction parfaite, un jugement tout à fait conforme à celui de l'auteur des *Monuments inédits !* jugement sanctionné, du reste, par celui des Bollandistes modernes assurant, ainsi qu'on l'a vu, que, de l'étude des sarcophages et des autres monuments de ce genre, résulte la preuve certaine que le culte de nos saints protecteurs remonte à l'*antiquité la plus reculée* (1).

Et afin que rien ne manque à cette démonstration, il n'est pas inutile de relever cette circonstance que ces sarcophages laissent voir encore ces figures qui, d'après le rapport des anciens biographes de nos

(1) *Acta Sanctor.* Bolland. *ubi supra.* Tom. 9ᵉ *Octob.* p. 452.

Saints tutélaires, représentaient les traits les plus mémorables de leur vie. Ainsi, sur le tombeau de Sainte Marthe, est reproduite la scène relative à la résurrection de Lazare, et ce qui est plus frappant encore, l'effigie de la *Tarasque* (1) ; non pas telle qu'on la voit à présent, mais toujours sous la forme d'un monstre dont la sainte hôtesse du Sauveur aurait délivré ce pays.

Ajoutons qu'en ce qui touche l'église elle-même de Ste-Marthe, nous avons des données également précises, échelonnées, si on peut le dire, dans une sorte de gradation, et servant aussi de garants à la vérité de nos traditions religieuses.

Il y a eu, en effet, dans ce pays, quatre églises érigées successivement, et à peu près dans le même lieu, à l'honneur et sous le vocable de Sainte Marthe, distinguées les unes des autres par des formes architecturales particulières, se rapportant à des pé-

(1) Les formes données à la *Tarasque* ont varié beaucoup suivant les diverses époques. Celle qu'on lui voit aujourd'hui, si affreuse et si repoussante, est relativement assez récente. Elle paraît remonter seulement au temps du roi René.

D'après les anciens icônes, on est fondé à croire que ce monstre était un crocodile, ou, du moins, un animal de l'espèce des amphibies. C'est l'idée que suggère l'image gravée sur les sceaux de la ville de Tarascon au XIe siècle et au XIIe.

riodes différentes, et dont la première correspond nécessairement à l'antiquité la plus reculée, c'est-à-dire à la naissance même du Christianisme (1).

La dernière, en date, est l'église actuelle construite, dans le systême ogival, au commencement du XIVe siècle; la seconde, l'église romane dont il existe encore des restes considérables, et qui fut édifiée à la fin du XIIe siècle, ainsi que l'atteste une inscription placée à côté du portail latéral; la troisième, dont nous démontrerons, dans la suite de cet écrit, qu'il est impossible de nier l'existence et qui nous ramène à une époque bien antérieure à celle de la construction de l'église romane; la crypte enfin, ou l'édifice primitif, où fut le berceau de la religion dans ce pays au temps de Sainte Marthe, et qui devint le lieu de sa sépulture.

Ainsi, les écritures anciennes, les souvenirs liturgiques, nos monuments religieux sont, de tout point, dans une parfaite concordance. Ces divers genres de preuves s'éclairant, se fortifiant les uns par les autres, forment ensemble un faisceau que vainement on essayerait de rompre : et la tradition provençale, appuyée sur ce triple témoignage, peut hardiment défier

(1) Voyez pour le développement et la preuve de cette assertion, le chap. 4. de la IIe partie de cet ouvrage.

AVANT-PROPOS.   XXXIX

toutes les contradictions, assise qu'elle est sur une base indestructible.

Telle est l'opinion exprimée sur ce point par un écrivain de nos jours, auteur d'une histoire de l'Église justement estimée, et dont le sentiment ne saurait être suspect de partialité, puisqu'il ne tenait lui-même, par aucun lien, à ce pays.

Après avoir donné un aperçu sommaire des considérations exposées, avec tant de clarté et de force, dans les *Monuments inédits*, il conclut en ces termes :

« D'après tout cela, nous regardons comme suf-
« fisamment prouvé que les saints Lazare, Mar-
« the, et Marie-Madeleine, avec Saint Maximin,
« l'un des soixante-douze disciples, ont été les pre-
« miers apôtres de la Provence..... » Et immédiatement il ajoute à la louange de l'auteur des *Monuments inédits* :

« Nous souhaitons de tout notre cœur que, dans
« chaque église particulière, on fasse des travaux
« semblables sur ses antiquités (1). »

6° Il reste cependant un mot à dire sur cette question, et, nous osons l'espérer, il sera décisif. Nous répondrons à nos contradicteurs :

---

(1) *Histoire universelle de l'Église catholique*, par l'abbé Rohrbacher. 3ᵉ édition. Tom. IV. p. 479 et suiv.

« Qu'il soit fait un moment abstraction de tous
« les titres que nous venons de produire, il en reste
« un, et de tous le plus inattaquable, celui de la
« possession. Car, pour emprunter à notre jurispru-
« dence un adage bien connu : *En matière de tradi-*
« *tions, la possession vaut titre*, ou bien, comme
« l'a dit un docte et pieux auteur (le P. de Ligny),
« la *possession est un titre suffisant pour attester les*
« *traditions anciennes, quand les raisons qu'on leur*
« *oppose ne sont point d'une évidence telle qu'elles*
« *en démontrent rigoureusement la fausseté.*

« Et la tradition elle-même, qu'est-elle autre chose
« que la *transmission* d'une génération à l'autre,
« ainsi que son nom l'indique, de certaines croyan-
« ces religieuses? Et quand il est impossible à ceux
« qui les rejettent de leur assigner, d'une manière
« *précise et certaine*, une origine postérieure à celle
« qui leur est attribuée par ceux qui les défendent,
« la possession jointe à la tradition ne forme-t-elle
« pas, en faveur de ces croyances, un préjugé dé-
« cisif, et contre ceux qui les combattent, un argu-
« ment irréfutable ?

« Quelle est la méthode d'argumentation la plus
« concluante, employée contre les hérétiques, quand
« ils discutent avec nous certains points de doctrine

« religieuse ; ceux, par exemple, qui se rapportent
« au culte des images, à l'invocation des Saints, à
« la prière pour les morts ? Ne leur opposons-nous
« pas alors, avec un plein succès, les traditions an-
« ciennes et l'argument de prescription ?

« Assurément, nous n'aurons jamais la prétention
« d'élever nos croyances sur la vie de nos Saints tu-
« télaires à la valeur d'un dogme catholique. Mais
« encore est-il que nous défendons ces croyances par
« les mêmes arguments qui servent à la défense des
« dogmes de notre foi. Et si cette méthode d'argu-
« mentation est victorieuse dans un cas, pourquoi ne
« le serait-elle pas également dans l'autre ?

« Nous arrivons jusqu'au XVIIe siècle dans la pai-
« sible possession de ces croyances. Nul, jusqu'à ce
« moment, ne s'est avisé de nous les contester. Vous
« venez alors, seulement alors, et voulant nous
« ravir ce patrimoine traditionnel que nous ont légué
« nos ancêtres, vous prétendez que ces croyances
« sont un rêve, des contes faits à plaisir, qu'elles
« n'ont aucun fondement solide, enfin qu'elles sont
« erronnées.

« Mais, il ne faut pas le perdre de vue : dans ce
« litige par vous soulevé, nos positions respectives
« ne sont pas les mêmes. Nous avons pour nous le

« privilége de la possession, et vous êtes les aggres-
« seurs. C'est donc à vous qu'incombe le rigoureux
« devoir de justifier vos prétentions, et par des preu-
« ves claires, précises, péremptoires. Jusqu'à ce que
« vous ayez donné cette démonstration, nous conser-
« vons notre position acquise, et nos croyances res-
« tent sans atteinte.

« Marquez-la donc cette heure prétendue d'illu-
« sion et de mensonge. Vous croyez l'avoir trouvée
« enfin, et vous nommez le Xe siècle.

« Mais tout d'abord, et sur cette allégation si
« hazardée, nous vous adressons un démenti que
« vous serez obligé de subir, malgré que vous en
« ayez ; et un défi que vous ne relèverez point.

« Cette croyance a si peu commencé au Xe siècle,
« que des auteurs de ce siècle même viendront vous
« dire en termes formels que, dès leur temps, et
« au Xe siècle, ces croyances étaient *anciennes* dans
« nos contrées ; qu'elles étaient consignées en des
« écrits rédigés *anciennement* (1).

« Prenez-y garde : il ne suffirait pas d'accuser ces
« auteurs d'imposture. Il faut les en convaincre. Le
« ferez-vous, et l'essaierez-vous jamais ?

(1) Voyez les *Monuments inédits: passim*, et notamment, tom. 2. p. 574.

« Mais il y a bien plus. Vous fixez au X° siècle la
« naissance de nos traditions. Cette assertion n'est
« pas seulement gratuite et démentie hautement par
« tous les faits dont l'exposé précède ; elle a de plus
« le malheur de venir se briser contre une objection
« absolument insoluble.

« Remarquez-le bien, car cette observation est
« d'une importance capitale : nos faits traditionnels
« ne sauraient s'isoler les uns des autres. Ils ont une
« origine commune ; ils se tiennent ensemble par le
« lien d'une étroite connexité qui les rend solidaires
« les uns des autres. Les croyances de l'Église d'Aix
« garantissent celles de l'Église de Marseille. Les tra-
« ditions avignonaises sont le garant des nôtres, et
« réciproquement.

« Donc, afin que votre hypothèse eût une ombre
« de vraisemblance, il faudrait supposer également
« qu'au X° siècle, un concert se serait établi entre
« les Églises de Marseille, d'Aix, d'Avignon, de
« St-Maximin et la nôtre, dans le but d'accréditer
« et de faire accepter au monde une imposture dont
« elles se fussent partagé les profits. Cela est-il pos-
« sible ? Et alors même que ce concert si odieux,
« si manifestement impraticable, aurait eu un com-
« mencement d'exécution, n'aurait-il pas été rompu

« bientôt par les dissidences et les rivalités qui n'au-
« raient pas manqué de surgir entre les diverses par-
« ties contractantes? Conçoit-on, par exemple, que
« l'Église d'Avignon, qui, elle aussi, se glorifie du
« patronage de Sainte Marthe, ne nous eût point en-
« vié, n'eût pas revendiqué pour elle le privilége
« glorieux de posséder ses restes vénérés ?

« Mais cette supposition a contre elle encore une
« difficulté bien plus grave. A l'époque où l'on doit
« supposer qu'aurait eu lieu ce concert, il y avait
« tout auprès de nous une grande Église qui n'y au-
« rait pris aucune part; une Église justement fière
« de son antiquité et de sa prééminence ; jalouse,
« à très-bon droit, de la conservation de ses pré-
« rogatives, celle d'Arles, en un mot. Eh bien !
« cette Église, qui eût été le témoin inévitable de
« toute cette fantasmagorie, se serait montrée ou-
« blieuse de ses droits et de ses devoirs, au point
« de laisser passer, sans l'ombre même d'une protes-
« tation, cette surprise inqualifiable faite à la reli-
« gion et à la foi des peuples ! Bien plus, elle au-
« rait (1), par des actes ostensibles et publics, connivé

(1) Les sculptures du cloître de l'église métropolitaine d'Arles offrent un monument précieux de l'ancienneté de la tradition provençale touchant la vie de Sainte Marthe. Dans la galerie du couchant, dont les sculptures sont du XIe siècle, on

« à cette fraude, y aurait applaudi, et par sa coopé-
« ration aidé à son succès !

« Mais cela ne se conçoit point : et il y a ici quel-
« que chose de plus qu'une impossibilité ; il y a une
« absurdité manifeste.

« Or, ce qui eût été impossible et absurde au Xe
« siècle, ne l'eût pas été moins dans les temps qui
« avaient précédé ; d'où il faut rigoureusement con-
« clure que si, au Xe siècle, aussi bien que dans les
« siècles antérieurs, on croyait en Provence ce que
« l'on y croit encore sur la vie de ses Saints tutélaires,
« il est impossible que les faits, objet de cette croyance,
« ne soient pas vrais. »

Nous avons donc ici une pleine certitude acquise.
Aussi, quand nous irons, pieux enfants de Sainte

voit sur une colonne la figure de cette Sainte enchaînant la *Tarasque*, et ce sujet est reproduit dans la galerie du Midi. En 1103, Gibelin de Sabran, archevêque d'Arles, assiste à la consécration de la nouvelle église métropolitaine d'Aix, et l'acte qui fut dressé de cette cérémonie, mentionne expressément le culte rendu dans cette église à Saint Maximin et à Sainte Madeleine. En 1197, Imbert d'Aiguières, autre archevêque d'Arles, consacre l'église de Ste-Marthe à Tarascon, avec l'assistance de Rostang de Marguerite, évêque d'Avignon. En 1279, Bernard de Languissel, archevêque d'Arles, assiste à l'élévation des reliques de Sainte Madeleine à St-Maximin, et signe le procès-verbal attestant que ces reliques sont bien celles de l'illustre pénitente.

Marthe, engendrés par elle à la vie de la foi, nous prosterner au pied de son tombeau, implorer son intercession dans les nécessités publiques ou pour nos besoins particuliers, aucune pensée de méfiance ne saurait altérer en nos âmes l'espoir que le Seigneur, propice à nos vœux, ne *visite* ces ossements, comme autrefois ceux du prophète ; et de ce sépulcre béni ne fasse sortir une vertu secrète répondant à nos invocations.

Mais de cette consolante certitude naît une autre conséquence que nous ne pouvons nous défendre de signaler ici, parce qu'elle nous semble bien propre à affermir dans les cœurs chrétiens le sentiment de la foi, exposé, par le malheur de nos temps, à de bien tristes défaillances.

La critique du XVIIe siècle s'est montrée à notre égard malveillante autant que téméraire. Mais celle de nos jours a eu des audaces et des aspirations bien autrement criminelles. Enflée d'une science beaucoup plus artificieuse qu'elle n'est solide, elle ne s'est pas bornée à vouloir élaguer certaines branches prétendues parasites, elle a mis la cognée à la racine même de l'arbre mystérieux planté dans l'Église par la main de son divin fondateur. Elle s'est attaquée à la personne de son Fils adorable ; elle s'est promis, comptant, sans doute, sur la crédulité d'un siècle que l'on dit pourtant plus éclairé que ceux d'autrefois, de faire descendre le Verbe Incarné des hauteurs où l'a placé la religion, et de le réduire aux proportions d'un mortel et d'un sage. Ces efforts de l'impiété n'ont pas eu tout le succès qu'elle avait attendu. L'indignation publique et les démonstrations de la science véritable ont fait prompte justice de ces blasphêmes. Elle ont mis à nu, sous le vernis d'élégance dont ils s'étaient parés, tout ce qu'ils cachaient de ridicule et de misérable.

Mais, à toutes les réfutations opposées jusqu'ici à ces systêmes odieux, on peut, ce nous semble, ajouter, comme l'une des plus concluantes, le culte rendu par nos pères et par nous à nos saints protecteurs.

Et, en effet, est-ce que tout ce que l'on nous a raconté, et ce que nous savons de leur vie, leurs migrations, leurs épreuves, leurs travaux, leurs souffrances, ne serait pas vraiment incompréhensible dans l'hypothèse de nos modernes critiques et des *libres penseurs* ? Est-ce que les honneurs rendus à leurs cendres, depuis le premier âge de l'Église, auraient un sens et une signification acceptables, s'ils n'avaient eu leur raison d'être dans les rapports intimes de ces saints personnages avec le Fils de Dieu?

Est-ce que, nous autres habitants de ce pays, nous aurions, à l'exemple et à la suite de tous nos ancêtres, professé, pour la patronne de cette cité, la vénération et l'amour dont elle a toujours été parmi nous l'objet, si, la première, elle n'avait eu l'honneur insigne d'avoir pour son hôte le Christ que nous adorons ? C'est à lui que retournent et se rapportent nécessairement les respects et les hommages offerts par nous à ses Saints. Il arrive ainsi, par une économie admirable de la Providence, que si du tronc même et de la racine de l'arbre s'infiltre dans les branches et dans les rameaux la sève qui les vivifie, les branches et les rameaux eux-mêmes protégent de leur ombre le tronc qui les a portés, et lui servent de couronne.

Si donc les ennemis de notre Dieu essayaient de planter au milieu de nous le drapeau de l'erreur, d'ébranler ou de corrompre la foi que ce peuple a reçue de Sainte Marthe, et qu'il a toujours considérée comme le plus riche héritage que lui aient légué ses pères, il n'y aurait pas à s'imposer de grands efforts pour résister à la séduction et triompher de ces attaques. Nous n'aurions qu'à montrer à nos imprudents aggresseurs le tombeau de la sainte Hôtesse de Jésus-Christ. Des pierres mêmes de ce monument sortirait une voix qui répondrait pour nous et resterait victorieuse.

On nous permettra maintenant de donner quelques explications sur l'origine de ce travail, sur les difficultés que nous y avons rencontrées, sur l'ordre et le plan que nous y avons suivis, le but que nous nous sommes proposé.

Il doit d'abord sembler étrange que nous venions, après l'auteur des *Monuments inédits*, traiter un sujet sur lequel il a versé, avec les trésors de sa science, les flots d'une si abondante lumière. Assurément notre témérité n'aurait pas d'excuse si, un seul instant, nous avions eu la folle prétention de rivaliser d'efforts avec lui, et d'opposer nos chétives productions aux créations étonnantes d'un tel maître. Mais, nous devons le dire avant tout, la pensée première de cet écrit ne nous appartient point. Nous n'en avons pas eu l'initiative. Elle nous a été suggérée, imposée même en quelque sorte par des sollicitations auxquelles, malgré les justes appréhentions de notre insuffisance, il a été pour nous comme d'un rigoureux devoir de déférer. Ce n'est point que les personnes honorables qui nous ont engagé dans cette voie n'appréciassent aussi bien que nous la haute valeur du monument élevé par notre savant et vénéré compatriote, à la gloire des saints Patrons de ce pays. Mais elles ont considéré que cette œuvre colossale étant, à raison même de l'étendue de ses proportions, peu accessible aux regards du plus grand nombre, il ne serait peut-être pas hors de propos, afin d'en vulgariser la connaissance, de la réduire à des formes moins volumineuses. Elles ont pensé encore que les côtés si multiples qu'elle présente n'intéressant pas également et au même degré tous les habitants de ce pays, il ne serait pas moins avantageux de concentrer leur attention sur celui de ces aspects qui se rapporte plus spécialement à la glorieuse Patronne de cette cité, la sainte Hôtesse de Jésus-Christ. Telle est la pensée qui a inspiré ce travail. Nous y avons été, du reste, beaucoup aidé par l'auteur des *Monuments inédits*. Les découvertes de son immense érudition nous ont été d'une grande utilité. On s'apercevra sans peine, non pas des larcins, mais des nombreux emprunts que nous nous sommes permis de lui faire ; car il nous fallait nécessairement un guide dans une voie si obscure et si difficile à parcourir. Jamais il ne nous a été donné d'en rencontrer un autre plus éclairé, plus fidèle et plus sûr. Aussi, à la réserve de quelques points, d'ailleurs très-secondaires, sur lesquels il nous pardonnera de différer avec lui d'opinion, nous nous sommes fait un devoir de le suivre comme pas à pas, et en donnant à notre pensée sa physionomie et son expression personnelles, d'en chercher toujours dans la sienne l'inspiration.

Nous n'avons pas cependant à le dissimuler : si précieux qu'aient été les secours que nous avons empruntés, pour la partie critique de ce travail, à celui de notre éminent compatriote, la partie proprement biographique est restée pour nous hérissée de bien nombreuses difficultés: elles viennent principalement de ce que les documents destinés à servir de base à notre récit et à en former la trame font ici presque entièrement défaut.

A part quelques faits généraux sur lesquels il n'y a pas à élever de doute, parce qu'ils sont attestés par des monuments authentiques et par le témoignage irrécusable de la tradition, sauf encore quelques traits particuliers recueillis des saints évangiles et n'ayant entr'eux aucune relation bien marquée, les renseignements sur la vie de Sainte Marthe, donnés avec précision et une certaine suite, manquent absolument.

Les histoires anciennement écrites de la sainte Hôtesse du Sauveur ne sauraient être de beaucoup d'utilité. Les unes ont été, presque dès leur apparition, décriées comme, en partie, fantastiques; les autres sont restées nécessairement incomplètes. Autant il serait téméraire de chercher à combler, par un artifice de l'imagination ou par des lieux communs, les lacunes de celles-ci, autant serait-il ridicule d'adopter et de présenter au lecteur, comme dignes de son attention, les créations bizarres de celles-là.

Dès avant le IXe siècle, il circulait une relation de la vie de Sainte Marthe. C'était celle de la fausse Syntique. Raban-Maur l'avait connue, puisqu'il se plaignait des altérations que le pseudonyme y avait glissées, et qu'il ne composa (1) la sienne que pour opposer un récit véridique à une narration sur beau-

---

(1) Nous ferons observer ici, une fois pour toutes, qu'en parlant d'une Vie de Sainte Marthe composée par Raban, nous n'entendons nullement prendre parti, en un sens ou en un autre, dans la discussion soulevée sur le point de savoir s'il est ou s'il n'est pas l'auteur de cette histoire. Cette question, ne nous paraissant point intéresser essentiellement celle de nos traditions, nous ne voyons aucun inconvénient à la laisser indécise. Conséquemment, quand nous mentionnons la Vie de Sainte Marthe écrite par Raban, cette forme de langage, qui pourra se retrouver souvent dans la suite de ce récit, n'implique, dans notre pensée, rien de plus que la désignation de l'ouvrage composé incontestablement au IXe siècle et reproduit par le manuscrit d'Oxfort.

coup de points fabuleuse. Du reste, cette vie écrite par Raban, assez sobre de détails sur la vie de Sainte Marthe, et comprenant, dans un même cadre, celle de Sainte Madeleine, n'est pas elle-même sans reproche. Les erreurs qu'elle renferme ne tombent, il est vrai, que sur des points accidentels; mais ces erreurs n'en existent pas moins; l'auteur des *Monuments inédits* les reconnaît lui-même et les signale (1).

Cette œuvre de Raban resta longtemps à peu près ignorée. Elle ne cessa de l'être que dans ces derniers temps par l'exhumation qui en fut faite de la bibliothèque d'Oxfort. Jusqu'alors, la vie de Sainte Marthe n'avait guères été connue que par le travail de la prétendue Syntique. Production singulière, remplie de détails extravagants et de pure fantaisie, qui ne méritait que trop le dédain de la saine critique. Evidemment, elle émanait d'un faussaire qui, s'appropriant un travail plus ancien, l'avait défiguré en y mêlant ses ineptes et capricieuses inventions. Cette élucubration misérable, bien que composée avec de bonnes intentions, prêtait merveilleusement au ridicule. Aussi Launoy y avait-il puisé, comme dans un arsenal, le sujet des plaisanteries dont il lui a plu d'assaisonner, afin de la rendre plus piquante, son argumentation.

(1) Voyez les *Monuments inédits*, tom. II p. 51. et suiv.

En 1650, parut à Lyon une Histoire de la vie de Sainte Marthe, par M. Bertet, chanoine du Chapitre fondé en cette ville par Louis XI. Mais cet ouvrage n'était guère autre chose qu'une compilation indigeste et fastidieuse de l'œuvre de la prétendue Syntique. On en publia à Tarascon, en 1793, une édition nouvelle, mais qui, bien que *mise en bon langage*, par son auteur, n'avait pas plus de valeur que la précédente, et offrait les mêmes ridicules.

Tels sont, à peu près, les seuls matériaux qui devaient servir à la composition de notre récit. On concevra sans peine quelle perplexité a dû être la nôtre, quand il a fallu entreprendre ce travail avec des éléments à ce point informes et disparates.

Mais d'abord il ne doit sembler à personne étonnant, ni même, à certains égards, nous osons le penser, bien regrettable que, sur des faits remontant à une antiquité si haute, et vus à une telle distance, il soit resté, non pas de l'incertitude, mais un peu d'obscurité. Ces ombres qui les couvrent encore, et ne les laissent voir que dans un demi-jour, ajoutent quelque chose à la majesté de leur souvenir. Si la curiosité des profanes regards y rencontre un voile qui l'offusque et qu'elle s'indigne de ne pouvoir déchirer, la piété du chrétien y trouve, au contraire, un charme qui lui serait ravi si ces faits étaient offerts à sa contemplation dans une plus éclatante lumière. Cette observation sera peut-être suspecte à quelques-uns, comme trop voisine du point de vue du mysticisme; mais il en est une autre qui doit, sans aucun doute, satisfaire un esprit positif et sensé.

Les diverses relations que l'on nous a données de la vie de Sainte Marthe varient entr'elles, cela est vrai. Quelques-unes présentent des détails d'une nature bien étrange, on en convient encore. Mais, remarquez-le bien, ces variantes que l'on allègue ne se rapportent qu'à des circonstances purement accessoires. Sur les faits principaux, ces relations sont entr'elles dans le plus parfait accord. Quels sont ces faits principaux que nous ayons cherché à établir? L'arrivée en Provence de la sainte Hôtesse de Jésus-Christ, ses prédications, ses miracles, sa sépulture dans ce pays. Or, sur ces points essentiels, quelles que soient d'ailleurs les variations remarquées entre les versions différentes, et si étranges que paraissent les traits particuliers présentés par quelques-unes d'entre elles, sur ces faits seuls essentiels, il n'y a pas de divergence ; il y a concordance parfaite entre toutes les narrations. Dès lors qu'importent les variantes et l'étrangeté de certains détails ? Puisque ces variantes et ces étrangetés ne touchent qu'à des points secondaires, et que, pour le fond, elles reviennent toutes à une pensée identique, au lieu d'infirmer notre démonstration, n'y ajoutent-elles pas plutôt une plus grande force ?

Telle sera aussi l'idée qui présidera, en quelque sorte, à ce récit. Nous nous attacherons principalement à mettre en lumière les points culminants de cette histoire, ceux dont la critique la plus ombrageuse ne saurait ébranler la certitude. Nous donnerons pour vrai ce qui nous paraîtra l'être, en laissant à la pieuse sagacité du lecteur de discerner et de choisir, sur les incidents controversés, l'opinion qu'il croira la meilleure.

L'ordre à suivre dans la rédaction de ce travail nous était indiqué par celui qui est généralement adopté pour ces sortes d'ouvrages. Nous l'avons divisé en deux parties : la première offrira le précis historique de la vie de Sainte Marthe, et la seconde, celui de son culte.

On nous reprochera, peut-être, d'avoir outre mesure multiplié des annotations, dont quelques-unes, n'ayant qu'un rapport très-indirect avec notre récit, ont l'inconvénient d'en rompre trop souvent le fil. Quelques autres portent sur des objets que l'ont jugera d'un intérêt très-minime et peu dignes, par là, de fixer l'attention du lecteur.

Mais on voudra ne point perdre de vue que c'est à nos concitoyens principalement que s'adresse cet ouvrage ; et que, dès lors, telle circonstance, tel souvenir qui seraient pour d'autres sans importance, ont dû naturellement trouver leur place dans cet écrit. Le désir de le rendre plus utile, en lui donnant, autant que le comportait la nature d'un tel sujet, un certain caractère d'actualité, nous a porté encore à nous permettre quelques digressions sur le champ si vaste des préjugés et des vices de notre temps, quand l'occasion s'en est présentée. Telle est l'explication de la plupart des notes que nous avons cru devoir ajouter à celles qui devaient nécessairement servir à l'éclaircissement ou à la justification de notre texte.

Nous comprenons d'ailleurs mieux que personne tout ce que ce travail peut laisser à désirer et pour le fond et pour la forme. Mais entre toutes ces imperfections, aucune ne serait pour nous regrettable, autant que celles d'où pourrait résulter la moindre atteinte au respect dû à la foi prêchée à nos pères par Sainte Marthe. Aussi le soumettons-nous sans réserve à l'appréciation des juges établis par Dieu même dans son Église, aussi bien pour la régir, que pour veiller à la conservation et au maintien de sa doctrine.

Nous serions heureux et trop bien récompensé de nos efforts, si ce faible hommage de notre piété personnelle et comme filiale envers la Sainte Patronne de cette cité contribuait, si peu que ce fût, à éveiller au cœur de tous ceux qui liront ces pages le sentiment d'un amour semblable et d'une égale vénération.

PREMIÈRE PARTIE.

PRÉCIS HISTORIQUE

DE LA VIE DE SAINTE MARTHE.

VIE DE SAINTE MARTHE.

PREMIÈRE PARTIE.

PRÉCIS HISTORIQUE DE LA VIE DE SAINTE MARTHE.

CHAPITRE PREMIER.

État religieux et politique de la nation juive au temps de Sainte Marthe. — Attente du Messie, fondement et but final de tout le culte judaïque. — Cette attente, très-prochaine au temps dont nous parlons. — Sectes diverses parmi les Juifs. — Avénement du Messie dans la personne de Notre-Seigneur. — Il est annoncé et montré au peuple par son Précurseur. — Il se manifeste lui-même par son caractère, ses discours et ses œuvres. — Il devient un signe de contradiction. — Il est méconnu par le plus grand nombre. — Il est révélé à quelques-uns de sa nation.

La fin de toute la loi ancienne était le Christ (1). Dans le plan de la Providence, l'établissement Mosaïque n'avait d'autre but que celui de préparer son avénement. Le Christ venu, il devait faire place à des institutions meilleures. Avant même qu'ils ne formassent un corps de nation, et alors qu'ils n'existaient encore

(1) *Rom.* ch. x. v. 4.

qu'à l'état de famille, les enfants d'Israël en avaient été avertis, et à travers les phases si nombreuses et si diverses de leur existence, cet avertissement solennel, donné au commencement, avait été souvent renouvelé. La religion du peuple hébreu n'était ainsi qu'une véritable initiation à un culte plus parfait. Ses sectateurs eux-mêmes ne le comprenaient pas autrement. L'idée messianique, si clairement exprimée par les oracles des prophètes, perçait encore, et d'une manière très-évidente, à travers le voile symbolique des cérémonies et des rites de la loi.

Au temps qui se rattache à l'histoire de Sainte Marthe, cette idée, depuis longtemps jetée comme un germe dans le cœur et l'esprit de tous, paraissait avoir atteint le dernier terme de sa pleine maturité. La conviction générale dans toutes les contrées de l'Orient, était que le moment était venu enfin où les anciennes promesses allaient avoir leur accomplissement. Le poëte latin était, sans le savoir, inspiré par cette pensée, quand il célébrait (1), dans son magnifique langage, les merveilles du règne qui allait venir. Mais nous avons ici des indications bien plus claires et beaucoup plus précises. Deux auteurs que l'on ne saurait accuser d'avoir pris et donné pour des réalités les rêves de leur imagination, attestent positivement et en termes formels que telle était dans ce temps-là même l'espérance de tous. Ces écrivains, d'ailleurs si graves, n'avaient sans doute, sur les origines de la

(1) Virgile, *Eglog.* IV.

nation juive, que des notions confuses, ridicules même ; et ce que le premier d'entr'eux en a raconté (1) le montre suffisamment. Mais sur les événements et les faits contemporains, les renseignements qu'ils avaient obtenus ne pouvaient les tromper, et ils ont dû nous les transmettre avec exactiude. Leurs affirmations sur ce sujet sont si expresses, elles concordent si merveilleusement avec la tradition chrétienne, qu'il n'est pas hors de propos de les rapporter ici textuellement.

« C'était, dit Suétone, une croyance, depuis long-
« temps répandue dans tout l'Orient que, dans ce
« temps-là même, un homme, où des hommes venus
« de la Judée, parviendraient à la domination univer-
« selle (2). » Tacite s'exprime en des termes absolument identiques ; mais il ajoute, chose singulièrement remarquable, que cette persuasion générale « se jus-
« tifiait par des promesses anciennes contenues en des
« écritures sacrées, et dont le dépôt était aux mains
« des prêtres (3) ».

Il n'y a donc ici point de doute possible. Il était alors de notoriété publique, même au sein du paganisme, que le peuple hébreu avait des livres considérés et révérés par lui comme divins ; que ces livres contenaient, sur les événements futurs, des prédictions qui devaient se réaliser ; et que, dans l'opinion de tous, celui de ces présages qui annonçait la venue du libé-

---

(1) Tacite, *Hist*. liv. v. ch. 8. et suiv.
(2) Suétone, *Vie de Vespasien*. ch. iv.
(3) Tacite, *Hist*. liv. v ch. 13.

rateur ou du monarque universel devait s'accomplir dans ce temps-là même (1).

Et en effet, l'heure fatale marquée dix-huit siècles auparavant par le patriarche Jacob était venue : *Le sceptre était sorti de Juda.*

Après les luttes glorieuses soutenues contre les rois de Syrie, sous les princes Asmonéens, suprême manifestation de sa vitalité, cette nation malheureuse avait perdu son autonomie, et subi, pour ne plus le secouer désormais, le joug de l'étranger. Les divisions qui éclatèrent dans la famille des Machabées aidèrent puissamment à ce résultat. Déjà les aigles romaines, *signe de désolation*, avaient été portées triomphantes par les soldats de Pompée, jusques dans le sanctuaire redoutable du temple. Enfin César, représenté d'abord par quelques fantômes de rois, ses créatures et ses lieutenants, puis par des proconsuls, régnait à Jérusa-

(1) De ce fait historique rigoureusement constaté, la polémique chrétienne a tiré une conclusion dont un esprit droit ne saurait s'empêcher de saisir la justesse. Au temps dont nous parlons, la conviction générale du peuple juif était que le libérateur promis allait venir. Or, parmi les personnages venus en ce temps, même les plus célèbres et les plus fameux, il ne s'en est rencontré aucun, absolument aucun, si ce n'est Jésus-Christ seul, auquel cette qualité puisse convenir. C'est donc forcément Jésus-Christ qui est ce libérateur. La Synagogue avait, dès le commencement, compris la rigueur de cette conséquence ; et afin de l'éluder, quelques-uns, comme Flavius Josèphe, écrivain juif, d'ailleurs très-estimable, ne craignaient pas, dans un vertige d'adulation, de décerner tantôt à l'Iduméen Hérode, tantôt à l'empereur Vespasien, ce titre de Messie et de libérateur.

lem ; et ses habitants, soit qu'ils fussent déjà façonnés à la servitude, soit plutôt qu'ils craignissent la colère d'un vainqueur redouté, protestaient lâchement qu'ils *n'avaient d'autre maître que lui* (1).

La population israélite n'était pas tout entière concentrée à Jérusalem, ni même dans la Judée. Un grand nombre de Juifs s'étaient fixés en Égypte, surtout à Alexandrie et dans la plupart des contrées de l'Asie Mineure. On les surnommait *Hellènes* ou *Hellénistes*, parce qu'ayant abandonné l'usage de leur langue maternelle, ils avaient adopté celle des pays qu'ils habitaient. Quelques-uns d'entr'eux, s'éloignant de l'exemple de leurs ancêtres qui ne connaissaient guère d'autre étude que celle de la loi, cultivaient les lettres grecques, et s'y rendirent habiles. Mais le contact avec des nations étrangères, amollies, la plupart, par les raffinements et le luxe de la civilisation païenne, avait singulièrement altéré parmi eux l'austérité des principes et la simplicité des mœurs anciennes. Ils avaient cependant la coutume, une ou même plusieurs fois chaque année, principalement aux fêtes de Pâques, de se rendre à Jérusalem afin d'y offrir des sacrifices, et de se livrer, avec leurs coréligionnaires, aux pratiques d'un culte dont la domination romaine n'avait pas encore interdit l'exercice.

Deux sectes, ennemies l'une de l'autre, les divisaient entr'eux : celle des Pharisiens et celle des Saducéens. La rivalité entre ces deux partis, se disputant la préé-

(1) *Évang. selon Saint Jean.* ch. XIX. v. 15.

minence et l'empire de l'opinion, était une cause permanente de discordes, de luttes même sanglantes quelquefois. Cet antagonisme se perpétua jusqu'à la fin, et contribua pour beaucoup à la ruine de la commune patrie.

La secte des Pharisiens, la plus populaire, et de beaucoup la plus nombreuse, représentait, si on peut le dire, le principe spiritualiste. Ses affiliés admettaient, avec le dogme de la création et de la Providence, celui du libre arbitre humain, ainsi que toutes ses conséquences. Ils croyaient à la résurrection des corps, à l'immortalité de l'âme, à une vie future; mais, à la profession d'une doctrine vraie, élevée, profondément morale, ils joignaient malheureusement des habitudes détestables et des pratiques non moins odieuses. Observateurs scrupuleux de la lettre de la loi, en exagérant même la rigueur par des interprétations arbitraires, ils en méconnaissaient ouvertement l'esprit sur les points les plus essentiels. Affectant un dédain superbe pour quiconque ne partageait pas leurs préjugés et ne se conduisait point d'après leurs maximes, *sonnant devant eux la trompette*, suivant l'expression évangélique, afin de donner plus de retentissement à l'éclat de leurs prétendues bonnes œuvres, ils s'efforçaient, par cette ostentation de vertu, d'en imposer à la multitude.

Leur cupidité tirait son profit de ces manœuvres : car ils savaient exploiter avec beaucoup d'adresse, quelquefois même au détriment de la veuve et de l'orphelin, la vénération et la confiance qu'ils s'attachaient à gagner par cet appareil hypocrite de rigorisme et de sainteté auprès du vulgaire ignorant et crédule.

Il y avait là, sans doute, un sujet de bien amères récriminations, et matière à des griefs trop légitimes pour que le parti contraire ne s'en prévalût point. Si ce dernier n'était puissant par le nombre, il l'était au moins, par l'influence que donnent presque toujours la fortune et les hautes positions sociales. Car c'était principalement dans cette classe que se recrutait la secte des Saducéens. Le fond de leur système se réduisait à la négation de l'immortalité de l'âme et d'une vie future. Ils représentaient ainsi, au sein du Judaïsme, le principe matérialiste; antipathiques d'ailleurs à toute contention, ennemis de la dispute, vivant dans les délices d'une oisive opulence, s'inquiétant peu des misères et des souffrances d'autrui. Sans rejeter absolument les Saintes Écritures, ils ne reconnaissaient comme telles que les cinq premiers livres qu'elles contiennent, connus sous le nom de *Pentateuque*. Ils n'attachaient du reste, aucune valeur aux traditions tant recommandées par les Pharisiens, et ne voyaient dans la religion rien de plus qu'un établissement purement politique.

En dehors de ces sectes, il en existait une encore beaucoup moins nombreuse, et surtout moins turbulente, qui ne se mêlait guère aux querelles des deux autres et ne paraissait point non plus exciter leur jalousie. C'était celle des *Esséniens* ou des *Thérapeutes*. Ils fuyaient le tumulte des villes. Leurs biens étaient en commun, et leur manière de vivre très-frugale et très-simple. La prière et la méditation de la loi occupaient la meilleure partie de leur temps. Quelques-uns même d'entre eux gardaient la continence, se livrant presque exclusivement aux exercices d'une vie purement contemplative et si éloignée des coutumes ordinaires qu'on les a plus d'une fois confondus avec les Chrétiens. (1)

« Quoi qu'il en soit, dit l'auteur des Mœurs des Is-
« raëlites, il est certain que, parmi ce peuple, se con-
« serva toujours la tradition de la vertu, aussi bien
« que celle de la doctrine et de la religion. Jusqu'à
« ses derniers temps, il eut encore de rares exemples
« de sainteté : Zacharie et son épouse Élisabeth, la
« Vierge Marie qui le fut de Joseph, le saint vieillard
« Siméon et Anne la prophétesse, Nicodème et Na-
« thanaël, Joseph d'Arimathie et le docteur Gamaliel ;
« Paul enfin, son disciple, et tant d'autres dont les
« noms sont marqués au Nouveau-Testament. Tous
« ces saints personnages, et généralement tous les
« Juifs circoncis de cœur aussi bien que de corps
« étaient enfants d'Abraham, bien plus par l'imitation
« de sa foi que par leur naissance. Ils croyaient très-
« fermement aux prophéties et aux promesses de Dieu.
« Ils attendaient avec une ferme confiance la rédemp-
« tion d'Israël et le règne du Messie après lequel ils

(1) Nous ne parlons pas ici des Samaritains, parce que, bien qu'ayant avec les Juifs une origine commune, et, à quelques exceptions près, les mêmes croyances, ils formaient, moins une secte qu'un peuple à part.

« soupiraient, et qu'ils savaient, comme tout le reste
« de la nation, être très-prochain (1). »

Ce fut dans ces circonstances, et au milieu de ce
frémissement d'attente universelle que, dans une bourgade voisine de Jérusalem, naquit en une condition obscure, quoique de la race royale de David, et d'une façon toute miraculeuse, un enfant que l'on appela Jésus. Ce nom lui était venu du ciel dès avant sa naissance. L'humanité tout entière lui en a décerné un autre qui est resté historique, celui de Christ (2) ; et de la réunion de ces deux noms s'en est formé un seul, au-dessus de tous les noms, et le plus grand qui ait jamais été porté.

Dès les plus jeunes années, et bien qu'il n'eût reçu aucune instruction, le divin enfant étonnait les plus doctes par la précision et la sagesse de ses réponses, la merveilleuse précocité de son jugement et la profondeur de sa doctrine. (3)

(1) Fleury, *Mœurs des Israëlites*, ch. xxxv.

(2) Christ, c'est-à-dire Oint du Seigneur. C'est sous cette dénomination, en quelque sorte classique, que Daniel, dans la célèbre prophétie des soixante-douze semaines, avait désigné le Rédempteur d'Israël.

L'Histoire profane elle-même a consacré ce nom. Les auteurs païens, parlant du Sauveur du monde qu'ils ne connaissaient point, ne le désignent jamais autrement que par le nom de Christ. Les Césars eux-mêmes, ne sachant ce qu'ils faisaient, écrivaient ce nom magnifique sur les arcs de triomphe et les monuments de leurs victoires. — Voyez les *Annales de Baronius*, an 342.

(3) *Év. selon Saint Luc.* ch. II. v. 47.

Mais quand approchait le temps de sa manifestation, la Providence, dont les œuvres ne sont jamais précipitées envoya devant lui un Précurseur, avec la mission de lui préparer les voies, et de servir comme d'aurore à l'apparition de la grande lumière qui allait se lever sur le monde. Tel fut le rôle que Jean-Baptiste fut appelé à remplir et dont il s'acquitta avec une religieuse fidélité (1).

« C'était, dit Flavius Josèphe (2), un homme d'une

(1) *Év s. St Math.* ch. III.

(2) Flavius Josèphe, né à Jérusalem d'une famille sacerdotale, l'an 37 de l'ère chrétienne Il combattit d'abord pour sa patrie, en qualité de général, contre les armées romaines. Mais, après plusieurs défaites successives, il se rangea, sans abjurer sa religion, au parti du vainqueur. Il assistait au dernier siége de Jérusalem, et après la ruine de cette ville, il suivit Tite à Rome, où Vespasien et ses successeurs le comblèrent de biens et d'honneurs. Il est auteur de deux ouvrages : l'un, *De la Guerre Judaïque*, où il raconte en témoin oculaire, les derniers malheurs de sa patrie ; l'autre, *Des Antiquités Judaïques*, qui n'est autre chose que l'histoire abrégée de cette nation. C'est dans cet ouvrage, liv. XVIIIe ch. 8. qu'il rend à Saint Jean-Baptiste le témoignage que nous reproduisons ici. C'est dans le même livre, ch. 4. que se lit le fameux passage suivant :

« En même temps parut Jésus, homme sage, si toutefois
« on doit l'appeler homme : car il fit une infinité de prodiges
« et enseigna la vérité à tous ceux qui voulurent l'entendre.
« Il eut plusieurs disciples qui embrassèrent sa doctrine ; tant
« de Gentils que des Juifs. Il était le Christ : et Pilate, poussé
« par l'envie des premiers de notre nation, l'ayant fait cruci-
« fier, cela n'empêcha pas que ceux qui lui avaient été atta-
« chés dès le commencement ne continuassent à l'aimer. Il

« piété éminente. Il exhortait les Juifs à embrasser la
« vertu, et à recevoir le baptême. Une grande multi-
« tude courait vers lui, avide de le voir et de l'en-
« tendre : tous ses discours tendaient à disposer ses
« auditeurs à la pénitence, et à mériter par là à ren-
« trer en grâce avec Dieu. »

Tel était le prestige qu'exerçait sur le peuple le spectacle de sa sainteté et l'entraînement de ses prédications, qu'il n'était pas loin de le prendre lui-même
pour le Christ. Il ne tenait qu'à lui d'en prendre le titre,

« leur apparut vivant, trois jours après sa mort. Les Prophètes
« avaient prédit sa résurrection et plusieurs autres choses qui
« le regardaient, et encore aujourd'hui la secte des Chrétiens
« subsiste et porte son nom. »

On a disputé beaucoup sur l'authenticité de ce passage. Quelques-uns l'ont cru apocryphe, parce que, pensent-ils, pour
être conséquent, Josèphe aurait dû embrasser le christianisme.
Comme si un homme, qui avait eu la lâcheté de reconnaître
pour Messie un César idolâtre, n'aurait pu, sans se faire chrétiens, reconnaître à Jésus-Christ la même qualité. Du reste, si
ce passage n'est pas de lui, il en résulte un argument dont la
force ne saurait échapper à personne.

Ou Josèphe a parlé de Jésus-Christ ou il n'en a rien dit. S'il
en a parlé, que l'on montre dans ses écrits un autre passage que
celui que nous produisons. S'il n'en a rien dit, un silence si
affecté sur des événements dont le bruit avait de son temps rempli le monde est plus éloquent que tout ce qu'il aurait pu dire.
Il parle de Saint Jean-Baptiste, et de Saint Jacques (le Mineur),
et il aurait oublié le chef dont les disciples étaient répandus partout et connus dans tout l'univers ! — Voyez à ce sujet : Bullet,
Hist. du Christian. par les seuls auteurs Juifs et païens. Paris
1825. p. 171.

puisque la voix publique le lui déférait. Mais loin de se prêter à cette usurpation, l'apôtre du désert, montrant du doigt à ses auditeurs enthousiastes l'*Agneau de Dieu*, celui-là même *qui ôte le péché du monde*, ajoutait que, bien que *venu après lui*, il *était avant lui*, et que Jean-Baptiste, si haut placé qu'il fût dans leur estime, *n'était pas digne de dénouer les liens de sa chaussure* (1).

Il parut enfin, le Christ: il se donna ouvertement pour tel, affirmant sans détour que *Dieu, son Père, et lui ne font qu'un* (2) ; qu'il avait droit, par conséquent, aux mêmes adorations, et qu'en sa divine personne était le terme de toutes les anciennes promesses. C'est bien ainsi que l'entendaient ses auditeurs, puisque quelques-uns, incrédules à sa parole, indignés de ses hautaines prétentions, voulaient le lapider, lui reprochant que, *n'étant qu'un homme* (3), il osait, dans le délire de l'orgueil, aspirer à l'honneur d'être tenu *pour Dieu* (4).

(1) *Év. s. Saint Matth.* ch. i. v. 7.
(2) *Év. s. Saint Jean.* ch. x. v. 30,
(3) *Év. s. Saint Jean* ch. x. v. 33.
(4) Les modernes ennemis de la foi chrétienne n'auraient pas, sans doute, condamné le Sauveur au supplice de la lapidation ni à celui du crucifiement qui lui fut infligé pour le même motif. Ils lui auraient certainement refusé les honneurs de l'apothéose, puisque encore aujourd'hui, ils s'obstinent à les lui dénier ; mais, du reste, pas plus qu'aujourd'hui, ils n'auraient hésité à le proclamer le plus grand des philosophes, le plus profond moraliste, le premier et le plus insigne bienfaiteur de l'humanité, le créateur d'une civilisation nouvelle ; ils lui auraient enfin dé-

Il avait été annoncé comme devant être un signe de contradiction (1) : il le fut, et si un grand nombre parmi ceux de sa nation lui furent hostiles et le mé-cerné tous les éloges qu'ils lui prodiguent encore, mais sans aller jusqu'à la confession de sa divinité.

Or, cette réticence d'une part, et, de l'autre, cette prodigalité de louanges forment un contraste que la saine raison ne saurait expliquer. La conduite des Juifs incrédules qui voulaient lapider le Sauveur, et plus tard le crucifièrent, se comprend très-bien. Le langage, au contraire, de nos libres-penseurs est une véritable énigme.

Jésus-Christ s'est donné ouvertement pour Dieu. Si vous ne croyez pas qu'il le soit, il ne faut pas le proclamer le plus grand des hommes. Vous devez ne laisser tomber sur lui, au lieu de ces hypocrites hommages, que des malédictions et des anathèmes ; l'accuser de la plus insigne folie ou de la plus incomparable scélératesse.

Il ne saurait y avoir ici d'autre alternative : ou *Dieu*, comme il assure l'être, ou *maniaque*, ou *scélérat*. Maniaque, car quelle plus grande insanité d'esprit que celle d'un homme qui se croit *Dieu*, et donne sa vie en sacrifice à cette prodigieuse illusion ! Et s'il n'est pas fou, quelle scélératesse de chercher à accréditer une pareille fourberie, et de prendre la responsabilité de tout le sang qui a été versé pour la soutenir !

Ce dilemme ne laisse pas que d'embarrasser un peu nos libres penseurs ; et il est infiniment curieux de voir comment ils y répondent. Le romanesque auteur de *la vie de Jésus*, M. Ernest Renan a compris cette difficulté ; mais d'après lui, elle n'en est pas une ; attendu que le *mensonge*, même le *mensonge pernicieux*, celui qui fait des dupes et des victimes par milliers, n'est pas, en soi, un acte blamable. Il ne l'est que dans les *idées étroites* que nous nous sommes faites de la probité et de l'honnêteté na-

(1) *Év. s. Saint Luc.* ch. XI. v. 34.

connurent, d'autres, au contraire, se plurent à l'entourer de leurs respects et de tous les témoignages de la plus courageuse fidélité. Autant même l'inimitié des uns se montra ardente et cruelle, autant furent profonds et vifs l'amour et le dévouement des autres.

Sur son visage et dans son regard brillait un air de dignité sereine, de candeur, d'autorité, tempéré par l'image ravissante d'une bonté ineffable ; et de toute sa personne rayonnait, je ne sais quel prestige qui faisait converger vers lui les cœurs, comme par le mouvement d'une invincible attraction. Sa parole avait un charme que n'eut jamais la parole humaine, même la plus éloquente et la plus persuasive (1). Aujourd'hui encore, à la distance de plus de dix-huit siècles, un écho fidèle, mais nécessairement affaibli, de cette parole sacrée est arrivé jusqu'à nous ; et si, même à travers les voiles qui la couvrent, elle pénètre les âmes (2)

---

turelles. A un point de vue plus élevé, sans doute celui de la *morale indépendante*; il n'a rien de répréhensible, il s'explique par ce grand principe que c'est *la fin qui justifie les moyens*. Que l'on vienne, après cela, médire de la *morale indépendante !*

(1) *Év. s. Saint Jean.* ch. vii. v. 46.

(2) « L'Évangile, dit J. J. Rousseau, ce livre divin, le seul
« nécessaire à un chrétien, et le plus utile de tous à quiconque
« ne le serait pas, n'a besoin que d'être médité pour porter dans
« l'âme l'amour de son auteur, et la volonté d'accomplir ses
« préceptes.

« Jamais la vertu n'a parlé un si doux langage. Jamais la
« plus profonde sagesse ne s'est exprimée avec tant d'énergie

si profondément, quelles devaient être sa grâce et sa force, quand elle sortait vibrante et animée de la bouche du Fils de Dieu. Elle n'empruntait pas cependant sa vertu aux artifices d'un langage savamment étudié. Car le Sauveur ne s'exprimait pas comme un discoureur ordinaire, ni ainsi que l'eût fait un sophiste. Sa parole était celle d'un maître sûr de lui-même : elle s'imposait avec un irrésistible ascendant, et par son propre poids, à peu près, comme la lumière du soleil aux yeux qui la contemplent (1).

Mais sa parole, si puissante qu'elle fût, avait encore une caution : celle de ses œuvres. L'eau changée en vin dans un festin nuptial, les pains multipliés au désert, la vue rendue aux aveugles de naissance, la parole aux muets, l'ouïe aux sourds, le mouvement et la santé aux paralytiques, la vie aux morts,

« et de simplicité. On n'en quitte point la lecture sans se sen-
« tir meilleur qu'auparavant.

« Voyez les livres des philosophes, avec toute leur pompe,
« qu'ils sont petits auprès de celui-là ! Se peut-il qu'un livre,
« à la fois si sublime et si simple soit l'ouvrage des hommes ? Se
« peut-il que celui dont il fait l'histoire ne soit qu'un homme, lui-
« même ? Est-ce-là le ton d'un enthousiaste, ou d'un ambitieux
« sectaire ? Quelle douceur, quelle pureté dans ses mœurs,
« quelle grâce touchante dans ses instructions, quelle éléva-
« tion dans ses maximes, quelle profonde sagesse dans ses discours ! etc. »

Le citoyen de Genève, cette fois, parle exactement comme l'évangéliste. Qu'aurait-il dit si au lieu de lire la parole de Jésus-Christ, il avait eu, comme Sainte Marthe le bonheur de l'entendre ?

(1) *Év. s. Saint Matth.* ch. VII. v. 29.

tels étaient les arguments employés par le Christ en garantie du témoignage qu'il se rendait à lui-même. Ces œuvres prodigieuses paraissaient aux yeux de la plupart de ceux qui en étaient les témoins si surprenantes, si extraordinaires, si manifestement au dessus de toutes les facultés humaines, et de l'ordre naturel, que, ravis d'admiration et de reconnaissance, subjugués par la force de l'action divine, ils saluaient, en la personne du Sauveur, *le plus grand des prophètes*, et s'écriaient que *Dieu avait visité son peuple* (1).

(1) *Év. s. Saint Luc*. ch. VII. v. 16.

Beaucoup de questions ont été agitées de nos jours, au sujet des faits surnaturels et des miracles évangéliques.

Y a-t-il un ordre surnaturel ? — Des faits de ce genre sont-ils possibles ? Y a-t-il des moyens d'en constater rigoureusement et scientifiquement l'existence ? — Les miracles évangéliques sont-ils bien avérés, et revêtus d'un caractère tel qu'on doive les tenir pour indubitables ?

La réponse à toutes ces questions exigerait des volumes, et on les a écrits. Mais il est une réponse sommaire donnée par Saint Augustin, qui rend superflue toute cette controverse et doit satisfaire un esprit que n'ont point abusé d'aveugles préventions.

De deux choses l'une : ou bien, il faut admettre les miracles évangéliques, ou, si on les rejette, se condamner soi-même à proclamer un miracle plus étonnant et mille fois plus inexplicable que tous ceux que l'Évangile attribue à Jésus-Christ, savoir : la conversion du monde idolâtrique à la morale et à la foi chrétiennes, opérée sans aucun secours ni aucun moyen surnaturels.

Et la preuve encore que les miracles évangéliques sont véritables, c'est que, ceux là mêmes qui étaient le mieux en position d'en peser la valeur, le plus intéressés à les démentir, les écri-

Pourquoi donc ce peuple lui-même, ou plutôt ses conducteurs et ses chefs opposaient-ils à l'entraînement de cet enthousiasme une résistance si obstinée ; à la personne du Sauveur, une haine si acharnée et si implacable ?

Une illusion flatteuse, il est vrai, pour la vanité nationale mais qui devait être bientôt suivie d'un horrible désenchantement les avait malheureusement séduits. Ils n'avaient courbé la tête qu'en frémissant sous le joug de l'étranger. Ils rêvaient d'affranchissement et d'indépendance. Sur la foi des promesses faites à leurs pères, et mal comprises par eux, ils espéraient voir bientôt arriver un Sauveur puissant et magnifique qui leur apporterait, au bout de son épée victorieuse,

vains talmudistes en ont fait l'aveu. Si donc il ne les ont point niés, c'est que toute dénégation était visiblement impossible. Il est vrai que, pour en atténuer les conséquences, ils en ont donné des explications ; mais des explications si peu sérieuses, empreintes de tant de ridicule, et même de niaiserie que le silence eût été de beaucoup préférable.

Nous apprenons, en effet, de ces graves auteurs, que Jésus étant parvenu, tout jeune encore, à s'introduire dans le Saint des Saints, partie du Sanctuaire inaccessible à tout autre qu'au grand prêtre, y déroba le nom incommunicable de Dieu, écrit sur parchemin en caractères cabalistiques; et que se l'étant incorporé, à l'aide d'une incision profonde pratiquée dans le bras, il se rendit capable, au moyen de ce talisman, d'opérer les plus grands prodiges.

Il est évident qu'il eût mieux valu ne rien dire, que dire de pareilles choses. Voyez à ce sujet : Bullet, *Hist. du Christ. par les seuls auteurs Juifs et païens.* p. 121 et suiv.

la liberté, la gloire et l'empire du monde. Ah! sans doute, si Jésus-Christ eût voulu caresser, exploiter même à son profit cette chimérique espérance, à sa suite, on aurait vu la nation tout entière le proclamer le Messie attendu, courir sous ses ordres, et à son appel, à la conquête de l'univers. On la vit bien, quelques années plus tard, abusée par quelques misérables, s'aventurer à leur suite en des entreprises insensées, où, au lieu des triomphes promis, elle ne recueillit que la honte et d'irrémédiables douleurs.

Mais jamais le Sauveur n'avait tourné l'esprit de son peuple vers de telles pensées. Il reconnaissait publiquement la puissance de César, déclarant qu'on devait lui payer le tribut; et quand la foule, un jour, voulait malgré lui, l'élever à la royauté, il se dérobait par la fuite à l'honneur de cette ovation (1).

Il faut cependant y prendre garde. Le Christ ne niait point qu'il fût roi : il le disait, au contraire, et bien haut. Chose même singulièrement surprenante! au moment même où le malheur et l'abaissement de sa situation auraient dû plus que jamais éloigner de son esprit une pensée semblable, il l'affirmait avec la plus fière assurance.

Voyez-le en présence de la mort, à la merci d'une populace altérée de son sang, et qui demande à grands cris d'en être abreuvée. *Rassasié* déjà *d'opprobres*, ayant épuisé le calice de l'outrage, dans ce moment suprême, Pilate, qui va bientôt décider de son sort, lui demande

(1) *Év. selon Saint Jean.* ch. VI. v 4.

s'il est roi. Il répond sans hésitation : « Vous l'avez dit ;
« Je suis roi. » Et le juge qui le condamne, concourant, sans qu'il s'en doute, à un dessein providentiel, ordonne que cette réponse soit consignée sur l'instrument de son supplice, et notifiée au monde entier en trois langues différentes (1).

Il est vrai, le Sauveur ajoute : « Mon royaume n'est
« pas de ce monde (2). » Qu'est-ce à dire, car il importe de bien saisir le sens profond de ces dernières paroles ? Veut-il dire que le sceptre de sa royauté ne doit pas s'étendre sur le monde d'*ici-bas ?* Non, car toute-puis-
« sance lui a été donnée au ciel et sur *la terre* (3). »
Et, loin d'être étrangère au monde, elle doit embrasser le monde tout entier, et jusqu'à la consommation des siècles.

« Mon royaume n'est pas de ce monde ». C'est-à-dire, cette royauté qui m'a été donnée, et dont je vais être investi bientôt, ne doit être fondée, ni se maintenir, ni se perpétuer par les mêmes moyens qui servent à l'établissement et à la perpétuité des royautés mondaines. Elles s'élèvent et elles tombent, selon que le vent de la fortune leur est propice ou contraire. Il n'en sera pas ainsi de la royauté du Christ : car celui-là même qui de rien a créé toutes les choses visibles et invisibles, fera de l'établissement de cette monarchie nouvelle le chef-d'œuvre de sa puissance et de sa sagesse. Et parce qu'il veut que cette œuvre soit, par-dessus tou-

(1) *Év. selon Saint Jean.* ch. xviii. v. 37.
(2) *Ibid.* chap. xix. v. 20.
(3) *Év. selon Saint Matth.* chap. xxviii. v. 18.

tes les autres *surnaturelle* et *miraculeuse*, il veut aussi qu'il n'y paraisse pas d'autre main que la sienne. Bien plus, afin de rendre plus manifeste l'action de sa main divine, il veut que cette œuvre, la plus magnifique qui se soit jamais vue, soit prise, si on peut le dire, au rebours de toutes les œuvres humaines; qu'elle réussisse précisément par les moyens qui *naturellement* devraient y faire obstacle, et en rendre le succès impossible. Il veut que le Christ, son Fils, arrive à la puissance par l'infirmité; au triomphe, par les humiliations et par les opprobres; à la domination et à l'empire, par les plus cruelles épreuves de la servitude : que ses souffrances, enfin, et ses ignominies soient le chemin qui le mène à la gloire (1). En ce sens, son royaume n'est pas de ce monde. »

Tel était le plan arrêté dans les conseils de la Providence. Facilement on aurait pu en suivre la trace, et en découvrir les linéaments dans ces écritures célèbres dont les auteurs païens avaient parlé, sans les connaître, et qui, si longtemps à l'avance, avaient marqué les destinées futures du Messie et du monarque universel. Ce dessein était digne de la Sagesse éternelle; mais il échappa par sa hauteur même à la *sagesse du siècle*, et resta pour elle un *mystère caché* (2).

De là, contre la personne du Christ l'animosité de la nation juive; de là son aveuglement, et les effroyables calamités qui devaient en être la suite prochaine

(1) *Év. selon Saint Luc.* chap. XXIV. v. 26.
(2) *Év. selon Saint Matth.* chap. XI. v. 25.

et inévitable. Le Sauveur versait des larmes amères sur le sort que se préparait à elle-même, par son infidélité, sa chère, mais ingrate patrie. Il semblait ne pouvoir se consoler à la pensée qu'elle *n'eût point connu le temps de sa visite* (1).

(1) *Év. selon Saint Luc.* chap. XIX. v. 44.

Tout est prodigieux dans l'histoire de cette nation infortunée ; sa délivrance de la servitude d'Égypte, ses longues pérégrinations au désert, la conservation dans son sein du culte véritable au milieu des ténèbres et des corruptions universelles de l'idolâtrie, l'obstination de son aveuglement, l'excès de ses malheurs.

Mais parmi ces prodiges, il en est un qui surpasse tous les autres et rend tous les autres croyables, un prodige qu'encore aujourd'hui chacun peut voir de ses yeux, et toucher, en quelque sorte de la main : c'est le prodige de son existence.

Il y a eu au monde, depuis qu'il subsiste, des peuples célèbres par leur puissance, leur politesse, leur littérature, les monuments de leur génie. Les Assyriens, les Égyptiens, les Perses, les Grecs, les Romains. Demandez que l'on vous montre quelque part un Romain, un seul Romain d'autrefois, un Grec, un Perse, un seul, vous le chercherez vainement. Mais voyez maintenant : il y avait, il y a dix-neuf siècles environ, au moment où la puissance romaine était à son apogée, un peuple relativement très-peu nombreux, confiné en des limites très-étroites, n'ayant jamais eu ni théâtre, ni académies, ni rien de ce qui donnait leur lustre et leur relief aux civilisations anciennes. Depuis cette époque, ce peuple a perdu sa patrie, sa langue, son culte, son autonomie tout ce qui fait la vie d'un peuple ; et il subsiste toujours ! Il s'est *survécu* à lui-même ! Il a été longtemps, et presque partout l'objet de l'aversion et du mépris publics ; mais ni la persécution du glaive, ni celle de l'opinion n'ont réussi à éteindre sa race. Vous la rencontrez à tous les points du globe, vivant à côté de toutes les

Mais aussi, bénissait-il son Père de ce que s'étaient rencontrées quelques âmes d'élite, ayant mérité par la droiture et la pureté de leurs sentiments que ce *secret sublime leur fût révélé* (1). Précieux germe d'Israël, lequel fécondé bientôt par un souffle céleste allait s'épanouir et former un grand peuple vivant sous la loi et sous l'empire du Christ.

Au nombre de ces âmes prédestinées figurait, au premier rang, celle dont nous avons à esquisser l'histoire. La vocation divine l'appelait à contribuer par ses travaux et ses prédications à la dilatation de ce royaume qui devait ne pas avoir de fin, pas plus qu'il n'aurait des limites et des bornes.

<small>autres races, mais sans se confondre avec elles, et conservant toujours son type et son caractère distinctif.

Voilà un fait palpable, manifestement *surnaturel* et dont la science ne donnera jamais l'explication. Car nulle part vous ne rencontrerez dans l'histoire un fait semblable. Comment et pourquoi donc ce peuple s'est-il, seul, entre tous les peuples d'autrefois si exceptionnellement conservé? Que les écrivains qui nient l'ordre surnaturel et l'intervention de la Providence dans la succession des événements humains daignent nous l'apprendre et donner l'explication de ce phénomène.

(1) *Év. selon Saint Matth.* chap. XI. v. 25.</small>

CHAPITRE DEUXIÈME.

Le pays de Sainte Marthe. — Sa naissance. — Sa famille. — Sa condition. — Son éducation.

A quinze stades (1) de Jérusalem, et sur le versant oriental du mont des Oliviers, se voient encore les vestiges d'une cité, autrefois assez importante, aujourd'hui simple et pauvre bourgade, appelée Béthanie.
« Cette ville, dit Raban, très-souvent nommée par
« les évangélistes, fort connue par les fréquents sé-
« jours qu'y fit le Sauveur, est consacrée par l'hospi-
« talité qu'il y reçut et par les repas qu'il honora de
« sa présence. Elle fut illustrée par les miracles qu'il
« y opéra et par les larmes qu'il y répandit ; immor-
« talisée enfin par la pompe de son triomphe, l'em-
« preinte de ses derniers vestiges et la gloire de son
« ascension. »
Ce fut dans ce lieu béni du Ciel que vint au monde la glorieuse vierge Marthe, hôtesse du Fils de Dieu Notre-Seigneur Jésus-Christ et sa servante dévouée. On ne sait précisément ni le jour, ni l'année de sa naissance. Mais des inductions légitimes autorisent à penser qu'elle ne dut précéder ou suivre que de bien peu celle du divin Sauveur.

(1) Un peu moins de 3 kilomètres.

Son père s'appelait Théophile (1), et sa mère Eucharis : deux noms qui révèlent une origine étrangère et laissent supposer que cette famille descendait, au moins du côté paternel, de la race des Juifs Hellénistes, ou peut-être, de ceux qui, de la gentilité, s'étaient convertis au judaïsme. Les anciennes chroniques nous apprennent en effet que Théophile était syrien (2) de naissance, et qu'avant de se fixer en Ju-

(1) Quelques-uns ont pensé que ce Théophile pourrait bien être celui à qui Saint Luc adressait ou dédiait son livre des *Actes des Apôtres*. Cette supposition n'est pas admissible, attendu que lorsque Saint Luc écrivait ce livre, le père de Sainte Marthe était mort depuis longtemps, comme on le verra bientôt.

(2) Ceci explique l'erreur commise par quelques-uns, notamment par la prétendue Syntique, qui ont appelé *Syrus* le père de Sainte Marthe, et confondu son nom propre avec celui de son origine. Sainte Marthe, encore en bas âge, perdit son père. Cela résulte nécessairement de ce que nous apprennent à son égard toutes les anciennes histoires. Elle était l'aînée de sa famille, et la sœur *utérine* seulement de Madeleine et de Lazare : ce qui indique évidemment que sa mère Eucharis avait eu successivement deux maris. Le premier avait dû mourir de très-bonne heure, puisque Madeleine qui était fille du second était adulte lorsqu'elle fut convertie par Notre-Seigneur. Les égarements où elle s'était plongée ne permettent pas de lui donner alors guères moins de quinze à vingt ans. Il y avait donc forcément un temps au moins égal que Théophile premier époux d'Eucharis était mort quand Madeleine fut convertie. Quelques-uns, et entr'autres, l'auteur du livre attribué à Raban, ont prétendu que ce Théophile était lui-même l'un des plus fervents disciples de Notre-Seigneur. Étant donnée la supposition que Madeleine fût seulement sœur *utérine* de Marthe, cette assertion ne

dée, il avait exercé dans son pays de très-hautes fonctions et occupé une position princière.

Le nom de la mère de Marthe, ayant une racine semblable, indiquerait une pareille origine, si les mêmes chroniques ne disaient expressément qu'elle était de la descendance des anciens rois d'Israël.

Cette famille possédait de grandes richesses et des domaines considérables : outre le château de Béthanie, près de Jerusalem, plusieurs quartiers de cette ville ; une autre Béthanie en Galilée, au delà du Jourdain, là même où Jean-Baptiste donnait le baptême ; enfin, la terre de Magdalon, ou de Magdala. Mais, avec l'opulence et l'illustration du sang, la Providence avait versé dans cette maison des dons mille fois préférables, et sans lesquels la fortune et l'élévation du rang eussent à bien peu servi. Les principes de foi et les habitudes de piété y étaient héréditaires. Théophile et son épouse Eucharis en donnaient hautement l'exemple, et avaient à cœur d'en laisser à leurs enfants

---

saurait être vraie, puisque, dans cette hypothèse, il faut supposer aussi que Théophile était mort depuis longtemps, avant que n'eût commencé la vie publique de Notre-Seigneur. A l'appui de ces observations, remarquons que dans le récit fait par Saint Jean de la résurrection de Lazare, où il est si souvent parlé de Marthe et de Madeleine, on ne voit aucune mention même indirecte du père ou de la mère de l'une et de l'autre ; ce qui donne évidemment à entendre qu'alors, au moins, les deux sœurs et le frère avaient perdu tous leurs parents. Ils ne sont pas nommés davantage dans les autres occasions où il est question de Marthe et de Madeleine.

la tradition, comme la part la plus riche des biens qu'ils devaient leur transmettre.

Cependant Marthe, encore au berceau, eut à subir une épreuve qui aurait pu imprimer au reste de sa vie une direction bien funeste, si le ciel qui lui réservait des destinées si saintement glorieuses n'eût écarté du chemin qu'elle avait à parcourir les écueils qu'elle y eût rencontrés. La pauvre enfant eut le malheur de perdre son père, avant même qu'il lui eût été donné de lui sourire et de l'appeler de ce doux nom. Elle-même était le fruit unique de son union avec Eucharis; et celle-ci, n'ayant pas eu de rejeton mâle de son premier mariage, pour obéir, sans doute, à une coutume qui avait force de loi pour les personnes de sa condition, dut convoler à de secondes nôces. Qui ne voit le péril qui aurait pu naître pour Marthe d'une situation aussi compromise? Mais elle avait au cœur déjà tout un trésor de bénédictions célestes : un naturel heureux, un caractère droit, des inclinations et une âme honnêtes, un goût anticipé pour la pratique du bien. Semence bénie, qui, pour fructifier, n'avait besoin que d'une soigneuse culture. Elle ne manqua point : car, si l'empire de l'usage avait fait à Eucharis une sorte de nécessité de redevenir épouse, elle ne put oublier qu'elle était mère, et elle en remplit, auprès de Marthe, les devoirs avec une sollicitude d'autant plus constante et affectueuse, que, de trop bonne heure, hélas! cette enfant bien-aimée s'était vu ravir la protection du regard paternel. Elle se dévoua donc tout entière aux soins de son éducation. Mais il importe de le remarquer ici : l'éducation des filles de ce temps, de celles-là même qui appartenaient à des familles distinguées ne ressemblait guère à ce qu'elle serait aujourd'hui. La femme n'occupait nulle part alors au foyer domestique le rang et la place qu'elle y tient à présent. Le christianisme, qui devait apporter à toutes les servitudes leur affranchissement, et à toutes les déchéances leur réhabilitation, pouvait seul la doter de cette prérogative. Cet élément de civilisation, d'où les sociétés modernes ont emprunté ce cachet si remarquable de décence et d'urbanité que la décadence des mœurs publiques n'a pas effacé encore entièrement, manquait tout à fait aux sociétés anciennes. De là l'état d'infériorité, quelquefois même de honteux abaissement où a vécu la femme d'autrefois, où elle vit encore dans les contrées que n'a point éclairées le flambeau de l'Évangile. Seul entre tous les peuples du monde, et par une exception évidemment providentielle, le peuple Juif avait vu briller quelques lueurs précoces de cette bienfaisante lumière. Si faibles qu'elles fussent encore, elles avaient eu pour résultat indirect l'amélioration, dans une certaine mesure, de la condition de la femme ; mais l'heure de son affranchissement n'était pas encore venue, et nécessairement son éducation devait s'en ressentir. Elle consistait en exemples bien plus qu'en préceptes : la partie religieuse et morale, toujours la plus essentielle, en faisait le fond, et si l'instruction n'en était pas bannie entièrement, elle se réduisait, à peu près exclusivement, à l'étude de la loi et des Saintes Écritures.

Ce livre divin fut donc le premier, et le seul aussi que la pieuse mère de Marthe mit entre ses mains. Sur ses genoux encore, et sous l'inspiration de son souffle, elle apprit à en épeler les caractères; et dès qu'elle fut capable d'en saisir le sens, cette lecture avait pour elle des charmes indicibles. Une avide et sainte curiosité l'y ramenait sans cesse. Plus d'une fois, la nuit l'avait surprise, vaincue par le sommeil, et le front appesanti sur ses pages inspirées.

Elle y apprenait d'une manière sûre les vrais origines du monde, et voyait dans l'œuvre de la création l'image saisissante de la puissance et de la grandeur de celui qui, d'une parole, l'avait tiré du néant. Puis, aux récits héroïques de l'ère patriarcale succédait, dans son souvenir celui des merveilles qui avaient signalé la délivrance du peuple élu, et son introduction dans la terre promise à ses pères. A la lueur des éclairs qui sillonnaient les flancs du Sinaï, au bruit retentissant de la foudre qui en reveillait les échos, elle assistait, palpitant d'émotion et d'une terreur religieuse, à la promulgation solennelle de cette loi *pure* et *sans tache*, dont son ancêtre David, célébrant ses beautés, avait dit que d'elle *se formait la sagesse des enfants.*

Son plus grand plaisir était d'emprunter à ce chantre divin, et de répéter après lui, ces mélodies où s'épanchent, comme un parfum suave les effusions de sa piété; et ces cantiques où s'exprime dans un langage si hautement poétique son admiration pour les œuvres du Dieu d'Israël, et les élans sublimes enfin de son âme ravie, lorsque, perçant les voiles du temps, il annonçait aux générations futures les magnificences du règne du Christ son fils, et les immenses douleurs qui devaient être le prix de sa gloire.

C'est par ce côté surtout que les Saintes Écritures offraient à la piété de Marthe un sujet précieux de méditations et d'études. Comme si un pressentiment secret l'eût avertie que bientôt elle aurait elle-même le bonheur de contempler de ses yeux celui qui était en ce moment l'objet de l'attente de son peuple, de le servir de ses mains, d'aider par ses travaux à l'exaltation de son nom, elle s'appliquait à découvrir dans les enseignements prophétiques les caractères démonstratifs de sa physionomie et les signes de son prochain avénement. On la voyait alors, tombant à genoux, et levant au ciel des mains suppliantes, le conjurer d'amener cette *nuée d'où devait descendre le Juste*, comme une rosée bienfaisante, ou d'imprimer à la terre ce tressaillement suprême que devait suivre *l'enfantemement de son Sauveur*.

C'est ainsi que, dans l'étude des Livres Saints, et des mystères profonds qu'ils renferment, s'alimentait le goût de Marthe pour la prière. Elle n'y vaquait pas seulement dans le silence et l'isolement de sa demeure. Aux jours et aux heures marqués pour les prescriptions légales, Eucharis ne manquait pas de la conduire au temple. Là, quels n'étaient pas son recueillement, la modestie de son maintien et de son attitude, le soin qu'elle avait de suivre avec une religieuse attention tout le détail des cérémonies publiques, de porter, de ses mains virginales, sur les autels sacrés les oblations où se cachait, dans sa pensée, comme sous un emblème, l'offrande de son cœur? Et quand les organes accrédités de la parole sainte expliquaient au peuple rassemblé les préceptes de la loi, avec quelle docilité, quelle humble soumission d'esprit elle recueillait cet enseignement! comme elle aimait, après l'avoir entendu, à le rappeler à sa mémoire, pour le retracer plus sensiblement encore dans toute sa conduite !

On se tromperait cependant beaucoup, si l'on pensait que les soins donnés par Eucharis à sa fille ne tendissent qu'à la former aux habitudes d'une vie purement contemplative. Telle n'était pas la destinée de Marthe, ni la coutume alors suivie pour l'éducation des filles. Elles étaient appelées dans les familles à un rôle subalterne, et par là, essentiellement actif.

Voyez le portrait de la femme forte, tracé par l'auteur du livre des Proverbes : « Le lin et la laine roulent
« entre ses mains avec le fuseau. Quelquefois même
« elle s'applique à des œuvres plus laborieuses, et
« regarderait comme perdues, presque criminelles, les
« heures passées dans la dissipation d'un entretien
« frivole ou le repos d'une nonchalante oisiveté. L'or-
« dre de sa maison est le premier objet de sa sollici-
« tude. Mais les souffrances de l'indigent ne la trouvent
« point indifférente. Elle sait faire fructifier pour le
« soulagement de leurs besoins et l'adoucissement de
» leurs misères le travail de ses veilles et les trésors
« de ses économies (1). »

(1) *Proverb* ch. XXXI. v. 13 et suiv.

Ce portrait avait sa copie vivante dans toute la conduite d'Eucharis. La fille n'avait, pour le reproduire fidèlement dans ses mœurs, qu'à regarder à la personne de sa mère. C'est à cette école qu'elle se forma. Les leçons qu'elle y reçut, soutenues par l'autorité de tels exemples, donnèrent à son caractère cette trempe vigoureuse, et la façonnèrent de bonne heure à ces habitudes de piété, de modestie, de circonspection, de sagesse, qui lui méritèrent d'être proposée elle-même, comme un modèle parfait, à toutes celles de son âge.

Ainsi se passa son adolescence, quand un événement douloureux autant qu'imprévu vint changer les conditions de son existence, mais, en même temps, mettre dans un plus grand jour l'éclat de ses vertus.

CHAPITRE TROISIÈME.

Marthe perd sa mère. — Elle est chargée seule du soin de sa famille et du gouvernement de sa maison. — Les égarements de Madeleine. — Douleurs et afflictions de Marthe.

Marthe avait été frappée au cœur, nous l'avons vu, par la perte prématurée de l'auteur de ses jours. Sa mère lui restait : cette mère si tendre, le soutien et l'appui de ses premiers ans, l'institutrice dévouée, dont la constante application avait été de former son élève à son image; et après lui avoir donné le bienfait de la vie, de faire passer dans son âme son âme tout entière.

Elle allait jouir de la récompense de ses efforts. Elle se flattait, peut-être, de la douce espérance que cette enfant chérie, ange de vertu et de bénédiction, serait à son tour, l'ornement et la couronne de sa vieillesse. C'était le rêve de son amour; mais c'était un rêve. Une mort soudaine vint détruire cette illusion, et la ravir elle-même à la tendre affection de sa fille. Et pour que rien ne manquât à l'immensité de ce nouveau deuil, la Providence permit que le second époux d'Eucharis lui survécut peu et descendit bientôt après elle dans le même tombeau.

Voilà donc Marthe seule au monde désormais : non

pas seule ; car sa mère avait eu de son second mariage deux autres enfants encore en bas âge : Lazare, et Marie surnommé Madeleine, du château de Magdalon, l'un des domaines de cette famille.

Qui n'aurait pris en pitié le sort de ces trois orphelins, placés, les uns vis-à-vis des autres, dans une complète indépendance, et sans une autorité tutélaire qui, veillant sur eux, ne laissât point au hasard, à décider de leur avenir ?

Dans une situation aussi malheureuse, Marthe fut l'instrument choisi pour être leur ange conducteur, et succéder auprès d'eux à Eucharis dans l'accomplissement des devoirs maternels. Cette tâche qui devait lui coûter des larmes bien amères, suivies bientôt d'incomparables joies, semblait bien lourde pour une personne de son âge. Mais elle avait si bien profité des leçons de sa mère ; il y avait déjà dans son jugement tant de maturité, que ce fardeau, si pesant qu'il eût été à d'autres, n'était point au-dessus de ses forces.

D'ailleurs, Lazare et Madeleine privés de l'assistance de leurs parents à un âge où, plus que jamais, elle leur eût été nécessaire, s'estimaient trop heureux, dans une telle infortune, de rencontrer dans la personne de Marthe une seconde mère, et ils acceptèrent d'abord sa tutelle, comme un bienfait du ciel.

Cependant que de sollicitudes et de préoccupations durent, dès ce premier moment, assaillir l'esprit et le cœur de Marthe ? Il fallait maintenir, dans le régime d'une maison opulente, l'ordre et la bonne direction, qui pouvaient seuls en prévenir la ruine :

Avoir l'œil sans cesse ouvert sur des intérêts de tout genre; imposer le respect et la fidélité au devoir à une multitude de serviteurs accoutumés à plier jusques-là sous la volonté d'un maître clairvoyant et sachant se faire obéir, mais trop enclins, peut-être, affranchis qu'ils pensaient l'être alors d'une surveillance incommode, à faire tourner à leur profit, et au détriment de cette famille, le coup qui venait de l'atteindre.

La vigilance de Marthe sut prévenir ce désordre. Elle tint les rênes du gouvernement de sa maison d'une main si douce, mais en même temps si sûre et si ferme que la discipline que ses parents y avaient introduite ne fut pas relâchée ou affaiblie un seul instant.

Mais ce n'était là que la moindre partie de sa tâche. S'il lui paraissait important de ne pas laisser péricliter par sa négligence la fortune de sa famille, il l'était bien davantage, à ses yeux, de lui conserver la juste considération qu'elle s'était acquise par la renommée de ses vertus. C'était aussi l'intérêt le plus précieux qu'elle eût à sauvegarder, et l'objet de sa sollicitude auprès de ses pupilles le plus cher à son cœur.

Du côté de Lazare, elle avait les meilleures espérances et les plus sensibles consolations. Sur le front de cet enfant reluisaient à la fois la candeur de son âge et la noblesse de sa race. A mesure qu'il croissait en âge, on voyait se développer dans son caractère les instincts les plus généreux. L'innocence de ses goûts, la dignité et la décence de son maintien, la piété vive qu'il manifestait déjà ; tout enfin dans sa conduite, et jusqu'aux amusements qui lui étaient les plus familiers présageaient, aux yeux de tous, ce qu'il devait être plus tard.

Mais à ce tableau d'intérieur si agréable à contempler, il y avait une ombre bien pénible à voir. Madeleine, quels souvenirs et quel nom à cet endroit de notre récit ! Dieu, sans doute, n'avait pas voulu les égarements de la pécheresse. Car ce serait un outrage à sa sainteté de penser qu'il pût être l'auteur ou seulement le complice du mal. Mais s'il lui répugne invinciblement de le vouloir, il le tolère cependant; car *il ne veut pas la mort de l'impie : il veut qu'il se convertisse et qu'il vive.* Il va même jusqu'à permettre quelquefois que le mal arrive à des proportions extrêmes, parce qu'il met sa gloire à opposer aux faiblesses excessives de sa fragile créature la surabondance de sa grâce et l'excès de ses miséricordes. Il le tolère enfin, parce que, par une disposition admirable de sa Providence, les désordres du pécheur deviennent, pour le juste, un exercice de vertu, et lui fournissent le moyen d'acquérir des mérites nouveaux. Marthe était destinée à exercer les sublimes fonctions d'apôtre en des contrées lointaines et au milieu d'un peuple nombreux : il était, ce semble, à propos, que les prémices de cet apostolat fussent consacrées à ses proches et au profit de ceux de sa maison.

Madeleine était jeune. Elle avait pour elle tous les avantages qui peuvent flatter une imagination ardente et capricieuse. La fortune, l'indépendance de la position, une rare beauté. Elle le savait, et eût-elle feint de l'ignorer, que des compagnes, dont elle n'avait pas fait le choix avec assez de discernement, avaient soin de le lui rappeler chaque jour. Chaque jour, ces perfides louanges allaient à son cœur, comme des traits empoisonnés, et ajoutaient à ce levain de vanité et d'amour-propre d'où devaient naître bientôt la perversion de son âme et l'opprobre de sa vie.

Ces tendances malheureuses ne pouvaient échapper au regard inquiet et exercé de Marthe. Elle n'observait pas, sans une frayeur véritable, ces symptômes alarmants. Aussi, que de conseils, que de sollicitations, que d'efforts tentés afin d'en prévenir les résultats, et de détourner sa sœur de la voie funeste où elle était prête à s'engager? Combien de fois on aurait pu la voir dans l'épanchement d'un entretien intime presser sur son cœur cette sœur chérie, inonder son visage de ses larmes, lui signalant le péril et l'abîme auquel elle courait? Combien de fois, évoquant le souvenir et l'image de leur mère commune, cette mère si sainte et d'une mémoire si justement honorée, elle lui rappelait et les exemples si touchants dont elle leur avait laissé le modèle, et les maximes d'une si religieuse sagesse dont elle avait nourri leur enfance, et enfin les suprêmes avertissements sortis de sa bouche à son lit de mort.

Madeleine avait une âme trop sensible pour écouter avec indifférence des exhortations dictées par un dévouement absolu et le plus tendre amour; on la surprenait même quelquefois mêlant ses pleurs à ceux de

PREMIÈRE PARTIE. — CHAPITRE III. 97

Marthe et laisser concevoir d'elle l'espérance de la voir rester fidèle à la loi de l'honneur et du devoir. Mais, hélas! ces impressions salutaires n'étaient pas moins fugitives que ses larmes ; et bientôt effacées, elles faisaient place à des sentiments et à des dispositions contraires.

Nous lisons dans nos livres saints que le prince des démons, voulant séduire nos premiers parents, et les faire déchoir de l'état de sainteté et d'innocence où ils avaient été créés, se cacha sous la figure astucieuse du serpent. Nous apprenons également de l'évangile que Madeleine fut victime d'une séduction semblable, et que sept (1) démons s'étaient glissés dans

(1) Étaient-ce bien réellement sept démons qui auraient pris possession de Madeleine, et dont Notre-Seigneur l'aurait délivrée ; ou bien, faut-il ne voir dans ce texte qu'une allusion aux vices dont était infecté le cœur de la pécheresse ? On peut, à l'exemple des commentateurs dont les opinions se partagent sur ce point, adopter celle que l'on croira préférable.

Mais quelle que soit la vérité sur ce fait particulier, on ne saurait, sans démentir l'histoire et l'enseignement de l'Église, nier le fait général des *possessions*. Dans l'Église judaïque, l'Évangile en fait foi, il y avait des exorcistes dont la fonction était de chasser les démons. (*Év. selon Saint Luc*, ch. XVIII. v. 19.) L'Église chrétienne a imité sur ce point la Synagogue : puisque au nombre des Ordres servant de préparation au sacerdoce, elle a institué celui des exorcistes. L'Évangile d'ailleurs constate plusieurs cas de possession qu'il est impossible de tourner au sens allégorique. Des phénomènes de ce genre, peu fréquents aujourd'hui, n'étaient pas rares, autrefois. On peut en voir un exemple dans un acte notarié déposé aux minutes de Me. L. Mauche, notaire de cette ville, et renfermant les curieux détails d'un exorcisme qui

5

son cœur pour le corrompre : sept démons cachés, non plus sous la forme du reptile impur qui réussit à tromper la première femme, mais transfigurés, en quelque sorte, dans la personne de ces amies dépravées qui parvinrent par l'amorce de leurs flatteries, et sous le déguisement de leurs insinuations, à verser dans son âme le venin de l'iniquité.

eut lieu en l'église de Ste-Marthe dans le courant, croyons-nous, du XVIe siècle.

L'incrédulité moderne s'est plu à verser le ridicule sur ces pratiques religieuses. Elle a essayé d'expliquer par des causes purement naturelles, telles que des accidents d'épilepsie et de crises nerveuses, ces cas de possession, même ceux que raconte l'Évangile. Mais pour que ces explications fussent acceptables, il faudrait, avant tout, ce que l'on ne fera jamais, établir trois choses :

1º Que les démons ou anges déchus n'existent pas.

2º Que leur influence dans l'ordre physique et moral est impossible.

3º Qu'ils n'ont pas dû déployer une résistance désespérée à ce moment où le Rédempteur du monde venait détruire l'empire du mal. « Jusqu'à ce que cette démonstration soit faite, dit un
« auteur récent, on pourra continuer à croire, ne serait-ce que
« pour l'honneur de l'humanité, que des suggestions étranges
« res ont eu leur part dans les crimes et dans les scandales qui
« ont épouvanté la terre depuis six mille ans : qu'on observe,
« par intervalle, dans le cours de l'histoire, tel rire sacrilége,
« telle haine persévérante, tel blasphème qui n'est pas le fait
« de l'homme seulement et dont l'origine remonte à ces puis-
« sances ténébreuses que la grâce de Jésus-Christ nous apprend
« à combattre et à vaincre. » (*Examen critique de la Vie de Jésus*, par M. Renan ; par M. l'abbé Freppel, p. 70.)

À les entendre, les exhortations de Marthe procédaient d'un esprit morose et chagrin, d'une dévotion étroite et mesquine. Insipides doléances, faites pour éteindre tout le charme de la vie; propres seulement à l'étouffer, comme sous un voile funèbre, et à la réduire tout entière à l'état d'une mort anticipée.

Et pourquoi donc la Providence aurait-elle départi si libéralement à Madeleine ses dons les plus précieux? Était-ce pour qu'elle s'en refusât à elle-même la jouissance, et qu'elle se vouât au supplice d'un intolérable et perpétuel ennui? Les plaisirs et les fêtes auxquelles la conviaient sa jeunesse et sa beauté lui procureraient de si heureux moments et des distractions si douces! Dans ces réunions où ses attraits brilleraient d'un si vif éclat, elle se verrait entourée de tant d'hommages, et presque d'adorations! Et puis, à l'âge où elle était parvenue, pouvant si facilement se procurer tous les agréments d'une existence somptueuse et indépendante, ne serait-ce pas une honte à elle, de subir toujours la loi d'une volonté tyrannique et de n'oser jamais s'affranchir de cet odieux servage?

Ce langage était adroit et insidieux. Il eut un plein et bien malheureux succès. A l'aide de ces supercheries, le tentateur triompha de nouveau de la crédulité et de la faiblesse d'une femme.

Comme autrefois la vierge d'Éden, celle de Béthanie prêta une oreille trop complaisante à ces perfides suggestions Elle secoua le joug si doux et si léger dont des conseils menteurs lui avaient fait un épouvantail. Mais elle s'enchaîna elle-même à celui des esprits impurs dont l'Évangile a parlé.

Les suites lamentables de cette séduction sont trop connues pour qu'il soit besoin d'en retracer le tableau. Mais s'il paraissait incroyable à quelques-uns qu'une personne de ce rang et de cette condition fût descendue jusqu'à un tel degré d'avilissement, il suffirait d'observer que, à peu près dans le même temps, et dans le pays du monde le plus civilisé, se produisaient, en des sphères plus élevées encore, des exemples d'une dépravation semblable. On peut voir dans les historiens romains ce qu'ils en racontent.

Qui dira maintenant les angoisses et les déchirements du cœur de Marthe quand elle vit sa sœur au fond de cet abîme? La tache imprimée à son nom, rejaillissant, dans l'opinion du monde, sur sa famille, devait lui être un sujet d'affliction profonde. Mais il était à l'âme si pure et si religieuse de Marthe une pensée d'une bien plus poignante tristesse. Le déshonneur de Madeleine la touchait moins que la perte de sa vertu. Elle ne pouvait se consoler à la pensée que cette fleur de l'innocence, naguère si belle à voir, exhalant un parfum si suave, si ravissante aux yeux de Dieu, avait perdu son lustre et sa fraîcheur; qu'elle ne présentait plus que l'image d'une flétrissure hideuse; qu'elle avait roulé jusque dans la fange, et que le passant la foulait aux pieds.

Quel remède maintenant à une telle douleur? Quel moyen de ramener cette âme perdue d'un tel égarement? Pleurez, Marthe, pleurez les malheurs et les ignominies de la fille de Sion; cachez votre front et voilez votre face; versez dans le silence et l'accablement de votre infortune, versez devant le Seigneur vos larmes et vos prières ! Toutefois ne *pleurez point comme ceux qui n'ont plus l'espérance:* car si déplorable que soit le sort que s'est fait à elle-même cette enfant égarée, il ne se peut qu'elle périsse ; puisqu'étant, comme vous, orpheline, elle a retrouvé dans votre cœur la tendresse d'une mère, et que vous en avez aussi les gémissements. Elle ne périra point : vous la verrez revivre, et si amères qu'aient été les heures de la désolation, plus vives seront les allégresses qu'amènera le retour.

CHAPITRE QUATRIÈME.

La vie publique de Notre-Seigneur. — Première rencontre de Marthe avec le Fils de Dieu. — Elle reconnaît en lui le Messie attendu. — Elle engage et décide sa sœur à venir l'entendre. — Conversion de Madeleine.

Depuis quelque temps déjà le Sauveur était sorti de l'obscurité du séjour de Nazareth. Sa vie publique était commencée. Il remplissait la mission réparatrice acceptée par lui et devant être continuée par ses disciples. On l'avait vu dans tous les pays de la Galilée semant partout, avec la parole évangélique, d'innombrables bienfaits. De toutes parts, on lui amenait des malades, et il les guérissait. Une vertu secrète et humainement inexplicable émanait de sa personne. Il suffisait de toucher le bord de sa robe pour obtenir la délivrance instantanée des infirmités réputées les plus incurables.

L'un des habitants les plus notables de Capharnaüm a son fils en danger de mort. Le Sauveur est instamment prié de venir auprès de cet enfant avant qu'il n'expire. Il n'y va point; mais du lieu même où il se trouve il dit un mot, et aussitôt l'enfant malade revient à la santé.

Jaïre, l'un des chefs de la Synagogue, a perdu sa fille : on s'apprête à l'ensevelir; mais Jésus arrive, met sa main dans la main glacée de celle dont on prépare les funérailles, lui ordonne de se lever, et elle se lève pleine de vie.

Le bruit de ces merveilles se répand dans toute la contrée, et partout il excite l'étonnement d'abord, puis bientôt l'enthousiasme. Les populations en foule se pressent sur les pas du thaumaturge, avides de le voir et de l'entendre, et tandis qu'il parle, elles restent comme suspendues à ses lèvres.

Tous se demandent quel peut être ce personnage dont la parole ne ressemble à aucune de celles que l'on a jusqu'alors entendues, et dont les œuvres sont plus étonnantes encore.

Serait-ce Jean-Baptiste ressuscité d'entre les morts? ou bien Élie, ou Jérémie, ou l'un des anciens prophètes? Les opinions se partagent à son égard. Mais tous conviennent que jamais homme n'a paru revêtu d'un tel pouvoir, et avec des signes si extraordinaires.

La pensée même de quelques-uns va plus loin et plus haut. Un vague soupçon leur fait entrevoir dans la personne du Sauveur, sous la forme de notre humanité, le Christ depuis longtemps attendu, et le Fils même de Dieu.

Marthe n'a pu, sans doute, ignorer ce que l'on raconte de lui, car le bruit de ses œuvres a eu partout un immense retentissement. Elle sait que, en ce moment-là même, ayant traversé toute la Galilée et descendant vers Jérusalem, il n'est pas loin de Béthanie. Aussitôt, elle quitte sa demeure, accompagnée cette fois de Marcelle, l'une de ses servantes. Elle aperçoit

Jésus de loin, entouré d'un peuple innombrable ; et dès la première vue, elle se sent saisie au cœur d'une émotion qu'elle n'a jamais éprouvée. Un rayon de cette face divine ayant frappé son regard, elle en a été éblouie. Et quand, revenue à elle-même de ce premier mouvement, elle étudie, avec une religieuse attention, les traits caractéristiques de cet auguste visage, elle y découvre je ne sais quoi de céleste et de surhumain qui commande la confiance, le respect, l'adoration. Mais Jésus parle : Marthe l'écoute, et chacune de ces paroles est pour elle une révélation. Tout à coup, du milieu de cette foule ravie et silencieuse, s'élève un cri d'admiration : *Heureux* (1) *le sein qui vous a porté, heureux le sein qui vous a nourri!*

C'est Marcelle qui, dominée elle-même par ce sentiment et ne pouvant en retenir l'expression, adresse à Jésus en son nom et en celui de sa maîtresse, cet hommage spontané de sa foi et de son amour. Aussi bien, Marthe n'en doute plus : en ce jour il lui a été donné, comme autrefois au saint vieillard Siméon, de contempler de ses yeux le Sauveur du monde, le Rédempteur d'Israël, le désiré des nations.

Mais aussitôt, une pensée lui vient au cœur. Le Fils de Marie a signalé déjà sa puissance par tant de

(1) *Év. selon Saint Luc* ch. xi. v. 27. — Ce trait emprunté aux Saints Évangiles est attribué par toutes les anciennes chroniques à Marcelle, suivante de Sainte Marthe. Suivant quelques-uns, il se rapporterait à une circonstance postérieure, mais la vérité historique n'est pas rigoureusement blessée par ceux qui la rattachent à celle-ci.

prodiges; un si grand nombre de personnes ont reçu de sa bonté les témoignages les plus touchants! Oh! sans doute, s'il est habile à guérir les infirmités corporelles; si la mort même vaincue par lui s'est vue forcée de lui rendre ses victimes, il doit lui être bien moins difficile de guérir les blessures du cœur. N'est-ce pas lui qui, tout à l'heure, s'adressant à ceux qui gémissent et qui souffrent de l'excès de leurs peines, les conviait par les plus tendres invitations à venir à lui, leur promettant la délivrance de leurs maux et le repos de leur âme?

Madeleine, Madeleine, où es-tu? Oh! que de larmes en ce moment dans les yeux de Marthe! que de vœux ardents formés dans le secret de son cœur, et allant droit au cœur adorable de Jésus-Christ.

Le Sauveur les a entendus, et il les exaucera. Il viendra le tour de la pécheresse; et si profondes que soient les ulcérations de son âme, si violentes les tempêtes qui l'agitent, si dures les étreintes des liens qui la tiennent enchaînée, Marthe suppliera le Sauveur de dire un mot, et Madeleine sera guérie.

La voilà qui écoute sa sœur lui racontant, palpitant encore d'émotion le récit des merveilles dont elle vient d'être témoin. Ce récit n'excite d'abord chez elle que le sentiment d'une railleuse incrédulité. Mais enfin, cédant aux pressantes instances de Marthe, elle se décide à la suivre un jour auprès de Jésus-Christ. Jour heureux, et mille fois béni, qui va changer le cours de toute son existence, et sera celui de sa régénération!

5.

Comment s'opéra cette transformation subite? Nul ne saurait le dire; car les merveilles de la grâce, celles qui révèlent le plus hautement la puissance de son Auteur, échappent nécessairement à nos analyses et à nos courtes vues. L'*Esprit de Dieu souffle où il veut*; et si énergique est son action, que par une sorte d'enchantement, *il renouvelle la face de la terre.*

Saul part de Jérusalem, avec la pensée d'exterminer le nom chrétien. Il respire contre ceux qui le portent le sang et le carnage, et il est terrassé sur le chemin de Damas par une illumination soudaine. Et le lion rugissant est instantanément converti en un timide agneau; le persécuteur, en apôtre; l'ouvrier d'iniquité, en un vase d'élection.

N'avons-nous pas vu de nos jours s'accomplir un phénomène semblable? Un jeune voyageur, plus que tout autre, éloigné par sa naissance et son éducation des idées et des habitudes chrétiennes, visite les monuments de la ville éternelle. Sa curiosité d'artiste l'a conduit dans un temple. Le voilà, tout à coup, et sans que nul signe précurseur ait annoncé cette transformation, le voilà qui courbe la tête et fléchit le genou sous l'irrésistible action d'une main invisible. Ce jeune homme (1), jusqu'à ce moment volage, tout entier à ses distractions, à ses plaisirs, à ses espérances mondaines; hostile par toutes ses traditions de famille

(1) Le P. L.-M. Ratisbonne, de la Compagnie de Jésus, né d'une famille opulente d'Israëlites, et converti miraculeusement à Rome, aux pieds d'une statue de la Très-Sainte Vierge...... On avait aussi beaucoup prié pour lui.

à la religion du Christ, se relève chrétien: il renonce sans regret à l'avenir qui s'ouvrait devant lui si brillant et si riche ; il embrasse la croix, comme la seule compagne et le plus bel ornement de sa vie.

Où trouver ailleurs que dans l'intervention divine, l'explication de telles péripéties? Que dire, pour leur assigner, avec une apparence de raison, une cause purement naturelle? Tout ce que nous savons et ce que nous pouvons dire, c'est que Saint Étienne, expirant sous la main et les coups de ses persécuteurs, invoquait en leur faveur une grâce et une lumière qui ne pouvaient venir que d'en haut. La voix du martyr était montée au ciel avec celle de son sang. Elle en fit descendre une bénédiction qui décida de la conversion de Saul.

Marthe aussi avait prié, longtemps prié, pour le retour de Madeleine. Elle avait, dans ce but, et afin de donner plus d'efficacité à ses supplications, multiplié ses aumônes, et ses œuvres de charité. Comment le Seigneur eût-il pu ne point accueillir des vœux si ardents et si légitimes ? A peine la pécheresse est-elle en sa présence, avant qu'une seule parole soit sortie de sa bouche adorable, un regard de Jésus, fixé sur Madeleine, pénètre, comme un glaive acéré et tranchant, jusques aux dernières profondeurs de son âme. Ce regard (1) divin y dévore en un moment par l'é-

---

(1) L'Évangile ne marque ni l'heure, ni le mode de la conversion de Madeleine. Mais il est certain qu'elle était déjà revenue à Dieu, quand elle se présenta chez le Pharisien pour oindre la tête et les pieds du Sauveur. La liturgie sacrée suppose que sa

nergie de ses brûlantes ardeurs les flammes impures dont elle était consumée. Il y allume un feu qu'elle ne connaissait point, qui ne s'éteindra ni ne s'attiédira jamais, un feu céleste, semblable à celui qui embrase le cœur des anges, et dont l'étincelle partie de celui du Sauveur, comme de son foyer principal, va, dans un instant rapide, comme l'éclair, d'une âme immonde et dégradée, faire une âme séraphique.

Dès ce moment, Madeleine n'est plus. Elle a cessé, au moins, d'être ce qu'elle était, et ce qu'on l'a vue jusqu'alors ; il s'est fait dans tout son être une révolution qui en a soudainement absorbé toutes les idées, tous les goûts, toutes les habitudes, et y a substitué des habitudes et des affections toutes contraires. Mais c'est Marthe qui aura devant Dieu le mérite, et devant les hommes l'honneur d'avoir conduit à l'autel du sacrifice cette victime volontaire de l'amour sacré.

Il dut y avoir fête au ciel parmi les anges de Dieu, le jour de cette immolation; mais à Béthanie, la joie dut être plus vive encore. On y avait tant souffert, si longtemps et si amèrement pleuré ! Voyez-les, les deux sœurs consacrant, dans les étreintes d'un long et chaste embrassement, la réconciliation si ardemment souhaitée de l'innocence conservée et de l'innocence reconquise ! Entendez Marthe s'écrier, dans la jubilation de son âme et l'ivresse de son contentement : *J'a-*

conversion fut opérée de la manière qu'elle est racontée ici (Voyez au *Bréviaire Romain*, l'hymne de Sainte Madeleine). D'après l'Évangile, la conversion de Saint Pierre fut également produite par un regard de Jésus-Christ.

vais une sœur ; elle était perdue, et je l'ai retrouvée : elle était morte, et la voilà revenue à la vie !

Et après cet heureux changement, quelle paix, quelle harmonie, quelle touchante union entre les membres de cette sainte famille ! Rien n'est doux au cœur, ainsi que l'a dit le prophète, comme de vivre ensemble comme des sœurs et des frères. Et combien ce charme doit-il être mieux senti encore, quand ce ne sont pas seulement les affinités de la chair et du sang, mais la religion elle-même qui forme le lien de cette confraternité; quand il y a dans l'esprit et le cœur des uns et des autres communauté de pensées et de vues, identité d'affections et de sentiments, mais si parfaite et si constante, que la vie des uns semble s'écouler dans la vie des autres, et qu'ils ne forment ensemble qu'un cœur et qu'une âme ? C'est le spectacle qu'offrait la famille de Marthe, après la conversion de sa sœur.

Peut-être serait-il à propos de redire ici le témoignage éclatant que Madeleine voulut donner publiquement de son retour, comme une réparation nécessaire des scandales de sa vie passée. Il ne serait pas moins intéressant de voir et d'entendre le divin Sauveur exaltant les mérites de sa pénitence, et, dans la personne de la pécheresse vengée par lui des sarcasmes de l'orgueil pharisaïque, révélant au monde une idée jusqu'alors à peu près inconnue : la réhabilitation du coupable par l'amour et le repentir (1). Mais

---

(1) L'esprit de miséricorde qui est essentiellement celui de l'Évangile perce à travers chaque page de ce livre divin ; et

ces détails appartiennent exclusivement à la vie de Sainte Madeleine; et, si touchant que soit l'enseignement qu'ils renferment, il faut les passer sous silence, parce qu'ils sont étrangers à notre sujet.

presque partout il y est mis en contraste avec l'intraitable et hautaine dureté du rigorisme pharisaïque L'histoire de la femme adultère, les paraboles de la drachme perdue, de la brebis égarée, du publicain à la porte du temple, et, plus que toutes les autres, celle de l'enfant prodigue, respirent cette pensée. Mais il y a à faire ici une observation essentielle. La miséricorde n'est pas le relâchement : entre ces deux choses, il existe des nuances qu'il serait dangereux de confondre. Le relâchement fomente et favorise la faiblesse du pécheur, le prédispose à la chute, et quand il est tombé, l'abuse encore et le flatte La miséricorde, au contraire, l'excite et l'aide à se relever, soutient et affermit sa persévérance, le protége contre les terreurs du désespoir et le persifflage de l'impiété. Elle glorifie, non point ses passions d'autrefois, mais le courage qu'il a eu de les surmonter et de s'en rendre victorieux. Le relâchement est un piége et une illusion ; la miséricorde, une force et une couronne ; *Qui coronat te in misericordia et miserationibus.* Ps. cii. v 4.

CHAPITRE CINQUIÈME.

Relations de Notre-Seigneur avec Sainte Marthe et sa famille — Hospitalité qu'il reçoit à Béthanie. — Conflit entre Madeleine et sa sœur. — Plaintes de Sainte Marthe. — Réponse du Sauveur. — La vie active et la vie contemplative.

Le Sauveur devait être aimé, beaucoup aimé à Béthanie. On lui était redevable de tant de bienfaits ! A l'affection inspirée par la reconnaissance se joignait nécessairement la considération et le respect infini dus à sa personne divine. Mais Notre-Seigneur professait, à son tour, une bienveillance toute particulière pour les pieux habitants de cette demeure : « Jé« sus aimait Marthe, dit l'évangéliste, sa sœur Marie « et Lazare (1). »

Marthe est nommée la première : non pas seulement à cause du privilége de son âge, mais parce qu'elle avait eu, la première, le bonheur de connaître et d'adorer le Fils de Dieu fait homme, qu'elle avait coopéré par la sainte activité de son zèle à la conversion de sa sœur, et que sa piété inspirée par la grâce avait eu comme l'initiative d'une œuvre aussi méritoire. Madeleine et Lazare étaient également l'objet des prédilections du Sauveur : Madeleine, le chef-d'œuvre de ses miséricordes, qui lui avait offert dans

(1) *Év. selon Saint Jean*, chap. XI. v. 5.

une occasion récente, avec la profusion de ses larmes et de ses parfums, l'hommage d'un cœur contrit et humilié, aussi bien que celui d'un dévouement désormais inaltérable; Lazare, enfin, ce jeune homme aux mœurs si pures, et d'un si noble caractère qui partageait pour la personne de Jésus toutes les admirations et les respectueuses sympathies de ses sœurs.

Heureux enfants et fiers, à bon droit, de l'honneur d'une amitié si haute, qui leur valait souvent celui de recevoir sous leur toit le Maître même du ciel, et de le voir s'asseoir avec eux à la même table.

Marthe, nous l'avons vu, était la maîtresse de la maison, elle en avait du moins les prérogatives : c'est donc à elle qu'il appartenait d'accueillir le divin hôte, quand il venait à Béthanie, et de subvenir à ses besoins. Il y venait souvent, à cause du voisinage de Jérusalem. Il y eût même fixé sa demeure, si les devoirs impérieux du ministère qu'il avait à remplir ne l'eussent empêché de céder aux instances de l'amitié. Mais lorsqu'il s'en éloignait, Marthe se plaisait encore à être sa pourvoyeuse. Elle suivait, par le mouvement de son cœur, chacun de ses pas; veillait, avec une anxieuse sollicitude, à ce que dans tous les lieux qu'il avait à parcourir, pour y annoncer le royaume de Dieu, ni lui, ni ses disciples ne manquassent de rien de ce qui était nécessaire à leur entretien. « Par là, dit « le P. de Ligny, elle se donnait toute la part que son « sexe lui permettait dès lors de prendre aux fonc- « tions apostoliques, et méritait aussi d'en avoir une

« à leur récompense. Car nourrir l'apôtre, c'est prê-
« cher par sa bouche, puisqu'il ne pourrait le faire,
« s'il en était détourné par le besoin de se procurer
« les choses nécessaires à la vie (1). »

Plus d'une fois, sans doute, le Sauveur, dont les goûts étaient si simples, les habitudes si frugales, l'existence si modeste et si pauvre, avait dû modérer les excès de ces pieuses largesses. Mais lui, qui avait assuré tenir pour fait à lui-même ce que l'on ferait au dernier des siens, et promis au moindre de ces services une si large rémunération, ne pouvait qu'accepter avec reconnaissance ces offices de charité qui devaient procurer plus tard une gloire exceptionnelle à celle qui les remplissait.

Et lorsqu'après ses travaux évangéliques, il revenait chercher sous les ombrages hospitaliers de Béthanie le délassement de ses fatigues, avec quelle expression de contentement on y saluait son retour! Quel était surtout l'empressement de Marthe d'aller à sa rencontre, de baiser ses pieds sacrés, de lui prodiguer les témoignages de sa vénération et de sa joie la plus expansive! Comme elle se plaisait à préparer de ses mains et à lui offrir les aliments qui devaient le nourrir, à l'entourer de tous les soins les plus délicats d'une cordiale hospitalité!

C'est ici le lieu de rapporter le célèbre, mais pacifique débat qui s'éleva dans l'une de ces occasions entre les deux sœurs, et dont le divin Sauveur fut constitué l'arbitre.

(1) *Vie de Jésus-Christ*, tome I, p. 207.

La réunion était nombreuse à Béthanie : Jésus-Christ s'y trouvait avec les douze apôtres et un certain nombre des soixante et douze disciples qui l'avaient suivi. Le repas que tous devaient prendre ce jour-là, sans être recherché, exigeait cependant, pour suffire à tant de convives, une longue et laborieuse préparation. Marthe, suivant sa coutume, vaquait à cette tâche, tandis que Madeleine inactive et silencieuse aux pieds du Seigneur prêtait l'oreille à ses discours. Elle ne voulait rien perdre de ce festin spirituel dont elle savourait pieusement les délices. Plongée comme dans une sorte de ravissement, elle oubliait tout le reste, et laissait à sa sœur tout le fardeau des soins dont elle était occupée.

Marthe craignant, sans doute, de se trouver en défaut, et ne pouvant d'ailleurs se multiplier autant qu'elle l'aurait voulu et que le demandait l'embarras d'une telle circonstance, se tourne vers le Sauveur, et lui adresse timidement cette plainte :

« Seigneur, vous n'y prenez pas garde, mais ma « sœur laisse peser sur moi tout le travail du service : « veuillez donc lui dire de me venir en aide (1). »

Remarquons d'abord la discrétion et la délicatesse de Marthe. Elle n'a garde de faire à sa sœur le moindre reproche ; elle aurait pu, au moins, sans blesser, ce semble, aucune convenance, l'interpeller directement, l'appeler à elle, et l'inviter à prendre sa part dans l'œuvre commune ; mais elle aurait offensé, peut-être, le Seigneur, si elle s'était permis, avant d'avoir

(1) *Év. selon Saint Luc*, chap. **x**. v. 40.

obtenu son agrément, de dérober à sa compagnie une personne qui était, en ce moment, si heureuse de le voir et de l'entendre. Elle aurait encore causé quelque chagrin à sa sœur, en lui adressant, en présence d'une société si nombreuse, un seul mot pouvant être interprêté comme une censure ou une objurgation. Donc, afin de ménager les susceptibilités de Madeleine, elle se tourne vers le Seigneur, et sans manquer au respect qu'elle professe pour sa personne sacrée, elle semble rejeter sur lui seul, mais avec une adresse infinie, la peine qu'elle éprouve en ce moment.

« Seigneur, vous n'y prenez pas garde, mais ma
« sœur me laisse en ce moment supporter seule
« le fardeau du service. Veuillez donc lui dire de
« m'aider. »

Écoutons maintenant la réponse de Jésus : il importe de la bien comprendre, et elle mérite toute notre attention.

Marthe, Marthe, dit-il, cette forme de langage et cette répétition certainement affectée est l'indice du sentiment de bienveillance dont il est animé pour son interlocutrice, et tout à la fois, de l'importance de la leçon qu'il va lui adresser.

« Marthe, vous vous agitez, et vous préoccupez de
« beaucoup de choses, tandis qu'une seule est néces-
« saire (1). » Comme s'il eût dit : « Je vous suis recon-
« naissant des peines que vous prenez pour moi. Mais
« il y a de l'excès dans cette sollicitude, puisqu'elle

___
(1) *Ubi supra*, v. 41.

« altère si sensiblement le calme de votre esprit. Ra-
« menez-le à son assiette ordinaire. Car, si louable
« que soit le travail auquel vous vous livrez, ne vous
« laissez pas dissiper et distraire, par ses détails, de la
« chose uniquement nécessaire. »

Mais quelle est dans la pensée du Sauveur cette chose seule nécessaire? Faut-il entendre, ainsi que l'ont fait quelques-uns, qu'il n'était pas besoin dans une telle occurrence de multiplier les mets destinés à ce repas et qu'un seul suffisait? Ce sens est trop vulgaire et trop peu d'accord avec la seconde partie de la réponse du Sauveur, pour qu'il soit raisonnable de lui en prêter la pensée ; car, il ajoute immédiatement : « Marie a choisi la meilleure part, elle ne lui sera « point ôtée (1). »

Il y avait donc évidemment dans l'esprit du Sauveur un rapprochement et un parallèle entre la part que Marthe avait prise, et celle qu'avait choisie Marie. En quoi consistent ces deux parts, et la différence de l'une à l'autre ?

Ceci touche à l'un des points les plus élevés de la philosophie chrétienne. Il y a deux vies, dans la vie de l'homme ; deux natures dans sa nature, le corps et l'âme ; la vie interne et la vie externe. Par celle-ci, il appartient à l'ordre des créatures matérielles ; par l'autre, à celui des êtres moraux et intelligents. Lorsque ces deux vies s'unissent, comme elles sont unies dans une personne animée, il doit y avoir entre elles,

(1) *Ubi supra*. v. 42.

non-seulement harmonie, mais subordination. La vie interne, celle de l'âme, doit, comme la plus élevée et la plus noble, présider à celle des sens, en diriger les mouvements, les pénétrer de son esprit, les élever à sa hauteur. Les actes de la vie extérieure, sous quelque forme qu'ils apparaissent, ont devant Dieu, plus ou moins de prix, selon qu'ils participent à cette influence. Mais si cet ordre est renversé, si la raison éclairée par la foi, de maîtresse et de directrice des sens qu'elle doit être, en devient la servante ou l'esclave, il y a désordre, anarchie, extinction même quelquefois de la vie morale, une façon d'être et de vivre qui est un véritable abrutissement. C'est l'abjection où tombent malheureusement ceux qui, ne sachant ou ne voulant jamais résister à l'entraînement de leurs inclinations vicieuses, finissent par en subir le joug.

Mais ceux-là mêmes qui se tiennent au plus loin de ces honteux écueils, les personnes les plus vertueuses, celles dont l'occupation extérieure roule principalement en des œuvres bonnes d'elles mêmes et dont le but est le service de Dieu ou celui du prochain, peuvent apporter à leur accomplissement un empressement naturel exagéré d'où naît l'inquiétude et le trouble de leur esprit. Elles peuvent encore mêler à ces œuvres des vues qui, sans êtres criminelles, dévient cependant, dans une certaine mesure, de la rectitude et de l'élévation des intentions, qui doivent seules les inspirer. De l'un ou de l'autre de ces défauts s'engendre une imperfection qui altère l'harmonie que nous avons dit devoir exister entre la vie interne et la vie externe dans la production des actes qu'elles concourent à réaliser, et qui diminue, par suite, sans le détruire entièrement, le mérite de ces œuvres.

C'est dans ce sens, et pour ce motif que Notre-Seigneur adressait à Marthe l'observation que la perplexité dont elle souffrait en ce moment procédait d'un zèle louable, dans son principe, mais excessif dans son expression ; qu'elle avait donc à le tempérer par cette pensée, devant dominer toutes les autres, savoir : qu'il n'y a qu'une chose vraiment nécessaire ; et que parmi les agitations de la vie, dans la variété des occupations qui la remplissent, l'effort de notre âme doit tendre principalement à nous unir à Dieu, par le désir de le voir et de ne plaire qu'à lui seul.

Ainsi, dans la pensée du Sauveur, la part de Marthe se rapportant à la *vie active* était bonne, sans doute ; mais elle avait besoin, pour atteindre le degré méritoire dont elle était susceptible, d'emprunter à la vie *contemplative* quelque chose de son élément sanctificateur. La vie contemplative, en effet, tient, comme en suspens, l'exercice des sens extérieurs : elle porte l'âme à se concentrer tout entière sur elle-même, pour qu'elle se fixe, à l'exclusion de toute occupation qui pourrait la distraire, à la vue de Dieu seul et à celle de ses perfections. Telle était aussi la part qu'avait choisie Madeleine; et Notre-Seigneur la proclame *excellente* ou la meilleure, précisément pour le motif qu'elle consiste dans la constante et paisible jouissance de cet *unique* nécessaire.

C'est conséquemment à cette doctrine (1) que la théologie mystique a établi la distinction entre ces deux sortes de vie : l'une qui est comme une anticipation

(1) L'existence, dans l'Église, des ordres religieux appelés *contemplatifs* est depuis longtemps, dans un certain monde, un sujet de scandale : à quoi servent les moines, se dit-on ? Cette question impertinente est le texte favori qui a donné lieu à tant de déclamations, quelquefois à de cyniques plaisanteries à l'endroit de cette classe d'hommes. On se plaît à les considérer comme des êtres *parasites*, de *robustes fainéants*, une engeance qu'il faut détruire, parce qu'elle n'est pour la société qu'un fardeau inutile, quand elle n'en devient pas le fléau.

On demande à quoi servent les moines, et ce qu'ils font au monde. Ils ne servent certainement pas à l'amuser, moins encore à le corrompre. Mais ils servent d'abord à lui offrir la vivante image de la perfection évangélique : et ce spectacle en vaut bien un autre. Il semble, en effet, qu'au milieu du débordement des passions humaines, et en contraste des abaissements qu'elles produisent dans les mœurs et dans les caractères, il n'est pas trop à regretter, dans l'intérêt de la dignité humaine, et pour l'honneur de notre nature, qu'il se rencontre encore quelques hommes qui montrent, par l'exemple de toute leur existence, ce que peut inspirer de grandeur, de courage, de vraie noblesse, d'élévation, l'action des *passions divines*. Il n'est pas trop à regretter qu'à côté du mal extrême, se trouve l'extrémité du bien, et que tandis qu'il en est un si grand nombre qui ne semblent plus vivre que d'une vie brutale, il en soit resté quelques-uns qui sachent vivre de la vie des anges. Ceux-là sont vraiment *le sel de la terre* On ne saurait les approcher et les voir, sans se reprocher à soi-même sa lâcheté et se sentir excité à devenir meilleur. C'est à quoi servent les moines : mais ils sont utiles encore à d'autres fins. Leurs prières, leurs œuvres de piété et de pénitence ne tournent pas seulement à leur avantage per-

de la vie du ciel et qui doit s'y continuer. C'est pourquoi le Sauveur a dit de la part de Madeleine qu'*elle ne lui serait point ôtée*. L'autre, qui est celle de l'exil,

sonnel; elles profitent à d'autres, même à ceux qui les outragent, les persécutent ou les maudissent : car, suivant une disposition admirable de la Providence, la surabondance des mérites des uns sert à couvrir, ainsi que l'enseigne l'Église, la multitude des iniquités des autres.

Mais, pour descendre à des points de vue moins élevés, il est facile de montrer que ces âmes viriles ont rendu, sous d'autres rapports, et rendent encore au monde des services inappréciables. Abstraction faite des Ordres religieux qui se dévouent, et l'on sait avec quel courage, quel oubli de soi, quelle sublime abnégation, soit au service des pauvres, soit à l'éducation de l'enfance, soit à des travaux apostoliques, et à ne parler que de ceux dont l'existence est concentrée tout entière dans le silence et la solitude, peut-on, sans une criante injustice, et une plus odieuse ingratitude, les accuser d'inutilité et de fainéantise ? Qui donc, au moyen-âge, a sauvé les lettres du naufrage, et la société, de l'abîme de la barbarie où elles allaient périr ? qui est-ce qui a cultivé et cultive encore avec le plus d'application, de labeurs et de succès, le champ de la science ? Bossuet, qui s'y connaissait, avait tiré un jour de son cloître l'un de ces hommes, et le présentant à Louis XIV : *Sire*, lui disait-il, *voilà l'homme le plus savant de votre royaume;* il ajoutait, *et le plus humble.* Cet homme était un moine; il s'appelait Mabillon, et il n'était pas le seul de son espèce. Il eût été facile au grand évêque de trouver dans les mêmes cloîtres toute une pléiade d'hommes semblables. La race n'en est pas perdue : elle se perpétue encore, et de nos jours, nous avons eu la surprise de voir s'élever, au sein de l'Institut de France, la question de savoir si, dans l'intérêt de la science et du progrès des études, il ne serait pas à propos de supplier le gouvernement italien de ne pas comprendre dans les mesures

de l'épreuve et du combat, mais qui cessera le jour de l'éternité, pour faire place à la béatitude et à la jouissance de la claire vision.

La vie contemplative, par cela seul qu'elle est la plus parfaite, ne saurait être la vie commune. Elle peut être le partage de quelques âmes privilégiées appelées à cet état par une vocation et des aptitudes spéciales. La plus indispensable de toutes est une humilité profonde se manifestant surtout par une soumission

de rigueur prises contre les corporations religieuses les moines du Mont-Cassin.

A côté de ceux qui ont cultivé et cultivent encore le champ de la science, on doit placer ceux qui ont défriché le sol que nous foulons, et que leurs héritiers arrosent encore de leurs sueurs. On ne le sait pas, ou on l'a trop oublié : ce sont les moines qui, par de longs et d'immenses travaux, ont conquis à la culture ces régions longtemps arides ou marécageuses, couvertes aujourd'hui de si riches moissons ; ce sont eux qui ont vulgarisé par leur exemple les meilleures pratiques de l'agriculture, et rendu populaires les premières notions de cet art, le plus utile et le plus moral de tous. Encore aujourd'hui, on peut les voir à l'œuvre, et dire ensuite s'il y a quelque chose de fondé dans ce reproche d'inutilité et de fainéantise adressé aux ordres monastiques ! Ce reproche n'est pas le motif de la haine qu'on leur porte ; il n'en est que le prétexte. Le vrai motif est celui-ci : l'héroïsme de la vertu placée en face du vice en fait ressortir davantage la bassesse. Et quand le vice n'a pas le courage de se condamner lui-même, il en vient, par une conséquence nécessaire, à se prendre contre la vertu qui l'offusque d'une mortelle aversion, et quelquefois jusqu'à s'en faire le persécuteur. *Omnis qui male agit odit lucem, ut non arguantur opera ejus* (*Év selon St Jean* chap. III. v. 20).

entière à l'autorité de l'Église et à la direction de ceux qui en sont les dépositaires. Car si cette voie est la plus sublime, elle est aussi la plus exposée au danger de l'illusion, et pour y marcher sûrement, on a besoin d'un guide, à la suite duquel on ne risque point de s'égarer.

Enfin, la vie purement contemplative, pratiquée dans la rigueur de sa notion, est impossible ici-bas, parce qu'elle est incompatible avec les conditions de notre existence. Il est cependant convenu dans le langage ordinaire d'appeler *contemplative* la vie des personnes qui s'appliquent principalement, si ce n'est exclusivement, aux exercices qui s'y rapportent, et vie *active*, celle qui embrasse plus spécialement les œuvres extérieures de zèle ou de charité. La première a son modèle dans la personne de Sainte Madeleine; et la seconde dans celle de Sainte Marthe. Les ordres religieux qui font profession de suivre les conseils évangéliques se distinguent entre eux, selon qu'ils appartiennent à l'une ou à l'autre de ces deux catégories.

CHAPITRE SIXIÈME.

La maladie, — la mort, — et la resurrection de Lazare.

Notre-Seigneur venait depuis peu de s'éloigner de Béthanie. Il s'était rendu à Jérusalem, afin d'y assister à la fête anniversaire de la dédicace du temple. Dans cette circonstance, une foule nombreuse étant réunie sous le portique de Salomon, il lui avait adressé certaines paroles dont l'effet avait été de surexciter au plus haut point, contre sa personne sacrée, la haine de ses ennemis. Ils ne le menaçaient de rien moins que de le lapider ; car la loi condamnait les blasphémateurs à ce genre de supplice, et, dans leur appréciation, il s'était rendu coupable, au premier chef, du crime de blasphème, en affichant, comme il l'avait fait, sans aucun déguisement, la prétention d'être l'égal de Dieu, et Dieu lui-même.

Cependant, son heure n'étant pas encore venue, il crut devoir alors se soustraire par la fuite à cette menace : il retourna en Galilée, où il trouva un asile dans un domaine appartenant à la famille de Sainte Marthe.

Il y était depuis quelques jours avec ses Apôtres, quand une nouvelle fâcheuse lui arriva de Béthanie : « Celui « que vous aimez est malade (1). » Tel est le message

(1) Voyez le chap. xi de l'Év. de Saint Jean renfermant tous les détails de ce récit.

que lui adressaient les deux sœurs de Lazare : elles n'ajoutaient rien de plus ; car elles ne doutaient point que, portant à leur frère une affection si vive, il ne s'empressât de venir à son secours, au premier avis qu'on lui aurait donné de sa situation.

Leur attente fut cependant trompée. Dans ce premier moment, le Sauveur se contenta de répondre : « Cette « maladie n'est pas pour tourner à la mort, mais à la « gloire de Dieu, et à celle de son fils. » Deux jours se passèrent ainsi, avant qu'il manifestât la pensée de revenir aux lieux où il était attendu avec une si légitime impatience. Ce retard que l'on ne comprenait pas à Béthanie avait son motif dans le dessein qu'avait Jésus-Christ de donner en cette circonstance une manifestation éclatante de son pouvoir divin, et de rendre à Lazare, non pas la santé, mais la vie.

Il mourut en effet dans cet intervalle, et ce ne fut que lorsque ce triste événement ne pouvait plus être désormais pour personne l'objet du moindre doute, que Notre-Seigneur se décida à revenir en Judée. Les Apôtres l'en dissuadaient : « Maître », lui disaient-ils, « il y « a quelques jours seulement, les Juifs voulaient vous « lapider, et vous retournez au milieu d'eux ? » à quoi il répondait : « N'y a-t-il pas douze heures dans le jour ? « Celui qui marche le jour ne se heurte point, parce « qu'il voit la lumière ; mais s'il marche la nuit, il « bronche, parce que la lumière lui manque. » Ce qui revenait à dire que le temps où il avait résolu de mourir n'était pas venu, et que jusque-là, il n'y avait rien à appréhender pour lui. « Lazare notre ami dort, ajoutait-il, je vais le réveiller de son sommeil. » Mais ces esprits grossiers, ne comprenant point le sens de ces paroles, il leur dit nettement: « Lazare est mort, et « je vais le ressusciter. »

Le désir du Sauveur était d'entourer ce miracle comme d'un surcroît d'évidence, afin qu'il fût impossible à l'incrédulité même la plus obstinée et la plus aveugle de résister à la force d'une telle démonstration. C'est pourquoi il mit à ce voyage quelques jours encore, de manière à n'arriver à Béthanie que quatre jours après le décès de son ami.

Ses sœurs éplorées ne désespéraient cependant pas de l'y voir. A chaque instant, elles s'enquéraient de lui. Enfin l'on apprend qu'il n'est pas loin; aussitôt, voilà Marthe qui court à sa rencontre. (1) Dès qu'elle l'aperçoit elle

(1) On montre encore près de Béthanie l'endroit où l'on suppose qu'aurait eu lieu cette rencontre. L'on y voit une citerne taillée dans la roche dure, appelée la *citerne de Sainte Marthe*, parce que ce serait là qu'elle aurait rencontré Jésus-Christ pour la première fois, et tout auprès une pierre oblongue, appelée vulgairement *pierre de Béthanie*, peu élevée au-dessus du reste du rocher. Cette pierre est en vénération, parce que, d'après la tradition ancienne, Notre-Seigneur s'y était assis, en attendant Madeleine que sa sœur était allée chercher. Autour de cette pierre, on voyait autrefois des traces de fondation qui étaient, sans doute, les restes d'une chapelle élevée par la piété des fidèles, en mémoire de la station du Sauveur en ce lieu. Les Chrétiens, et même les infidèles honoraient la *pierre de Béthanie*, et en détachaient des parcelles qu'ils vénéraient comme des reliques Quelques auteurs l'appellent la *Pierre du Colloque, ou du Dialogue*. (Voyez les *Monuments inédits*. Tome II p. 192.)

tombe à ses pieds; et dans ce moment, entre elle et Jésus-Christ s'établit un colloque où se montre, avec la vivacité de sa foi, toute la tendresse de son âme.

« Maître, dit-elle, mon frère ne serait pas mort, si
« vous eussiez été ici. » C'est la première parole qui sort de sa bouche. Mais à cette sorte de plainte exhalée de son cœur, expression respectueuse et bien naturelle de la douleur qui le déchire, elle ajoute, comme un hommage rendu à la puissance de l'hôte divin qui peut, d'une parole, guérir ces cruelles blessures : « Mais je sais que,
« même à présent, tout ce que vous demanderez à Dieu,
« il vous l'accordera. »

« Votre frère ressuscitera, » lui dit Jésus. « Oui, répond-elle, je le sais, au dernier jour. » Ce qui montre d'abord que Marthe, n'ayant point compris le sens et la portée véritable de la promesse du Sauveur, ne s'attendait pas à la voir se réaliser sitôt; et de plus que, bien que ne partageant point les préjugés de l'esprit pharisaïque si sévèrement flagellés par Jésus-Christ, elle croyait cependant au dogme consolateur de la résurrection future.

« C'est moi, réplique le Sauveur, qui suis la résurrec-
« tion et la vie; celui qui croit en moi vivra, quand même
« il serait mort. Quiconque vit et croit en moi ne mourra
« point pour toujours ; croyez-vous cela ? »

Voilà donc Marthe mise en demeure de rendre témoignage de sa foi. Et que va-t-elle répondre à cette interpellation ? « Oui, reprend-elle avec l'accent d'une conviction intime, oui, j'ai cru que vous êtes le Christ, et le
« Fls de Dieu venu au monde. »

Heureuse mille fois êtes-vous, ô Marthe, d'avoir écouté en cette circonstance, *non pas les révélations de la chair et du sang*, mais l'esprit céleste qui a placé sur vos lèvres cette sublime confession ! Le prince des Apôtres, lui aussi inspiré par un souffle d'en haut, la répétera plus tard après vous : et si la foi de Pierre doit être gratifiée d'une aussi magnifique récompense, comment le Fils de Dieu pourrait-il refuser à la vôtre sa rémunération ?

Elle ne se fit pas longtemps attendre ; car après ce premier entretien, et laissant un moment Jésus-Christ en ce lieu-là même, Marthe va trouver sa sœur pour l'avertir de sa venue (1). Elle n'était pas seule. Un grand nombre de personnes de Jérusalem, et quelques-unes du plus haut rang, étaient là. Elles étaient venues pour offrir des consolations et des condoléances aux deux sœurs affligées par ce nouveau deuil. Mais la Providence les avait appelées pour attester, par un éclatant témoignage, le prodige qui allait bientôt s'accomplir. Car à peine Madeleine a-t-elle avis de l'arrivée de Jésus-Christ qu'elle se lève aussitôt, accompagnée de la foule des personnes formant le cercle autour d'elle, et qui, s'ima-

---

(1) L'Évangile remarque que cet avis fut donné secrètement à Madeleine, et qu'il ne fut entendu que d'elle seule. S'il eût été donné à haute voix, sur le nombre des personnes présentes, quelques-unes, pouvant être antipathiques à Notre Seigneur, se seraient peut-être retirées, et n'auraient pas été témoins du miracle qui allait s'accomplir, contrairement à la pensée de son auteur qui voulait l'entourer de toutes les garanties de la certitude.

ginant qu'elle va au sépulcre de son frère pour y épancher sa douleur, la suivent afin de pleurer avec elle.

La voilà prosternée aux pieds de Jésus : « Seigneur, s'écrie-t-elle à son tour, mon frère ne serait pas mort, « si vous eussiez été ici. » Les sanglots étouffent sa voix, et l'empêchent de continuer. Un long gémissement, parti des rangs de toute la compagnie réunie autour d'elle, répond à ses soupirs, et l'on voit le Sauveur lui-même verser des larmes. Il en avait également répandu dans la crèche qui lui avait servi autrefois de berceau ; car étant venu au monde revêtu des formes de notre humanité, il avait dû lui emprunter aussi toutes ses affections et toutes ses infirmités ; à l'exception seulement de celles qui la déshonorent et qui seraient une tache pour sa nature divine. Mais afin qu'il n'y ait pas ici de méprise possible, aux larmes qui sont le signe de la faiblesse de l'homme il va faire succéder bientôt la manifestation la moins équivoque de la puissance et de la vertu de Dieu.

« Voyez, se disaient quelques uns, comme il l'aimait ! » d'autres se demandaient, avec une surprise mêlée d'incrédulité, si celui qui avait donné la vue à un aveugle de naissance n'aurait pu empêcher son ami de mourir.

« Où l'avez-vous mis ? » demande le Sauveur. On lui montre une caverne fermée par une grande pierre tumulaire : « Qu'on ôte cette pierre. » Marthe fait observer que du sépulcre ouvert va s'exhaler une odeur fétide causée par la putréfaction du cadavre déposé là depuis quatre jours. C'est pour ce motif-là même, et afin que la présence et la mort de Lazare soit constatée à tous les regards, que Jésus-Christ insiste pour que cette pierre soit ôtée.

Puis, levant les yeux au Ciel : « Père, s'écrie-t-il, je « vous rends grâces de m'avoir exaucé. Pour moi, je sais « que vous m'exaucez toujours ; mais je dis ceci pour « le peuple qui m'entoure, et afin qu'il croie que c'est « vous qui m'avez envoyé. » Alors, élevant la voix, de manière à être entendu au loin : « Lazare, dit-il, venez dehors. » Au même instant, Lazare se lève avec les bandes qui lui liaient les pieds et les mains. « Déliez-le, ajoute Jésus-Christ, et laissez-le aller ; » car il est dans les vraisemblances que, dès l'instant où la vie lui eût été rendue d'une façon si miraculeuse, ses sœurs et ses amis durent s'empresser autour de sa personne, et le combler de tous les témoignages de leur tendresse et de leur satisfaction. Après des émotions telles qu'il dut éprouver en ce moment, un peu de repos et de liberté, on le conçoit très-bien, lui étaient nécessaires.

Ainsi s'accomplit ce mémorable événement (1). Rien n'y

(1) S'explique-t-on, après cela, que l'auteur si tristement célèbre du roman intitulé : *La Vie de Jésus*, traitant ce point de l'histoire évangélique et voulant en rendre la vérité douteuse, l'ait attaquée avec une si pitoyable légèreté ? « Il paraît, dit-il, qu'il « se passa quelque chose à Béthanie qui *ressemblait* à une ré-« surrection. » Le besoin d'un miracle s'étant fait sentir, Lazare, en rusé compère, aurait *fait le mort*. Il se serait laissé entourer de bandelettes et enfermer dans un tombeau de famille. Le savant auteur assure que les choses se passèrent ainsi : il n'en a et n'en donne pas la moindre preuve, mais il veut en être cru sur parole. Il n'a pas d'autres arguments à opposer à la foi de dix-huit siècles. Et cet auteur est membre de

6.

manqua de ce qui pouvait en établir l'incontestable vérité ; car ce prodige opéré devant une multitude de personnes leur fut certifié, dit Saint Ambroise, par le témoignage de tous leurs sens, à la fois. Par celui de leur bouche, puisqu'elles-mêmes désignent au Sauveur le lieu où a été enseveli Lazare. Par celui de leurs yeux qui l'avaient vu couché d'abord dans le tombeau, et bientôt après l'en virent sortir plein de vie. Par le témoignage de leurs oreilles frappées par cette parole prononcée par Jésus-Christ, avec force et véhémence et qu'il avait été impossible aux assistans de ne point entendre : « Lazare, levez-vous. » Par celui de l'odorat, quand ayant ôté la pierre du sépulcre, ils sentirent l'infection du cadavre. Enfin, par le témoignage du toucher, lorsqu'ils le débarrassèrent de ses liens, et palpèrent ses pieds, ses mains et son visage. Dieu en usait ainsi, afin que ces hommes insensibles jusque-là au témoignage secret de leur cœur et à celui de leur conscience en faveur de la mission divine de Jésus-Christ, n'eussent plus de ré-

---

l'Institut. Son livre abonde en traits semblables. Il a eu des éditions sans nombre, il a fait la fortune de l'écrivain, il a été traduit dans toutes les langues ! quel pays et quel temps où des affirmations si impudemment audacieuses obtiennent de tels succès ! succès éphémères, il est vrai, et bientôt suivis d'une complète désillusion, mais succès d'argent toujours et de scandale ! Et notez bien que, d'après le même écrivain, celui qui aurait arrangé cette incroyable comédie, et s'y serait donné le rôle principal, est le plus grand homme qui jamais ait paru, le plus vertueux, le plus honnête, le premier et le plus profond d'entre les philosophes et les moralistes, le plus insigne bienfaiteur de l'humanité !

sistance à opposer au témoignage simultané de tous leurs sens réunis.

Aussi l'impression produite sur eux par ce spectacle fut-elle profonde. Un grand nombre d'entr'eux se montrèrent convaincus, et partagèrent, dès ce moment, la foi de Marthe. Afin de les y confirmer, la Providence inspira, quelques jours après, à Simon surnommé le *lépreux*, sans doute parce qu'il avait souffert et avait été guéri de cette infirmité, la pensée de célébrer par un grand festin le retour à la vie de Lazare, son ami. Le Sauveur y assistait, ayant près de lui Lazare, fêté à l'envi par un grand nombre de convives, et Marthe, quoique dans une maison étrangère, voulut en cette occasion rendre à Jésus-Christ les mêmes services (1), et remplir auprès de sa personne sacrée les mêmes devoirs dont elle s'acquittait, quand elle avait l'insigne honneur de le recevoir chez elle.

(1) *Év. selon Saint Jean.* chap. XII v. 2.

CHAPITRE SEPTIÈME.

Conduite de Sainte Marthe pendant la Passion de Jésus-Christ. — Après son Ascension, elle s'attache et se dévoue à la personne de la Très-Sainte Vierge. — Descente du Saint-Esprit, le jour de la Pentecôte. — Part de Sainte Marthe dans la distribution de ses dons. — Commencement de l'Église chrétienne. — Beaux exemples qu'y donne Sainte Marthe.

L'événement qui vient d'être raconté eut à Jérusalem et dans toute la Judée un grand retentissement. Mais s'il servit à rattacher à la doctrine et à la personne de Jésus-Christ un grand nombre de disciples, par cela même, il ne contribua pas moins à envenimer davantage l'animosité de ses ennemis. Ils eurent même un instant la pensée de faire périr Lazare (1) parce qu'un grand nombre de Juifs, convertis par le miracle de sa résurrection, croyaient à la parole du Sauveur. Ce projet sanguinaire n'eut cependant pas d'exécution. Car

(1) *Év. selon Saint Jean.* chap. xii. v. 10. La pensée de faire périr Lazare n'eut pas de suite. Et pourquoi donc? cependant s'il y avait eu un moyen quelconque d'arriver à la preuve que Lazare se fût prêté, par une connivence personnelle, à la simulation d'un fait aussi extraordinaire que celui de sa résurrection, n'y eût-il pas eu lieu de le poursuivre comme s'étant rendu le premier complice d'une odieuse et coupable supercherie? Les ennemis du Sauveur, disposés comme ils l'étaient à son

aussi bien, quel grief eût-il été possible d'articuler contre Lazare, pour lui intenter un procès criminel ? Etait-ce donc un fait répréhensible d'avoir été rappelé à la vie miraculeusement? Et puis, Celui qui la lui avait rendue une première fois n'était-il pas assez puissant pour la lui rendre encore ? Leur fureur se tourna donc contre l'auteur du miracle ; et dès ce moment, sa perte fut résolue. Toutefois ni ce prodige, ni aucun de ceux qu'il avait opérés précédemment ne lui furent reprochés. Ses envieux et ses persécuteurs, si ardents et si attentifs à relever dans sa conduite et dans sa vie tout ce qui pouvait avoir l'apparence d'un crime, ne l'accusèrent que de blasphème et de sédition, jamais de magie, de mensonge ou de sortilége.

Il n'est pas de notre sujet de redire maintenant les épreuves qu'il eut à subir et qui se terminèrent à la mort de la croix. Nos livres saints, qui en racontent les détails, nous montrent Madeleine s'attachant avec une fidélité inébranlable aux pas du divin Sauveur dans tout le cours de ses souffrances et le suivant jusqu'au lieu de son supplice. Ils nous apprennent encore les soins qu'elle prit de sa sépulture, ses visites fréquentes à son

égard, auraient-ils laissé échapper une occasion aussi précieuse de démasquer aux yeux de tous sa fourberie pour peu qu'ils eussent eu l'espérance d'y réussir ? Nous ne voyons cependant nulle part que Lazare ait été recherché pour le fait de sa résurrection. Preuve indirecte, mais évidente et démonstrative, que ce fait qui aurait été si justement punissable, s'il eût été simulé, était tenu, par les Juifs eux-mêmes, pour certain et indubitable.

tombeau, le privilège glorieux qui lui échut d'être l'un des premiers témoins de sa résurrection, et d'en porter la nouvelle à ses disciples. Le nom de Marthe n'est point expressément prononcé dans ces récits ; mais nous y lisons que d'autres femmes (1), qui avaient mis autrefois leurs personnes et leurs biens au service de Jésus-Christ, s'associèrent à Madeleine dans l'accomplissement de ces pieux devoirs. Entre ces fidèles servantes du Sauveur, comment ne pas distinguer celle qui avait été l'une des premières à confesser son nom, qui l'avait si souvent accueilli sous son toit, servi de ses mains, et lui avait donné, jusqu'à ce moment, des marques du dévouement le plus absolu? Comment s'expliquerait-on qu'elle se fût séparée de sa sœur dans une circonstance aussi douloureuse? elle qui savait que les services rendus à sa famille, et la seconde vie, donnée à son frère Lazare, étaient la cause principale, quoiqu'innocente, de la haine qui avait armé contre la personne de son Rédempteur la main de ses bourreaux. Sans aucun doute, Marthe était donc avec Madeleine au pied de la Croix, avec elle au sépulcre, où elle eut la joie de contempler la gloire du Sauveur ressuscité, avec elle toujours, et jusqu'au moment où, près de Béthanie, et sur la montagne des oliviers, elle reçut la dernière bénédiction du Dieu fait homme, et le vit triomphant monter au ciel (2).

(1) *Év. selon Saint Jean* chap. XIX. v. 25. *Saint Math.* chap. XXVII. v. 55 *Saint Marc.* chap. XV. v. 41. *Saint Luc.* chap. XXIII. v. 49.

(2) Au rapport d'auteurs dignes de foi et de plusieurs voyageurs qui ont pu vérifier ce fait, on a vu longtemps sur cette

Après cette séparation, Marthe et Madeleine reportèrent sur la Vierge Marie le culte qu'elles avaient professé pour son Fils vivant de sa vie mortelle ; l'hospitalité de Béthanie ne pouvant désormais lui être donnée, elle fut offerte avec un religieux empressement à sa Mère. Aussi bien, cette demeure devait-elle avoir des charmes précieux à ce cœur maternel, ayant été consacrée si souvent par la présence de ce Fils adorable, et pleine encore de son souvenir. Mais Lazare et ses sœurs pouvaient-ils, de leur côté, rencontrer une personne qui leur rappelât plus sensiblement l'image de Celui qui les avait tant aimés ? Qui mieux était capable de leur apprendre les mystères, encore ignorés d'eux, de sa vie cachée, les secrets de ses entretiens intimes, les beautés de son caractère divin qui ne s'étaient révélées que dans l'obscurité du séjour de Nazareth ? avec quelle sainte avidité Marthe recueillait ces enseignements ! quel aliment elle y trouvait pour sa piété ! comme son zèle s'enflammait à ces récits ! et combien elle se fût estimée heureuse de consacrer, dès ce moment, son existence aux travaux de l'apostolat auxquels elle devait se livrer plus tard !

Mais, en même temps, de quelle vénération, de quelles attentions délicates, de quelles démonstrations de dévouement elle s'efforçait d'entourer cette Mère bien-aimée ! comme elle s'attachait à lui adoucir, par toutes

---

montagne, et au lieu même d'où Jésus-Christ s'éleva au ciel, l'empreinte de ses pieds. Ces vestiges vénérables, depuis longtemps l'objet de la piété des fidèles, n'ont pas entièrement disparu, et, suivant les mêmes rapports, la trace du pied gauche serait encore apparente.

les marques d'une piété vraiment filiale, la douleur, résultant pour elle de l'absence de Jésus!

Ce fut sous les auspices, et, en quelque sorte, sous le souffle virginal de cette Mère chérie, que se forma le premier noyau de la grande famille chrétienne. Le cénacle lui servit de berceau. Réunie en ce lieu, au nombre de cent vingt personnes, elle vaquait à la prière, dit Saint Luc (1), dans la compagnie de la Mère de Jésus, et celle des saintes femmes. Au nombre de ces femmes pieuses groupées auprès de la Mère du Sauveur, et formant autour d'elle comme une couronne, apparaît au premier rang et la plus empressée celle qui lui avait donné jusque-là, ainsi qu'à son divin Fils, les gages les plus touchants de son affectueuse fidélité.

Cette troupe choisie se préparait dans le silence du recueillement à la visite de l'Esprit consolateur promise par Jésus-Christ montant au ciel. Elle sonna, le jour de la Pentecôte, cette heure désirée qui fut pour le monde le signal de sa régénération. Ce qui parut au dehors en ce moment, et ce qui frappa les regards, était merveilleux, sans doute, mais ce qui se passait au dedans, ce que les yeux ne virent point, ce que la langue des hommes ne saurait redire, le fut bien plus encore. Ce fut un baptême de feu, suivant l'expression consacrée, et comme un déluge de dons célestes. Ces âmes d'élite s'y retrempèrent ; et dans cette profusion de faveurs spirituelles qui leur furent distribuées, chacune reçut, outre la part commune, les grâces spéciales convenant le

(1) *Actes des Ap.* chap. 1. v. 14.

mieux aux ministères qui devaient lui être confiés. L'Esprit sanctificateur remplit ainsi le cœur de Marthe, et en y allumant la flamme désormais inextinguible de l'amour sacré, il lui fit un cœur d'apôtre, lui en donna la foi vive, le zèle ardent, la sainte intrépidité, le courage inébranlable. Il l'investit de ce pouvoir surnaturel qui devait la rendre capable de confirmer la parole de salut, quand elle la porterait à des nations éloignées, par tous les signes révélateurs de la vertu d'en haut.

Cette pensée n'est pas simplement une conjecture. Elle est exactement conforme à la doctrine de Saint Paul expliquant la diversité des dons du Saint-Esprit par l'infusion de sa grâce :

« Il y a, dit-il, diversité de grâces et de dons spiri-
« tuels ; mais c'est le même esprit qui les communique.
« L'un reçoit le don de la science ; .... un autre, celui
« de la sagesse ; .... un autre, celui de la foi, dans le
« même esprit ; .... un autre, le don de guérir les
« malades ; un autre, le don de prophétie ou celui
« des miracles ; .... un autre, la grâce du discerne-
« ment des esprits ; un autre, celle de parler plusieurs
« langues. Mais c'est un seul et même esprit qui opère
« toutes ces choses, distribuant à chacun ses dons, selon
« qu'il lui plaît (1). »

Ces grâces extérieures, ainsi qu'on les appelle, parce qu'elles doivent servir bien plus à l'utilité commune qu'à l'avantage personnel de ceux qui en sont favorisés, étaient fréquentes à la naissance de l'Église. Elles comprenaient, comme on voit, les dons de prophétie,

(1) 1re *aux Corinth.* chap. XII. v. 3-4-9-10.

des langues, des guérisons et des miracles. Le Saint Esprit les distribuait diversement, suivant les aptitudes et la vocation de chacun. Mais cette distribution de dons célestes dut naturellement être plus abondante, le jour de la Pentecôte, puisque ce fut en ce jour que se fit la première effusion des faveurs spirituelles, dont le Saint-Esprit est le suprême dispensateur. La part qui en échut à Marthe dans cette grande journée dut également être proportionnée à l'excellence aussi bien qu'à la difficulté de la mission qui devait lui être confiée plus tard.

Mais avant qu'il lui fût donné de la remplir, elle y préludait par des œuvres qui étaient elles-mêmes une éclatante manifestation de l'Esprit dont elle venait de recevoir la plénitude.

Une vie nouvelle venait d'être donnée au monde; il y parut aussi une nouveauté qui faisait l'étonnement et l'admiration de tous ceux qui en étaient les témoins. « Voyez, » se disaient les païens et les Juifs, en contemplant les premiers disciples du Christ, « voyez comme « ils s'aiment les uns les autres ! » Cela ne s'était jamais rencontré jusque-là.

« La charité divine avait été versée dans leur cœur « par l'Esprit qui leur avait été donné (1), » et cette vertu que le monde ne connaissait point portait avec elle une telle puissance de cohésion, les liens qu'elle formait étaient si étroits, que des cœurs, si divers de sentiments

(1) *Rom.* chap. v. 5

et d'inclinations, semblaient vivre de la même vie et battre du même mouvement.

Le premier effet de cette fusion des âmes avait été de bannir l'indigence du sein de la famille chrétienne; aucun des membres qui la composaient ne considérait comme à son usage exclusivement personnel les biens qui lui étaient obvenus par la naissance, ou par toute autre voie. Les plus riches d'entr'eux, ceux dont la fortune consistait en possessions teritoriales, les vendaient pour former, du produit de cette vente, un patrimoine commun (1) destiné à subvenir aux besoins et aux nécessités de tous.

(1) La communauté de biens pratiquée dans l'Église primitive ne ressemblait nullement à celle que les propagateurs des doctrines dites *socialistes* auraient voulu introduire de nos jours. Entre le système révolutionnaire, et le système chrétien, il existe une différence qui les distingue radicalement l'un de l'autre. Dans les idées des communistes modernes, telles qu'ils en ont donné la célèbre formule : *la propriété c'est le vol*, dans les idées chrétiennes, comme les entendaient les premiers disciples de Jésus-Christ : *la propriété est inviolable et sacrée*. Au temps même dont nous rappelons le souvenir, l'usage de vendre ses biens et d'en verser le prix dans un fonds commun n'était pas regardé comme obligatoire : c'était un acte essentiellement facultatif qui empruntait son principal mérite à ce caractère de spontanéité. Nous en avons la preuve certaine au livre des Actes des Apôtres (chap. v. v. 3 et 4.): nous y voyons que Saint Pierre, reprochant à Ananie et à Saphire le mensonge commis par eux dans la déclaration du produit de la vente de leurs biens, ajoutait : « Ces biens n'étaient-ils pas à vous ? n'a-
« viez-vous pas la liberté de les garder, et même, après les
« avoir vendus, d'en conserver le prix ? »

Tels furent le désintéressement et la générosité dont Marthe fut l'une des premières à donner le magnanime exemple ; générosité d'autant plus méritoire que les

Ces contributions étaient donc essentiellement volontaires, et la conduite d'Ananie et de sa femme n'était, en cette occasion, blâmable aux yeux de l'Apôtre qu'au point de vue de l'altération, sciemment et frauduleusement faite par eux, de la vérité. Il est vrai, Notre-Seigneur avait dit : « Si vous voulez être parfait, vendez ce que vous avez et donnez-le aux pauvres. » Mais remarquons ces paroles : « Si vous voulez être parfait. » Le divin Sauveur n'exprime donc pas ici un précepte, mais seulement un conseil, dont l'exécution est laissée au libre choix de chacun. Il y a plus : la perfection évangélique, par cela seul qu'elle est la perfection, ne saurait devenir la règle générale. Elle doit rester une exception, glorieuse sans doute, mais toujours une exception que l'on ne saurait transformer en un devoir imposé à tous, sans amener une véritable perturbation dans l'ordre de la société. Or, le Christianisme n'est pas venu détruire cet ordre, mais plutôt le consolider. Ainsi, la religion recommande à tous la pauvreté d'*esprit*, c'est-à-dire le détachement des richesses ; elle prescrit à tous ceux qui sont en état de le remplir le devoir de l'aumône. Mais elle n'impose à personne l'obligation d'un dépouillement total et effectif.

C'est par suite d'une semblable confusion d'idées, et par une interprétation perfide, on peut même dire sacrilége, de certains passages de l'Évangile que l'on a osé faire de Notre-Seigneur Jésus-Christ, l'un des précurseurs de la Révolution. Mais bien certainement, il n'entrait pas dans la pensée du divin fondateur du Christianisme d'abolir les distinctions sociales, ni d'affranchir les hommes du devoir de la soumission aux puissances établies. Il est vrai que l'un des effets les plus salutaires de l'influence exercée sur les peuples par l'esprit chrétien a été de modifier profondément les notions de l'autorité et de l'obéissance.

biens dont elle faisait ainsi le sacrifice étaient plus considérables. A l'imitation de Jésus-Christ qui, avant tous les autres, s'était volontairement rendu pauvre, afin de nous enrichir de son indigence, elle se dépouilla de

Mais, sur ce point, Notre-Seigneur pouvait dire ce qu'il disait de l'institution mosaïque : « Je ne suis pas venu abolir la loi, « mais lui donner son complément ; » car l'autorité et l'obéissance sont d'institution divine, et les fondements de tout l'édifice social. Loin d'affaiblir l'autorité, la religion l'a consacrée au contraire, en montrant la source d'où elle émane ; et, à la *crainte* qu'elle inspirait, elle a substitué le *respect*. A mesure que l'influence chrétienne diminue, le *respect* s'affaiblit dans la même proportion. La *crainte* revient, et avec elle, le despotisme et la servitude. Mais la religion a contribué encore à rendre l'autorité plus débonnaire, en lui donnant le caractère d'une véritable paternité, d'un service public, d'un ministère de dévouement. Par là même, l'obéissance est devenue plus facile et plus douce ; d'autant plus facile, que la religion, la relevant de son abjection, l'a sanctifiée en la faisant monter au rang d'une vertu. Elle a rapproché, mais sans les confondre, le riche du pauvre, le maître du serviteur, en montrant aux uns aussi bien qu'aux autres qu'ils ont une origine et une destinée communes. C'est l'action bienfaisante de son esprit et de ses maximes qui *seule* a rendu possible l'abolition de l'esclavage : et l'esclavage reparaîtra *nécessairement* dans le monde, peut-être sous un autre nom, le jour où, pour le malheur de l'humanité, elle se placerait tout à fait en dehors de l'influence de la religion. Telle est la révolution qu'il était dans les destinées du Christianisme d'accomplir. Bien différente de celles qui sont le fait de l'homme, elle devait s'opérer, comme toutes les œuvres de Dieu, sans secousse, sans violence, par un progrès continu et insensible, sans qu'il en coûtât à personne une larme, ou une goutte de sang, excepté celui qui a été versé sur la croix, pour la produire.

grand cœur de tout ce qu'elle possédait, pour venir en aide par ce moyen aux frères et aux sœurs que la grâce lui avait donnés. Elle ne consacra pas à leur service sa fortune et ses biens seulement, mais sa personne encore, son existence, et sa vie tout entière. Notre-Seigneur avait dit : « Ce que vous aurez fait au moindre des miens, « je le tiendrai pour fait à moi-même (1), » Jésus-Christ revivait donc aux yeux de sa foi, et elle l'honorait dans la personne de ses membres. Elle leur prodiguait les mêmes soins qu'autrefois à ce Dieu fait homme, et avec un zèle, une sollicitude, et un amour semblables.

Une tradition, qui a pour elle au moins toutes les vraisemblances, ajoute que la maison de Béthanie ne fut point comprise dans la vente des biens patrimoniaux de Marthe. Des souvenirs trop précieux se rattachaient à ces lieux bénis, et c'eût été une sorte de profanation de les livrer à des usages vulgaires. Ils furent convertis en un oratoire, et Marthe se plaisait à le visiter souvent. Elle rappelait pieusement à sa mémoire les scènes si touchantes qui s'y étaient passées, les discours qu'elle y avait entendus, quand le Dieu fait homme avait daigné honorer ces lieux de sa présence. Là encore, et dans la compagnie de la Mère du Sauveur, elle venait retremper son courage dans l'exercice de la prière, et la participation fréquente à la fraction du pain céleste. Ces œuvres de piété et de miséricorde furent l'occupation de sa vie, jusqu'au moment où la volonté du ciel, ouvrant à son zèle un plus vaste horizon, l'appela dans une autre carrière.

(1) *Év. selon Saint Math.* chap. xxv. v. 40.

CHAPITRE HUITIÈME.

Des caractères de l'enseignement et de la prédication évangéliques — De l'ordre à suivre dans leur diffusion. — De la persécution suscitée contre les premiers disciples et de leur dispersion, lors de la lapidation de Saint-Étienne. — De l'opinion de ceux qui indiquent cette époque comme celle de l'arrivée en Provence de nos saints Patrons.

Nous voici parvenus à cette partie de notre récit, où nous n'avons plus, pour nous guider, d'autre secours que celui de nos traditions. Afin de nous tenir au plus près qu'il sera possible de la vérité, il nous semble opportun de bien fixer d'abord quelques points généraux, hors de contestation, et propres à éclairer d'un certain jour les faits particuliers sujets à controverse.

Notre-Seigneur, donnant à ses apôtres et à ses disciples la mission de convertir le monde, leur avait tracé en termes formels et très-explicites le plan, la méthode et l'ordre qu'ils auraient à suivre dans l'accomplissement du dessein dont il leur confiait l'exécution.

Premièrement, l'enseignement de la religion devait, suivant la pensée divine, être un enseignement *testimonial*. Et en effet, le Christ, voulant asseoir son œuvre sur une base indestructible, ne pouvait l'établir sur un fondement plus solide que celui des faits. Rien au monde n'égale la puissance des faits : le raisonnement, même le plus subtil ou le plus habile, n'y peut rien ; la force brutale s'y brise ; et quand ils sont suffisamment établis, c'est une nécessité de les accepter ou de les subir, comme on accepte ou comme on subit la lumière du soleil.

Mais l'enseignement de la religion ayant pour point de départ la divulgation des faits évangéliques, il fallait nécessairement que la vérité de ces faits fût garantie par des *témoins* compétents, désintéressés, irréprochables, constants et fermes dans leurs dépositions, tels enfin que l'on pût un jour dire d'eux, ce que disait un auteur célèbre : « J'en crois volontiers des témoins qui se lais-« sent égorger (1). » Cette pensée de Pascal avait déjà une expression plus concise encore dans la langue liturgique qui avait donné le nom de *Martyr*, qui signifie témoin, à ceux qui, en confessant le Christ, avaient scellé le témoignage de leur bouche par celui de leur sang. Et Tertullien avait rendu la même idée, quand il appelait dans son magnifique langage *le sang des Martyrs, la semence des Chrétiens.*

C'est pourquoi, Notre-Seigneur, s'adressant aux prédicateurs de son Évangile leur disait : « Vous serez « mes témoins dans la Judée, dans la Samarie, et jus-« qu'aux extrémités de la terre (2). » Qu'on le remarque

---

(1) C'est dans ces occasions qu'ils prononçaient la parole qui, de leur bouche, a passé dans celle de leurs successeurs, parole dont l'énergie toute passive devait triompher des puissances du monde : « *Non possumus.* — Ce que nous avons vu et entendu, « il nous est *impossible* de ne point le redire. »

(2) *Actes des Ap.* chap. 1 v. 8.

bien : ce témoignage que ses disciples étaient appelés à rendre de lui, ils devaient le porter non-seulement dans la Judée et dans la Samarie, mais jusqu'aux *extrémités de la terre*, non pas sans doute de la terre habitable, mais telle qu'elle était renfermée dans ses limites connues, qui étaient à peu près celles de l'empire romain. Et quand, après son Ascension, les Apôtres délibéraient entr'eux sur le choix à faire pour remplir le vide laissé au milieu d'eux par l'apostasie et la réprobation de Judas l'Iscariote, Saint Pierre, présidant l'assemblée, proposait, comme une mesure nécessaire, de faire tomber ce choix sur une personne. « qui « eût été à la suite du Seigneur Jésus, depuis le baptême « de Jean, jusqu'au moment où il s'était élevé au ciel, « et qui pût rendre témoignage de sa résurrection (1). »

Enfin, l'apôtre Saint Jean, l'un de ces premiers missionnaires, s'adressant aux fidèles de ce temps, leur disait : « Ce que nos yeux ont vu, ce que nous avons « ouï, ce que nos mains ont touché, concernant le « Verbe de Dieu, nous vous l'annonçons et en rendons témoignage (2). »

En second lieu, cet enseignement devait être dogmatique et indiscutable ; car les propagateurs de la doctrine chrétienne n'avaient pas à rendre témoignage seulement de ce qu'ils avaient vu, mais encore de ce qu'ils avaient ouï. Et comme cette doctrine, entendue par eux d'abord, émanait d'une bouche infaillible, elle devait toujours

---

(1) *Actes des Apôtres*, chap. v. 21-22.
(2) 1er *Ép. de Saint Jean*, chap. 1. v. 1-2-3.

conserver le même caractère d'infaillibilité. Donc, bien évidemment, la vérité évangélique devait être présentée au monde par ses prédicateurs non pas comme le résultat des investigations de la science, mais comme la pure expression d'une révélation divine, et dès lors échappant, par la dignité et la hauteur de son origine, à l'appréciation des jugements humains. Et puis, un certain nombre de vérités qui devaient être comprises dans cet enseignement dépassant, par leur sublimité même, la portée de la raison, sans lui être contraires, elles ne pouvaient être établies par la voie de la discussion ou d'une démonstration directe, elles devaient être imposées et acceptées comme émanant d'un oracle divin. C'est pourquoi le Sauveur disait : « Qui vous écoute, m'écoute (1) ; qui vous méprise me « méprise. » Et encore : « Allez, enseignez toutes les na-« tions, leur ordonnant de garder toutes les prescrip-« tions que je vous ai chargé de leur intimer (2). » Et de rechef : « Allez par tout le monde prêcher l'Évangile (3)

(1) *Év. selon Saint Luc*, chap. x. v. 16.

(2) *Saint Math.* chap. xxviii. v. 19-20.

(3) *Saint Marc*, chap. xvi. v. 15-16 L'expression qui correspond dans la langue originale à celle d'*enseigner* a une signification bien plus rigoureuse et plus étroite : *Docete*, du grec δοκεω, d'où le mot de *doctrine* et celui de *dogme*, appliqué aux vérités qui sont l'objet de l'enseignement évangélique. L'Église catholique *seule* a des *dogmes* et une *doctrine*, parce que, *seule* aussi, elle a un enseignement *infaillible* et *indiscutable*. Un auteur qui n'est pas suspect, M. Guizot, a aussi appelé l'Église catholique, *la plus grande école de respect qu'il y ait au monde*. Le Protestantisme n'a point, il ne saurait avoir de *dogmes*, puisque

« à tous les hommes. Celui qui croira sera sauvé, mais
« celui qui ne croira point sera condamné. »

Qu'est-ce à dire ? L'enseignement évangélique devait-il donc, d'après la volonté de Celui qui l'avait inspiré, être accepté aveuglément, sans la moindre preuve, sans aucune garantie de sa vérité ? Tout au contraire, car il était dans la volonté également exprimée du divin Auteur de la religion de donner à cette doctrine venue du ciel avec lui et destinée à être propagée par toute la terre, la garantie la plus solide et la plus sûre, la moins suspecte, la mieux appropriée à tous les ordres d'intelligences, aux plus élevés aussi bien qu'aux plus humbles, la preuve enfin la plus convaincante et telle qu'il la fallait nécessairement à un enseignement de ce genre. Car puisque cette doctrine devait devenir l'ob-

son principe fondamental est de livrer l'enseignement religieux au *libre examen* et à la critique de chacun. Il n'a que des *opinions* variables autant que les individus. A proprement parler, il n'est pas même une *société chrétienne* : car à une telle société, il faut un lien qui en unisse indissolublement les membres ; et ce lien manque essentiellement au protestantisme, puisque ses membres ne sauraient, d'après leur principe, avoir des *croyances* obligatoires et communes. Il n'est tout au plus qu'une *école de philosophie* où les systèmes les plus divergents et les plus contradictoires se succèdent, se heurtent, se supplantent les uns par les autres, tant qu'enfin, au milieu de ce cahos, et dans ce perpétuel conflit des *opinions* individuelles, on ne sait plus à qui croire et à qui entendre. De bonne foi, est-ce bien là ce que Jésus-Christ a voulu en fondant son Église, et en lui disant :
« Allez *enseigner* toutes les nations : je suis avec vous jusqu'à
« la consommation des siècles ? »

jet d'un acte de foi divine, il était absolument indispensable qu'elle eût sa garantie dans une démonstration également divine.

Aussi le troisième caractère assigné par Notre-Seigneur à l'enseignement évangélique, c'est qu'il serait surnaturel. L'apôtre Saint Paul, l'un de ses premiers et plus fervents propagateurs, le disait en termes formels : « Quand nous prêchons le Christ, nous n'empruntons « pas à la sagesse humaine ses arguments et ses moyens « de persuasion. *Ces arguments seraient mal assortis à* « *notre prédication, c'est à d'autres signes que l'on doit* « *en reconnaître la vérité :* nous la justifions par la « manifestation éclatante et visible à tous les regards « de la puissance et de la vertu de Dieu (1). »

Avant lui, le Verbe divin avait dit la même chose en termes différents : « Allez, ... rendez la santé aux « malades, guérissez les lépreux, ressuscitez les morts, « chassez les démons ; ... mais ne vous préoccupez « pas de ce que vous avez à dire : ... car ce n'est pas « vous qui parlez, mais l'Esprit de votre Père qui parle « en vous (2). » Dans une autre occasion, il annonçait que : « Ceux qui croiraient en lui chasseraient en son « nom les démons, parleraient plusieurs langues, rendraient aux malades la santé, détruiraient les serpents « et les monstres, seraient eux-mêmes invulnérables « aux atteintes du poison (3). »

L'effet suivit de près la promesse : selon le rapport

(1) *Épit. aux Corinth.* chap. II v. 4-5.
(2) *Év. selon Saint Math.* chap. X. v. 8-19-20.
(3) *Év. selon Saint Marc.* chap. XVI. v. 17-18.

d'un évangéliste, « quand le Sauveur fut monté au ciel,
« ses disciples étant allés de tous les côtés annoncer son
« évangile, son action toute puissante coopérait avec
« la leur, et confirmait par d'éclatants prodiges le té-
« moignage de leur parole (1). »

(1) *Év. selon St Marc*, chap. XVI. v. 19-20. — Quelques esprits curieux demandent comment et pourquoi les miracles, qui étaient si fréquents, à ce que l'on assure, au commencement de la prédication évangélique, sont devenus si rares aujourd'hui, que l'on n'en entend plus parler.

Il n'est pas vrai d'abord que les miracles soient aujourd'hui devenus rares, au point qu'il n'en soit plus absolument question. De temps en temps, surviennent certains faits dans l'accomplissement desquels il est bien difficile de ne pas voir l'intervention divine, et de nos jours même, nous en avons vu plus d'un exemple.

Mais de plus, il y a une raison qui explique parfaitement cette rareté, si ce n'est l'absence totale des faits miraculeux.

Déjà, au siècle de Saint Grégoire, on posait la même question, et ce grand Pape y donnait la réponse que voici :

« Quand un arbre a été planté depuis peu, et tant qu'il n'a
« pas pris racine, on a soin de l'arroser souvent. Mais lorsqu'il
« est devenu adulte et vigoureux, lorsqu'il étend au loin son
« ombre et ses racines dans les profondeurs du sol, il vit de sa
« propre vie, il se suffit à lui-même, et l'on n'a plus à en pren-
« dre les mêmes soins. »

L'application est facile : lorsque la semence évangélique n'était encore qu'un petit grain, le plus *petit de tous*, suivant l'expression consacrée, il fallait aider à sa germination par des moyens énergiques ; mais aujourd'hui que cette semence divine, arrosée par le sang de Jésus-Christ d'abord, puis par celui des martyrs, est devenue un grand arbre qui a couvert de ses rameaux la face de la terre, elle n'a plus besoin de la même culture. L'Église de

Tels étaient, dans la pensée de Notre-Seigneur, les traits caractéristiques de l'enseignement de sa doctrine.

Mais il y avait de plus un ordre à suivre dans sa diffusion, et le Sauveur n'avait pas manqué de l'indiquer. Sans doute, la bonne nouvelle devait être annoncée au monde entier, sans distinction de races, de langues et de climat; mais tout d'abord aux enfants de la promesse, aux Juifs, avant tous les autres, puis à la gentilité. Le tour de celle-ci ne devait venir qu'après que la parole du salut aurait été portée à la maison d'Israël, et rejetée par elle. « N'allez pas, avait dit Jésus-Christ, n'allez pas « *d'abord* dans les terres des gentils ; . . . . mais allez « plutôt aux brebis de la maison d'Israël qui sont per-« dues (1). »

Conséquemment à cette recommandation de Notre-Seigneur, Saint Paul et Saint Barnabé, prêchant aux Juifs d'Antioche, leur disaient: « C'est à vous premièrement qu'il fallait annoncer la parole de Dieu (2). »

Il le fallait, parce que l'alliance nouvelle devait, suivant l'économie de la Providence, sortir vivante des en-

---

Jésus-Christ est cet arbre mystique, toujours vigoureux, toujours verdoyant, toujours fécond ; assailli depuis dix-huit siècles par d'incessantes et d'effroyables tempêtes ; et cependant toujours debout, toujours affrontant l'orage, immobile au milieu des ruines qui se sont faites autour de lui. Si quelqu'un demande aujourd'hui des miracles, il n'a qu'à y regarder ; et s'il sait et s'il veut y voir, il reconnaîtra là le plus grand de tous les miracles.

(1) *Év. selon Saint Matth.* chap. x. v. 5-6.
(2) *Act. des Apôt.* chap. xiii. v. 4-6.

trailles de l'ancienne; l'Église chrétienne, de l'Église Judaïque; le premier Testament, servir de préparation et de soutien au second; et le Christ, promis enfin au père des croyants, et venu de sa descendance, devenir le terme, la *plénitude* et le couronnement de la loi.

Aussi, les faits primordiaux de l'histoire apostolique sont-ils dans une exacte conformité avec ces indications. Dans ces commencements, le culte nouveau ne se séparait pas encore ostensiblement de l'ancien culte (1). Il en gardait, avec la dénomination, les pratiques et les observances. Suivant le témoignage formel de Saint Luc (2), on voyait les apôtres eux-mêmes venir au temple aux jours et aux heures prescrites, y entendre la lecture de la loi et des prophètes, assister aux prières et aux cérémonies publiques. C'était même une maxime religieusement acceptée par un grand nombre que l'on ne cessait pas d'être juif en devenant chrétien, et que les gentils qui embrassaient la nouvelle doctrine ne pouvaient être admis à la professer, avant qu'ils eussent subi le joug de la loi de Moïse. Ce préjugé, longtemps accrédité et donnant lieu quelquefois à de fâcheuses contestations, ne fut aboli que par une décision contraire, prise beaucoup plus tard au concile de Jérusalem.

Tel était, dans les deux premières années qui suivirent l'Ascension de Notre-Seigneur, l'état des esprits et des

(1) C'est ce qui explique pourquoi dans ces premiers temps quelques auteurs profanes, notamment Suétone, ont pu confondre les Chrétiens avec les Juifs et leur en donner le nom.
(2) *Actes des Apôt.* ch. III. v. 1.

choses. Mais au bout de ce terme, le nombre des disciples ayant beaucoup augmenté, les principaux de la Synagogue excitèrent contre eux une sédition où le diacre Saint Étienne périt victime de son zèle. Saul se faisant alors l'aveugle instrument de la haine déchaînée contre le nom du Christ, désolait son Église. Il allait de maison en maison, traînant les hommes et les femmes et les menant en prison. La terreur inspirée par ces actes de violence dispersa dans les contrées voisines le reste du troupeau fidèle; mais les Apôtres restèrent à Jérusalem, au moins dans la Judée, d'où, suivant une tradition pieuse, ils avaient, de Notre-Seigneur, l'ordre de ne pas s'éloigner encore.

C'est à cette époque, correspondant à la 36e année de notre ère, que, d'après des récits longtemps et généralement acceptés sans contradiction, se rapporterait le départ de nos saints patrons et leur arrivée en Provence. Suivant cette version, après l'Ascension de Notre-Seigneur et la lapidation de Saint Étienne, les Juifs animés d'une haine particulière contre Lazare et sa famille l'auraient de vive force jeté lui, ses deux sœurs, Saint Maximin et quelques personnes de leur suite, dans un navire sans voile, sans rames et sans pilote, qu'ils auraient lancé en pleine mer et livré ainsi à la merci des flots. Mais ce navire conduit par la main de Dieu et sauvé par sa protection du péril du naufrage, aurait, après une traversée heureuse, amené nos missionnaires sur les côtes de la Provence.

Nous n'avons pas à nous expliquer en ce moment sur certaines circonstances de ce récit, telles que la violence exercée par les Juifs sur la personne de nos saints protecteurs, leur embarquement forcé, le fait du navire sans voile, sans pilote et sans gouvernail. Nous nous bornons à examiner s'il est possible de tenir pour vraie la date assignée par ce récit au départ des apôtres de la Provence : sur ce point, nous partageons sans réserve le sentiment de l'auteur des *Monuments inédits*. Comme lui, nous estimons que cette date est très-prématurée ; et que cet événement, de quelque manière qu'il se soit accompli, n'a eu lieu que beaucoup plus tard.

La discussion de ce point d'histoire pourrait être très-confuse et fort longue. Une considération, à nos yeux décisive, nous semble trancher absolument cette question et n'y laisser aucun doute.

Suivant les auteurs de cette relation, nos Saints tutélaires seraient venus en Provence par suite de la dispersion des disciples qui suivit le martyre de Saint Étienne. Or, nous avons sur cette dispersion et sur les conséquences qui en résultèrent un rapport très-détaillé et très-véridique, parce qu'il émane de la source la plus pure et la moins suspecte d'erreur : c'est celui qu'en a donné Saint Luc au livre des Actes.

Nous lisons dans ce livre, monument le plus autorisé des premiers travaux apostoliques, que : « Ceux qui s'étaient dispersés à l'occasion de la persécution, suscitée à cette époque contre les Chrétiens, passaient d'un lieu à un autre, pour annoncer la parole de Dieu, et que Philippe (le diacre) étant entré à Samarie, y prêchait Jésus-Christ (1). »

(1) *Actes des Apôt.* chap. VIII. v. 4-5.

Et, dans un chapitre subséquent : « Ceux qui s'étaient
« dispersés, depuis la persécution qui s'éleva au temps
« d'Étienne, avaient passé en Phénicie, en Chypre, à
« Antioche, n'annonçant la parole qu'aux *Juifs seuls;*
« mais quelques-uns d'entr'eux nés en *Chypre,* ou de
« *Cyrène,* annoncèrent aussi aux Grecs le nom de Jésus.
« La main du Seigneur était avec eux, et un grand
« nombre de personnes crurent et se convertirent au
« Seigneur. L'Église qui était à Jérusalem en fut infor-
« mée et envoya Barnabé à Antioche. Quand il fut
« arrivé, et qu'il vit ce que la grâce de Dieu opérait, il
« en fut ravi.... De là, Barnabé s'en alla à Tarse pour
« chercher Saul, et l'ayant trouvé, il retourna à Antio-
« che. Ils demeurèrent un an entier dans cette Église et
« instruisirent beaucoup de monde, en sorte que ce
« fut à Antioche que l'on donna pour la *première fois*
« aux disciples le nom de Chrétiens (1). »

Avant tout, il importe d'observer que les faits dont
le détail précède étaient depuis longtemps accomplis,
lorsque Saint Luc les racontait : car le livre qui en renferme la relation rapporte également d'autres faits d'une
date bien postérieure, tels que l'emprisonnement de
Saint Pierre, le martyre de Saint Jacques, les divers
voyages de Saint Paul, son arrivée à Rome, le long séjour qu'il y fit, etc.

A supposer donc que le départ des apôtres de la
Provence, de quelque manière qu'il se fût effectué, eût
eu lieu, ainsi que l'ont cru quelques-uns, à l'époque de
la dispersion des disciples qui suivit le martyre de Saint

---

(1) *Actes des Apôtres,* chap. XI. v. 19 et suiv.

Etienne, il est impossible qu'un fait aussi considérable ne fût pas venu, un peu plus tôt, un peu plus tard, à la connaissance de Saint Luc. Mais alors on se demande, et l'on ne s'explique point pourquoi il n'a pas fait une mention, même indirecte, d'un événement de cette importance; ni comment, dans l'énumération si exacte donnée par lui des divers lieux où l'évangile fut annoncé à l'occasion et à l'époque de cette dispersion, la Samarie, la Phénicie, l'Ile de Chypre, Antioche, le nom des Gaules et celui de la Provence sont complétement oubliés. Et cet oubli serait encore plus inexplicable dans l'hypothèse où le voyage de nos saints apôtres aurait été marqué par les circonstances que l'on raconte; car il semble que ces circonstances, à raison de leur caractère tout exceptionnel, auraient dû, plus qu'aucune autre de celles que signale Saint Luc dans le récit de cette dispersion, frapper son attention, et qu'il n'aurait pu, dès lors, les passer entièrement sous silence.

Remarquons plus particulièrement, dans les détails de son récit, que la parole de salut ne fut, dans cette occasion, portée d'abord qu'aux *Juifs* seulement; et que si elle fut bientôt après annoncée également aux *Grecs*, ce fut par quelques-uns qui étaient nés en *Chypre*, ou à *Cyrène*, ce qui ne saurait s'appliquer à nos Saints tutélaires. Ce qui est dit de la fondation de l'Église d'Antioche mérite aussi notre attention. Le nom de Jésus-Christ est annoncé dans cette ville avec un succès merveilleux par les disciples dispersés. Paul et Barnabé y viennent après eux; ils y passent *un an entier*, et ce ne fut qu'après ce laps de temps que les fidèles de cette ville commencèrent, *les premiers* de tous, à *être appelés Chrétiens.*

Mais si, déjà *un an* auparavant, Saint Lazare, Saint Maximin, Sainte Marthe, etc, fussent venus en Provence, il y aurait eu des Chrétiens dans ce pays, avant qu'il y en eût eu à Antioche, avant que l'apôtre Saint Pierre eût fixé son siége dans cette ville.

On le voit donc : le récit de Saint Luc ne saurait se concilier avec l'opinion des auteurs qui ont placé l'arrivée de Sainte Marthe et de ses compagnons en Provence à l'année 36 de notre ère, et à l'époque de la dispersion des disciples qui suivit le martyre de Saint Étienne. Cet événement se rapporte nécessairement à une autre date, et nous allons l'indiquer au chapitre suivant.

CHAPITRE NEUVIÈME.

De la prédication de l'Évangile dans le monde païen, — particulièrement dans les Gaules et dans la Provence.

L'an 46 de notre ère, le sixième du règne de l'empereur Claude, et le douzième après l'Ascension de Notre-Seigneur, restera célèbre dans les annales de l'Église. Les Apôtres avaient épuisé, auprès du peuple d'Israël, la mesure de patience marquée par le divin Sauveur. Toutefois leurs efforts et leurs travaux persévérants n'avaient pas été sans quelque succès. Un grand nombre, docile à leurs voix, avait accepté le don du ciel avec empressement et reconnaissance. Des Églises florissantes s'étaient établies à Jérusalem, à Samarie, et dans la plupart des contrées voisines. Mais le gros de la nation, subissant, avec une aveugle docilité, l'influence des chefs de la Synagogue, était resté sourd à la voix de Dieu. *Esprits durs* et *cœurs incirconcis*, comme les appelait Saint Étienne, ils avaient opposé, jusqu'à la fin, une résistance obstinée aux invitations de la grâce. C'était peu d'avoir méconnu la parole du Maître dans celle de ses prédicateurs : ils les avaient maltraités, battus de verges, jetés en prison. A l'exemple de leurs pères, ils avaient trempé leurs mains dans le sang de quelques-uns de ces prophètes qui leur étaient envoyés ; et les autres ne pouvaient que s'attendre à subir le même traitement.

L'expérience était donc faite, et l'heure venue, pour les Apôtres, de *secouer la poussière de leurs* pieds sur cette nation malheureuse, de l'abandonner au sort qui l'attendait prochainement, de prononcer enfin sur elle le mot fatal: « Puisque vous repoussez le salut que « nous vous apportions, c'est pour nous une nécessité « de nous tourner vers les gentils (1). »

Il fallait bien aussi que se réalisât l'antique promesse faite au Christ d'étendre son empire d'une extrémité à l'autre de l'univers, et que s'exécutât l'ordre formel donné par lui aux ouvriers de son choix de prêcher l'évangile à toute créature (2). »

C'était ainsi une conquête à laquelle ils allaient courir. Entreprise extravagante, si jamais il en fût, à la juger du point de vue naturel! Car il ne s'agissait de rien moins que de subjuguer le monde, non pas sous la loi du fer, mais, ce qui était bien plus difficile, sous l'empire d'une loi et d'une doctrine antipathiques à tous les goûts et à tous les préjugés existants. Ils étaient douze pour cette œuvre gigantesque, tous ignorants et pauvres. Ils avaient devant eux, contre eux, toutes les puissances du siècle liguées pour s'opposer à l'exécution d'un tel dessein. Mais une puissance d'un ordre supérieur leur avait promis son concours, garanti le succès, et sur la foi de cette promesse, ils se tenaient assurés de l'obtenir.

(1) *Actes des Apôt.* chap. xiii. v. 46.
(2) *Év. selon Saint Marc*, chap. xvi. v. 15.

Ces nouveaux conquérants ne pouvaient cependant marcher ensemble au même but; car la tâche imposée à tous était vaste, immense, et c'était une nécessité de la diviser. D'un côté, l'Orient; de l'autre, l'Occident; puis, le Septentrion et le midi. Les peuples policés, ceux que l'on appelait barbares, tous devaient, par des organes différents, mais obéissant à une inspiration semblable, entendre la parole de résurrection et de vie.

Toutefois, dans cette distribution de rôles qui se fit, d'après les conjectures les plus autorisées, l'année que nous avons marquée plus haut, la Providence voulut que la mission la plus difficile et le poste le plus périlleux fussent confiés à celui-là même qui avait reçu de Notre-Seigneur, avec la présidence du Collége apostolique, la charge de confirmer ses frères dans la foi, et de régir, en qualité de pasteur suprême, tout le troupeau du Seigneur. Déjà, il avait établi dans la capitale de la Syrie, là où les disciples avaient commencé d'être connus sous le nom de Chrétiens, la chaire d'où devait descendre l'enseignement divin.

Mais afin que cet enseignement partît de plus haut, et qu'il arrivât plus au loin, il résolut de la placer dans la capitale du monde, et au sommet de cette montagne fameuse, d'où la voix de Pierre, se survivant dans la personne de ses successeurs, n'a cessé depuis de se faire entendre.

C'était en effet un dessein digne de la grandeur et de la puissance de Dieu d'établir, au siége principal de l'erreur, l'inébranlable *colonne de la vérité;* et de donner au monde le signal de sa rédemption, du foyer même de la servitude universelle.

Parmi les peuples que la domination romaine tenait assujettis sous sa main de fer, il en était un plus redouté que les autres, parce qu'il était plus voisin, et qu'il avait conservé, avec l'austérité de ses anciennes mœurs, toute l'énergie de sa virilité. C'était là fière nation Gauloise, renommée pour son amour de l'indépendance, son caractère remuant, son courage indomptable, ses habitudes belliqueuses. On l'avait vue autrefois monter au Capitole, et sur le point de briser le colosse que l'univers adorait. Il n'y avait pas un siècle encore, elle avait soutenu le choc des légions de César et lui avait assez longtemps disputé la victoire. La fortune de Rome en avait triomphé enfin, et apporté dans ce pays ses lois, ses arts, sa civilisation, et en grande partie son culte.

Mais il y avait dans les Gaules une contrée qu'elle s'était attachée par des liens plus étroits, parce que, voisine de la Ligurie et assise au pied des Alpes, elle était comme l'une des clefs de l'Italie. Couverte alors, comme elle l'est encore aujourd'hui, des vestiges de la domination romaine, elle avait reçu du vainqueur un nom qu'elle conserve, et qui lui est resté comme le signe de la conquête qui l'avait réunie à l'empire.

Là se voyait, entr'autres cités florissantes, l'opulente et antique Massilie (1), célèbre dès lors par son commerce et par des gymnases où, suivant le témoignage d'un historien romain (2), une jeunesse d'élite venait des

(1) Aujourd'hui Marseille, fondée par une colonie phocéenne l'an 600 avant Jésus-Christ.
(2) Tacite, *Vie d'Agricola*, n° 4.

colonies voisines puiser, avec la connaissance des lettres, les principes d'une saine et forte éducation.

Comment le regard de Pierre, planant sur le monde, des hauteurs où l'avait placé la main de Dieu, ne se serait-il pas arrêté avec complaisance sur cette nation généreuse, destinée à porter le nom glorieux de *Fille aînée de l'Eglise Romaine*, et à l'honneur de former au sein de la monarchie catholique ce royaume qui devait s'appeler le royaume *très-chrétien* ?

Comment l'aurait-il laissée *assise dans les ténèbres et à l'ombre de la mort*, au temps même où le flambeau de la foi était, par ses ordres et par la main de ses missionnaires, porté vers des peuples bien plus éloignés ?

Mais il y aurait autant d'injustice que d'ingratitude à lui reprocher cet oubli. Dès l'année 48, la quatorzième après l'Ascension de Notre-Seigneur, il envoya des évêques dans les diverses parties des Gaules, pour répandre partout dans ce pays la semence évangélique (1).

(1) La mission dite des *sept évêques*, et de *quelques autres* envoyés par Saint Pierre dans les Gaules, sous le règne de l'empereur Claude, est un fait qu'il n'est plus possible aujourd'hui de révoquer en doute. Parmi les points de l'histoire de l'Église éclaircis par l'auteur des *Monuments inédits*, il en est peu sur lesquels il ait répandu une plus éclatante lumière. Voyez tome 2. p. 347 et suiv.

Il y a d'ailleurs ici de la part de plusieurs écrivains presque contemporains et dignes de toute créance des témoignages on ne saurait plus formels.

Ainsi, vers le milieu du IIe siècle, Saint Irénée écrivait : « L'É-
« glise répandue par tout le monde et jusqu'aux extrémités de
« la terre a reçu des Apôtres et de *leurs disciples* cette foi

Il n'est pas de notre sujet de suivre dans leurs diverses directions tous ces incomparables ouvriers. Mais nous ne saurions passer sous silence et ne pas saluer avec un sentiment de reconnaissance profonde les noms de ceux qui arrosèrent de leurs sueurs, quelques-uns de leur sang, cette portion de l'héritage du Seigneur dont nos pères recueillirent les premiers fruits.

« qui croit au Dieu tout-puissant : et ni les Églises qui sont fon-
« dées dans les Germanies n'ont point d'autre croyance ni d'au-
« tres traditions, ni celles qui sont dans les *Espagnes*, ni celles
« qui sont parmi les *Celtes*. » *St Irénée*, liv. I. ch. 2.

On sait ce qu'il faut entendre par ce mot de *Celtes*. Il y avait donc parmi eux, dès ce temps, des Églises depuis longtemps établies, puisqu'il en existait alors en des pays bien plus éloignés, tels que la *Germanie* et les *Espagnes*.

Tertullien, qui vivait dans le même siècle, n'est pas moins explicite. « Toutes les nations, dit-il, ont cru en Jésus-Christ. Les
« Parthes, les Mèdes, les Élamites, les diverses nations des Gau-
« les, et les Iles Britanniques inaccessibles aux Romains sont
« soumises au vrai Christ. » Les diverses nations des Gaules figurent, comme on voit, dans ce dénombrement avec les Iles Britanniques.

Ces divers témoignages ne laissent rien à désirer. Il faut y joindre cependant un document de la plus haute importance, mis en lumière, pour la première fois, par l'auteur des *Monuments inédits*. C'est un manuscrit provenant du cartulaire de l'ancienne Église d'Arles, déposé aujourd'hui à la Bibliothèque impériale. Ce manuscrit, remontant au Xe siècle, désigne nommément les sept évêques envoyés dans les Gaules *avec quelques autres* par l'apôtre Saint Pierre, sous le règne de l'empereur Claude. Au nombre des sept évêques, désignés par leurs noms, figure Saint Trophime. Voyez les *Monuments inédits*. Tome II, p. 374.

Lazare (1) et Maximin ; à leur suite, et associés à leur apostolat, Marthe et Madeleine, puis Marie Jacobé et Marie Salomé, liées par une parenté étroite à la Mère

(1) Suivant notre narration, Saint Lazare serait venu dans ce pays, en même temps que Saint Maximin, Sainte Marthe et Sainte Madeleine.

Telle n'est point l'opinion du savant auteur des *Monuments inédits*. Sans préciser la date de l'arrivée de Saint Lazare à Marseille, il estime qu'il n'y serait venu qu'après les autres apôtres de la Provence.

Cette opinion que nous ne partageons point se fonde principalement sur une relation très-ancienne et très-digne de foi émanant, à ce que l'on assure, de l'abbaye de Béthanie, fondée dans la maison même qu'avait habitée Saint Lazare. Cette relation porte textuellement ce qui suit :

« Saint Lazare, fuyant la persécution suscitée contre les Chré-
« tiens à Jérusalem, vint en Chypre, où il exerça pendant *quel-*
« *ques années* le ministère pastoral. Mais ensuite, avec l'aide de
« Dieu qui le destinait à de plus grandes choses, il monta sur
« un vaisseau, et parcourant les mers, il arriva à Marseille, la
« ville la plus célèbre de toute la Provence, où, exerçant les fonc-
« tions de son sacerdoce, il servit dans la sainteté et la justice le
« Dieu auquel il s'était consacré tout entier, etc. » *Mon. inédits.* Tom. II, p. 114.

Or, cette relation, même à la tenir pour vraie, n'a rien absolument qui ne puisse se concilier très-bien avec l'opinion embrassée par nous.

D'abord, et bien évidemment, la persécution que fuyait Saint Lazare quand il vint en Chypre était celle qui s'éleva contre les Chrétiens vers l'an 36 de notre ère, et après la lapidation de Saint Étienne. Nous avons vu qu'effectivement Saint Luc rapporte qu'en ce moment plusieurs d'entre les disciples passèrent en Chypre, et rien n'empêche que Saint Lazare n'ait été de ce nombre.

du Sauveur ; puis encore Parménas, l'un des sept premiers diacres ; Épaphas, Sosthènes, Germain, Évodie, Syntique et Marcelle, suivante de Sainte Marthe, noms

Très-certainement encore, si le départ des autres apôtres de la Provence eût eu lieu dans le même temps, le texte de cette relation offrirait une difficulté sérieuse, et l'on ne verrait pas comment il serait possible de faire coïncider l'épiscopat de Saint Lazare en Chypre avec celui qu'il aurait exercé à Marseille.

Mais d'après l'opinion aujourd'hui générale, partagée même très-expressément par l'auteur des *Monuments inédits*, ce départ n'aurait pas eu lieu l'an 36 ; il ne se serait effectué que *douze ans* plus tard, c'est-à-dire en 48. On peut donc, sans contredire la relation des religieux de Béthanie, admettre l'épiscopat de Saint Lazare en Chypre en 36, et le supposer transféré à Marseille douze ans plus tard ; à peu près comme celui de Saint Pierre, établi d'abord à Antioche et transféré ensuite à Rome. Conjecture d'autant plus vraisemblable, que les auteurs mêmes de cette relation ne donnent à l'épiscopat de Saint Lazare en Chypre que la durée de quelques années, *per aliquot annos*. Ils ajoutent qu'il monta sur un vaisseau qui le transféra à Marseille. Or, rien dans le texte de cette relation ne s'oppose à ce que ce vaisseau n'ait été le même qu'avaient monté, dans le même temps, Saint Maximin et les sœurs de Lazare.

Mais il y a ici quelque chose de bien plus positif. Du rapprochement de certaines dates et de quelques documents tenus pour incontestables par l'auteur des *Monuments inédits* et par nous, semble résulter en faveur de notre opinion, une présomption très-grave, si elle n'est entièrement péremptoire.

Suivant les actes du martyre de Saint Alexandre de Brescia, il aurait quitté son pays par suite de l'édit rendu contre les Chrétiens par l'empereur Claude ; édit que Suétone mentionne expressément, et qu'Orose, d'après Flavius Josèphe, rapporte à la *neuvième* année du règne de ce prince. Le règne de Claude

chers à la religion, autant qu'à la patrie provençale, et dont la mémoire ne périra point.

A la tête de cette sainte colonie sont Lazare et Maxi-ayant commencé en 41 pour finir en 54, ce fut dans l'année 49 que Saint Alexandre dut quitter Brescia et venir à Marseille. Les actes de son martyre ajoutent qu'il vit dans cette ville le *bienheureux Lazare*, et qu'étant venu à Aix, il y rencontra également Saint Maximin. Donc, Saint Lazare et Saint Maximin se trouvaient l'un et l'autre en Provence dans l'année 49, lorsque Saint Alexandre y vint. Mais ils ne pouvaient y être depuis bien longtemps, puisque, d'après l'auteur des *Monuments inédits*, on ne peut guère les y supposer arrivés avant l'année 48. D'où la conséquence que si, dès l'année suivante, Saint Lazare et Saint Maximin furent vus l'un à Marseille, l'autre à Aix, ils avaient dû se diriger tous les deux vers leur destination respective, l'année qui avait précédé.

Ce calcul de dates et la conclusion qui en découle sont singulièrement corroborés par le document cité plus haut et tiré de l'ancien cartulaire de l'Église d'Arles; document relatif à la mission donnée aux sept évêques et à *quelques autres* par l'apôtre Saint Pierre, sous le règne de l'empereur *Claude*. Qu'on remarque cette coïncidence de dates: toujours sous l'empire de Claude, *sub Claudio imperatore*. Ainsi, Saint Lazare aurait été, comme le rapportent les religieux de Béthanie, évêque en Chypre, pendant quelques années, *per aliquot annos*, depuis l'an 36 jusqu'en 48. Cette année-là, et sous le règne de Claude, Saint Pierre l'aurait envoyé dans les Gaules, pour fonder et régir l'Eglise de Marseille, comme il envoyait Saint Maximin à Aix, dans le même temps et dans le même but. En 49, Saint Alexandre, étant venu en Provence, aurait trouvé Saint Lazare à Marseille, et Saint Maximin à Aix.

Il n'y aurait en somme, à opposer à l'opinion adoptée par nous que l'assertion contraire de Raban, ou celle de l'auteur auquel

min. Lazare honoré, ainsi que ses sœurs, de l'amitié particulière de Jésus, ayant voué depuis longtemps à son service la seconde vie qu'il avait reçue de lui, et appelé à porter la lumière de l'évangile dans la cité phocéenne ; Maximin, l'un des plus anciens d'entre les soixante douze disciples que le Seigneur avait choisis, et destiné lui-même à devenir l'apôtre d'une ville voisine ; Marthe et Madeleine, leurs compagnes et leurs émules dans ces travaux, autant que la modestie et l'infirmité de leur sexe leur permettait de s'y associer.

Ils montent ensemble sur le même vaisseau, portant avec eux des trésors plus précieux (1) mille fois que tous ceux que les navigateurs voguant dans les mêmes mers devaient plus tard verser dans nos ports. C'est la foi, que la même grâce qui l'a infusée dans leurs âmes

on aurait attribué son nom ; assertion d'où il y aurait à conclure que cet auteur se serait trompé sur ce point, comme, de l'aveu de son savant traducteur, il s'est trompé sur quelques autres.

(1) Nos traditions supposent, ce qui n'a rien que de très-vraisemblable, qu'en quittant le pays qui les avait vus naître, nos saints apôtres emportèrent avec eux, comme souvenirs de la patrie absente, des reliques infiniment précieuses, telles que des parcelles de la terre du Calvaire, teintes du sang de Notre-Seigneur, des vêtements de la très-Sainte Vierge, certains restes des corps des Saints Innocents, massacrés par les ordres d'Hérode, etc.

On a longtemps conservé, on conserve encore dans les lieux sanctifiés par la présence de nos Saints tutélaires, notamment à Tarascon et à Saint Maximin des reliques auxquelles la piété des fidèles attribuait cette origine.

va faire bientôt déborder brûlante de leurs lèvres, pour être, par ce canal, versée en d'autres cœurs et rencontrer en d'autres bouches les échos les plus sympathiques. C'est l'étendard sacré de la croix qu'ils vont planter sur nos rivages, révélation sublime de l'amour de Dieu pour les hommes ; symbole vénéré de la sainte fraternité qui va les unir ; drapeau d'une civilisation nouvelle à l'ombre duquel le vieux monde rajeuni ira de progrès en progrès, tant qu'il marchera sous cette bannière, dans les voies de la vérité, de la justice, de la vertu et de l'honneur !

Peuple de Provence ouvre les bras à ces nouveaux hôtes qui t'arrivent ! Dilate ton sein pour recueillir les présents qu'ils t'apportent, et qui vont faire de toi une race sainte, une nation bénie, un peuple régénéré !

Ces heureux présages étaient près de s'accomplir, quand un accident sinistre vint compromettre un instant ces magnifiques espérances. Le navire qui portait nos missionnaires, poussé par un vent propice, était sur le point de toucher à Marseille, lieu de sa destination. Tout à coup, une tempête affreuse, comme il en survient quelquefois dans ces parages, le rejette au loin, emporte sa voilure, brise son gouvernail et menace de l'engloutir (1).

Mais le nautonnier suprême qui, du haut du ciel, di-

(1) Cet accident de mer que personne n'avait songé jusqu'à présent à mêler à ce récit n'est pas, comme on pourrait le croire, purement un trait d'imagination. Il n'est que l'application rigoureuse, et justifiée par toutes les circonstances du fait, de cette règle de critique établie précédemment, à savoir que, générale-

rigeait sa marche, veillait aussi à sa conservation. C'était une dernière épreuve à laquelle il voulait soumettre la foi de ces saints personnages : et il aurait pu, comme au-
ment les récits légendaires ne sont ni entièrement vrais, ni absolument faux ; et que l'écrivain qui veut rester dans les limites de l'exactitude ne doit les rejeter ou les admettre d'une manière absolue, mais discerner, s'il se peut, dans les circonstances du fait qu'ils présentent, celles qui offrent un caractère de vraisemblance de celles qui n'ont de fondement que dans la fantaisie des narrateurs.

Or, le récit légendaire se rapportant au fait en question est tel que nous l'avons exposé déjà : après la lapidation de Saint Étienne, et tandis que les autres disciples dispersés par la crainte fuyaient de tous les côtés, les Juifs s'étant emparés de la personne de nos saints patrons, les jettent de vive force dans un navire lancé à la mer sans voile, sans gouvernail et sans pilote. Mais, par un effet de la protection divine, ce navire traverse sans accident la Méditerranée et arrive heureusement selon les uns à Marseille, suivant quelques autres sur une plage déserte, près des embouchures du Rhône. Il y a dans ce récit quelque chose de vrai, et quelque chose qui ne l'est point. Ce qui n'est pas vrai, et ce que les plus zélés défenseurs de nos traditions déclarent aujourd'hui ne pas admettre, c'est qu'à l'époque coïncidant avec la dispersion qui suivit le martyre de Saint Étienne, les Juifs, après s'être emparés de la personne de Sainte Marthe et de ses compagnes, les aient jetés de vive force dans un navire sans voile, sans gouvernail et sans pilote.

Car d'abord où et comment auraient-ils accompli un tel dessein ? Ce ne pouvait être à Jérusalem, ni moins encore à Béthanie, qui jamais n'ont communiqué avec la mer. Ce serait, tout au plus à Joppé, aujourd'hui *Jaffa*. Mais les Juifs n'étaient pas les maîtres à Joppé, et puis, Joppé est relativement trop distant de Jérusalem pour que l'on puisse facilement con-

trefois leur dire qu'elle devait avoir pour dénoûment, non pas un naufrage, mais la gloire de Dieu et l'exaltation de son nom. Eux-mêmes savaient bien aussi qu'il n'avait à dire qu'un mot pour calmer la tempête. En d'au-

cevoir que, par suite d'un mouvement populaire excité dans cette ville, toute une famille accompagnée d'une suite assez nombreuse ait été, sans aucun empêchement, traînée jusqu'à Joppé, pour y être soumise à un traitement aussi barbare.

Secondement, et comme nous l'avons observé déjà, étant donnée l'hypothèse que cet embarquement forcé se fût opéré à l'époque qu'y assigne la légende, et qu'il eût eu les conséquences qu'elle y attribue, il est impossible que Saint Luc qui a rapporté au livre des *Actes*, écrit longtemps après, les détails de cette persécution suscitée contre les Chrétiens, et les résultats qu'elle produisit, n'eût fait aucune mention d'un événement aussi extraordinaire, dans le cas où il eût été vrai. Cette partie de la légende est donc fausse.

Mais il en est une autre qui ne l'est point ; car comment expliquer la persistance de la tradition qui a toujours représenté les saints apôtres de la Provence arrivant sur ses côtes sur un navire *sans voile et sans gouvernail*? Comment expliquer encore le culte dont les Saintes Maries, Jacobé et Salomé, ont été l'objet, de temps immémorial, dans le lieu où reposent leurs reliques, culte qui se lie étroitement à celui que l'on rend ailleurs aux saints protecteurs de la Provence ? Comment concevrait-on surtout que venant dans ce pays pour y remplir une mission évangélique, ils fussent débarqués sur une plage aride, inhabitée, séparée par d'assez grandes distances des centres de population auxquels ils venaient apporter le bienfait de la foi ? Il est donc permis de penser qu'une cause accidentelle aura détourné de sa voie le navire qu'ils montaient, et après l'avoir avarié et presque détruit, l'aura jeté sur cette plage déserte. Et parmi ces causes, en est-il de plus naturelles que celles que nous indiquons

tres temps, et sur d'autres mers, ils avaient pu voir le courroux des flots s'apaiser à son commandement. « Seigneur, s'écrient-ils, levant vers lui des mains ici ? Des accidents de ce genre assez fréquents aujourd'hui devaient l'être bien plus encore autrefois.

Cette explication admise, tous nos faits traditionnels s'éclairent et se justifient les uns par les autres. Le navire qui portait Sainte Marthe et ses compagnons aura été, par l'effet de la protection divine et celle de la très-Sainte Vierge, préservé miraculeusement d'un naufrage qui paraissait inévitable. *Dépouillé par la tourmente de ses voiles et de son gouvernail*, il sera venu, sans qu'il y ait eu d'autre malheur à déplorer, s'échouer sur cette plage, près des embouchures du Rhône. En mémoire de ce bienfait inespéré, et sous l'impression du sentiment de gratitude qu'ils éprouvaient pour celle dont la puissante intercession les avait sauvés de ce péril, nos saints apôtres auront élevé, sur le théâtre même de ce prodige, un oratoire que la piété des peuples devait embellir et agrandir plus tard, mais qui, dès ce premier moment, aura été consacré sous le nom très-significatif de *Notre-Dame-de-la-Mer*, ou *Notre-Dame-de-la-Barque*. Ce sanctuaire était connu sous ce nom, dès le temps de Saint Césaire, archevêque d'Arles, mort vers le milieu du VIe siècle. Lui-même, dans son testament le désigne sous cette dénomination. (Voir les *Mon. inédits*. Tom. 1er p. 627.)

Les Saintes Maries, Jacobé et Salomé, fixèrent leur résidence en ce lieu-là même. Elles y eurent leur sépulture : de là, la dévotion des fidèles pour *Notre-Dame-de-la-Barque*, et l'empressement des pèlerins à venir y vénérer les restes précieux de ces saintes femmes conservés dans ce sanctuaire.

On objectera peut-être à notre narration que la Camargue n'était pas, au temps de Sainte Marthe, un pays aussi désert que nous l'avons supposé; qu'elle était habitée par une tribu puissante, celle des *Anatiliens* qui avaient dans cette contrée

suppliantes, « Seigneur, sauvez-nous : nous périssons! »
Ils invoquent également, dans cette extrémité, celle que
l'Eglise a nommée *l'étoile de la mer*, promettant d'élever

des établissements assez considérables, entre autres une ville
appelée par les anciens géographes tantôt *Rhodanusia*, tantôt
Gradus Massilitanorum ; que l'on voyait autrefois aux Saintes
Maries un monument lapidaire constatant le séjour des *Anatiliens* dans cette contrée soumise aux Romains dès les temps de
Marius et de César.

Les auteurs de la Statistique du département des Bouches-du-Rhône paraissent avoir étudié avec beaucoup de soins cette partie très-obscure de la géographie ancienne. Ils nous fournissent
la réponse à cette difficulté.

Il n'est pas douteux que la tribu des *Anatiliens*, qui était
selon toutes les apparences une peuplade de pasteurs, était
dans le temps dont nous parlons fixée dans ce pays. Ils occupaient, non-seulement les îles de la Camargue, mais toute
la basse Crau. Disséminés en groupes très-peu nombreux sur une
surface si étendue, ils ne représentaient en totalité qu'une population évaluée à 12,000 habitants ; tandis que dans le même
temps, la seule ville de Marseille en comptait 100,000 ; celle
d'Arles, 15,000 ; celle d'Aix, 20,000. Donner avec précision et
une parfaite exactitude la description topographique de cette
contrée dans cette période, serait chose très-difficile, à cause
des modifications profondes et fréquentes qu'elle a subies, surtout dans la basse Camargue, par suite des envahissements de
la mer, plus encore des nombreuses déviations du Rhône à
ses embouchures. Ce serait cependant se hasarder et même se
tromper beaucoup de placer à la plage des Saintes Maries la
Rhodanusia ou le *Gradus* des *Anatiliens*. D'après les conjectures
les mieux autorisées, cette ville qui n'aurait compté qu'une population de 4,000 habitants, et qui était un très-petit port de relâche, était beaucoup plus à l'Est. Elle aurait été située soit à

à son honneur un monument destiné à conserver le souvenir du bienfait qu'ils réclament de sa bonté dans une occasion aussi périlleuse. La douce Vierge Marie exauça

l'embouchure du grand Rhône près la Tour St-Louis, soit à l'extrémité même de l'étang dit de *Galéjon*, où débouche aujourd'hui le canal de *Bouc*, près des *Fosses* de *Marius* et du village de *Fos* ; ce qui nous rejette, comme on voit, assez loin de la plage des Saintes Maries. (Voir *la Statistique du Département des Bouches-du-Rhône*, Tom. II. p. 222. et tom. III. p. 29.) Nous ne serions donc pas loin de la vérité, en affirmant que cette plage était déserte et éloignée des grands centres de population.

Quant au monument lapidaire que l'on y a trouvé et qu'auraient érigé, suivant l'inscription qu'il porte, les *Anatiliens* eux-mêmes, rien ne démontre qu'il n'y aura pas été apporté de plus loin, à une époque postérieure ; notamment, quand une population chrétienne se réunit sur ce point, et que fut bâtie l'église monumentale qui s'y trouve. Il est très-probable, au moins, que les deux marbres antiques figurant des lions et placés à la base de l'entrée principale de cette église, sont d'une origine exotique. Pourquoi le monument portant le nom de *Balbus* et celui des *Anatiliens* ne le serait-il pas également ?

Cette église des Saintes Maries, qui offre un caractère si original et tout à la fois un type de vétusté si peu méconnaissable, est elle-même l'un des monuments qui attestent le mieux la vérité et l'ancienneté de nos traditions. La statistique du département en attribue la construction à Guillaume 1er fils de Boson, et second comte de Provence de la maison de ce nom; ce qui la ferait remonter à la fin du Xe siècle. Mais l'auteur des *Monuments inédits* en croit l'origine beaucoup plus ancienne, et ne craint pas de s'abuser en la faisant dater du temps des rois Mérovingiens, ou même d'une époque plus reculée. La désignation de cette église au testament de Saint Césaire donne beaucoup de

leur prière. Le navire dépouillé de ses agrès vint s'échouer, sans de nouvelles avaries, sur une plage déserte, située à quelques lieues d'Arles et de Marseille, près des embouchures du Rhône.

Nos saints voyageurs y descendirent sains et saufs. Leur première pensée fut de rendre au Seigneur et à sa Sainte Mère des actions de grâces pour la protection dont ils avaient été si visiblement couverts. Heure solennelle entre toutes les autres ; puisque c'était pour la première fois que de cette terre idolâtre et maudite, montaient vers le ciel des vœux pour le Dieu véritable. Les mains pieuses de nos Saints Patrons érigèrent en ce lieu même, avec les seuls éléments qu'il leur était possible de se procurer, c'est-à-dire, avec de la terre pétrie, un monument en l'honneur de la Vierge Immaculée, l'un des premiers sans doute qui aient été vus dans ce pays de France qui devait, plus tard, lui en élever tant d'autres.

La religion de tous les âges suivants a consacré ces souvenirs. Dès les temps les plus anciens, elle a donné à ce sanctuaire vénéré un nom qui en constate l'origine. Les Saintes Maries, Jacobé et Salomé, en furent

---

poids à cette conjecture. (Voir les *Mon. inédits*, Tom. I. p. 1287 et suiv. Voir *l'Atlas de la Statistique du Département des Bouches-du-Rhône*. Planche IX où la position respective de la plage des Saintes Maries et celle de *Gradus Massilinatorum* est marquée comme nous l'avons indiquée plus haut. Voir encore aux *Pièces justificatives*, à la fin du volume, le N° 1 où la question de l'embarquement de nos saints apôtres est plus amplement discutée.)

comme les premières gardiennes. Elles ne s'éloignèrent plus de ces lieux bénis, et voulurent y avoir leur sépulture. Le zèle apostolique de Marthe la conduisit ailleurs, et nous allons la suivre sur le théâtre de ses travaux.

CHAPITRE DIXIÈME.

Prédication de Sainte Marthe à Tarascon et à Avignon ; ses miracles. — Elle ressuscite un mort ; — elle extermine un monstre appelé depuis la *Tarasque*. — L'extermination de la *Tarasque* n'est pas un fait allégorique ; c'est le récit d'un événement réel.

Entre la ville d'Arles et celle d'Avignon, sur la rive gauche du Rhône, s'étend une plaine longtemps marécageuse, aujourd'hui assainie, renommée pour sa fertilité et propre à tous les genres de culture. Là était, avant la domination romaine, cette fraction des peuples Liguriens appelée la tribu des *Salyens*, limitrophe de celles des *Cavares* et des *Voconces* établis plus au nord. Deux de ces peuplades unies d'intérêt se permettaient des incursions fréquentes sur le territoire des Massiliens, et surtout nuisaient à leur commerce par des actes de piraterie chaque jour renouvelés sur le littoral du Rhône. Voulant mettre un terme à ces déprédations, mais ne pouvant y réussir eux-mêmes, les Massiliens implorèrent le secours des Romains, et ce fut l'origine de leur établissement dans ce pays. Les Salyens et les Voconces furent domptés. Afin de se donner un gage de leur soumission et une garantie contre des entreprises nouvelles de leur part, Rome qui était d'ailleurs charmée d'avoir un prétexte plausible d'étendre sa domination dans cette contrée, y envoya, sous le commandement de Sextius Calvinus, une colonie militaire qui s'établit à Aix et fonda cette ville l'an 124 avant Jésus-Christ. Cette cité devint dès lors le siége du gouvernement et la capitale de la nouvelle province. Quand plus tard il en fut créé dix-sept autres dans les Gaules entièrement soumises, elle fut partagée administrativement entre la *Viennoise* et la *seconde Narbonnaise*. Mais son nom vulgaire, celui qu'elle avait reçu primitivement et qu'elle conserve encore, lui resta. On continua de l'appeler la *Province*, *Provincia* (1). A l'époque dont nous écrivons l'histoire, la domination romaine, solidement assise par près de deux siècles d'occupation, se l'était complétement assimilée. Elle y avait importé sa langue, ses arts, même ses dieux. Bien que ce fût une maxime de sa politique de ne point troubler les vaincus dans l'exercice de leur culte, elle était loin de montrer une semblable tolérance quand elle y voyait un danger pour la sécurité de l'empire. Le Druidisme était la religion nationale des Gaulois : culte grossier, sauvage même et déshonoré par des pratiques abominables. Il était devenu odieux aux Romains, moins, peut-être, par ce qu'il avait de sanguinaire et de barbare, que par les tendances factieuses que le vainqueur croyait y découvrir. Les Druides passaient dans son esprit pour des instigateurs de sédition :

(1) Marseille qui avait provoqué cette invasion ne fut point comprise d'abord dans la nouvelle province. Elle conserva son indépendance, et ne la perdit que beaucoup plus tard.

et nous apprenons d'un historien romain (1) que, précisément au temps de Sainte Marthe, l'empereur Claude avait décrété contre eux des mesures sévères. Il est donc permis de penser que le polythéisme romain était, dans ce moment, le culte dominant en Provence, avec quelques restes des superstitions druidiques et, sans doute aussi, avec un certain alliage de la mythologie grecque importée par les Massiliens dans les colonies si nombreuses fondées par eux dans toute cette contrée.

Le pays où devait s'exercer principalement le zèle de la Sainte Hôtesse de Jésus-Christ était proprement celui qu'avait occupé la tribu Salyenne.

Au centre, et sur les bords du Rhône se trouvait une bourgade fondée par les Massiliens pour servir de station aux navires remontant ou descendant le fleuve. Cette cité, qui doit à Sainte Marthe ce qu'elle a été depuis et ce qu'elle est encore, est désignée dans quelques chroniques, notamment dans celle de Raban, sous un nom qui n'était pas le sien. Elles l'ont appelée *Nerluc* (niger lucus), *bois noir*, peut-être parce qu'elle était établie dans un pays boisé ; ou bien, était-ce ainsi qu'elle aurait été dénommée avant l'arrivée des colons de Marseille. Son nom propre et véritable, celui qu'elle portait certainement quand Sainte Marthe y vint est le même qu'elle porte encore. Il est expressément indiqué par les anciens géographes (2) qui l'ont écrit et prononcé comme nous.

(1) Voir Suétone. *Vie de l'empereur Claude*, chap. xxv.
(2) Ptolomée et Strabon. Ce dernier écrit littéralement

Tarascon, mot dont l'étymologie grecque indique clairement que cette ville, comme un grand nombre de celles du voisinage, devait son existence à une colonie massilienne.

Au même lieu où les comtes de Provence élevèrent le château que l'on voit encore, les Romains avaient construit une citadelle dédiée à Jupiter, ainsi que semble l'indiquer le nom donné au quartier (1)

Ταρασκων, mot évidemment dérivé du verbe Ταράσσω : *j'épouvante*, ce qui indiquerait que ce lieu aurait eu un aspect présentant quelque chose d'effrayant. De là aurait pu lui venir le surnom de *Nerluc*.

Suivant le P. Papon (*Hist. gén. de Provence*, Tom. I. pag. 536), Pompée ayant réduit certaines tribus du midi des Gaules, qui s'étaient rangées au parti de Sertorius, aurait donné, l'an 74 avant Jésus-Christ, leur territoire aux Massiliens qui auraient à cette époque envoyé à Avignon une Colonie nombreuse, et fondé la ville de Tarascon.

Les auteurs de la *Statistique du Département des Bouches-du-Rhône* pensent que ce n'est pas Pompée, mais Marius qui aurait donné aux Massiliens, bien longtemps avant l'époque désignée par Papon, le territoire sur lequel fut établie la ville de Tarascon. Le général romain ayant fait creuser en Camargue le canal qui porta son nom (*Fossæ Marianæ*), la navigation du Rhône, qui avait toujours été languissante à cause des difficultés et des périls qu'il y avait à franchir ses embouchures, devint beaucoup plus active par suite de la création de ce canal. Le commerce intérieur des Massiliens prit beaucoup d'extension, et ce serait alors qu'ils auraient fondé à Tarascon une station pour les navires remontant ou descendant le fleuve. (*Statistique du Département des Bouches-du-Rhône*, Tom. II. p. 236-267.)

(2) Ce quartier est celui que l'on appelle encore aujourd'hui le faubourg *Jarnègues*, et qui est désigné dans les anciennes

de la ville où elle fut établie. Assise sur le roc et sur les bords du Rhône, elle commandait le cours du fleuve, et par cette situation, elle était un point

écritures sous le nom d'*Insula Jarnica* : le Rhône a longtemps formé ceinture autour de cette partie de la ville où était enclavée la *Citadelle* devenue plus tard le *Château*. Suivant les auteurs de la Statistique du Département, ce mot de *Jarnica*, ne serait que la corruption ou l'abréviation de celui de *Jovarnica*, le quel devait se décomposer ainsi : *Jovis - arx - in aquâ* c'est-à-dire *Citadelle de Jupiter entourée d'eau*. (Voir la *Statistique du Département*, Tom. II. p. 1163. à la note.) Quoi qu'il en soit de cette interprétation, deux choses sont certaines : 1° pendant très-longtemps et, nous croyons même, jusqu'au XVIe siècle, une branche du Rhône a coulé autour de cette partie de la ville et en formait une île; 2° à la place du château actuel et longtemps avant sa construction, il existait une forteresse. Par un acte de 1040, Bertrand 1er, comte de Provence, fait donation aux moines de Mont-Majour de certaines propriétés situées *in Castro de Tarascone*. Ce mot de *Castrum* que nous voyons reproduit en d'autres actes indique clairement une citadelle.

L'histoire de Provence a conservé le souvenir des fêtes magnifiques dont l'île de Jarnègues fut le théâtre, en 1176, à l'occasion du traité de paix signé à la même époque et dans le même lieu entre Raymond, comte de Toulouse, et Alphonse 1er d'Aragon, comte de Provence.

C'était encore dans l'île de Jarnègues qu'en 1146, le vieux comte de Barcelone avait tenu un *plaid* où les gentilshommes de la Provence, au nombre de 80, prêtèrent serment de fidélité et firent hommage au jeune comte de Provence Raymond-Bérenger II, âgé de sept ans, son neveu et son pupille, fils de Raymond-Bérenger I, tué en 1144 dans un combat naval livré aux Génois. Le comte de Barcelone avait convoqué ce plaid afin d'assurer, par cette manifestation, les droits de son neveu

stratégique d'une grande importance. Détruite par les Sarrasins, elle dut, après l'expulsion des barbares, être rebâtie, puisque des actes du X⁰ et du XI⁰ siècles en constatent clairement l'existence.

A l'extrémité du pays des *Salyens* et sur les confins de celui des *Cavares*, existait une autre cité plus importante et d'une origine semblable, c'était Avignon.

L'apostolat de la Sainte Hôtesse de Jésus-Christ commença dans la première de ces deux villes. S'il en faut croire les auteurs qui ont suivi les données de la fausse Syntique, elle n'y serait pas venue spontanément, mais sur l'appel des habitants de Tarascon et d'Avignon, qui, sur le bruit arrivé jusqu'à eux des prodiges qui auraient signalé sa prédication à Marseille et à Aix, l'auraient suppliée par une députation de venir en opérer de semblables dans leur pays. Assertion gratuite que ces auteurs ont pu facilement se permet-

---

au comté de Provence, qui lui étaient contestés par les prétentions rivales de la maison des Baux.

L'île de Jarnègues servit encore de théâtre aux tournois qu'y fit célébrer le roi René pendant trois jours et avec beaucoup de magnificence au commencement de juin 1449. Toute la noblesse de la Provence et du Languedoc, ainsi que les grands officiers de la cour, y avaient été convoqués et s'y étaient rendus. La reine Jeanne de Laval, qui présidait à ces fêtes, y figurait sous le costume d'une bergère distribuant aux vainqueurs les prix du combat. Louis de Beauveau, grand sénéchal de Provence et d'Anjou, l'un des plus vaillants champions de ces luttes chevaleresques, en a donné, sous le nom de *Pas d'armes de la bergère*, une description qui est restée l'un des monuments les plus curieux de la littérature et des mœurs contemporaines.

tre, parce que le champ est ici librement ouvert à toutes les conjectures, mais que nous ne saurions appuyer, car elle se lie mal avec l'analogie des faits et l'ensemble de notre récit. Si nous pouvions à notre tour hasarder une conjecture, nous dirions plutôt que Sainte Marthe serait venue à Tarascon, à l'invitation de Saint Trophime. Il n'est pas de notre sujet de discuter la question de savoir à quelle époque l'illustre fondateur de l'Église d'Arles serait arrivé dans cette ville. Il y était certainement dès le premier siècle, et, très-probablement, un peu avant que nos Saints Missionnaires n'arrivassent eux-mêmes en Provence. Nous le verrons bientôt consacrer par sa présence une cérémonie à laquelle Sainte Marthe le conviera; d'où l'on peut, avec assez de vraisemblance, inférer qu'il n'aurait pas été entièrement étranger à l'œuvre accomplie par l'Hôtesse du Sauveur dans ce pays. Le voisinage des lieux, et la rencontre de nos saints patrons avec Saint Trophime, après leur débarquement, sont encore des circonstances favorables à cette supposition.

Quoi qu'il en soit, il est certain dans toutes les hypothèses que ce fut par l'organe de Sainte Marthe que le nom du Christ a été annoncé pour la première fois à nos ancêtres. Car elle aussi, la noble vierge, pouvait se donner pour l'un de ses témoins. Elle avait vécu dans son intimité, l'avait suivi constamment, presque dans toutes les phases de sa vie publique: elle avait appris de sa sainte Mère tous les détails admirables de sa vie cachée.

La voilà donc à l'œuvre, bien décidée à la poursuivre, s'il le faut, au péril de ses jours et jusqu'à l'effusion de son sang. Voyez-la, cette femme vraiment forte bravant avec une sainte intrépidité les regards d'une multitude d'auditeurs tous antipathiques, par leurs préjugés et leurs habitudes, à la doctrine qui va leur être annoncée. Voyez le feu divin qui brille sur son visage, enflamme sa parole, et embrasera bientôt le cœur de ceux qui l'écoutent ! Entendez-la raconter à cette foule étonnée ce que *ses yeux ont vu, ses oreilles ouï, ses mains touché du Verbe divin :* les mystères de sa naissance, de ses douleurs, de sa résurrection et de sa gloire! Voyez-la surtout offrant à leur contemplation l'image auguste de cette croix, où, victime volontaire, il avait voulu mourir pour racheter le monde, et qui devait, selon sa promesse, devenir le signe de ralliement de ses adorateurs! Entendez-la proclamer, avec l'accent d'une conviction surhumaine, l'obligation désormais impérieuse de fléchir devant lui le genou, d'obéir à sa loi, de croire à sa parole ; le devoir, par conséquent, d'abjurer pour toujours un culte menteur et sacrilége, de briser des idoles qui ne méritaient que le mépris, au lieu des hommages que leur avait trop longtemps rendus l'univers abusé, de renoncer enfin à des pratiques outrageantes pour l'humanité, autant qu'elles l'étaient pour l'honneur dû au seul Dieu véritable !

Quelle impression ces étranges discours devaient-ils produire sur des esprits si mal préparés à les entendre ? L'apôtre Saint Paul en avait tenu de semblables devant l'aréopage d'Athènes, et l'on sait comment la sagesse des Grecs les avait accueillis. Que durent donc penser nos pères, quand ils entendirent une femme venue de si loin leur annoncer un *Dieu inconnu*, des vérités si hautes qu'ils n'en avaient jamais eu seulement le soupçon, une religion sans analogie avec celle qu'ils professaient, hostile (1) à

(1) Cette hostilité, ou, pour employer la formule inventée par les libres-penseurs du XVIIIe siècle, cette *intolérance* était l'un des griefs principaux articulés par le paganisme romain contre le Christianisme naissant. Tous ses détracteurs l'ont répété depuis, sans prendre garde que, au lieu de lui en faire un reproche, ils auraient dû y voir l'un de ses mérites : car le Christianisme étant donné pour ce qu'il est véritablement, c'est-à-dire comme émanant d'une révélation divine, devait être *nécessairement* une religion *intolérante*. Il est en effet de l'essence même de la vérité d'être *intolérante* pour l'erreur; sans quoi, elle ne serait plus la vérité. Il y a ainsi *intolérance*, ou, si l'on veut, incompatibilité entre le *oui* et le *non*, entre le jour et la nuit, entre les axiomes de géométrie et les propositions contraires. Les lois civiles elles-mêmes sont à leur manière intolérantes, puisqu'elles proscrivent rigoureusement les actes contraires aux dispositions qu'elles édictent. Toute religion qui se déclarerait *tolérante* pour les cultes dissidents, par cela seul, se condamnerait elle-même, et offrirait la preuve qu'elle ne se tient pas sûre de la pleine possesion de la vérité.

Toutefois il y a, touchant l'intolérance de la religion catholique, à observer que si elle est très-*intolérante* dans les questions de doctrine, elle est très-*tolérante* à l'égard des *personnes*. Elle a des anathèmes pour les erreurs ; elle est pleine de charité pour les individus ; elle proclame hautement cette maxime fondamentale de son enseignement : *Hors de l'Église point de salut;* mais elle laisse à Dieu *seul*, qui seul aussi pénètre à fond le secret

tous les autres cultes ; une loi morale contraire à tous leurs penchants ? serait-il téméraire de penser que, à leurs yeux et suivant leurs premières appréciations, ce langage, émané d'une telle bouche, dut leur paraître le signe d'une raison égarée ; et que le seul effet produit d'abord sur eux par ces exhortations véhémentes fut d'appeler leur pitié, si ce n'est leur moquerie, sur celle qui les leur adressait ?

Ce langage, il est vrai, était le délire de la croix ; mais, suivant la promesse du Sauveur, il parut bientôt dans cette divine folie une force de persuasion que n'eut jamais la plus éloquente sagesse. Elle était justifiée et soutenue par des preuves d'une irrésistible

des consciences, de juger dans les circonstances particulières jusqu'à quel point l'*ignorance* ou *la bonne foi* peuvent servir d'excuse à ceux qui se trouvent hors du giron de l'Église.

On oppose, comme s'accordant mal avec cette théorie, certains faits, tels que l'établissement du tribunal de l'Inquisition, etc.; mais on peut répondre d'abord que c'est à tort que l'on impute à l'Église la plupart de ces faits : ils furent beaucoup moins son œuvre, que celle du pouvoir civil. La question, dès lors, change d'aspect : de religieuse, elle devient politique, et se réduit à savoir si, dans *telle* ou *telle* circonstance, le pouvoir civil n'a pas, dans un intérêt *d'ordre public*, le droit, quelquefois même le *devoir* d'ordonner des mesures restrictives de ce que l'on appelle la liberté de *conscience*, ou la liberté de *penser*, bien entendu de *penser tout haut*. Question très-grave et qu'il serait tout à fait déplacé de discuter ici. Ce que l'on peut assurer, avant toute discussion, c'est qu'il n'y a jamais eu, qu'il n'y aura jamais au monde de gouvernement disposé à renoncer à ce droit et à rester impassible et désarmé devant toutes les manifestations possibles de la liberté de *conscience* et de la liberté de *penser*.

puissance : « car le roi des armées célestes et de son
« peuple bien-aimé, dit Raban, avait communiqué à
« ses prédicateurs le don d'annoncer sa parole avec
« une grande force, et d'orner la maison du Seigneur
« des *dépouilles du fort armé*. Par le seul moyen de
« la prière et par le signe de la croix, Marthe guéris-
« sait les lépreux, les paralytiques, ressuscitait les
« morts; elle rendait l'usage de leurs organes aux
« aveugles, aux morts, aux sourds, et à toute sorte
« de malades (1). »

Mais parmi les prodiges opérés par Sainte Marthe en confirmation de la doctrine dont Dieu l'avait fait l'organe, il y en eut deux surtout qui, à raison des circonstances où ils se produisirent, frappèrent singulièrement la multitude de ceux qui en furent les témoins.

La Sainte Hôtesse de Jésus-Christ prêchait à Avignon devant une assemblée nombreuse et réunie, pour l'entendre, sur les bords du Rhône. Sur la rive opposée, un jeune homme attiré par ce concours, veut franchir à la nage la distance qui le sépare du lieu de cette réunion. Mais après quelques efforts, ses forces l'abandonnent ; le courant du fleuve l'entraîne, et il disparaît à tous les regards. On s'empresse d'aller à son secours : sur tous les points on le cherche, on l'appelle. Peines perdues, soins inutiles ! Enfin, après trois jours, le fleuve qui l'avait englouti le rejette sur le rivage. Sa famille éplorée et la foule qui

(1) Raban-Maur : *Vie de Sainte Madeleine et de Sainte Marthe*, chap. XXXVIII.

l'accompagne vient l'y reconnaître, elle ne retrouve plus qu'un cadavre.

Mais Marthe est à Avignon : elle s'y donne hautement pour l'envoyée de Dieu. On saisit donc avec empressement cette occasion de soumettre la puissance de sa parole à l'épreuve de celle de ses œuvres. Le corps inanimé de l'infortuné jeune homme étant porté à ses pieds, elle lève les yeux et les mains au ciel. Puis, invitant la multitude qui l'entoure à s'unir à sa prière : « Dieu tout-puissant, s'écrie-t-elle, vous
« qui, par votre miséricordieuse bonté, avez ressus-
« cité mon frère Lazare que vous chérissiez tendre-
« ment, daignez prêter l'oreille aux supplications de
« votre servante et de tout ce peuple. Rappelez à la
« vie cet enfant malheureux ; afin que tous, voyant
« les merveilles de votre droite, croient en vous, seul
« vrai Dieu et Sauveur du monde. »

Sa prière finie, elle saisit la main glacée du jeune homme : « Au nom de Jésus-Christ, lui dit-elle, d'une voix haute et ferme, lève-toi et reprends la vie. » Aussitôt, l'enfant se lève, sans qu'il paraisse en sa personne la moindre trace de l'accident funeste dont il avait été victime, trois jours auparavant.

La tradition avignonaise a conservé jusqu'à ces derniers jours le souvenir de ce miraculeux événement. On montre encore dans l'ancienne cité papale le lieu où il s'accomplit, et l'on assure qu'afin d'en perpétuer la mémoire on éleva un oratoire auquel fut substituée ensuite une chapelle restée debout et intacte jusqu'à l'époque néfaste de la révolution du dernier siècle. Des documents authentiques constatent encore que Saint Dominique étant venu à Avignon pour y fonder un couvent de son Ordre (1), il choisit, sur l'indication qui lui en fut donnée, ce lieu-là même pour y former l'établissement qu'il voulait créer.

Le peuple de Tarascon vit un autre prodige, non moins étonnant mais plus célèbre encore dans l'histoire de Sainte Marthe. Ce fut l'extermination d'un monstre devenu la terreur de cette contrée, où il portait de tous côtés, par ses ravages, la désolation.

Quelques auteurs prévenus contre la vérité de ce récit par la singularité des circonstances que l'on y mêla dans la suite, se sont refusés à y voir la relation d'un fait réel. Ils ont pensé que la piété des peuples avait seulement voulu symboliser sous l'image d'une allégorie qu'elle s'était attachée tout exprès à rendre horrible et repoussante, la destruction des monstrueuses superstitions de l'idolâtrie.

Cette idée, si plausible qu'elle semble, n'est point la nôtre, et nous croyons, avec l'auteur des *Monuments inédits*, que, sauf certains détails évidemment fantastiques, cette relation doit être tenue pour véritable.

Pourquoi voudrait-on n'y voir rien de plus qu'un symbole, et dans l'extermination de ce monstre, l'image seulement de la destruction de l'idolâtrie ?

(1) Voir à ce sujet des détails du plus haut intérêt dans le recueil périodique publié à Avignon sous le titre de *Revue des Bibliothèques paroissiales*. N°. du 14 juillet 1866.

Ces pratiques de l'idolâtrie étaient trop enracinées dans les goûts et les habitudes des peuples de ce temps, pour qu'il fût possible de les voir s'évanouir au souffle d'une femme. Supposer ces erreurs et ces superstitions abolies simplement par l'effet de sa parole, c'est supposer, en même temps, un effet sans cause, ou du moins, sans une cause proportionnée à l'effet qu'elle devait produire ; c'est oublier encore que, d'après le plan indiqué par Jésus-Christ lui-même, la parole devait commencer, et le miracle suivre. Parmi ces miracles annoncés par Notre-Seigneur il en est quelques-uns d'une analogie frappante avec celui que la tradition attribue ici à Sainte Marthe : *Ils détruiront les serpents, serpentes tollent.*

Mais il y a contre cette supposition d'une allégorie un argument plus décisif encore. Sainte Marthe n'est pas la seule qui ait contribué à exterminer en Provence le monstre de l'idolâtrie. Saint Lazare et Saint Maximin ont partagé avec elle cette gloire. Pourquoi donc ayant eu aussi bien qu'elle l'honneur de cette victoire, ni l'un ni l'autre ne nous est montré avec l'exhibition de cet attribut ? D'où vient que Sainte Marthe, seule entre les apôtres de ce pays, figure, dans les monuments traditionnels, tenant un monstre enchaîné ? Cette singularité n'indique-t-elle pas un fait spécial à la vie de Sainte Marthe, et n'ayant jamais eu son analogue dans celle des autres fondateurs des Églises de Provence ? Et le fait, quel autre peut-il être que celui que rapportent nos traditions ?

Il y a, sans doute, beaucoup de fiction dans ce que

certaines chroniques ont raconté touchant l'origine de
ce monstre, la bizarrerie de ses formes, l'étrangeté
de ses habitudes. Mais, à part l'exagération manifeste
de ces circonstances, qu'y aurait-il eu d'étonnant que,
dans un pays configuré (1) comme l'était certainement
le nôtre dans ce temps, un animal malfaisant, quels
que fussent sa race et son nom, eût trouvé, dans ces
marécages ou dans les forêts voisines, un repaire où
il fût difficile de l'atteindre et d'où il ne sortait que
pour exercer d'affreux ravages dans les alentours?

On doit sans peine concevoir que la délivrance
d'un tel fléau, ayant tous les caractères d'un bienfait
public, était singulièrement propre à frapper l'esprit

(1) Il est aujourd'hui pleinement avéré que le vaste plateau
qui s'étend depuis Arles jusqu'à Avignon n'était à cette époque
qu'une plaine entièrement marécageuse. Exposée sans défense aux
invasions du Rhône et de la Durance, dont le cours avait plusieurs
fois éprouvé des déviations visibles encore dans leurs traces,
elle ne commença à être défrichée et rendue propre à la culture
qu'après l'établissement au VIe siècle des moines Bénédictins au
Monastère de Mont-Majour. C'est au zèle infatigable de ces
religieux et à leurs immenses travaux que nous devons de voir
aujourd'hui cette plaine couverte des trésors de la plus riche végétation. Ce furent eux qui élevèrent au Xe siècle, au quartier
des *petites montagnes* appelé *Frigolet*, sous le vocable de
l'Archange Saint Michel, le monastère devenu aujourd'hui,
par une heureuse transformation, celui des RR. PP. Prémontrés.
Ils l'établirent comme un lieu de refuge en temps d'inondation, et tout ensemble, comme un asile inaccessible aux émanations pestilentielles s'exhalant des marais du voisinage. D'où le
nom de Notre-Dame-du-bon-Remède, surajouté à celui de Saint
Michel.

des peuples et à les disposer favorablement pour la doctrine qui leur était annoncée.

Telle était l'épouvante que cette bête féroce avait répandue dans le pays que, malgré les malheurs qu'elle y avait déjà causés, nul n'osait se risquer à la pourchasser, moins encore à l'attaquer dans sa retraite. Marthe inspirée du ciel et assurée de son secours, en eut le courage. On la vit seule affronter la rage du monstre, et avec les seules armes de la foi, triompher de sa férocité. Le signe auguste de notre rédemption suffit à la dompter; et, chose merveilleuse, cet animal (1), jusqu'à ce moment si terrible et si redouté, se laissa vaincre par la main d'une femme.

Quelle surprise pour les habitants de cette contrée, quand la vierge de Béthanie reparut au milieu d'eux, la démarche assurée, le front serein, menant à sa suite, comme un timide agneau, et lié à sa ceinture, l'objet de tant de terreur? Et quand, au signal qu'elle

---

(1) Il a été dit et écrit que ce monstre, appelé *Tarasque*, avait donné son nom au pays où Sainte Marthe l'extermina. C'est le contraire qui est vrai, puisque, ainsi que nous l'avons vu, ce pays était connu déjà sous le nom qu'il porte, avant que Sainte Marthe n'y vînt.

Nous devons faire remarquer ici que le dessin figurant au frontispice de cet ouvrage et copié fidèlement sur celui qui se trouve en tête de l'ancienne vie de Sainte Marthe, offre des détails dont nous ne saurions garantir la parfaite conformité avec la vérité historique. L'artiste, obligé de reproduire le modèle qu'il avait sous les yeux, a dû conserver à la *Tarasque* les formes qu'on avait commencé à lui prêter au XVe siècle; mais sans prétendre donner à ce type un caractère d'authenticité.

leur en donna, ils purent l'approcher eux-mêmes, venger dans son sang les larmes qu'il avait fait couler ; quand ils virent le monstre expirer à leurs yeux, quelles acclamations, quels signes d'allégresse, quels cris de reconnaissance pour leur libératrice !

Marthe ne fut point insensible à ces témoignages de la gratitude publique. Dès ce moment, ce peuple qui l'entourait des plus touchantes démonstrations de son dévouement lui devint cher. Son pays devint désormais le sien, et elle le choisit pour sa patrie d'adoption. Elle s'y fit construire une demeure à côté de celle qui fut, dans le même temps et à son instigation, élevée, comme nous allons le voir, à l'honneur du Dieu dont elle était la servante et l'apôtre.

CHAPITRE ONZIÈME.

Fruits de la prédication de Sainte Marthe à Avignon et à Tarascon. — Elle fonde une église dans chacune de ces deux villes. — Ses travaux et ses courses évangéliques. — Elle établit à Tarascon une société de vierges qu'elle s'applique à former à la vertu.

La lumière était faite. Il devenait visible à tous les yeux que la *main du Seigneur était* avec Sainte Marthe. Son intervention et son assistance avaient paru par des signes trop manifestes, pour qu'il fût possible aux plus incrédules de résister à cette démonstration. La semence de salut, jetée dans ce pays par la bienheureuse Hôtesse du Sauveur, ne tomba donc point sur une terre ingrate. Sa parole fut accueillie pour ce qu'elle était véritablement, c'est-à-dire pour celle de Dieu même, et elle produisit dans les cœurs des effets merveilleux. Quelle consolation à celui de Marthe, quelle sainte ivresse de joie, quand elle vit ce peuple, frémissant lui-même de bonheur et docile à ses exhortations, abjurer à ses pieds toutes ses erreurs d'autrefois, brûler devant elle les objets de ses stupides adorations, et jurant de ne connaître désormais d'autre Dieu que Celui qui s'était lui-même révélé à ses regards avec tant d'évidence !

C'en était donc fait: dès ce moment cette partie de la

Provence était chrétienne ; elle ne devait plus cesser de l'être : Marthe en avait fait la conquête ; elle put y planter ce glorieux étendard devant lequel toutes les générations se sont agenouillées depuis, et y inscrire la devise triomphale : *Le Christ commande, il règne, il est vainqueur.*

Mais il fallait assurer les fruits de cette victoire, et ce fut le premier objet des préoccupations de Marthe. Elle avait assisté dans sa première patrie, aidé même par son active coopération à la fondation des premières Églises chrétiennes. Ces pieuses assemblées nommées indifféremment tantôt *Synaxes,* tantôt *Collectes* ou *Églises,* expressions à peu près synonymes, se tenaient au commencement dans des maisons particulières. Celle dont Marthe avait fait partie à Jérusalem, après l'Ascension de Notre-Seigneur, s'était réunie dans un lieu célèbre dans l'histoire sous le nom de *Cénacle,* et qui n'était, dans sa destination primitive, qu'une salle de festin. Mais quand le nombre des Chrétiens se fut augmenté, on sentit le besoin d'avoir des locaux qui ne servissent à d'autres usages qu'à ceux du culte religieux, et assez vastes pour qu'ils suffisent à contenir l'assemblée des fidèles.

Là se faisait proprement l'éducation des âmes, et leur initiation à la vie nouvelle qui devait signaler leur conversion au Christianisme. La lecture et l'explication des écritures sacrées, l'exposition et l'enseignement des vérités de la foi, l'exhortation aux œuvres qui en sont l'expansion nécessaire et le vivant témoignage, la prière commune et publique, et, après l'oblation du sacrifice de l'autel, la participation au pain eucharistique, remplissaient les heures consacrées à ces réunions. C'est à cette école que se formaient ces mâles vertus qui enfantaient les martyrs et ces prodiges de sainteté qui firent la gloire de ce premier âge de l'Église. Là encore, où les enfants du Christ aimaient à célébrer ces agapes, symbole de la fraternité qui les unissait entre eux et à cimenter ainsi les liens de cette charité qui semblait ne faire d'eux tous, malgré la différence des rangs, des origines et des conditions, qu'une seule famille.

Marthe devait donc, après les succès donnés par la bénédiction divine à ses premières prédications, songer à réunir, comme dans un même bercail, ce troupeau formé autour d'elle, à l'appel de sa voix, et aux moyens d'achever et de perpétuer l'œuvre de régénération qu'elle avait commencée.

Ce fut à cette pensée que l'Église d'Avignon dut sa naissance. Le premier temple chrétien qui ait existé dans cette ville a toujours passé pour une création du zèle de Sainte Marthe. La basilique désignée sous le nom de Notre-Dame-des-Doms, édifice très-ancien dans quelques unes de ses parties, aurait cette origine. « On tient, en effet, pour constant, dit l'auteur des
« *Monuments inédits*, que Sainte Marthe fit bâtir à
« Avignon, au lieu appelé le *Rocher*, une chapelle à
« l'honneur de la Reine du ciel..... Il n'y a pas lieu
« de douter que telle ait été l'origine de la Cathédrale
« d'Avignon, et cette église ayant été bâtie sur les
« ruines de cette chapelle, on aura pris de là occasion

« d'attribuer à Sainte Marthe la fondation de cette église
« reconstruite plusieurs fois (1). »

Un fait à cet égard paraît certain. Jusqu'à la fin du dernier siècle, on avait montré, sous le cloître de cette église, et sur son côté oriental, une grotte ou une crypte (2) à laquelle on arrivait par un souterrain. Là, suivant la tradition populaire, aurait été l'habitation de Sainte Marthe, quand elle venait à Avignon : à la suite, on avait bâti une chapelle à son honneur : chaque année, le jour de sa fête, le Chapitre métropolitain venait y célébrer l'office canonial ; on y conservait même certains ustensiles, ayant été autrefois, suivant la même tradition, à l'usage de la Sainte Hôtesse du Sauveur. La main du temps et la main des hommes, plus impitoyable que celle du temps, ont détruit et presque entièrement effacé ces restes précieux de l'antiquité chrétienne. Mais, outre qu'ils se sont conservés dans la mémoire des survivants d'une autre époque, on en voit encore des vestiges assez apparents. Le pieux pèlerin qui visitait autrefois l'Eglise de Notre-Dame-des-Doms ne manquait jamais de descendre dans ce sanctuaire vénéré et de venir prier devant l'image de celle qui l'avait consacré par sa présence.

La ville de Tarascon a été plus heureuse. L'église qu'y fonda Sainte Marthe a été préservée des ravages du temps : à l'époque où nos discordes civiles en avaient

(1) *Mon. inédits*. Tom. I. p. 600.
(2) Voir des détails très-curieux sur cette crypte dans le N° du 15 septembre 1866 de *la Revue des Bibliothèques paroissiales* d'Avignon.

mis la conservation dans le plus grand péril, elle fu préservée comme miraculeusement (2) de toute profanation. Si la piété des âges suivants en a modifié la forme primitive, on peut assurer qu'elle est restée, dans

(1) L'Église dont il est ici question est la crypte, vulgairement appelée la *Grotte*. A l'époque la plus désastreuse de la période révolutionnaire, des forcenés, après avoir tout saccagé dans l'église haute, descendirent à la crypte, avec l'intention bien arrêtée d'y commettre les mêmes dévastations Le bras déjà levé, ils allaient accomplir cette œuvre sacrilége, lorsque frappés soudainement de terreur, ils sentent leurs forces défaillir et sont obligés de renoncer au dessein qu'ils méditaient. Mais confus le lendemain de ce qu'ils appelaient leur couardise, ils reviennent, bien résolus cette fois à exécuter le projet impie qu'une ridicule frayeur leur avait fait abandonner la veille. Chose étonnante ! ce jour-là, aussi bien que la veille, une invincible impression d'épouvante paralyse leurs efforts. Glacés d'effroi, ils s'en retournent vers leurs pareils, et leur déclarent qu'ils laissent à d'autres de s'acquitter de cette besogne, et que, pour eux, si bons patriotes qu'ils soient, ils n'en auront jamais le courage.

Un événement aussi extraordinaire, s'ébruitant dans le pays, produisit partout une profonde sensation. Tous y virent l'intervention de la main de Dieu qui avait désarmé ou enchaîné visiblement celle des profanateurs : quelques-uns d'entre eux, à ce que l'on assure, furent frappés de cécité. En même temps, l'administration municipale sagement inspirée fit murer entièrement l'entrée de la crypte, ce qui empêcha le renouvellement de ces criminelles entreprises.

Ces faits sont depuis cette époque de notoriété publique dans ce pays : ils appartiennent à son histoire et n'ont jamais été contredits.

sa partie principale, telle qu'on l'avait vue au commencement.

C'est donc en ce lieu que Marthe apprenait à nos pères réunis autour d'elle et devenus chrétiens, à invoquer pour la première fois, le Dieu véritable ; là, qu'ont commencé d'être célébrés dans ce pays les mystères sacrés, et d'être offerte pour le salut de tous la victime sans tache ; là, que se distribuait, avec le pain de vie, celui de la parole destinée, aussi bien que l'aliment eucharistique, à être la nourriture des âmes. Souvenirs impérissables, qui resteront jusqu'à la fin attachés aux murs de ce sanctuaire, et lui conserveront ce caractère de religieuse majesté qui saisit et pénètre le fidèle qui le visite !

Sainte Marthe voulut donner à sa consécration l'appareil d'une imposante cérémonie. Trois pontifes y furent convoqués : Maximin d'Aix, Trophime d'Arles, Eutrope d'Orange. Ils s'y rendirent, et consacrèrent au culte divin le nouveau temple, sous l'invocation de Notre-Seigneur et de sa très-Sainte Mère, le 17 du mois de décembre. Cette date devait, comme nous le verrons plus loin, marquer une époque dans l'histoire du culte de Sainte Marthe. Afin de la rendre plus mémorable, Dieu voulut que cette solennité fut suivie d'un prodige renouvelé de celui qu'on avait vu autrefois en Galilée, aux nôces de Cana. Les trois évêques et les autres ministres sacrés qui avaient coopéré à la cérémonie étaient réunis, après qu'elle eut été terminée, à la même table. Les convives, paraît-il, étaient nombreux, et Marthe remplissait auprès d'eux le même office qu'autrefois à Béthanie, quand le divin Sauveur y venait avec ses disciples. Le vin étant venu à manquer vers la fin du repas, le même miracle que Jésus avait opéré jadis, à la prière de sa mère, au festin nuptial qu'il honorait de sa présence, se fit encore à cette occasion, à la prière de Marthe. Ce merveilleux changement n'échappa point à l'attention de ses hôtes. Ils en bénirent ensemble le Seigneur, et en tirèrent le meilleur augure pour le succès de l'œuvre à laquelle ils venaient de concourir.

Marthe cependant, plus que nul autre jalouse de la voir prospérer, ne négligeait aucun effort, ne reculait devant aucune fatigue, pour assurer les fruits de la sainte mission qui lui avait été confiée : *Le zèle de la maison de Dieu la dévorait.* Comme le divin Maître, elle pouvait dire qu'elle n'était venue de si loin sur cette terre étrangère, que pour y répandre partout (1) le feu sacré qui consumait son âme. Tour à tour, à Avignon et à Tarascon, dans tous les pays du voisinage, on la voyait, apôtre infatigable, animer par sa présence et par ses exhortations la ferveur de ces nouveaux chrétiens, enfantés par ses soins à la grâce : ni la rigueur des saisons, ni la difficulté des chemins, ni l'intempérie du ciel ne pouvaient ralentir son courage (2). Messagère

(1) Il est à présumer que les diverses localités dans les environs de Tarascon et d'Avignon ; Saint Remi, autrefois *Glanum* ; Beaucaire, *Ugernum* ; Maillane, Graveson etc. ont été visitées par Sainte Marthe. La petite ville de Pernes, entre Avignon et Carpentras, se glorifie d'avoir reçu les prémices de la foi de la Sainte Hôtesse de Jésus-Christ.

(2) Près de Saint-Michel-de-Frigolet on montre une anfractuo-

de charité et de paix, elle allait dans tous les lieux où il y avait des âmes à gagner, des défaillances à prévenir, des misères à soulager. Mais un pays, entre tous les autres lui était cher : c'était la cité Tarasconaise où devaient se concentrer, avec ses affections, les plus grands efforts de son zèle.

Ayant appris par une expérience personnelle acquise depuis longtemps combien de bénédictions peut attirer sur les familles l'influence de la femme, quand elle a été, de bonne heure, formée à l'amour et à la pratique du bien, Marthe réunit autour d'elle l'élite des vierges de ce pays, se dévoua à remplir auprès d'elles la tâche d'institutrice, pour les offrir à toutes leurs compagnes comme le modèle vivant des vertus de leur sexe. C'est à l'image de cette création que se sont formées ensuite, dans beaucoup de paroisses, ces associations pieuses de femmes et de filles, devenues, presque partout où elles ont été établies, un puissant moyen d'édification. On se tromperait cependant, si l'on confondait cette institution, ainsi que l'ont fait quelques-uns, avec celle d'une communauté religieuse proprement dite : l'heure de ces sortes d'établissements n'était pas encore venue, et il n'entrait pas dans la pensée de Sainte Marthe de l'anticiper.

Il était donc loin de son intention, en appelant autour d'elle, à certaines heures marquées, ces jeunes personnes, de les affranchir de leurs devoirs domestiques. Elle

sité de rocher où Sainte Marthe aurait eu la coutume de s'abriter lorsque, dans ses courses apostoliques entre Avignon et Tarascon, elle était surprise par la nuit ou par l'orage.

s'attachait plutôt à leur en inspirer l'amour ; car son dessein principal était de les façonner à des habitudes chrétiennes, et entre tous les moyens choisis par elle pour atteindre ce but, elle s'efforçait de les y exciter par l'aiguillon d'une émulation salutaire. C'est également à cette fin que tendaient ses conseils, ses prières, ses soins, ses industries, et, plus efficacement encore, l'entraînement et la sainte contagion de ses exemples.

CHAPITRE DOUZIÈME.

De la sainteté et des vertus de Sainte Marthe. — Sa charité. — Son zèle. — Son affection pour les pauvres et les misérables. — Sa pénitence. — Sa piété.

C'est le devoir d'un apôtre de rendre sensible, par sa conduite et toute la suite de ses œuvres, la doctrine qu'il enseigne. Le succès de sa parole est à ce prix ; et bien que le succès en dépende essentiellement de l'action de la grâce, elle ne fructifie communément et n'est bénie du ciel, qu'autant qu'elle se reflète dans les œuvres. Il a été dit de la parole humaine qu'elle n'a d'écho dans le cœur de celui qui l'écoute que lorsqu'elle part du cœur de celui qui l'annonce : cela est également vrai, dans certaines proportions, de la parole divine ; un évangéliste (1) nous apprend du premier et du plus grand de ses prédicateurs, de celui-là même qui est le Verbe de Dieu, qu'étant venu au monde, pour rendre témoignage à la vérité, il en montra d'abord *l'exemple*, et puis, il en donna le *précepte*.

L'enseignement évangélique inauguré par lui, et destiné à être répandu sur toute la face de la terre,

---

(1) « Cœpit Jesus facere et docere. » « Jésus commença par « les *œuvres*, il continua par *la parole*. » (*Actes des Apôtres*, chap. I. v. 1.)

avait besoin plus qu'aucun autre, à raison même des résistances qu'il devait rencontrer, d'être marqué de ce caractère. Aussi, le Sauveur, bien qu'ayant communiqué à ses disciples, pendant les trois années qu'il conversa avec eux, tout ce qu'il avait appris lui-même, dès l'éternité, dans le sein de son Père, ayant travaillé pendant tout ce temps à les former au ministère auquel il les appelait, ne les jugeait pas encore suffisamment disposés à le remplir. Les vérités divines qu'il leur avait enseignées n'étaient pas gravées dans leur cœur assez profondément, pour qu'ils fussent capables de les enseigner à d'autres avec utilité. Avant d'être *Apôtres*, il fallait qu'ils fussent des *Saints*: et c'est l'Esprit céleste qui écrivant, *non plus sur des tables de pierre*, mais dans le fond le plus intime de leur âme, la loi nouvelle dont ils allaient être dans le monde les promulgateurs, devait préparer les voies à son universelle diffusion.

C'est pourquoi Sainte Marthe, appelée elle aussi aux sublimes fonctions de l'apostolat, devait être une *Sainte*, dans la rigoureuse acception du mot; et elle le fut. La loi divine, avant qu'elle ne vînt la proclamer dans le pays de nos pères, avait été, par le même Esprit, écrite en caractères également ineffaçables dans son cœur. C'est de ce foyer que l'expression devait en jaillir sur ses lèvres, et se traduire encore par la vivante manifestation de ses œuvres.

Mais la loi chrétienne, à l'envisager par son côté fondamental, se résume tout entière dans un seul mot qui en renferme la *plénitude*. Elle est essentiellement une *loi d'amour*. La sainteté de Marthe découle aussi tout entière de ce principe générateur et soutien de ses autres vertus.

De là, son zèle pour l'établissement et la propagation du règne de Jésus-Christ ; de là encore l'attrait qu'eurent toujours pour elle les œuvres de miséricorde ; de là, sa vie pénitente et mortifiée ; de là, enfin son application à la prière et aux exercices de la piété.

Quel est, en effet, le motif qui l'avait déterminée à consentir à tant de sacrifices, et lui donnait le courage d'en subir les conséquences ? Il est trois choses que les hommes affectionnent plus que tous les autres, et de l'amour le plus ardent aussi bien que le plus légitime : le sol qui les a vus naître, les biens qu'ils y possèdent, le repos dont ils peuvent y jouir. Des circonstances impérieuses, ou bien l'espoir de se créer ailleurs une meilleure existence, peuvent les contraindre ou les engager quelquefois à y renoncer. Mais, en dehors de ces circonstances ou de ces excitations de la cupidité, il n'est guères dans leurs habitudes de s'en détacher : quel est donc le mobile qui avait décidé Sainte Marthe à courir vers une région lointaine et inconnue, à dire au pays natal un adieu suprême et solennel, à y laisser, pour ne les revoir jamais, les domaines auxquels se rattachaient tous ses souvenirs d'enfance et ses affections de famille ? D'où lui était venue la pensée de se vouer pour toujours à une vie toute de travail, de peines, de privations, et de braver les périls inséparables d'une entreprise comme celle qu'elle allait tenter ? Ce n'étaient certes pas les inspirations de la chair et du sang qui lui avaient suggéré l'idée d'un semblable dessein ; un autre ressort agissait sur son âme et lui imprimait, malgré la timidité et la faiblesse de son sexe, l'élan et la vigueur des âmes les plus viriles. Jésus-Christ lui avait été révélé : les perfections et les amabilités infinies du Verbe fait chair s'étaient montrées à elle. Elle l'avait connu digne d'un amour égal à ses mérites et des adorations des anges et des hommes. L'effet nécessaire de cette révélation avait été d'allumer dans son cœur un feu qui ne pouvait plus s'y éteindre, et dont l'ardeur ne saurait se décrire ; car si une passion conçue pour un être créé, vil quelquefois et souverainement méprisable, emporte dans le vertige de son mouvement un cœur à des extrémités si étranges; quand l'objet de cette passion sera Dieu lui-même, avec son éternité et toutes les excellences de son être, qui pourra calculer l'impétuosité et la force de son impulsion ?

A celui donc qui eût demandé à Sainte Marthe le secret de ses héroïques dévouements, elle aurait pu répondre ainsi que l'Apôtre. « C'est la charité (1) de « Jésus-Christ qui me presse, elle qui m'excite, me « soutient, exerce enfin sur toutes les facultés de « mon âme un empire absolu, autant qu'irrésistible. »

Sous l'impression de ce sentiment et pénétrée pour la personne du Sauveur d'un amour immense, on la verra vouer son existence à son service et à celui de

(1) Aux Corinth. chap. v. v. 14.

sa gloire, quitter sa patrie et la maison de ses pères, pour venir annoncer à ceux qui furent les nôtres le nom du Dieu qu'elle adorait. L'ardeur qui animait sa parole, le courage qui la soutenait dans ses travaux et dans ses fatigues, dérivaient de la même source.

Il y a plus : le théâtre de son apostolat, dans les limites où la volonté divine le lui avait préparé, était trop resserré au gré de ses désirs. Telle était la vivacité du zèle qui enflammait son âme, qu'elle eût aspiré à en répandre bien plus au loin les saintes effusions. Elle aurait voulu pouvoir se multiplier, emprunter à l'aigle la vigueur et l'agilité de son vol, afin de porter partout, et jusqu'aux extrémités du monde, la connaissance de Jésus-Christ. Son unique ambition, mais une ambition dévorante et jamais assouvie était de lui gagner des âmes : elle les savait rachetées par son sang précieux, et, à ce titre, elle les aimait d'un amour proportionné à celui qu'elle éprouvait pour leur divin Rédempteur. Comme le grand Apôtre, elle aurait pu dire que, après avoir sacrifié pour leur salut tout ce qu'elle avait de plus cher au monde, volontiers elle se serait sacrifiée elle-même pour leur sanctification: mais elle n'avait pas à le dire, puisque ses œuvres le disaient plus énergiquement que ses paroles, et que sa vie, dépensée sans réserve au service de son Dieu, n'était elle-même qu'une immolation continuelle et chaque jour renouvelée.

Une autre vertu qui forme le caractère propre de Sainte Marthe et découlait du même principe, c'est son affection pour les pauvres et les misérables. Le divin hôte qu'elle avait autrefois reçu si souvent et servi à Béthanie, revivait, aux yeux de sa foi, dans la personne de ses membres souffrans. Elle mettait son bonheur à leur prêter les mêmes assistances et à les entourer d'un aussi tendre vénération. C'est par ce côté, en effet, que la charité chrétienne se distingue essentiellement de ce sentiment vulgaire que l'on nomme bienfaisance, humanité, philanthropie ; disposition d'une âme naturellement compatissante et que l'on ne saurait trop encourager, mais eu égard à la charité chrétienne, dans un degré d'infériorité égal à la distance qui sépare le ciel de la terre. Car, au lieu que la bienfaisance et la philanthropie ne voient dans l'être souffrant rien au-delà ou au-dessus de l'homme, la charité y découvre et y montre un Dieu. C'est à la sublimité de ce point de vue qu'elle emprunte son mérite principal et, tout à la fois, la force qui la rend si agissante.

Sous l'empire de cette loi d'amour qu'un apôtre a nommée la *loi Royale* (1), le monde a vu s'accomplir des scènes qui l'ont rempli d'étonnement, et seraient même restées incompréhensibles, si l'esprit qui les avait inspirées, n'en donnait l'explication. On a vu le plus grand de nos orateurs (2) proclamer, en face du plus puissant de nos monarques, *l'éminente dignité des pauvres dans l'Église*. On a vu de grands rois et de grandes reines abaisser jusqu'à leurs pieds, la majesté de leur sceptre, tenir à honneur de les servir

(1) Épitres de Saint Jacques. chap. ii. v. 8.
(2) Bossuet prêchant devant Louis XIV.

de leurs mains, baiser leurs plaies, et après avoir élevé, pour leur servir d'asiles, de splendides demeures, écrire sur le frontispice de ces palais de l'indigence un nom (3) qui ne s'était trouvé encore dans aucune langue, et qui est, à lui seul, un acte de foi.

C'est au génie du Christianisme qu'appartient la pensée de ces grandes œuvres ; mais à Sainte Marthe aussi la gloire d'en avoir donné le signal. Ayant reçu, l'une des premières, le souffle de l'Esprit nouveau, elle avait appris à connaître le mystère caché sous les haillons de la misère. Dès lors, l'occupation principale et le bonheur de sa vie fut de chercher à la soulager, et avec un empressement, une délicatesse de soins, un respect religieux qui donnait à cet exercice de la charité le caractère d'un culte.

A Béthanie, au milieu des enivrements de l'opulence, elle considérait l'héritage que lui avaient légué les auteurs de ses jours, bien moins comme son patrimoine que celui de l'indigent. Elle n'en avait que la dispensation. N'en réservant à son usage que la part rigoureusement nécessaire à ses besoins, elle en consacrait généreusement tout le reste à ceux de la veuve et de l'orphelin. Loin d'elle ces raffinements de sensualité ou cet étalage d'un vain luxe que d'autres auraient pu se permettre comme une convenance de leur condition, mais qu'elle se serait presque reprochés comme un crime et un larcin commis au pro-

(3) Hôtel-Dieu.

fit de l'orgueil, sur la substance du pauvre. La frugalité de ses goûts, la simplicité et la modestie de ses habitudes aidaient à des épargnes destinées elles-mêmes à être converties en de célestes trésors. Elle ne confiait pas à d'autres le soin de distribuer ces pieuses libéralités. C'eût été pour elle une trop amère privation ; car les plus heureux moments de sa vie étaient ceux où il lui était donné de voir le pauvre face à face, d'étudier, avec une sollicitude maternelle, le détail de ses souffrances, de contempler dans sa personne l'image de celle de son Dieu; et, en versant dans sa main le tribut de l'aumône, d'épancher dans son âme toute la tendresse de la sienne.

Plus tard, devenue pauvre elle-même, par son libre choix et le généreux abandon qu'elle avait fait de ses biens ; ne tirant sa subsistance, pendant les jours de son apostolat, que des offrandes des fidèles, elle se plaisait à partager avec l'indigent ces oblations de la reconnaissance et de la piété publiques. On la voyait même se faire en sa faveur solliciteuse auprès du riche, son avocate, sa pourvoyeuse, le ministre dévoué et l'ange de la Providence.

C'est par là que le nom de Marthe, devenu comme le symbole et l'une des plus touchantes expressions de la charité chrétienne, a mérité de passer à cette foule de vierges qui, à sa suite et à son exemple, ont consacré leur vie à des œuvres semblables. Un grand nombre de ces pieuses congrégations (1), vouées

(1) Il existe des Congrégations religieuses vouées aux soins des pauvres, établies sous le nom de Sainte Marthe, aux diocèses

au service ou au soulagement des pauvres, se la sont donnée pour modèle, et ont placé leur institut sous son patronage. Imitatrices fidèles de la Sainte Hôtesse de Jésus-Christ, elles perpétueront jusqu'à la fin dans son Église le souvenir et les pratiques de son dévouement. En offrant au monde, après elle, ce ravissant spectacle, elles lui montreront à quelle hauteur d'héroïsme la religion peut faire monter la vertu.

Un autre trait à remarquer dans la personne et le caractère de Sainte Marthe, c'est sa vie pénitente et mortifiée. Elle prêchait Jésus-Christ, mais Jésus-Christ crucifié. Elle devait donc dire, avec l'Apôtre : « Je « porte partout avec moi dans mon corps la morti- « fication du Seigneur Jésus, afin que sa vie divine « paraisse dans ma personne (1). »

Telle était, en effet, l'une des fins principales de l'établissement du Christianisme : tel, par conséquent le but que devaient se proposer tous ceux que la Providence appelait au travail de sa propagation. Qu'était à cette époque la société païenne ? quelles étaient ses mœurs et sa religion ? Au sommet, l'orgueil et la luxure en délire ; en bas, la servitude à genoux, muette et abrutie. La religion, une école d'immoralité, la consécration et l'apothéose du vice. Il fallait

---

de Lyon, de Valence, de Fréjus etc. L'hospice des malades à Tarascon, desservi, depuis une quarantaine d'années, par la congrégation de Saint-Thomas-de-Villeneuve, dont le siège est à Aix, l'était auparavant par une association pieuse de personnes qui s'appelaient les filles de Sainte Marthe.

(1) 2me aux Corinth. chap. IV. v. 10.

donc, sous peine de voir toutes les notions du droit et du devoir, de l'honnêteté et de la pudeur, s'éteindre dans un déluge de boue, et le monde moral périr dans les convulsions de l'orgie, il fallait opposer à cette effroyable corruption une réaction puissante, et au spectacle dégradant de la chair *déifiée*, l'image réparatrice de la chair *crucifiée*. Les excès d'un sensualisme monstrueux appelaient, comme un remède nécessaire, les rigueurs de la pénitence. Là, suivant le conseil de la sagesse éternelle, mais là seulement, était le salut du monde, sa vie et sa résurrection (1).

(1) Les Sectaires qui, se croyant autorisés, au XVIe siècle, à *réformer* l'institution chrétienne, essayèrent d'en renverser la base telle que son divin Auteur l'avait établie, ne manquèrent pas de décrier les pratiques de pénitence, les unes conseillées, les autres imposées par l'Église. Nos libres-penseurs, héritiers directs de l'esprit de la *Réforme*, ont enchéri sur cette aversion professée contre ces pratiques par les patriarches du libre-examen. Quelques-uns, écrivains d'un grand renom, ont formé entre eux une sorte de ligue pour travailler ensemble à la *réhabilitation de la chair*. Ils appellent ce résultat de tous leurs vœux, et le nomment le *progrès* : sans doute un progrès rétrograde et à contre sens, puisque la *réhabilitation de la chair* n'est, au fond, rien autre chose que la *réhabilitation du paganisme*, avec le cortége inévitable de ses servitudes et de ses ignominies.

Il est très-facile de marquer les deux points extrêmes de ce progrès, celui de départ et celui d'aboutissement. Le point de départ, ou le point *initial*, c'est l'orgueil, c'est-à-dire l'enflure de la *raison* : « *Initium apostatare a Deo superbia est.* » (*Ecclésiastique*. chap. x. v. 14.) Le point d'aboutissement, c'est la *déification de la chair*. Il y eut un moment dans notre histoire où l'ont vit ces deux points extrêmes s'embrasser : ce fut lors-

C'est pourquoi, les premiers prédicateurs de l'évangile le disaient bien haut : « Ceux qui appartiennent à Jésus-Christ ont crucifié leur chair, avec ses vices et ses convoitises (1). » Et encore : « Il y a une lutte « incessante entre la chair et l'esprit (2). Si vous « vivez selon la chair, vous mourrez ; mais si vous « mortifiez par l'esprit les œuvres de la chair, vous « vivrez (3). »

que la *raison*, symbolisée par l'image vivante de la *chair* la plus avilie, usurpa sur l'autel la place du Dieu véritable, et y reçut les hommages qui ne sont dus qu'à lui seul. Si le progrès que l'on poursuit vient à s'accomplir ; si la *réhabilitation de la chair* finit par être opérée dans les principes, comme elle l'est en grande partie déjà dans les mœurs, il ne faut pas désespérer de voir renaître ces beaux jours.

(1) *Épit. aux Galates.* chap. v. v. 24.
(2) *Ibid.* v. 17.
(3) *Épit. aux Rom.* chap. VIII. v. 13. — Cet antagonisme perpétuel de la *chair* et de l'*esprit* que chacun peut constater dans son propre cœur, donne l'explication même physiologique de deux phénomènes d'un genre tout opposé. On sait l'influence pernicieuse qu'exerce, sur le *sens moral* et sur les facultés de *l'esprit*, la prédominance des appétits charnels. Mais on ne sait pas assez jusqu'à quel point l'habitude de la mortification chrétienne peut contribuer, non-seulement à élever l'esprit, mais même à lui donner, sur les *sens extérieurs*, un empire qui semble dépasser les limites de ses facultés naturelles. On voit dans la vie de quelques Saints, des détails en apparence bien étranges sur la sublimité de leur oraison, sur les *extases* et les *ravissements* qu'ils éprouvaient quelquefois dans la prière. L'homme *animal qui ne comprend rien aux choses de Dieu* fait de ces scènes merveilleuses un sujet de grossières railleries.

Voilà le langage que Sainte Marthe tenait elle-même à ses auditeurs, et les maximes qu'elle s'efforçait de leur inculquer. Langage inouï jusques-là ! maximes austères jusqu'à faire peur, et devant naturellement se heurter à des opositions invincibles !

Mais si la parole de Marthe rencontrait des contradictions dans les dispositions et les préjugés de ceux qui l'écoutaient, ces contradictions elles-mêmes, pour ardentes qu'elles fussent, s'effaçaient sous l'impression et le poids de ses exemples. Sans doute, elle n'avait pas à se reprocher de grands désordres ; car elle était restée pure et sans tache. Mais elle s'était prise d'un amour infini pour la personne du Sauveur, et dès lors, elle s'étudiait avec une complaisance véritable à reproduire dans la sienne les traits distinctifs de ce divin original. Jésus-Christ avait embrassé la croix : Marthe, poussée par un irrésistible instinct d'imitation, devait l'embrasser comme lui. Sa vie avait été tout entière d'abnégation, de sacrifice, de renonce-

---

Mais serait-il téméraire d'en voir la cause *efficiente* dans l'habitude contractée par ces saints personnages de résister aux convoitises de la chair et de la tenir sous le joug d'une sage discipline ? Ainsi, tandis que les excès de la sensualité appesantissent l'esprit, jusqu'à le matérialiser et l'abrutir ; par un effet contraire, la pénitence et la mortification chrétiennes vont jusqu'à spiritualiser les sens. Mais le moyen de faire entendre ces choses à la sagesse du siècle ? Ce langage restera toujours pour elle une énigme.

« *Inimici crucis Christi, quorum Deus venter est.* »
« Ils ont pris en haine la Croix de Jésus-Christ; car, pour eux, Dieu, c'est le ventre. » (*Épit aux Philip.* chap. III. v. 19.)

ment; la vie de Marthe devait correspondre, et ressemblait en effet à cet adorable modèle. Vierge innocente, elle châtiait sa chair avec autant de sévérité qu'elle eût fait d'une chair impure et coupable. Accoutumée, dès son plus bas âge, aux délicatesses d'une existence opulente, elle s'imposait des privations qu'eussent à peine supportées les plus misérables. C'est sous ces traits qu'elle nous apparaît dans la peinture qu'ont laissée d'elle les anciennes histoires.

Son vêtement était grossier, sa nourriture chétive, son travail continuel. Dans ses courses apostoliques, si fréquentes, si pénibles et si longues, on la voyait aller nu-pieds. Et quand, après des journées si saintement laborieuses, elle avait à demander au sommeil la réparation de ses forces, la pierre nue ou une simple natte lui servait de couche. On ajoute que, revêtue d'un cilice, elle porta jusqu'à la fin, sans le quitter jamais, cet instrument de pénitence. Quelle force, dès lors, et quelle puissance de persuasion devaient avoir les exhortations adressées par elle à ses auditeurs? quelle impression ils devaient ressentir, à la contemplation de cette victime volontaire de l'amour sacré? comme la *bonne odeur de Jésus-Christ* devait s'exhaler de ce corps exténué par la pénitence et répandre au loin le bienfait de ses salutaires influences?

Mais aussi, quel accroissement de vie divine devait résulter pour Marthe elle-même de l'austérité de ces habitudes! Car, s'il est vrai que les progrès de la vie surnaturelle soient en proportion de l'amortissement graduel de la vie des sens, avec quelle promptitude et quelle facilité la pensée et le cœur de la Sainte Hôtesse du Sauveur, dégagés de ces grossières entraves, devaient-ils s'élever à Dieu et s'unir à lui?

C'est dans l'intimité et les ineffables douceurs de ce commerce qu'elle puisait et l'onction de la grâce qui versait sur ses travaux, ses fatigues, sa pénitence, un charme inexprimable, et ces inspirations qui jaillissaient en traits de flamme avec sa parole et allaient si profondément au cœur de ceux qui l'écoutaient. Elle en sortait, comme autrefois Moïse, lorsqu'après ses colloques avec le Seigneur, les enfants d'Israël au pied du Sinaï contemplaient sur son visage les éblouissantes clartés qui, de la face du Maître, avaient rayonné sur celle de son serviteur. Car, aussi bien que l'Apôtre, Marthe pouvait dire : « Ma conversation la « plus familière, la plus fréquente et la plus intime « est dans le ciel (1). »

Son occupation extérieure pouvait se varier, suivant les besoins des temps, des lieux et des personnes; mais son esprit et son cœur étaient fixés invariablement là haut. « Marthe, Marthe, lui avait dit autrefois le Sauveur, vous vous préoccupez de beaucoup « de choses: une seule est nécessaire. » Cette leçon du divin Maître n'avait pas été perdue: elle était restée gravée profondément dans son souvenir. Aussi, comme elle aimait à revenir souvent à cet *unique nécessaire*, et à se placer seule en présence de Dieu seul! comme elles s'écoulaient rapides, au gré de ses dé-

---

(1) *Épit. aux Philip.* chap. III. v. 20.

sirs, les heures consacrées à des entretiens avec l'Époux de son âme ! quelle sainte avidité à recueillir la parole du céleste interlocuteur ! qu'ils étaient brûlants les élans de son amour aspirant à s'unir à lui chaque jour plus intimement ! Comme elle aimait à multiplier, presque à chaque instant, les témoignages de son ardente charité (1) ! Les moments consacrés à un repos nécessaire ne suspendaient point ce pieux exercice. Le sommeil pouvait appesantir sa paupière, mais il ne fermait point son cœur ; car il veillait toujours. Toujours, comme la lampe du sanctuaire, y brûlait le feu chaste et sacré qui s'y était épanché du cœur adorable de Jésus-Christ. Et quand elle avait le bonheur inestimable de le recevoir dans le tabernacle de son âme caché sous le voile du sacrement, y a-t-il au monde une langue pour dire les tressaillements de son cœur, à l'approche du divin Hôte qui venait la visiter, et les saintes ivresses de sa joie au moment où elle le possédait, et la profusion de grâces et de trésors spirituels dont elle était inondée par la réception de l'aliment eucharistique ? Ainsi, dans cette âme, telle que l'avait formée pour le ministère qu'elle devait remplir l'Esprit sanctificateur, il y avait tout à la fois, mais au degré le plus éminent et dans une

---

(1) Les anciennes histoires de Sainte Marthe rapportent que cent fois le jour elle se prosternait devant Dieu et se livrait à l'exercice de la prière, ce qu'elle faisait aussi souvent la nuit. Ce nombre de *cent* peut n'être pas rigoureusement exact, mais revenir à une façon de parler indiquant seulement que ses prières étaient fréquentes, et son union avec Dieu, comme continuelle.

parfaite harmonie, la ferveur du Séraphin, la sainte austérité de l'anachorète, la charité d'un ange de miséricorde, et par dessus tout, le zèle et le dévouement d'un apôtre.

Lumière ardente et luisante, nos pères la virent pendant sept années briller sur le *chandelier resplendissant* où la main de Dieu l'avait placée, jusqu'au moment où, appelée elle-même au sein d'une lumière plus sereine encore et plus éclatante, elle couronna, par une *mort précieuse devant le* Seigneur, les mérites de sa vie (1).

(1) Les anciennes relations varient entre elles très-sensiblement sur la durée de l'apostolat de Sainte Marthe en Provence et sur celle de sa vie. Suivant les unes, elle aurait continué ses travaux et poussé sa carière jusqu'à une vieillesse assez avancée: d'après les autres, son existence abrégée, sans doute, par l'excès de ses fatigues aurait été renfermée en des limites beaucoup plus restreintes. Entre des affirmations si divergentes, et à défaut de toute donnée, même approximative, il est impossible de décider de quel côté se trouve la vérité. Dans cette incertitude, nous nous en sommes rapportés, mais sans rien garantir, à la version de Raban qui donne à la mission remplie par Sainte Marthe une durée de sept années et fixe le terme de sa vie à l'âge de soixante-cinq ans.

CHAPITRE TREIZIÈME.

Sainte Marthe malade. — Sa résignation. — Circonstances merveilleuses qui marquent ses derniers moments. — Sa sœur Madeleine et Notre-Seigneur lui apparaissent. — Elle veut mourir sur la cendre. — Son trépas. — Ses obsèques.

La dernière année de la vie de la Sainte Hôtesse de Jésus-Christ fut une année de souffrances. Il plut à la divine bonté de soumettre sa vertu, afin de l'épurer et de la perfectionner davantage à une longue et douloureuse épreuve. Rien ne devait manquer à ses mérites, pour que rien ne manquât à sa récompense. Elle avait montré jusque-là ce que peut, pour le travail de l'action, le courage chrétien excité par la grâce : il devait paraître encore dans sa personne tout ce qu'il est capable d'endurer et de subir, quand il est soutenu par le même secours.

Une maladie occasionnée par l'excès de ses fatigues, la continuité de ses veilles, l'austérité de son régime, peut-être par l'insalubrité du climat, la retint pendant toute cette année sur un lit de douleurs. Consumée par les ardeurs d'une fièvre dont aucun remède ne réussit à suspendre le cours, elle fut, durant tout ce temps, et dans cette situation cruelle, offerte comme en spectacle à ceux qui l'entouraient. Le nombre en était grand ; car les sympathies qu'elle s'était si justement acquises faisaient envisager à tous le dénoûment qu'ils redoutaient comme un malheur public. Les plus empressées étaient ces jeunes vierges réunies depuis longtemps autour d'elle, comme une famille privilégiée, et qui s'efforçaient à l'envi, en retour des soins spirituels qu'elle n'avait cessé de leur prodiguer, de l'entourer de toutes les démonstrations d'une piété vraiment filiale. Pour elle, bien qu'accablée par le sentiment de ses maux, elle continuait auprès d'elles le ministère d'édification qu'elle s'était imposée ; car sa couche d'infirmités était aussi une chaire d'où descendait, au profit de ceux qui l'approchaient, le plus salutaire et le plus pathétique des enseignements.

Qui n'eût été profondément touché, en la voyant si résignée et si calme, au milieu de ses souffrances, répétant, presque à chaque instant, le témoignage de son acquiescement aux dispositions, si rigoureuses qu'elles fussent, de la volonté divine ?

Mais il était quelque chose de plus admirable que sa patience : c'était son contentement et la joie céleste qui brillait sur son front, à la pensée qu'après avoir consacré sa vie au service de Jésus-Christ, elle avait été trouvée digne de la terminer, comme lui, par l'épreuve d'une longue douleur. La ressemblance eût été plus parfaite, si cette vie si belle et si saintement remplie, avait eu pour couronnement la palme du martyre. C'était, dès le commencement de son apostolat, l'objet de ses plus ardentes aspirations. Elle se fût estimée mille fois heureuse de verser son sang pour la cause de la foi qu'elle avait annoncée. Elle en eut le mérite, puisqu'elle en avait le désir. Mais si cette grâce si vivement ambitionnée par elle ne lui fut point accordée, elle en eut une autre, en un sens, plus inestimable. Le glaive de la persécution ne trancha pas le fil de ses jours ; Dieu seul, et son saint amour furent les auteurs de cette immolation. Victime volontaire, Marthe voyait avec une sorte de complaisance ce sacrifice s'accomplir, et sa vie s'éteindre par degrés. Elle pouvait, tout le temps que dura cette dernière période de son existence, répéter après l'Apôtre : « Je meurs chaque jour (1), » et chaque jour, elle faisait à Dieu, dans la dilatation de son âme, l'offrande et l'abandon de ces parcelles de vie, jusqu'au moment où elle devait en rendre le dernier souffle, comme l'effort suprême de son amour, aux mains de son créateur.

Cette heure décisive n'arriva point inattendue. Marthe, l'ayant apprise par une révélation divine, savait quel devait être le jour de son passage du temps à l'éternité. Elle l'avait annoncé aux personnes de sa compagnie et à quelques autres, amenées auprès d'elle par diverses circonstances.

Saint Front, évêque de Périgueux, et Saint Georges qui l'était du Puy-en-Velay, obligés de s'éloigner momentanément de leurs siéges, à cause d'une persécution élevée contre les Chrétiens dans leur pays, étaient venus se réfugier à Tarascon, en attendant que se

---

(1) 1re *aux Corinth.* chap. XIII. v. 34.

dissipât l'orage qui grondait sur leur tête. Ils y avaient trouvé auprès de Marthe l'accueil le plus sympathique et une hospitalité toute cordiale. Ce fut dans l'épanchement de ses entretiens avec ces saints personnages que s'adressant à l'un d'eux, au moment où il allait retourner auprès de son troupeau, elle lui disait : « Évêque de Périgueux, sachez qu'à la fin de l'année « prochaine (ce qui signifiait, sans doute, d'ici à un an) « je sortirai de ce corps mortel. Je vous supplie de « venir m'ensevelir. » « Ma fille, avait répondu le « pontife, j'assisterai à vos funérailles, pourvu que « Dieu le veuille et que je vive. »

Elle s'était promis également de revoir Madeleine une fois encore avant son trépas. Les deux sœurs bien-aimées ne s'étaient plus rencontrées depuis le jour de leur séparation sur le sol de la Provence. Tandis que l'une remplissait dans nos contrées avec tant de labeurs sa mission apostolique, l'autre, ensevelie dans la solitude d'un affreux désert, y vivait connue de Dieu seul et de ses anges. Toutes les deux concouraient au même but par des moyens différents. La première y contribuait par l'action et par la parole ; la seconde, par la prière et par une pénitence jamais interrompue. Quoique l'union de leur cœur fût restée inaltérable, c'eût été pour l'une et pour l'autre, après une absence si longue, une consolation bien sensible, avant le suprême départ, de se presser dans une dernière étreinte. Elles s'en étaient donné mutuellement l'assurance, et Marthe en avait conservé l'espoir, quand une soudaine apparition mêlée de tristesse et de joie vint, tout à coup, le lui ravir.

Couchée sur son lit de douleurs et plongée dans un recueillement profond, elle était tout entière à la méditation des pensées éternelles, lorsqu'une image éblouissante vint frapper son regard. O prodige! elle voit Madeleine environnée du chœur des anges et soutenue par eux, monter, monter au ciel. A ce spectacle, elle se trouble et ne veut pas en croire à ses propres yeux. Mais non, ce n'est point une illusion; c'est Madeleine, si souvent visitée dans sa solitude par les esprits bienheureux, c'est elle qui va dans ce glorieux cortége recevoir la couronne des élus. Madeleine, en effet, venait de mourir, et son âme s'envolait aux cieux (1).

« Ma sœur, s'écrie Marthe à cette vue, qu'avez-vous

---

(1) Il se passa quelque chose de semblable à la mort de Sainte Jeanne-Françoise-Frémiot-de-Chantal, fondatrice de l'Ordre de la Visitation. Saint Vincent-de-Paul l'avait beaucoup connue. Il célébrait la Sainte Messe à Paris, au moment où la bienheureuse fille de l'évêque de Genève, alors à Moulins, rendait à Dieu sa belle âme. En cet instant, Saint Vincent-de-Paul la vit montant au ciel, sous la forme d'un globe lumineux. Il était surmonté d'un autre d'un plus grand volume, mais brillant du même éclat, qui la précédait et semblait lui frayer sa route. C'était l'âme de Saint François-de-Sales, mort lui-même quelque temps auparavant, qui attirait après elle celle de sa fille bien-aimée au séjour de la félicité éternelle. Ce fait, qui est analogue à celui qui est raconté ici de Sainte Madeleine, fut juridiquement constaté au procès-verbal de la canonisation de Sainte Jeanne-de-Chantal. Le même phénomène s'était rencontré à la mort de Sainte Scholastique, que son frère Saint Benoît vit monter au ciel sous la forme d'une colombe.

« donc fait et pourquoi me frustrer ainsi d'une espé-
« rance si chère à mon cœur, et que vos promesses
« avaient rendue si légitime ? vous avez donc oublié
« vos engagements, et il ne me sera plus donné de
« vous revoir ici-bas ! Vous jouirez donc seule dès à
« présent de la présence du Seigneur Jésus que nous
« aimons tant et qui nous avait tant aimées ! Je veux
« vous suivre partout où vous irez. Goûtez cependant,
« goûtez les délices de cette félicité. Soyez à jamais
« heureuse : mais souvenez-vous que vous laissez sur la
« terre une sœur qui gardera éternellement votre
« mémoire. »

La sainte Hôtesse du Sauveur ne songeait pas, en exhalant ces plaintes amoureuses, à la surprise qui allait lui être ménagée bientôt. La vue de sa sœur appelée la première aux noces de l'agneau a produit sur elle une impression profonde. Elle brûle du désir de se voir, elle aussi, en présence de l'Époux céleste. Ses soupirs deviennent plus fréquents, sa respiration, haletante. Les personnes qui l'entourent, frappées de ces symptômes, croient à un dénoûment prochain. Ce sont les mêmes qui l'avaient accompagnée, quand elle quitta le sol natal. Elles ne veulent pas la laisser partir pour le ciel, sans lui donner et recevoir d'elle un dernier adieu. Réunies autour de sa couche, pour recueillir son dernier soupir, elles tiennent dans les mains des flambeaux allumés (1).

(1) L'usage d'allumer des flambeaux à la mort et aux funérailles des Chrétiens remonte aux premiers âges de l'Église. Il a
sa raison d'être dans le sentiment de la foi qui nous fait envisa-

PREMIÈRE PARTIE. — CHAPITRE XIII.

C'est Marthe qui l'a ainsi voulu, car ce jour qui doit être le dernier de sa vie en sera le plus heureux et le plus beau. Tout à coup, à la lumière qui éclaire ger la fin de notre vie mortelle comme le passage à une existence meilleure. La mort du juste est, en ce sens, plutôt un jour de fête, qu'un jour de deuil.

Les circonstances, du reste, que nous racontons ici, et d'autres plus merveilleuses encore, qui accompagnèrent ou suivirent le trépas de Sainte Marthe, sont rapportées exactement de la même manière par tous les historiens, sans distinction. Au récit de Raban et à celui de la prétendue Syntique, il faut ajouter une vie écrite, à ce que l'on assure, beaucoup plus tard, par Bernard de la Guyonie, évêque de Lodève, qui lui-même l'aurait composée d'après des documents que nous n'avons plus. Cette vie, d'ailleurs très-abrégée, fut traduite en français au XVIIe siècle par un chanoine d'Avignon (M. Nouguier), proche parent de Mgr de Suarez d'Aulan, évêque de Vaison. Ce prélat, l'un des auteurs de la *Gallia Christiana*, avait, dans une conférence avec Launoy, obtenu de ce docteur la promesse formelle de ne plus attaquer nos traditions, le jour où on lui montrerait en leur faveur un document authentique remontant au delà du Xe siècle. L'évêque de Vaison avait beaucoup étudié cette question, et laissé sur ce sujet des notes manuscrites très-précieuses. Le chanoine Nouguier s'en était aidé dans la traduction donnée par lui du travail de Bernard de la Guyonie, travail sur ce point dans une parfaite conformité avec tous les autres récits. En présence de cette unanimité de témoignages, nous avons dû raconter les mêmes faits. Si surprenants qu'ils puissent paraître, ils ne le sont plus, dès qu'ils entrent dans le cadre d'une existence telle que le fut celle de Sainte Marthe. Ces faveurs extraordinaires, qui, du reste, ont été accordées à d'autres Saints, n'étaient certainement au-dessus ni de ses mérites, ni, moins encore, de la puissance de Dieu.

cette scène succède une obscurité profonde. Les flambeaux se sont éteints, sans que l'on sache à quelle cause attribuer cet accident. De là, l'étonnement, le trouble et presque la consternation de toute l'assistance. Marthe seule reste calme, silencieuse, invoquant dans le secret de son âme le secours du Tout-Puissant dans un dernier assaut qu'elle croit avoir à soutenir contre le tentateur. Sa prière est exaucée. La lumière se fait de nouveau, les flambeaux se rallument d'eux mêmes; à la clarté qu'ils projettent Marthe aperçoit et distingue une figure. Quelle figure, grand Dieu! C'est Madeleine qui est venue dégager sa parole et remplir sa promesse : « Salut, chère sœur, dit-elle, me voici, « c'est moi, ne craignez rien. Il était convenu que je « viendrais vous visiter avant votre trépas. L'heure « n'en est pas éloignée ; me voici pour vous fortifier « dans ce dernier passage. »

Mais Madeleine n'est point seule. Elle annonce un autre visiteur, Marthe regarde, et qui voit-elle ? Celui-là même qu'elle recevait et qu'elle servait avec tant d'empressement et de joie dans sa maison de Béthanie, qu'elle avait proclamé, au moment de la résurrection de son frère Lazare, le Christ et le Fils du Dieu vivant. Car l'adorable Jésus est venu, lui aussi, consoler sa servante. Elle lui avait donné autrefois tant de témoignages de dévouement ; elle l'appelait, tout à l'heure à son aide avec de si vives instances !

La *Revue des Bibliothèques paroissiales* d'Avignon a publié dans ses Nos de l'année 1866 et de 1867 la traduction du chanoine Nouguier.

Comment ce Dieu si bon n'eût-il pas entendu la *préparation de son cœur*, et le cri de ses invocations ? Le voilà, il est venu. « C'est moi, dit-il, ma fille.
« Vous m'avez appelé, je suis ici. Dans les jours
« de ma vie mortelle, j'étais votre hôte. A mon tour,
« je viens vous introduire au séjour de ma gloire,
« et vous offrir l'hospitalité de mes tabernacles éter-
« nels. »

Après cela, Marthe n'a plus qu'à mourir. Aussi bien qu'est ce qui pourrait l'attacher à ce monde ou l'y retenir, puisque ses yeux viennent de contempler son Sauveur, et qu'elle a reçu de sa bouche une telle invitation ? Mais à mourir, il faut que ce soit comme Jésus-Christ est mort ; car s'étant étudiée tant qu'elle a vécu à copier ce modèle divin, elle doit, jusqu'à la fin, lui garder la même fidélité. C'est pourquoi, au lendemain de cette apparition, et dès le point du jour, elle ordonne qu'on la transporte au dehors. Sur le désir qu'elle en exprime, on jette de la paille sous un arbre touffu ; sur la paille on étend un cilice, et l'on trace au-dessus une croix avec de la cendre. Tel sera sur la terre le dernier lieu de son repos. Au lever du soleil, la servante de Jésus-Christ est transportée et couchée sur la cendre. A sa demande, on élève devant elle l'image du Sauveur attaché à la croix.

Dans cette attitude, recueillant ce qui lui reste de forces, elle jette un long regard sur la foule qui l'admire et la pleure, lui adresse d'une voix mourante quelques paroles entendues seulement de quelques-uns, mais répétées bientôt et acceptées par tous, avec un religieux respect, comme l'expression de ses pensées et de ses volontés suprêmes. A ces dernières exhortations, la multitude répond d'abord par l'explosion de la douleur, puis par le serment, répété par mille bouches, de garder inviolablement avec sa mémoire la foi jurée à Jésus-Christ, Marthe est contente; on voit se dessiner sur ses lèvres un sourire où se peint la satisfaction de son âme. En quittant, pour ne plus les revoir, cette terre de Provence et ce peuple qui lui est si cher, l'amertume de la séparation est tempérée dans son cœur par l'espérance que la parole de salut, qu'elle est venue de si loin lui faire entendre, ne s'y perdra jamais, que les pères la rediront à leurs enfants, et qu'elle passera ainsi, toujours vivante et toujours respectée, jusqu'aux dernières générations.

Dès ce moment, Marthe ne veut plus avoir de communication qu'avec le Dieu qui l'appelle. Son regard se fixe, pour ne plus s'en détacher, sur l'image de ses douleurs. Elle contemple avec un ravissement sympathique ses plaies sacrées. Heureuse, si elle pouvait être attachée avec lui à la même croix, ou voir se reproduire dans sa personne, comme dans une vivante copie, chaque trait de ce tableau (1). Afin de se l'iden-

(1) La force de l'amour sacré peut aller jusque-là, quand il est secondé par la grâce, et il y en a plus d'un exemple. Le séraphique Saint François d'Assise, et d'autres, avant comme après lui, ont porté sur leur corps les stygmates de la passion de Jésus-Christ. Ce fait peut passer pour incroyable dans certains esprits; mais il est entouré de preuves qui le rendent absolument indubitable.

tifier plus intimement, elle suggère au diacre Parménas, en ce moment à ses côtés, de lui lire le récit de la passion du Sauveur. Aucun détail de ce drame sanglant ne lui échappe. Il s'était accompli, sous ses yeux, sur le Calvaire; il se renouvelle en ce moment dans son souvenir. Elle voit la couronne d'épines qui transperce le chef sacré de Jésus-Christ, les clous que l'on enfonce dans ses pieds et dans ses mains, le breuvage de fiel et de vinaigre versé dans sa bouche, le fer de la lance qui pénètre jusqu'à son cœur ; elle recueille avec une amoureuse attention les moindres circonstances de son agonie, jusqu'au moment où, l'entendant s'écrier que *tout est consommé*, et remettre son âme aux mains de son Père, elle exhale elle-même son dernier soupir, à la même heure, le même jour où le Fils de Dieu était mort, le huitième après le décès de Madeleine, le vingt-neuvième du mois de juillet, et dans la soixante-cinquième année de son âge.

A la nouvelle qui s'en répandit aussitôt, il y eut des larmes aux yeux de tous, comme jamais il n'y en eut à la perte de la mère la plus regrettée et la plus chérie. Mais aussi dans toutes les bouches l'expression de la confiance que le peuple Tarasconnais aurait désormais au ciel, dans la personne de l'apôtre qui lui était ravie, une protectrice dont l'assistance ne lui ferait jamais défaut.

Ses obsèques ressemblèrent, aussi, beaucoup plus à un triomphe qu'à une pompe funèbre. Le jour qui suivit son décès, son corps virginal, après avoir été embaumé, resta exposé à la vénération des fidèles. De toute part, ils accoururent pour rendre un dernier hommage à celle qu'ils avaient entourée, tout le temps qu'elle avait vécu, de tant d'amour et d'un si religieux respect.

Le lendemain, qui fut un dimanche, eurent lieu les funérailles solennelles. Cette cérémonie qui s'accomplit au milieu d'un immense concours fut marquée par un prodige rapporté par tous les historiens. Saint Front, évêque de Périgueux, le même que Sainte Marthe avait prié, une année auparavant, d'assister à ses obsèques n'avait point quitté sa ville épiscopale. Il avait même à y célébrer ce jour-là un office pontifical. Le peuple réuni à l'église l'attendit longtemps, et jusqu'à ce que fût passée l'heure marquée pour le Saint Sacrifice. L'un de ses clercs étonné de ce retard, et voulant en savoir la cause, alla trouver l'évêque, et le vit endormi sur son siége. Réveillé de son sommeil, Saint Front fit savoir alors à ceux qui l'entouraient qu'une main invisible l'avait, peu auparavant, transporté instantanément à Tarascon, d'où il venait de présider aux funérailles de Sainte Marthe (1). Ce

(1) Ce phénomène, connu sous le nom de *bilocation*, s'est reproduit en d'autres temps et en d'autres circonstances. Le fait rapporté aux *Actes des Apôtres* (chap. VIII, v. 40.), au sujet de Saint Philippe qui venait de baptiser l'eunuque de la reine de Candace, a beaucoup d'analogie avec celui qui est raconté de St-Front. En des temps très-rapprochés de nous, la même merveille s'est renouvelée en la personne de Saint François de Hiéronymo, mort à Naples à la fin du dernier siècle, et dans

fut par les mains de ce saint évêque que son corps fut déposé dans l'église même où il repose encore, et qu'elle avait, quelques années auparavant, dédiée à l'honneur de Dieu et de sa très-Sainte Mère. Lieu béni, entre tous les autres, où les générations qui se sont succédé depuis n'ont pas cessé, un seul jour, d'implorer sa protection, et de vénérer ses restes précieux !

celle de Saint Alphonse de Liguori, évêque de Ste-Agathe, dans le même royaume de Naples. Ce saint prélat assista, dans ses derniers moments, le pape Clément XIV, sans quitter sa ville épiscopale. Ce prodige fut constaté dans les formes juridiques au procès-verbal de sa canonisation ; et l'on peut en lire les détails dans l'*Histoire de l'Église Catholique*, par l'abbé Rohrbacher. Tome XXVIIe page 29.

FIN DE LA PREMIÈRE PARTIE.

SECONDE PARTIE.

—

HISTOIRE

DU CULTE DE SAINTE MARTHE.

SECONDE PARTIE.

HISTOIRE
DU CULTE
DE SAINTE MARTHE.

L'histoire du culte de Sainte Marthe n'est ni moins obscure, ni, par conséquent, moins difficile à raconter que celle de sa vie. A deux époques différentes, très-éloignées l'une de l'autre, les documents qui en auraient fourni les matériaux furent détruits presque entièrement, sans qu'il ait été désormais possible d'en retrouver la trace.

Au VIIIe siècle et dans le suivant, l'invasion sarrasine ne laissa rien subsister en Provence de ce qui pouvait rappeler le souvenir des temps anciens. Pendant la révolution du dernier siècle, notre pays vit s'accomplir, au détriment de la conservation de ses traditions, des dévastations non moins regrettables. L'ancienne église collégiale de Sainte-Marthe possédait des Archives très-riches et très-volumineuses. Entr'autres monuments que renfermait cette collection, se distinguait le livre appelé *Authentique*, où se lisait la narration des faits principaux se rapportant à l'histoire de cette église, accompagnée de tous les titres propres à la justifier. Dans les derniers mois de l'année 1792, toute cette collection fut livrée aux flammes ; deux registres seulement des délibérations du chapître, depuis l'année 1694 jusqu'en 1758, échappèrent, comme miraculeusement, à l'incendie (1).

Le nombre des pièces, dont le vent emporta les cendres, était si considérable, que, au rapport de quelques survivants de cette époque, il avait suffi à la charge de plusieurs tombereaux. Quels regrets ne doit point exciter la perte de tant de documents, et quel embarras il doit résulter de cette pénurie pour un récit qui doit embrasser une période si longue !

Nous essayerons cependant, à l'aide de quelques souvenirs, très-péniblement recueillis à diverses sources, de présenter le tableau historique du culte rendu à notre illustre patrone. Cette esquisse offrira forcément de nombreuses lacunes, mais, si incomplète qu'elle soit, elle aura, au moins, l'intérêt qui s'attache à des détails généralement peu connus, et dont quelques-uns se lient à l'histoire même de ce pays.

(1) Dom Polycarpe de la Rivière, religieux de l'ancienne Chartreuse de Bonpas, et auteur des Annales de l'Église d'Avignon et du Comtat-Venaissin, avait connu les Archives du Chapitre de Sainte Marthe. Il avoue y avoir trouvé des titres fort anciens et dont quelques-uns lui avaient été d'une grande utilité pour la composition de son ouvrage. (*Annal. Eccles. Avenion. et Comit. ejusd. à Polycarpo de la Rivière.* Tom I. p. 301.)

CHAPITRE PREMIER.

Origine du culte rendu à Sainte Marthe. — Miracles qui s'opèrent à son tombeau. — Prodiges d'un genre particulier et connus sous le nom de jugements de Dieu. — Concours des peuples au sépulcre de la Sainte Hôtesse de Jésus-Christ. — De quelques pèlerins célèbres, notamment de Clovis Ier, Saint Louis, François Ier, Louis XIV, Marie-Thérèse de France fille de Louis XVI.

Le culte de Sainte Marthe remonte à la plus haute antiquité. Après les études faites sur cette question par les juges les plus compétents et les moins suspects de partialité (1), ce point est aujourd'hui hors de toute contestation.

Du souvenir encore palpitant des vertus et des grandes œuvres de la Vierge de Béthanie naquirent, dès après son décès, dans l'esprit et au cœur de tous, le sentiment d'une vénération profonde, et la conviction qu'ayant été si puissante et si chérie de Dieu, aux jours de son exil, elle ne devait pas l'être moins dans le ciel. D'ailleurs Celui-là même qui a promis à la mémoire du juste une durée éternelle, et à ceux qui furent ses amis, des honneurs incom-

---

(1) *Les nouveaux Bollandistes.* Tom. IXe d'octobre. p. 452 des *Acta Sanctorum.*

parables, se plut à entourer de gloire son sépulcre. Les mêmes prodiges que sa droite avait opérés autrefois se renouvelaient en plus grand nombre, et avec plus d'éclat encore, à l'invocation de son nom.

De toute part, on accourait à ce sépulcre béni demander à Dieu, par les mérites et l'intercession de sa Sainte Hôtesse, la guérison ou le soulagement des maux dont on était affligé, et chaque jour, on entendait des voix pieuses et reconnaissantes proclamer les effets merveilleux de cette protection. C'étaient des aveugles, des paralytiques, des personnes atteintes d'infirmités de tout genre qui, après avoir vu leurs vœux exaucés, se plaisaient à déposer au pied du tombeau de Sainte Marthe, comme autant de trophées et de témoignages éclatants de leur gratitude, les signes indicatifs des maux dont ils avaient été délivrés. Sous prétexte que ces merveilles, si fréquentes autrefois, sont aujourd'hui devenus plus rares, l'incrédulité moderne ne sait que jeter le ridicule sur ces pratiques et prendre en pitié la crédulité de nos pères; mais elle ne songe pas que si les miracles sont la manifestation du pouvoir qui les accorde, ils sont aussi la récompense de la foi qui les sollicite. Le pouvoir d'où ils émanent n'est pas certes affaibli ; et de nos jours encore, il donne de temps en temps, des preuves incontestables de la force de son action. Mais la foi qui, selon l'expression de l'évangile, *transporte les montagnes*, a malheureusement subi dans le cœur d'un trop grand nombre de profondes altérations. Il n'y a donc à accuser ici ni les superstitions d'un autre âge, ni la crédulité de nos pères : il faut dire, pour rester dans les termes de la justice et de la vérité, que leurs enfants ont dégénéré de la piété dont ils leur avaient donné l'exemple, et, par là, ont cessé de mériter les mêmes faveurs.

Parmi les miracles opérés au sépulcre de Sainte Marthe, il en est quelques-uns d'un genre tout spécial et qu'il convient de ne point passer sous silence.

On sait quel a été, dans tous les temps et chez tous les peuples, le respect de la foi jurée. Ce respect universel, qui n'est pas l'une des moindres preuves de la croyance du genre humain à l'existence de Dieu, avait quelque chose de si solennel, qu'on l'avait appelé d'un nom qu'il conserve encore : *la religion du serment.* C'était aussi autrefois une coutume, retenue par notre jurisprudence moderne, de déférer le serment aux personnes accusées de certains crimes, ou recherchées pour des dettes dont la preuve évidente n'existait point, afin qu'elles eussent, par ce moyen, à se purger des griefs ou à repousser les réclamations élevés contre elles. La piété des premiers âges chrétiens avait ajouté à cette prestation de serment une formalité servant à relever singulièrement la majesté de cet acte. On allait l'accomplir sur la tombe des Martyrs ou des Saints qui étaient dans les divers pays l'objet d'un culte particulier. Ce pieux usage, qui existait encore au temps de Saint Augustin et de Saint Grégoire de Tours, était pratiqué par nos pères ; et c'était sur le tombeau de Sainte Marthe que ce serment était prêté. Mais si dans ces occasions quelques-uns étaient assez téméraires pour oser se parjurer, le Dieu vengeur de la vérité et de l'honneur de ses Saints ne manquait pas de châtier ces crimes à l'heure et sur les lieux mêmes, par des punitions éclatantes. Ces exemples terribles de la vengeance céleste s'appelaient *les jugements de Dieu* ; et ils contribuaient, non moins que les prodiges de grâces obtenus par l'intercession de sa Sainte Hôtesse, à la propagation et à la célébrité de son culte. La dévotion des peuples, excitée par le bruit de ces merveilles, attirait les pèlerins en foule au tombeau de Sainte Marthe. Telle est la cause qui aida, plus qu'aucune autre, à la prospérité de ce pays et à son accroissement (1). Selon toutes les

(1) La *Statistique du Département des Bouches-du-Rhône* a publié des tables indiquant le mouvement approximatif de la population dans les principales villes de cette contrée, depuis le 1er jusqu'au XIXe siècle. Les chiffres qu'elle donne peuvent n'être pas d'une exactitude mathématique ; mais il ne sauraient non plus être considérés comme de pure fantaisie. S'ils ne sont pas d'une vérité rigoureuse, les calculs sur lesquels ils sont basés autorisent à croire qu'ils s'en rapprochent beaucoup.

D'apres ces tables, la population Tarasconnaise qui aurait été de 4,000 âmes au Ier siècle, atteignait au VIIe le chiffre de 12,000. Au XIIe, elle s'élevait à 17,000, et au XIIIe, elle montait jusqu'à 20.000. A cette époque le mouvement ascensionnel s'arrêta. La population diminua progressivement. Mais en 1790, elle était encore de 12,655 habitants. (*Statistique du Département*. Tom. III. p. 29 et suiv.)

Quand on songe que la ville de Tarascon ne se trouvait sur aucun des itinéraires tracés pour les anciennes voies romaines, et dès lors ne pouvait être considérée comme un point central

probabilités, cette ville serait restée ce qu'elle était primitivement, une chétive bourgade, si la religion, en y plaçant le berceau de notre foi, n'y eût fait converger, comme vers un point central, les pieuses aspirations des peuples du voisinage.

On y venait même de très-loin, et, suivant ce que rapportent les historiens, la population Tarasconnaise se plaisait à entourer les pèlerins de toutes les marques de la plus affectueuse sympathie. Elle s'empressait de pourvoir à leurs besoins, et s'efforçait, par tous les moyens, de leur laisser un bon souvenir de l'accueil qu'ils avaient reçu. On montre même encore dans ce pays l'endroit où avait été construit un hospice (1) afin de les héberger pendant leur séjour.

Mais il y avait à prendre des précautions pour éviter ou prévenir la confusion et le désordre pouvant résul-

on ne peut s'expliquer que par une cause tout à fait exceptionnelle cet accroissement si considérable de population du Ier au XIIIe siècle ? Quelle autre cette cause peut-elle être, que le concours des peuples dans ces siècles de foi au tombeau de Sainte Marthe ?

(1) Cette hôtellerie ou cet hospice des pèlerins aurait été édifié sur la place désignée aujourd'hui sous le nom d'*Église vieille*, près de la *Porte-Neuve*, et à cette époque hors des murs. Ce fait dont les anciens curés de Sainte-Marthe avaient, sans doute, trouvé la preuve aux Archives du Chapitre, avait été consigné par eux dans un mémoire qu'ils avaient produit pour être maintenus dans le privilége exclusif d'administrer le sacrement de Baptême à tous les habitants de la ville, même à ceux qui n'étaient pas leurs paroissiens. Nous aurons l'occasion de revenir sur ce fait.

ter de l'agglomération de cette multitude d'étrangers affluant, surtout en certains jours, simultanément dans ce pays. Il fallait empêcher également que la dévotion indiscrète de quelques-uns ne les portât à se permettre, sur le précieux dépôt que l'on y conservait, des larcins qui, répétés souvent, auraient fini par ne nous plus rien laisser de ce trésor.

Dans cette vue, il fut institué une sorte de garde urbaine, ayant mission de veiller au maintien du bon ordre, et en même temps, à la protection du tombeau de la Patronne de la ville. Le nom porté longtemps par cette milice indiquait le but principal de sa création. On l'appelait le *Guet de Sainte Marthe* : institution dont on peut voir un vestige dans l'usage conservé jusqu'à ces derniers temps de donner pour escorte à la jeune fille représentant Sainte Marthe, à la procession qui se fait le jour de sa fête, des hommes armés de hallebardes et vêtus d'un costume antique.

Nommer tous les personnages qui sont venus, tour à tour, dans cette longue succession de siècles, rendre hommage à notre sainte Patronne, serait chose bien difficile. Mais, sans qu'il faille en dérouler ici la liste complète, il en est quelques-uns dont le souvenir ne saurait rester dans l'ombre, parce qu'il est devenu historique, et qu'il forme cette auréole de gloire dont il a plu à Dieu de couronner la mémoire de la Vierge de Béthanie.

Le premier qu'il y ait à signaler est ce fier Sicambre dont le front, ceint des lauriers de la victoire, s'était courbé sous la main sacrée du pontife de Reims et avait été marqué par elle du signe auguste qui fit de ce prince la tige de nos rois très-chrétiens. Ayant étendu ses conquêtes depuis le Rhin jusqu'aux Pyrénées, il porta ses armes, vers l'an 500, contre Gondebaud, roi des Bourguignons, et après l'avoir poursuivi jusques dans Avignon, il le vainquit, et le fit son tributaire.

A coup sûr, la renommée de Sainte Marthe et le bruit des miracles obtenus par son intercession durent lui arriver dans une ville si voisine de celle où elle était ensevelie et qui professait elle-même un culte particulier pour la Sainte Hôtesse du Sauveur. Il avait déjà donné des marques éclatantes de sa piété. Affligé depuis longtemps d'un mal très-douloureux et dont aucun moyen naturel n'avait pu jusqu'alors amener la guérison, Clovis eut la pensée de venir la demander à Sainte Marthe. A peine s'était-il approché de son tombeau que ses souffrances cessèrent et qu'il fut guéri comme par enchantement. Sa reconnaissance pour un tel bienfait lui inspira la pensée de donner à la Sainte Hôtesse de Jésus-Christ un témoignage insigne de sa piété. Par un acte scellé de son anneau, selon la coutume de ce temps, il adjugea à l'église de Sainte-Marthe un espace de terre de la contenance d'environ trois milles (à peu près une lieue), tant d'un côté que de l'autre du Rhône, et de plus, il voulut que ni cette église, ni la ville de Tarascon ne fussent à l'avenir jamais soumises à une puissance laïque. Cette magnifique concession était consignée dans l'ancien *livre authentique*, et en l'année 1486 deux notaires de cette ville en dressèrent par extrait un acte qui s'est conservé jusqu'à ce jour dans les archives municipales.

Sans doute, les intentions religieuses de ce prince ne furent pas également respectées par tous ses successeurs. On se l'explique facilement, quand on se rappelle les nombreuses vicissitudes qui marquèrent ensuite l'histoire de ce pays, les dominations si diverses et souvent hostiles les unes aux autres qui s'y supplantèrent tour à tour, et qui toutes n'obéissaient pas au même principe religieux (1). Mais le fait de la visite de Clovis au tombeau de Sainte Marthe, de sa guérison miraculeuse, de la donation qu'il fit à l'église et à la ville de Tarascon, ce fait si considérable dans l'histoire du culte de notre Sainte Patronne est demeuré constant, et il ne saurait être donné à la plus minutieuse critique d'en ébranler la certitude. Attestée par toute la suite de nos traditions locales, le témoignage unanime des chroniques et des liturgies anciennes, elle est garantie encore par des affirmations dont l'autorité ne saurait être douteuse : celle du roi Louis XI déclarant qu'ayant fait rechercher les preuves de ce fait aux sources les plus pures, elles lui avaient paru si précises et si claires, qu'il en était resté pleinement convaincu (lettres patentes de Louis XI portant institution

(1) Les Wisigoths notamment et les Bourguignons qui possédèrent quelque temps la Provence étaient infectés de l'hérésie arienne ; cette circonstance ne contribua pas peu à rendre leur domination odieuse aux Provençaux, tous fervents catholiques et, par suite, aida puissamment au succès de la révolution qui donna ce pays à de nouveaux maîtres.

d'un Chapitre royal en l'église de Sainte-Marthe); celle de Charles VIII, son successeur et son fils, assurant de son côté que son père s'était procuré sur ce point de *longues et véritables informations ;* celle de Charles IX et de Henri II, s'exprimant dans le même sens; celle enfin du Pape Sixte IV, confirmant toutes les dispositions du roi de France en faveur de l'église de Sainte-Marthe.

Mais il y a ici quelque chose de bien plus positif. On sait qu'avant l'incorporation de la Provence à la France, à la fin du XVᵉ siècle, et même, jusqu'à l'époque de l'Assemblée Constituante de 1789 qui soumit toutes les parties du royaume, sans distinction, à un régime administratif similaire, la plupart des villes de cette province, formant ce que l'on appelait alors un *pays d'États,* jouissaient de certaines franchises d'où résultait pour elles une situation exceptionnelle. Mais entre toutes les villes Provençales, celle de Tarascon était, sous ce rapport, et de beaucoup, la plus favorisée. Ses immunités étaient si larges et si étendues, ses institutions municipales se distinguaient tellement à cet égard de celles des autres villes de Provence, qu'on pouvait la considérer comme formant une exception, dans l'exception même. Sauf la haute juridiction et le droit de souveraineté, l'autorité du prince était purement, ou à peu près, nominale. La cité s'administrait et se gouvernait par elle-même.

Nous ne croyons pas devoir présenter ici des développements plus étendus sur l'ancien régime politique et municipal de la ville de Tarascon. Ces détails viennent en leur lieu (1). Il nous suffit de constater en général que, dans la situation faite à ce pays par ses coutumes immémoriales et son droit incontesté, il formait comme un état dans un état même, un état ayant sa vie propre, son autonomie, et, ce qui étonnera peut-être quelques lecteurs, des institutions empreintes d'un esprit plus largement *libéral* qu'on ne saurait se l'imaginer, dans l'acception raisonnable et chrétienne de ce mot.

Comment donc expliquer une situation si anormale, en apparence, et si singulière? A quelle origine est-il possible de rattacher des prérogatives si exorbitantes attribuées à un pays, d'ailleurs d'assez médiocre importance parmi ceux de la même contrée? En l'année 1202, Alphonse II déclarait solennellement, en confirmant ces priviléges dans une assemblée publique tenue à Tarascon, qu'ils ne dérivaient point d'une concession récente, mais qu'ils étaient acquis aux habitants par une jouissance et une coutume anciennes : *ex usu vetere* (2). Quand donc et comment avait commencé cette coutume?

Il n'y a pas à s'y méprendre, car nous avons ici une indication certaine. Dès avant le XIIIe et même le XIIe siècle, la ville de Tarascon avait un sceau dont les antiquaires ont décrit la figure (3). L'une de ses faces montrait un château ou une forteresse, et au

(1) *Voir à l'Appendice de ce volume:* Notice sur la ville de Tarascon, §. IV.
(2) *Statistique du Département.* Tom. II. p. 1164.
(3) *Recueil des Sceaux du Moyen-âge.* Paris 1779. Planche XI.

bas la *Tarasque*, telle qu'on la représentait alors. Sur l'autre face ou le contre-scel, on voyait Sainte Marthe, dans l'attitude où l'on peut se la figurer, instruisant le peuple et lui enseignant les vérités évangéliques.

Que peut et doit signifier la réunion de ces emblèmes divers, un Château, *la Tarasque*, Sainte Marthe prêchant ? Pourquoi, dès un temps déjà bien loin de nous, avait-on ainsi composé le blason de cette cité ? N'est-ce pas que, dans la conviction de nos pères, son existence politique était contemporaine de son existence religieuse ; ou plutôt, que celle-ci avait été l'origine de l'autre ?

Il y eut un jour où la ville de Tarascon voulut en rendre le solennel témoignage par un monument public qui existe encore exposé à tous les regards. Ce fut en l'année 1648, lorsqu'elle inaugura son nouvel hôtel de Ville, au lieu où il est à présent. Jusqu'en 1641, *la Maison commune* avait été située près de l'église de Sainte-Marthe, dans une partie du local occupé aujourd'hui par le *Collége*. A cette époque, elle fut transférée sur la place du *Marché;* mais avant de s'y installer, l'édilité Tarasconnaise crut que la piété et la reconnaissance l'obligeaient à dédier à Sainte Marthe le nouvel édifice. Son image, qui depuis y est toujours restée, fut placée sur la façade ; et au-dessous, on grava une inscription (1) dont le texte fut sans doute

(1) Voici cette inscription, telle qu'on peut la lire encore :
In Dei Hospitis et Hospitæ Virginis Gloriam publicis usibus et urbis ornatu Domus hæc angustior ampliata et augustiori formâ restituta est, anno suprà M^{um}. *DCXLVIII°. Regnantis Ludovici* XIV° *et Regentis piæ Matris* VI°.

inspiré par le souvenir des traditions anciennes les mieux autorisées.

De tous ces divers faits, semble se déduire la preuve que les priviléges dont jouissait autrefois la ville de Tarascon avaient une origine religieuse. Il en résulte également cette induction qui n'est pas moins légitime que, puisqu'il est impossible de marquer dans l'histoire de cette cité à la concession de ses immunités et de ses franchises une autre date que celle qui leur est assignée par nos traditions et nos monuments écrits, ces priviléges sont dus à la munificence du roi Clovis I; et que bien réellement ce prince est venu au commencement du VIe siècle vénérer le tombeau de Sainte Marthe (1).

Après lui, nous pouvons en nommer d'autres non moins illustres : avant tous, celui-là même que la religion a placé sur ses autels, et en qui la philosophie du XVIIIe siècle, si antipathique qu'elle se soit montrée à tout ce que l'Église chérit et révère, n'a pu se refuser à reconnaître un héros. Saint Louis, au retour de sa première Croisade, après avoir visité la solitude sanctifiée par la pénitence de Sainte Madeleine, voulut rendre les mêmes devoirs au sépulcre de l'Hôtesse de

L'an 1648, le sixième du règne de Louis XIV et de la régence de sa pieuse mère, à la gloire du Dieu qui fut notre Hôte et de celle de la vierge son Hôtesse, cet édifice dont l'enceinte était trop étroite a été agrandi et reconstruit dans une meilleure forme, pour le besoin des affaires publiques et l'ornement de la ville.

(1) Voir ce qui est dit encore à ce sujet au chap. IVe. suivant.

Jésus-Christ. Le compagnon de ses voyages et son historien (Joinville) nous apprend expressément qu'il vint d'Aix à Beaucaire. Tarascon se trouvait donc sur son chemin ; et comment aurait-il pu traverser cette ville, sans se souvenir du précieux dépôt que l'on y conservait ? Ses traditions de famille, indépendamment des inspirations de sa piété personnelle, lui en auraient certainement rappelé la pensée. Il avait épousé Marguerite de Provence, fille de Raymond Béranger IV, dont une autre fille, Béatrix, héritière du comté de Provence, était devenue elle-même, après la mort de son père, épouse de Charles d'Anjou, frère de Saint Louis : et c'était précisément Albert de Tarascon (1) qui avait, conjointement avec Romée de Villeneuve, comme lui exécuteur testamentaire de Béranger, négocié ce mariage avec la Reine Blanche, mère de Saint Louis et de Charles d'Anjou. Les deux frères, l'un roi de France, l'autre de Sicile et comte de Provence s'agenouillèrent donc ensemble au pied du tombeau de notre Sainte Patronne.

Un autre Saint Louis y vint après eux. Il était le petit fils de ce même Charles Ier d'Anjou, et avait refusé la couronne de Naples qui lui était offerte, pour revêtir l'humble habit des enfants de Saint François. Sa modestie ne put cependant le soustraire au fardeau des dignités ecclésiastiques auxquelles l'appelaient ses éminentes vertus, plus encore que sa haute naissance. Sur l'ordre formel du Pape Boniface VIII, il

(1) *Statistique du Département*. Tom. II. p. 130.

se vit forcé d'accepter, tout jeune encore, l'évêché de Toulouse. Très-peu de temps avant sa mort, il fit le pèlerinage du tombeau de Sainte Marthe ; et si vive était la dévotion dont il se sentit pénétré pour la Sainte Hôtesse de Jésus-Christ, qu'il ne fut pas en son pouvoir d'en contenir l'expression. Le discours qu'il prononça dans cette circonstance, inspiré par la piété la plus tendre, toucha jusqu'aux larmes tous ceux qui l'entendirent.

Qui nommerons-nous encore? Une princesse, également de sang royal, Sainte Brigitte, venue de la Suède, et suivie dans ce pieux voyage d'une multitude de personnes du plus haut rang. Puis, cette foule de têtes couronnées que nous rencontrons successivement au sépulcre de Sainte Marthe; François Ier (1); sa mère,

(1) François Ier arriva à Tarascon, le 3 février 1516. On lui ménagea une entrée triomphale, car il revenait d'Italie, où la bataille gagnée par lui à Marignan l'avait rendu maître du Milanais. Il fut reçu en grande pompe par le Capitaine de la ville, le Viguier et les Consuls à la porte *Madame*, ainsi appelée parce que, pendant son séjour à Tarascon, la reine Jeanne II avait coutume d'entrer et de sortir par cette porte. Elle n'existe plus depuis la destruction des anciens remparts : le quartier où elle était établie continue cependant d'être nommé vulgairement celui de la porte *Madame*.

Le roi Charles IX vint à Tarascon le 7 décembre de l'année 1564. On lui fit une réception magnifique, et pendant les trois jours qu'il séjourna dans la ville, des fêtes qui ne le furent pas moins. Anne d'Autriche était déjà venue une première fois en 1632 visiter le tombeau de Sainte Marthe. Elle y revint le 13 janvier 1660 accompagnée de Louis XIV son fils et de toute sa

sa sœur, la célèbre Marguerite de Navarre; Charles IX; Anne d'Autriche, mère de Louis XIV; Louis XIV lui-même etc.etc.Cette nomenclature serait infinie, s'il fallait la rendre complète. Nous ne saurions cependant la terminer, sans y ajouter un nom presque contemporain, entouré des plus profondes comme des plus justes sympathies, parce qu'il rappelle la personnification que les hommes ont toujours honorée davantage, celle de la grandeur unie au malheur et à la vertu. C'est le nom de l'orpheline du temple, fille du Roi-Martyr. Marie-Thérèse de France, alors duchesse d'Angoulême, suivant les traces de ses augustes aïeux, voulut, au retour de son premier exil, venir présenter à notre Sainte Patronne l'hommage de sa piété. Cette princesse, qui semblait avoir épuisé dans ses longues infortunes la source de ses larmes, en avait en ce moment encore dans les yeux. Les assistants les virent couler et y mêlèrent les leurs, lorsque le pasteur de cette église racontait à l'illustre et pieuse pèlerine les circonstances du prodige qui avait, quelques années auparavant, protégé le tombeau de Sainte Marthe contre l'audace des profanateurs.

cour. De là, le roi de France prit sa route pour l'Espagne, où il allait épouser l'infante Marie-Thérèse. Lorsqu'il passa le Rhône, ce fleuve était gelé; et comme il n'y avait pas encore alors de pont entre Tarascon et Beaucaire, la cour et les équipages de la suite du roi passèrent sur la glace. En temps ordinaire, la traversée se faisait par un bac à traille, remplacé en 1673 par un pont de bateaux, auquel a été substitué en 1829 le pont suspendu actuel.

CHAPITRE DEUXIÈME.

Les reliques de Sainte Marthe cachées aux approches de l'invasion Sarrasine. — Découverte et élévation qui en fut faite en 1187. — Reprise du pèlerinage au tombeau de la Sainte Hôtesse de Jésus-Christ. — Mesures provoquées par l'Autorité Municipale de Tarascon pour la satisfaction de la piété des pèlerins. — Élévation du chef de Sainte Marthe, sous le roi René *le bon*. — Reconnaissance de ses reliques par un délégué de Mgr l'Archevêque d'Aix et d'Arles après la réorganisation du culte en 1805. — Autre reconnaissance après les désastres de l'inondation de 1840. — Dons partiels des reliques de Sainte Marthe en faveur de diverses églises. — Défense expresse de ne plus rien distraire de ses reliques. — Dérogation faite en dernier lieu à cette défense en faveur de l'église de Sainte Madeleine à St-Maximin.

L'invasion de la Provence par les Sarrasins au VIIIe siècle dut apporter une grande perturbation dans les habitudes religieuses de ce pays, et le concours des fidèles au tombeau de Sainte Marthe subir, par conséquent, un temps d'arrêt; d'autant plus que le peuple Tarasconnais, jaloux de conserver les restes précieux de sa Sainte Patronne, ne négligea, sans doute, aucune précaution afin d'empêcher ce trésor de tomber aux mains des barbares. Il fut donc soigneusement caché, comme on avait caché à St-Maximin les reliques de Sainte Madeleine. Où et comment? On l'ignore : et l'histoire ne fournissant à ce sujet aucun renseignement, ce secret restera probablement toujours couvert d'un voile impénétrable. Il est même certain que, bien que l'on n'eût jamais cessé d'honorer Sainte Marthe à Tarascon, on ignora pendant assez longtemps, après l'expulsion des infidèles du sol de la Provence, en quel lieu son corps avait été recélé. On peut seulement conjecturer avec assez de vraisemblance que, à l'exemple de ce qui s'était fait à St-Maximin, on avait enfoui sous terre les reliques de la Sainte Hôtesse de Jésus-Christ, et dans un endroit où elles pussent échapper à tous les regards.

Enfin arriva le jour où ce dépôt sacré fut remis en lumière et rendu à la vénération des peuples. Jour à jamais mémorable, et que nos pères jugèrent digne de marquer une époque dans l'histoire de ce pays. Comment et par quelle cause fut amenée cette heureuse découverte ? Nous ne saurions non plus le dire avec précision. Mais les témoins et les contemporains de cet événement, voulant en perpétuer le souvenir, le signalèrent à l'attention de la postérité par un monument qui existe encore et qui offre certains indices des circonstances dont cet événement fut accompagné. C'est un bas-relief incrusté dans le mur du portail latéral et portant la date : 1187.

Sur le premier plan, se voit Sainte Marthe couchée sur une pierre sépulcrale ; aux deux extrémités, à la tête et aux pieds sont deux personnages revêtus de riches ornements, et l'un d'eux, la tête ceinte du nimbe coupé par la croix grecque. Au second plan, et en arrière du corps de Sainte Marthe, un évêque tenant sa crosse d'une main, et de l'autre, une inscription qu'il paraît lire. Au-dessus et à droite de sa tête, une main ouverte qui semble descendre du ciel et donner un signe. Au-dessous enfin l'inscription suivante conçue dans les termes barbares de ce temps.

Viginti : novies : septem : cum : mille : relapsis : anno : postremo : nobis : patet : ospita : X^{ti} : littéralement : *Neuf vingt sept avec mille ans étant révolus, vers la fin de cette année, l'Hôtesse de Jésus-Christ nous est manifestée.* Ce qui revient à dire que l'invention de ses reliques eut lieu vers la fin de l'année 1487.

Les détails de ce bas-relief méritent d'être étudiés avec quelque soin.

Les deux personnages figurant, l'un à la tête et l'autre aux pieds de Sainte Marthe, évidemment ne peuvent être, le premier dont la tête est couronnée du nimbe, que Notre-Seigneur même, qui daigna visiter sa Sainte Hôtesse, au moment de son agonie ; et le second, que Saint Front de Périgueux qui présida la cérémonie de ses funérailles. L'évêque représenté au milieu du second plan doit être soit Pierre Isnard, occupant, à cette époque le siége métropolitain d'Arles, soit son suffragant Rostaing de Marguerite, évêque d'Avignon.

Le mot *patet* que nous lisons dans l'inscription latine a une force particulière. Il signifie proprement qu'à un signe extraordinaire, il devint patent, *patet*, aux yeux de tous que le corps retrouvé était bien celui de Sainte Marthe ; et c'est ce qu'indique clairement

INVENTION DU CORPS DE S.te MARTHE

l'image de cette main ouverte suspendue en dessus de l'évêque et paraissant donner une indication.

Quel était ce signe qui fit reconnaître à tous le corps de Sainte Marthe ? nous n'avons ici qu'une conjecture ; mais elle touche de si près à la vérité qu'elle semble équivaloir à une certitude.

Très-longtemps après l'événement qui nous occupe, il fut donné aux religieux du Monastère de Cassan, dans l'ancien diocèse de Béziers, une relique insigne du corps retrouvé en 1187. C'était le bras et la main gauche de la Sainte Hôtesse du Sauveur. Les heureux possesseurs de cette relique constatèrent avec une religieuse admiration que, sauf quelques très-légères excoriations causées évidemment par une dévotion indiscrète, ce bras et cette main étaient, après un si long temps, dans un état de parfaite conservation. On les voyait recouverts de leur peau et de leurs cartilages ; les ongles même, à l'exception de celui du pouce, adhéraient encore à l'extrémité des doigts ; et, chose singulièrement remarquable, cette relique qui est devenue, après la suppression du monastère de Cassan, le patrimoine de la paroisse de Roujan, au diocèse et dans le voisinage de Montpellier, se voit encore aujourd'hui tel que nous venons de la décrire. Il y a donc tout lieu de croire que le corps entier de Sainte Marthe, quand il fut retrouvé, dut se présenter aux regards des témoins de cette scène dans un état semblable : et c'est en effet sous ces traits qu'il nous apparaît dans le bas-relief de 1187. Ce fait merveilleux n'est pas du reste le seul de ce genre qui se soit produit dans l'église même de Sainte Marthe. Ainsi que nous aurons à le constater dans la suite de ce récit, on le vit se renouveler d'une façon tout à fait analogue en 1792 sur le corps de Sanche d'Albe, près de cinq siècles après son inhumation. En ce qui concerne celui de notre Sainte Patronne, son identité fut certifiée encore par une autre circonstance figurée au bas-relief : au lieu même où fut découvert ce saint corps, on trouva une inscription gravée sur une petite tablette de marbre et portant ces mots : *Beata Marta jacet hic : Ci-gît la Bienheureuse Marthe.* C'est visiblement l'inscription que paraît lire le Prélat représenté au bas-relief et présidant à la cérémonie.

Le doute désormais n'était donc plus possible. Le précieux dépôt que l'appréhension légitime d'une profanation avait, depuis si longtemps, fait soustraire à tous les regards était retrouvé enfin. On doit facilement concevoir l'impression qu'un tel événement produisit dans nos contrées, et même le retentissement qu'il dut avoir au loin, à une époque où les croyances religieuses avaient encore dans toutes les âmes des racines si profondes.

Aussi voyons-nous dès ce moment les pèlerins accourir en foule au tombeau de Sainte Marthe. Quelques-uns y viennent de fort loin ; et ce ne sont point des personnes d'une condition vulgaire. Parmi eux on distingue des princes, des évêques, des hommes placés aux plus hauts rangs de la hiérarchie sociale. Ce concours était d'autant plus empressé que, par suite du malheur des temps, la piété des fidèles avait été privée plus longtemps de cette consolation.

Il paraît même qu'afin de donner à leur dévotion une satisfaction plus sensible, on avait extrait du tombeau de la Sainte Hôtesse de Jésus-Christ une certaine fraction de ses reliques enfermées dans une châsse ou dans une armoire, dont le Prieur de Sainte Marthe avait le privilége exclusif de tenir la clef.

On ouvrait cette châsse quand des étrangers de distinction venaient en cette ville en pèlerinage, et encore à certains jours solennels où les fidèles de ce pays avaient la pieuse coutume de vénérer plus spécialement les reliques de leur Sainte Patronne. Mais le Prieur de Sainte Marthe, devenu un haut personnage par les bénéfices qui lui avaient été conférés ou les emplois qu'il occupait en d'autres pays, était souvent absent de Tarascon. Souvent aussi il négligeait ou il oubliait de remettre au Vicaire qui le représentait la clef dont il était le détenteur ; ou bien, il la confiait à des personnes n'offrant pas de suffisantes garanties pour la sûreté du précieux dépôt dont elles avaient la garde. De là, les anxiétés de l'opinion publique, et surtout les murmures des fidèles et des pèlerins privés, par le fait de l'absence ou de la négligence du Prieur, d'une consolation que quelques-uns d'entr'eux étaient venus chercher de bien loin et à laquelle tous attachaient le plus haut prix. Les Syndics et le conseil municipal de cette ville crurent devoir intervenir et porter jusqu'au Souverain Pontife l'expression des justes plaintes de la population. Le Pape Clément VII (Robert de Genève) siégeant à Avignon, saisi de cette affaire, régla par une bulle dont le texte a été conservé dans nos archives municipales (1) et datée du VIII des Kalendes de mai 1383, qu'à l'avenir l'armoire des reliques de Sainte Marthe serait fermée de deux clefs différentes, l'une toujours aux mains des Syndics de la ville ou des personnes par eux désignées, l'autre, en celle du Prieur; que s'il s'absentait de la ville, il serait tenu de remettre la clef laissée à sa disposition à une personne de probité, et connue pour telle; qu'enfin le Prieur ou, en son absence, son délégué, ainsi que les Syndics ouvriraient cette armoire aussi souvent qu'ils le jugeraient nécessaire ou expédient.

Depuis l'invention des reliques de Sainte Marthe en 1187, son tombeau dut être plusieurs fois ouvert par les Prieurs de cette église, surtout par ceux d'entr'eux qui occupaient de hauts emplois à la cour pontificale établie à Avignon. Les procès-verbaux de ces diverses ouvertures furent jetées dans les flammes qui consumèrent les archives de l'ancien chapitre. Nous savons seulement par une relation qui nous est parvenue d'une cérémonie ayant eu lieu sous le règne de René le *bon* que ces procès-verbaux avaient été dressés fidèlement, puisqu'ils furent visés en cette occasion.

En effet, le conseil municipal, jaloux d'entretenir et d'augmenter la dévotion des peuples envers Sainte Marthe, décida en 1454 que le chef de l'illustre patronne de cette cité, retiré de son tombeau, serait placé dans une châsse d'argent doré dont l'exécution fut confiée

(1) *Archives Municipales de Tarascon*. Livre rouge F° CCCL. verso.

à Maître André Dandéloti, de la ville d'Arles. Cette châsse représentait le buste de Sainte Marthe avec les traits les plus saillants de sa vie en reliefs d'argent : elle était supportée par quatre *Tarasques* de même métal. Cet ouvrage coûta trois années de travail et une dépense à laquelle le roi René, Louis XI, alors Dauphin de France, et la ville contribuèrent pour diverses parts (1).

La cérémonie de la translation du chef dans cette châsse fut des plus solennelles. On l'avait fixée au 10 août de l'année 1458. Elle fut annoncée la veille aux habitants à son de trompe par un hérault public; et le lendemain, quoique jour ouvrier, tous les travaux furent suspendus, comme aux plus grandes fêtes. Rien ne devait manquer à l'éclat de celle que l'on célébra dans cette rencontre. Le roi René, la reine Jeanne de Laval, son épouse, la princesse Yolande, sa fille, son gendre, le duc de Lorraine, tous les Seigneurs de sa Cour y assistèrent avec l'élite de la noblesse et de la bourgeoisie de la ville. Le Cardinal de Foix, Prieur de Sainte Marthe, invité par le roi à présider à la cérémonie, en fut empêché à cause de son grand âge, et il délégua pour tenir sa place l'official de l'évêché d'Avignon Guillaume Morelli.

On se rendit d'abord à l'église basse, et là, se produisit, dès le début de la cérémonie un incident qui fit une certaine sensation. Pour s'en rendre compte,

---

(1) La contribution du roi René fut de 3,000 écus d'or, le Dauphin de France et la ville fournirent le surplus.

il importe de remarquer qu'à cette époque les choses n'étaient pas disposées dans la crypte comme elles le sont aujourd'hui. Le grand sarcophage en marbre blanc où Sainte Marthe est représentée couchée sur un lit de parade ne s'y voyait point; ses reliques reposaient dans le tombeau primitif placé derrière l'autel. On y avait superposé un grand coffre (1) en bois de noyer fixé solidement et fermé avec soin. L'ouverture en ayant été faite, on n'y trouva rien de plus qu'une petite caisse renfermant des fragments des reliques de Sainte Marthe d'un très-petit volume mêlés à une fine poussière et à des granules de pierre provenant sans aucun doute du déplacement de ces mêmes reliques dans les diverses élévations qui en avaient été faites précédemment. Il y eut en ce moment un mouvement de surprise assez prononcé. Mais, au nombre des personnes présentes, se trouvait un vieillard septuagénaire, Lazare de Lubières, appartenant à l'une des familles les plus distinguées de ce pays, et jouissant, auprès de ses concitoyens, à cause de sa piété et de ses vertus, de la plus grande considération. Il avait assisté, jeune encore, à une cérémomonie du même genre, et sur l'invitation que lui adressa le roi de dire ce qu'il en savait, il assura que l'on trouverait dans le tombeau primitif et inférieur deux caisses que lui-même autrefois y avait vu placer, l'une plus grande, l'autre plus petite, et contenant, la pre-

(1) Tous ces détails et ceux qui suivent sont tirés textuellement du procès-verbal dressé par Margoti et son collègue, notaires à Tarascon, et conservé aux *Archives Municipales*.

mière, les ossements du corps de Sainte Marthe, et la seconde, son chef que l'on avait mis à part. En garantie de ses affirmations, il ajouta que l'on retrouverait également sur la poitrine de Sainte Marthe une amphore en cristal renfermant elle-même, suivant la tradition, quelques grains de la terre du Calvaire recueillis en ce lieu quand le Divin Sauveur y fut attaché à la Croix et teints de son sang. Vérification faite aussitôt, le rapport de Lazare de Lubières fut reconnu d'une exactitude parfaite. Le délégué du cardinal de Foix ayant tiré alors le chef de Sainte Marthe de la petite caisse où on l'avait retrouvé, il s'en exhala une odeur si suave que les assistants en furent embaumés. Renfermée dans la châsse d'argent marquée du sceau du roi et de celui de la ville, cette relique précieuse fut portée en grande pompe, au son de toutes les cloches, et comme au milieu d'un océan de lumières, dans l'église haute où elle resta quelques moments exposée sur l'autel principal à la vénération du peuple. Les fidèles qui remplissaient le temple furent ensuite admis à la baiser ; après quoi cette châsse fut renfermée dans l'armoire des reliques dont une clef restait aux mains des Syndics de la ville, et l'autre en celles du *Maître de l'OEuvre* (1) de Sainte Marthe. On redescendit ensuite à la crypte. Les reliques que l'on y avait laissées furent de nouveau rangées dans le tombeau primitif avec

---

(1) On appelait Maîtres de l'OEuvre ou bien Ouvriers de Sainte Marthe ceux d'entré les fidèles qui remplissaient dans cette église des fonctions analogues à celles qu'exercent aujourd'hui les Fabriciens.

la plus religieuse décence. On y plaça également la petite caisse trouvée dans le coffre en bois de noyer et qui contenait des débris des reliques de Sainte Marthe. Ce coffre fut enlevé, et on y substitua un cénotaphe (1) en pierre servant de couverture au tombeau primitif laissé au même lieu.

Le 13 août suivant qui était un Dimanche se fit une procession solennelle où le chef de Sainte Marthe placé sous un dais et entouré de toutes les marques de la piété publique fut porté triomphalement dans les principaux quartiers de la ville. Le roi, la reine sa femme, sa fille, son gendre, tous les personnages qui s'étaient donné rendez-vous trois jours auparavant au sépulcre

---

(1) Ce cénotaphe en pierre, qui dut être déplacé lors de l'installation du grand sarcophage en marbre, resta cependant et se voit encore dans l'église basse. Ce monument, dont la forme et les détails se rapportent exactement au style du XVe siècle, représente dans sa partie supérieure Sainte Marthe couchée sur un lit funéraire, les bras croisés sur la poitrine, et tenant un aspersoir à la main. Deux statues sont debout aux deux extrémités : celle de Notre-Seigneur et celle de Saint Front, évêque de Périgueux. Les deux personnages représentés tiennent chacun un livre à la main.

La partie antérieure est divisée en trois compartiments séparés par des pilastres ioniques et cannelés. Dans l'un de ces tableaux se voit un évêque, probablement Saint Lazare ; dans un autre, Sainte Madeleine enlevée au ciel par les anges ; dans le dernier, Sainte Marthe ayant à ses pieds la *Tarasque*. A la partie la plus inférieure se trouve une ouverture pratiquée afin de faciliter l'introduction des linges auxquels on faisait toucher le tombeau primitif placé au-dessous.

de Sainte Marthe, voulurent encore rehausser par leur présence l'éclat de cette seconde cérémonie.

L'ordre de notre récit nous oblige maintenant à intervertir celui des dates et à mentionner deux autres reconnaissances qui furent faites assez récemment des reliques de notre Sainte Patronne.

La première eut lieu en l'année 1805. On commençait à respirer alors et à goûter un peu de repos après les terreurs et les longues tourmentes de la période révolutionnaire. Les survivants de cette époque qui avaient tant gémi, et un grand nombre tant souffert des calamités de ce temps, ouvraient leurs âmes à l'espérance de voir luire des jours meilleurs. Ils en avaient salué l'augure, et, en quelque sorte, l'aurore dans la convention passée en 1802 entre le Souverain Pontife Pie VII et le premier Consul, président alors aux destinées de la France. Par suite de la nouvelle circonscription ecclésiastique faite en exécution des stipulations du concordat, la ville de Tarascon avait cessé de faire partie du diocèse d'Avignon. Elle devait désormais appartenir à celui d'Aix, siége d'une métropole, à laquelle avait été appelé Monseigneur Champion de Cicé, ancien Archevêque de Bordeaux.

Les fidèles de Tarascon eurent alors la consolation de voir se rouvrir devant eux les portes de ce temple où la piété de leurs pères avait laissé de si précieux souvenirs. Mais cette joie si douce était mêlée d'une tristesse bien amère quand ils le retrouvèrent dépouillé de toutes les richesses qui en avaient fait autrefois l'ornement. Les reliques même de la Sainte Hôtesse du

Sauveur n'avaient pas été respectées. A l'exception de celles que renfermait le tombeau et que l'intervention divine avait protégées, ainsi que nous l'avons dit, contre les fureurs sauvages de l'impiété, toutes les autres avaient disparu. Jaloux cependant de continuer à rendre à l'illustre Patronne de cette cité le culte traditionnel dont elle y avait été constamment l'objet, les pieux Tarasconnais s'adressèrent à l'autorité ecclésiastique afin d'obtenir qu'il fût extrait une parcelle des reliques restées dans son sépulcre. Elle devait être placée dans une châsse en bois doré, imitation très-imparfaite de celle qui renfermait précédemment son chef, et figurer, comme elle, dans les processions et les cérémonies publiques. L'Archevêque d'Aix ne pouvait qu'accueillir favorablement un vœu si légitime, il délégua l'un des ecclésiastiques les plus distingués de son diocèse, M. Arquier, alors curé de Saint-Remi, depuis vicaire général, afin de procéder à l'ouverture et à la vérification du tombeau de Sainte Marthe.

Elle se fit le trois août de cette année 1805, en présence des magistrats, du clergé et des notabilités de la ville. Quelques docteurs en médecine furent également appelés à prêter un concours spécial aux opérations qui devaient avoir lieu. Le commissaire archiépiscopal ayant sous les yeux l'acte de 1458, on ouvrit le tombeau et tout s'y trouva dans la situation indiquée par le procès-verbal, dressé sous le roi René. On découvrit seulement, sous la poussière détachée de ceux des ossements que l'action du temps avait désagrégés, l'inscription suivante gravée sur une plaque de métal: S.

MARTA OSPITA Xᵗⁱ JACET HIC. Les caractères de cette inscription rappelant assez exactement l'écriture du XII⁵ siècle, on crut, avec raison, qu'elle datait de l'année 1187, et qu'elle était contemporaine de la découverte faite alors du corps de la Vierge de Béthanie. Elle dut, à cette époque, être placée dans son tombeau, en remplacement de l'autre inscription sur une tablette de marbre dont nous avons parlé précédemment et qui datait elle-même du temps où les reliques de Sainte Marthe furent cachées, pour être soustraites aux profanations des Sarrasins.

On inséra dans la nouvelle châsse, avec l'inscription ancienne gravée sur métal, quelques-uns des ossements de Sainte Marthe, entr'autres deux fragments, l'un des pariétaux, l'autre des temporaux (1). On plaça égale-

(1) On s'étonnera peut-être de ce que le chef de Sainte Marthe ayant été tiré de son tombeau en 1458, les deux fragments dont on parle ici s'y soit trouvés en 1805. Cette surprise cessera si on lit avec un peu d'attention le procès-verbal de 1458. On y verra que lorsque le chef fut retiré, il présentait quelques *fractures: Ossa capitis aliquantulum fracta*. Les deux fragments des temporaux et des pariétaux trouvés en 1805 pouvaient donc provenir de ces lésions occasionnées par le temps. Une description d'ailleurs faite en 1675 de la châsse de Sainte Marthe marque seulement qu'elle contenait le crâne de la Sainte, sans aucune mention des deux autres ossements. Pour de plus amples développements et pour les détails techniques, on peut consulter les procès-verbaux de 1458 et 1805, insérés aux *Monuments inédits*, Tome II. p. 1286 et suiv. Quant à la tablette de marbre dont il est ici question, et dont il a été parlé à la page 254 ci-dessus, il paraît certain que, trouvée en 1187, lors de l'invention du corps

ment dans une autre châsse de bois doré dans la forme d'un bras, substituée à un bras en argent doré existant autrefois dans le trésor de l'église, une fraction des mêmes ossements.

Les deux reliquaires ainsi disposés furent portés processionnellement et avec beaucoup de pompe à l'église haute, où ils restèrent exposés sur l'autel principal à la vénération du peuple, pendant les vêpres solennelles. Puis on redescendit à la crypte. Les ossements de Sainte Marthe que l'on y avait laissés furent déposés, avec une nouvelle inscription sur plomb, quelques pièces de monnaie du temps, et une copie originale du procès-verbal, dans une caisse neuve marquée du sceau du délégué de Monseigneur l'Archevêque d'Aix.

Ainsi s'accomplit cette cérémonie. On y vit couler bien des larmes. Elles étaient excitées par le souvenir des splendeurs désormais évanouies du culte d'autrefois et dont la solennité de ce jour n'offrait qu'une image bien affaiblie. Mais il y avait aussi des larmes de joie causées par la satisfaction donnée au sentiment

de Sainte Marthe, elle ne fut point mise dans son tombeau, puisqu'il n'en est pas fait mention dans le procès-verbal de 1458. On y aurait substitué l'autre inscription sur métal, découverte en 1805. Mais aucun doute n'est possible sur l'existence de cette tablette de marbre aujourd'hui malheureusement perdue. Noble Jacques Clément la mentionne expressément dans un inventaire fait par lui le 17 avril 1487, en qualité d'*ouvrier* de Sainte Marthe, et de gardien du trésor de cette église. Elle est également citée par Noël Alexandre, dans son *Histoire Ecclésiastique*, tom. II. p. 93 et par Honoré Bouche, dans sa *Défense de la foi de Provence*, page 96.

religieux et patriotique froissé si douloureusement dans les épreuves qui avaient précédé.

Des désastres d'une autre nature survinrent trente-cinq ans plus tard. On se souviendra longtemps dans ce pays de l'inondation de 1840 et des ravages qu'elle causa. L'église basse de Sainte Marthe, plus spécialement exposée par sa situation à l'invasion du fleuve, souffrit aussi plus particulièrement et plus longtemps de cette submersion. M. Bondon, curé de la Paroisse ayant tout lieu de craindre que le séjour dans la crypte des eaux débordées n'eût mis en un grave péril l'existence du précieux trésor qu'elle renferme, demanda à Monseigneur Bernet, Archevêque d'Aix, et obtint sans difficulté l'autorisation d'ouvrir le tombeau de Sainte Marthe, de vérifier l'état de ses reliques et de prendre toutes les mesures jugées nécessaires à la conservation de ce sacré dépôt. Une commission spéciale lui ayant été donnée pour cet objet, il s'empressa, dès que la retraite des eaux eut rendu possible l'accès de la crypte, de procéder à l'ouverture du tombeau.

Cette première opération, à laquelle assistèrent les autorités, le clergé, les habitants les plus notables et trois médecins de la ville, se fit le 22 décembre de cette année 1840. Les craintes que l'on avait conçues n'étaient que trop fondées; car les eaux du Rhône ayant pénétré par infiltration et séjourné assez longtemps dans le tombeau, les reliques qu'il renferme se présentèrent dans un état de confusion déplorable (1). Elles étaient

(1) Il y eut même dans ce désordre une circonstance particulière d'où naquit dans l'esprit des assistants une certaine per-

confondues pêle mêle avec les débris des anciennes caisses tombés en pourriture, et ne formaient qu'une masse informe et nageant en quelque sorte dans une mare infecte de boue. Toutefois il ne fut pas difficile de reconnaître celles qu'avait décrites le procès-verbal de 1805 ; car ce furent les premières qui apparurent et dont l'identité était manifeste à tous les yeux. La copie originale de ce procès-verbal, les sceaux qu'y

plexité. Au-dessous de la couche de limon recouvrant les reliques de Sainte Marthe, telles que les avait décrites le procès-verbal de 1805, se trouva une certaine quantité d'ossements ayant appartenu, d'après l'avis des hommes de l'art, à des individus d'un autre sexe, et quelques-uns, à des enfants en bas âge. D'où pouvait provenir ce mélange ? on avait assez de peine à en deviner la cause, et l'on exprima, quoique dans une forme dubitative, la pensée qu'il pouvait résulter de ce que, aux approches de l'invasion Sarrasine, on aurait probablement caché dans un même lieu les autres reliques que possédait alors cette église avec celles de Sainte Marthe. Mais il y a de ce fait une explication beaucoup plus vraisemblable, et on n'aurait pas, sans doute, manqué de la donner en 1840, si on avait su alors ce qui a été découvert depuis. Il existe en effet aux *Archives Municipales* une délibération du conseil prise le 11 janvier 1374 par laquelle il conste qu'il y avait, à cette époque, dans l'église haute un *certain monument* où quelques personnes peu instruites croyaient que gisaient les reliques de Sainte Marthe, *quoiqu'elles n'y fussent point* : et qu'afin d'empêcher que l'on continuât à leur rendre un culte qui ne leur était point dû, le même conseil ordonna que ces mêmes reliques qui pouvaient être celles de quelques autres Saints, mais point du tout celles de Sainte Marthe, fussent placées dans la crypte à côté des siennes.

avait apposés le commissaire de Monseigneur de Cicé, les pièces de monnaie déposées dans la caisse, l'inscription sur une plaque en plomb dont elle était recouverte, enfin tous les signes démonstratifs de la présence des reliques de la patronne de cette cité se trouvèrent réunis, et ils devaient exclure jusqu'à l'ombre du doute.

Mais il était urgent de remédier au désordre dont on avait sous les yeux l'affligeant spectacle, et de prendre aussi des mesures préservatrices afin d'en empêcher le retour. La piété et le zèle de M. le Curé de la paroisse ne négligèrent aucune de ces précautions.

Son premier soin dut être d'assainir le tombeau et de faire épuiser, au moyen d'une pompe, tout ce qui y était resté des eaux d'infiltration. Puis, après avoir retiré indistinctement toutes les reliques qu'il renfermait, il les fit transporter, avec tout le respect dû à des restes si vénérés, dans un lieu sûr attenant à l'église supérieure sur un sol moins imprégné d'humidité, et où elles devaient rester soumises pendant quelque temps à l'action de l'air. Les scellés furent apposés à la porte de cet appartement. Le 21 Janvier suivant (1841), les scellés ayant été trouvés intacts, le clergé de la paroisse auquel s'était adjoint M. Vincent Ode, Archiprêtre de Tarascon, Curé de Saint Jacques et ancien Chanoine du Chapitre Royal de Sainte Marthe, MM. les membres du Conseil de Fabrique et les docteurs qui avaient assisté le 22 décembre précédent à l'extraction des reliques, procédèrent à leur vérification. Elles furent divisées en deux catégories. La première se composait des ossements qui furent reconnus après un mûr examen, et en conformité des indications fournies par les précédents procès-verbaux, avoir appartenu, sans contestation possible, au corps de Sainte Marthe; dans la seconde furent placés ceux dont l'origine ne pouvait être fixée avec une égale certitude, quoique dans leur nombre, il s'en trouvât quelques-uns parmi les plus petits, que l'on pouvait sans difficulté attribuer également à la personne de la Sainte Hôtesse de Jésus-Christ, mais dont le triage, pour être fait avec une parfaite exactitude, eût demandé un travail trop long et trop minutieux. Les reliques de la première catégorie furent rangées dans une caisse en bois de chêne sur laquelle on fixa l'inscription de 1805: *Ici reposent les ossements de Sainte Marthe, Hôtesse de Jésus-Christ.* Dans une autre caisse de plus grande dimension, on déposa celles de la seconde, avec cette inscription: *Reliques trouvées dans le tombeau de Sainte Marthe, et dont l'origine n'a pu être constatée, quoique leurs fractions les plus menues aient certainement appartenu au corps de Sainte Marthe.* Cette dernière partie de l'inscription fut ajoutée à la demande expresse de MM. les médecins (Raget, Louis Martel et Guigue).

Cette séparation faite, on plaça les deux caisses dans un cercueil en plomb divisé également en deux compartiments; on y inséra, avec le procès-verbal qui venait d'être dressé des opérations précédentes, une copie authentique de ceux de 1458 et de 1805, les mêmes pièces de monnaie de cette époque qui avaient été retrouvées, auxquelles on joignit une pièce de cinq francs du millésime de 1840, et à l'effigie du roi Louis-Philippe. Le couvercle du cercueil en plomb ayant été ensuite soudé avec le plus grand soin, on y grava une inscription commémorative des principaux incidents de cette cérémonie (1). La sage prévoyance du pasteur de cette

(1) Voici cette inscription :

In nomine Patris et Filii et Spiritus Sancti. Amen.
Cùm ossa incerta ossibus S^æ Marthæ
In veteri tumulo juxta posita
Capsis vetustate dilapsis
Inter se permixta fuissent,
Anno D. MDCCCXLI
M. JANUARIO.
Rhodani memor. post inundationem
Ossa S^æ Marthæ
(Quæ pridem nonnullis chartis
Fidelibus nominatim descripta
Fuerant) nunc à testibus et medicis
Denuò recognita minori quidem in
Capsula hoc sub plombeo tegumento
Inclusa fuerunt,
Cæteris ossibus cum pulvere corporis
S^æ Marthæ majori in capsa
Reconditis.

Au nom du Père, du Fils, et du Saint-Esprit. Ainsi-soit-il
Des reliques dont l'origine est incertaine, placées à côté de celles de Sainte Marthe dans son tombeau primitif, s'étant confondues avec les siennes par l'effet de la dislocation des châsses qui les renfermaient séparément ; au mois de janvier de l'année 1841, à la suite d'une désastreuse inondation du Rhône, les ossements de Sainte Marthe dénommés et décrits exactement en

église et le désir bien naturel de prévenir des accidents aussi fâcheux que celui qu'on avait eu à déplorer lui suggérèrent la pensée d'une autre précaution. Le cercueil de plomb, bien qu'hermétiquement fermé et dès lors impénétrable aux eaux d'inondation qui pouvaient envahir encore le tombeau de Sainte Marthe, fut renfermé dans une autre caisse en chêne dont les deux faces, l'intérieure et l'extérieure, furent enduites d'une couche épaisse de résine. On avait ainsi tout lieu d'espérer que les reliques de Sainte Marthe, protégées par cette triple enveloppe, comme par une sorte de cuirasse, seraient désormais hors d'atteinte aux causes qui en avaient si malheureusement jusqu'alors compromis la conservation.

Après ces préliminaires, le 24 janvier suivant, eut lieu la translation solennelle des reliques dans le tombeau de Sainte Marthe. La population tout entière vit s'accomplir avec un véritable enthousiasme cet acte religieux. Elle voulut s'y associer, ayant à sa tête ses magistrats et tout ce qu'elle comptait dans son sein de citoyens les plus honorables. La jeunesse Tarasconnaise, sympathisant de toute l'ardeur qui est dans son caractère aux émotions du sentiment public, paya, par des chants exécutés pendant la messe avec

des écritures anciennes et authentiques ont été de nouveau reconnus et vérifiés par des médecins et des témoins appelés à cette fin. Ils ont été déposés dans la plus petite des deux châsses contenues dans ce cercueil de plomb. Les autres ossements, ainsi que les fractions pulvérisées des reliques de Sainte Marthe, l'ont été dans la plus grande.

un entrain et une précision admirables, son tribut de vénération et d'amour à l'illustre Patronne de ce pays. Le soir, la corporation des Mariniers, invoquant un privilége qui lui était acquis par une longue possession, réclama et obtint l'honneur de porter nu-pieds jusqu'à la crypte ces restes vénérés. Quatre prêtres vêtus des ornements de leur ordre tenaient les cordons de chaque coin de la châsse. Enfin les reliques de la Sainte Hôtesse de Jésus-Christ, sauvées cette fois et vengées des outrages d'un élément dévastateur, reprirent dans l'antique sépulcre, au milieu des ovation de l'allégresse et de la piété publiques, leur repos séculaire (1).

Ce précieux dépôt était originairement beaucoup plus volumineux et plus considérable qu'il ne l'est aujourd'hui. Il est même permis de penser que lorsqu'il fut retrouvé en 1187, il existait encore dans son intégrité ; mais cet événement ayant produit partout, comme nous l'avons vu, une très-vive impression, il excita partout aussi le désir de posséder quelques parcelles de ce trésor. Les reliques de Sainte Marthe devinrent aussi l'objet d'ardentes et de pieuses convoitises. De là les soustractions qui en furent faites successivement, et qui devinrent plus fréquentes pendant le séjour des papes à Avignon au XIVe siècle et au XVe, lorsque les Prieurs de Sainte Marthe, presque toujours choisis parmis les plus hauts person-

(1) Voir aux *Monuments inédits*, Tome II. p. 1642 et suiv. le procès-verbal de cette dernière reconnaissance des reliques de Sainte Marthe.

nages de la cour pontificale, avaient l'entière et libre disposition des reliques de cette église (1).

Entre les plus précieuses, il faut citer, outre celle qui fut donnée aux religieux du monastère de Cassan, et dont nous avons parlé déjà, le pied gauche de Sainte Marthe possédé par un couvent de la Belgique et enchâssé dans un beau reliquaire de cristal, taillé

(1) Les anciens Bollandistes citent à ce propos un fait assez curieux et qui mérite d'être rapporté : vers l'an 1389, et peu de temps après sa promotion, le cardinal Brognier, Prieur de Sainte Marthe, allant à Rome, portait sur lui, comme une sauvegarde pendant ce voyage et pour la satisfaction de sa piété, une phalange de l'un des doigts de Sainte Marthe. Arrivé près de Florence, le cheval qu'il montait s'arrête brusquement, et malgré toutes les excitations, il s'obstine à ne pas avancer. Le cardinal s'étonne et ne comprenant pas la cause qui paralyse les mouvements de sa monture, il demande en quel lieu il se trouve. On lui montre dans le voisinage un petit pays appelé *Montagno* où existe un couvent de religieuses sous l'invocation de Sainte Marthe de Béthanie. Il y court ; car il ne doute pas que la volonté divine, exprimée par le signe qui vient de lui apparaître, ne soit de donner cette relique aux religieuses de cette maison. Il leur raconte donc l'accident qui vient de survenir, et leur remet en même temps, quoique avec bien des regrets, la relique dont il est le détenteur. On conçoit la satisfaction de ces religieuses en recevant un tel présent ; satisfaction d'autant plus vive qu'il semblait leur venir du ciel. Le cardinal put dès lors, et sans empêchement, poursuivre son voyage. L'auteur qui rapporte ce fait ajoute que, très-peu de temps après, on vit s'opérer dans ce monastère deux miracles parfaitement avérés et obtenus par l'attouchement de cette relique. (*Acta Sanctor.* Bolland. tome VII Julii die XXIX. p. 12.)

en forme de cothurne. On en conserve également dans plusieurs églises de Rome ; à Sainte-Marthe du Collége Romain, à Sainte-Marthe du Vatican, à Sainte-Marie-de-la-Victoire, à Sainte-Cécile ; à Bologne, à l'église métropolitaine, à Saint-Étienne, à Sainte-Lucie ; chez les Prémontrés de Louvain ; chez les Jésuites de Malines ; à Hoxara en Espagne, et jusqu'en Bohême, dans une magnifique église dédiée à Sainte Marthe. Il serait facile de citer d'autres pays et d'autres églises qui sollicitèrent, à diverses époques, et obtinrent la faveur d'une part à ces dépouilles sacrées.

Ces saintes prodigalités répétées si souvent sont un témoignage éclatant de la dévotion des peuples envers Sainte Marthe ; mais elles devaient avoir pour effet inévitable d'amoindrir d'autant nos richesses locales et même d'en tarir insensiblement la source. Elles auraient fini, en se multipliant, par nous être entièrement ravies, si la religieuse prévoyance des magistrats de cette cité n'avait pris des mesures pour arrêter le cours de ces pieuses largesses. Sur le rapport des consuls, le Conseil municipal statua qu'il ne serait plus distrait à l'avenir une seule parcelle des reliques de Sainte Marthe, et que l'on résisterait énergiquement à toutes les demandes qui en seraient faites, d'où qu'elles pussent venir.

Cette décision fut rigoureusement exécutée ; car l'official de l'évêché d'Avignon, supérieur ecclésiastique de Tarascon, ayant demandé en 1471 une portion des reliques de Sainte Marthe, pour une chapelle qu'il se proposait de faire construire en Bretagne, il essuya un refus; et afin de lui en exposer les motifs, le conseil députa vers lui les consuls, pour s'*excuser de la manière qu'ils jugeraient la meilleure* (1).

Ce fut alors que se généralisa l'usage d'offrir aux pèlerins, à défaut des reliques auxquelles il ne devait plus être touché, des images représentant notre Sainte Patronne dans les diverses phases de sa vie apostolique. Ces images avaient quelquefois un certain prix; elles étaient d'or ou d'argent; et la ville de Tarascon se plaisait à les offrir en de grandes occasions, comme un hommage de courtoisie, soit aux gouverneurs de la province, soit à d'autres personnages titrés qui venaient visiter le tombeau de Sainte Marthe.

On fit exécuter ainsi plusieurs de ces images pour les offrir à la reine Éléonore d'Autriche, sœur de Charles-Quint, et aux enfants de France qui devaient venir prier au tombeau. Louis d'Orléans, comte de Longueville, grand sénéchal de Provence, reçut en 1506 un bassin d'argent sur lequel étaient gravés l'image de Sainte Marthe et la figure de la *Tarasque*. En 1517 on offrait des images d'or de notre Sainte Patronne à René de Savoie, comte de Tende, grand sénéchal. La comtesse de Tende en reçut huit en 1534 (2).

(1) *Archives Municipales*. Délibération du 31 décembre 1474.
(2) Nous croyons devoir donner ici le relevé exact et le dénombrement des reliques de Sainte Marthe conservées dans son église à Tarascon, tels qu'ils résultent des constatations faites en 1805 et en 1840 par MM. les médecins, déduction faite conséquemment des dons partiels qui en ont été faits à diverses époques et de celles qui ont disparu avec les anciennes châsses pendant la Révolution.

À la louable habitude depuis longtemps contractée de ne plus rien distraire des reliques de Sainte Marthe il fut fait, dans ces derniers temps, une dérogation commandée, justifiée, au moins par les plus hautes

I. Ont été placés en 1805 dans le buste en bois doré en conformité de celui que possédait autrefois cette église : 1° l'extrémité inférieure du *fémur* gauche et le corps du même os ; 2° la portion inférieure de l'*humérus* du bras gauche, et le corps du même os ; 3° une portion du corps du *tibia* ; 4° le *péroné* gauche tout entier ; 5° deux portions des côtes ; 6° deux fragments des *temporaux* et des *pariétaux* détachés de la tête.

II. A la même époque a été placée dans le bras en bois doré une autre portion du *tibia* ci-dessus dénommé.

III. En 1841 ont été placés dans la plus petite des deux caisses renfermées dans le cercueil en plomb déposé sous le sarcophage : 1° l'os *sacrum*, presque tout entier ; 2° un *fémur* dont il ne manque que la tête ; 3° une *omoplate* dont il ne manque que la base ; 4° un gros fragment du *fémur* droit ; 5° un fragment de l'*humérus* ; 6° la moitié supérieure du *cubitus* droit ; 7° un fragment du *tibia*. Il est déclaré au procès-verbal que ces ossements ont été reconnus par les médecins avoir appartenu au même corps, à celui d'une personne du sexe féminin, et que, par l'état de décomposition où ils se trouvent, on peut juger qu'ils remontent à une très-haute antiquité.

IV. La caisse de plus grande dimension placée dans un autre compartiment du cercueil en plomb déposé dans le tombeau primitif contient également un certain nombre de parcelles des reliques de Sainte Marthe ; mais elles sont d'un très-petit volume ; et bien que, dans l'opinion exprimée par les mêmes médecins, on doive les attribuer au corps de Sainte Marthe, comme elles sont mêlées à d'autres ossements qui ne paraissent pas lui avoir appartenu, il serait difficile de les dénommer d'une manière précise.

convenances. L'une de ces solennités exceptionnelles qui marquent dans la vie des peuples allait être célébrée en Provence. Un certain nombre de prélats, quelques-uns venus d'assez loin, s'y étaient donné rendez-vous, afin d'en rehausser la pompe. Ils allaient à St-Maximin assister à la translation dans une magnifique châsse, due aux offrandes des fidèles, des reliques de Sainte Marie-Madeleine. Le vénérable archevêque d'Aix, Mgr Chalandon, qui devait, à titre de métropolitain, présider cette cérémonie, puisa dans l'inspiration de sa piété la pensée d'associer notre Sainte Patronne à sa sœur, l'illustre pénitente dans les hommages qui devaient bientôt lui être rendus. Il exprima le désir qu'il fût extrait du buste de Sainte Marthe une portion de ses restes, se réservant l'honneur d'offrir à Sainte Madeleine ce présent, le plus cher à son cœur entre tous ceux qui devaient lui être décernés en cette occasion. Ce vœu, émané d'une telle bouche et dicté par un semblable motif, ne pouvait que rencontrer parmi nous l'accueil le plus sympathique. Les deux sœurs bien-aimées purent donc se donner, en quelque sorte, la main, dans ce grand jour, et participer ensemble aux mêmes ovations. Mais en même temps, et comme par une compensation nécessaire, une portion des reliques de Sainte Madeleine nous fut transmise, pour être placée à côté de celles que nous vénérons. A ce rapprochement les ossements de la Sainte Hôtesse de Jésus-Christ durent *tressaillir*, et là haut où son âme partage avec l'héroïne du désert la jouissance d'une félicité commune, les deux protectrices de la Provence durent s'unir aussi pour bénir un peuple qui leur donnait des témoignages si touchants de son amour.

CHAPITRE TROISIÈME.

De la fête de Sainte Marthe et de sa fixation définitive au 29 juillet, vers la fin du XIIe siècle. — De la manière qu'elle était autrefois et qu'elle est encore célébrée à Tarascon. — De l'office de Sainte Marthe, suivant les anciennes et nouvelles liturgies. — Des divers pays où elle reçoit un culte particulier.

Les mérites des Saints ont au ciel, dans la claire vision du Dieu qu'ils ont servi leur plus solide récompense. Mais le suprême rémunérateur a voulu aussi, en exécution de la promesse d'immortalité assurée à leur mémoire, que la gloire dont ils jouissent eût son rayonnement sur le théâtre même de leurs travaux ou de leurs combats. Le souvenir toujours vivant de leurs exemples doit, dans la pensée divine, être pour les générations qui leur ont survécu, plus encore pour celles qui leur ont succédé sur le sol marqué de leurs traces, une puissante excitation à les suivre dans les mêmes voies. « Les fêtes des martyrs, disait Saint « Augustin, sont pour ceux qui les célèbrent un en- « gagement à montrer dans la confession de leur foi « un égal courage. » Tel est aussi le motif principal du culte rendu aux Saints dans l'Église et la raison des solennités instituées en leur honneur.

Dès le premier âge du Christianisme, on avait le soin de recueillir pieusement le nom de ceux et de celles qui avaient bien mérité de la religion, et d'en rappeler aux fidèles le souvenir dans la célébration des sacrés mystères. Le canon de la messe, comme nous le récitons encore aujourd'hui, est un monument de cet antique usage. On offrait à Dieu, sur la tombe même des martyrs, appelée leur *Confession*, le sacrifice adorable ; et cette coutume nous est également attestée par la forme donnée à nos autels et par la pratique universellement et rigoureusement suivie de placer dans la pierre qui les couvre des reliques des Saints.

Nos livres liturgiques fournissent encore l'indice d'une autre coutume adoptée dans ces temps primitifs. Il y avait des jours spécialement affectés au culte de chacun des Saints que l'on honorait alors. Le service divin se célébrait conséquemment suivant un ordre marqué, tantôt auprès de la *Confession* des uns, tantôt auprès de celle des autres. De là, ces mots qui se lisent dans le missel Romain en tête de l'office d'un grand nombre de féries et de fêtes de l'année, *station à Saint Pierre*, *station à Saint Laurent*, etc.

Plus tard, le nombre des Saints s'étant considérablement accru, on en dressa des listes et des catalogues appelés *Martyrologes* (1), parce que la plupart

---

(1) La plupart des églises principales ayant voulu avoir leur Martyrologe particulier, le nombre de ces sortes de Calendriers s'était augmenté dans la même proportion. A l'exception de quelques Saints dont la célébrité était universelle, on y

de ceux dont on y inscrivait les noms avaient versé leur sang, en témoignage de leur foi. Il n'était pas cependant nécessaire, pour trouver une place dans ces listes glorieuses, de l'avoir conquise par le sacrifice de sa vie. Le nom de la Vierge Mère du Sauveur s'y lisait, comme dans le canon de la messe, en tête de tous les autres; et à sa suite, celui de beaucoup de personnages qui, sans avoir obtenu la palme du martyre, n'en avaient pas moins honoré la religion par la sainteté de leur vie. Dans ce nombre, se trouve notre Sainte Patronne, constamment nommée dans les divers Martyrologes, avec cette circonstance re-

inscrivait de préférence dans chaque pays le nom de ceux qui en étaient originaires ou qui y avaient passé leur vie. De là, les nombreuses lacunes et les différences que présentent ces recueils confrontés les uns avec les autres. Quelques-uns de ces Martyloges ont été conservés. Les plus connus sont, après celui d'Eusèbe, traduit en latin par Saint Jérôme, le *Petit Romain*, ceux du vénérable Bède, de Florus, d'Usuard, de Raban-Maur, de Saint Adon, archevêque de Vienne. Dans presque tous figure le nom de Sainte Marthe, avec la fixation de sa fête au 17 décembre, parce que ces recueils sont tous antérieurs au XIIe siècle.

A la fin du XVIe siècle, le Pape Grégoire XIII, le même qui a donné son nom au Calendrier en usage aujourd'hui, chargea une commission, dont les cardinaux Bellarmin et Baronius faisaient partie, de reviser tous les anciens Martyrologes, et d'en composer un qui fût désormais seul à l'usage de l'Église universelle. De ce travail sanctionné plus tard par Benoît XIV est sorti le Martyrologe Romain, de tout point favorable à nos traditions touchant Sainte Marthe et les autres patrons de la Provence.

marquable que sa fête y est fixée au 17 décembre.
Mais pourquoi à cette date, et non point, comme
aujourd'hui, au 29 juillet? ne savait-on pas que ce
jour avait été celui de son décès? On le savait très-
bien ; car l'auteur qui a composé sa vie au IXe siècle,
Raban ou tout autre, le mentionne expressément :
« Elle s'endormit dans le Seigneur, dit-il, le 4 des
« Calendes d'août, le huitième après la mort de
« Sainte Madeleine, à la neuvième heure du jour (1). »
Il fallait donc qu'il y eût un motif qui eût déterminé
l'usage de célébrer sa fête le 17 décembre, au lieu
du 29 juillet. Le même auteur nous l'apprend, et
l'explication qu'il en donne est bien certainement authentique, puisqu'elle est contemporaine du fait dont
il s'agit de rendre raison. Elle mérite qu'on y fasse
attention ; car elle fournit l'une des preuves, à notre
sens, les plus démonstratives de la vérité de nos traditions touchant l'apostolat de Sainte Marthe dans nos
contrées. Nous l'avons vu, en effet, dans l'histoire de
sa vie. Le 17 décembre eut lieu la dédicace de l'oratoire élevé, par ses soins ou par ses ordres, à l'honneur de Dieu et à celui de sa Sainte Mère, dans cette
ville. Trois évêques, Trophime d'Arles, Maximin d'Aix,
Eutrope d'Orange avaient été invités et furent présents
à cette cérémonie. Dans le repas qui la suivit et auquel assistèrent également les trois pontifes, Dieu
voulut renouveler, par le ministère de sa Sainte Hôtesse, le miracle des nôces de Cana. Or, ce fut préci-

---

(1) *Vie de Sainte Marthe et de Sainte Madeleine*, par Raban-
Maur, chap. XLVIII.

sément afin de perpétuer le souvenir de ce prodige et en même temps celui de la consécration du sanctuaire élevé à l'honneur de Dieu à Tarascon que s'établit d'abord dans cette église, et bientôt après, à son exemple, dans celles des autres pays, l'usage de célébrer la fête de Sainte Marthe le 17 décembre.

« Après sa mort, dit encore Raban, la coutume s'in-
« troduisit, à l'occasion de ce miracle (le changement
« d'eau en vin), de célébrer la fête de son trépas le jour
« de la dédicace de cette maison. Nous voyons que la
« même chose se pratique encore aujourd'hui à l'égard
« de Saint Jean Baptiste, des apôtres de Jésus-Christ Jean
« et Jacques, Simon et Jude, ainsi que d'un grand nom-
« bre de martyrs ; c'est-à-dire, que l'on ne célèbre point
« leur martyre aux jours où ils l'ont souffert, mais à
« ceux de la dédicace de leurs églises ou de la transla-
« tion de leurs reliques (1). »

(1) Raban-Maur, *ubi supra*, chap. XLIV. — La vérité de l'explication donnée par cet auteur est démontrée encore par celle des indications qu'il fournit dans le même endroit de ce qui se pratiquait de son temps relativement à la célébration des fêtes de quelques autres Saints. L'on ne saurait ainsi contester que Saint Jean-Baptiste a été décapité par les ordres d'Hérodes quelques jours *avant Pâques* ; cependant sa fête principale se célébrait et se célèbre encore le 24 *juin ;* et celle de sa décollation, le 29 août. Saint Jacques le Majeur fut martyrisé, d'après les renseignements historiques les plus sûrs, le 23 *mars ;* et sa fête est fixée au 25 *juillet.* Celle de Saint Simon et de Saint Jude l'est au 28 *octobre*, tandis que, d'après Saint Jérôme, ils souffrirent le martyre le 1er *juillet.* Sans aucun doute, des circonstances pareilles à celle qui avait déterminé la fixation de la fête de

Ainsi quelle que soit, d'ailleurs, l'opinion que l'on se forme sur la vérité du récit relatif au miracle opéré par Sainte Marthe dans le repas servi par elle aux trois évêques présents à la consécration de l'église élevée à l'honneur de Dieu dans ce pays, il est une chose qui ne saurait être douteuse. C'est que l'on n'expliquait au IX° siècle la fixation de sa fête au 17 Décembre que par le motif que c'était ce jour-là même qu'aurait eu lieu la dédicace de cette église par Sainte Marthe elle-même. Ce fait qui se lie si intimement à l'ensemble de nos traditions était donc tenu pour véritable à une époque déjà bien éloignée. Cet ordre fut modifié à la fin du XII° siècle. Mais ce fut encore de l'Église de Tarascon que vint le signal de cette innovation, adoptée bientôt après, sur l'exemple qu'elle en avait donné, par toutes les autres Églises.

Nous voyons, en effet, dans les règlements liturgiques décrétés aux chapitres généraux de plusieurs Ordres religieux tenus au XIII° siècle, notamment dans celui de l'Ordre de Cîteaux qui le fut en 1267, qu'à la demande expresse des Abbés des monastères établis en Provence,

Sainte Marthe au 17 décembre, comme la translation de leurs reliques ou l'édification de quelque église placée sous leur patronage, avaient engagé à célébrer la fête de ces Saints à des jours autres que ceux de leur martyre ou de leur mort. « Du « temps du premier concile d'Éphèse, dit à ce sujet un auteur « qui ne saurait être suspect, c'était l'ordinaire de faire la fête « des Saints aux jours où leurs églises avaient été dédiées à « Dieu, avant qu'on se fût accordé généralement à choisir le « jour de leur mort ou de leur sépulture. » (Baillet, cité par l'auteur des *Monuments inédits*, tom. I. p. 646.)

il fut décidé que la fête de Sainte Marthe se célébrerait désormais, dans les provinces d'Arles, d'Aix et de Narbonne, le même jour et de la même manière qu'elle l'était dans *l'église où reposait son corps*. Le Chapitre général des Frères Prêcheurs tenus à Bordeaux en 1277 statua que l'on ferait dans l'Institut mémoire de Sainte Marthe, *Hôtesse de Notre-Seigneur Jésus-Christ et sœur de Madeleine et de Lazare*, le 27 Juillet. Le 27 non pas le 29, très-probablement parce que le premier de ces jours était occupé déjà par un autre office ; et ce qui le montre, c'est la mention expresse qui est faite au même endroit de la mort de *la bienheureuse Marthe, à Tarascon* le 4 des Calendes d'août, c'est-à-dire le 29 Juillet. Ce fut encore à ce jour que le Synode diocésain tenu à Tréguier, en Bretagne, en 1334, fixait cette fête. Enfin cet usage se généralisa et devint bientôt la règle commune.

L'invention des reliques de Sainte Marthe en 1187 fut l'occasion, si ce n'est la cause de ce changement. Cet événement inattendu et marqué de circonstances merveilleuses, ainsi qu'on l'a vu précédemment, produisit sur l'esprit des populations si chrétiennes de ce temps une sensation immense. Il n'est donc pas étonnant qu'afin d'en consacrer le souvenir, nos pères, à dater de ce moment, aient choisi, pour célébrer la mémoire de leur illustre Patronne, le jour depuis longtemps connu pour l'anniversaire de celui de sa mort (1).

(1) On ne cessa pas néanmoins de célébrer à Tarascon une fête le 17 décembre, cette coutume s'y était même perpétuée

SECONDE PARTIE. — CHAPITRE III. 285

Il y avait autrefois dans la célébration de cette solennité, il y a encore une particularité dont il ne faut pas confondre l'origine avec celle de quelques autres institutions beaucoup plus récentes qui eurent pour auteur l'avant dernier Comte (1) de Provence de la

presque jusqu'à ces derniers temps. Mais ce n'était plus, comme avant l'événement de 1187, à titre de fête principale. On y solennisait seulement la dédicace de l'église basse, comme le 1er juin on célébrait celle de l'église haute. A dater de la fin du XII° siècle, la fête majeure arrivait toujours le 29 juillet. Depuis le Concordat de 1802, elle est renvoyée au dimanche suivant, lorsque le 29 juillet vient à un autre jour de la semaine. Par suite d'un décret de la Congrégation des Rites prohibant toute fête avec octave les dix derniers jours avant Noël, la fête du 17 se célébrait, en dernier lieu, par anticipation, le 3 décembre.

(1) Le roi René. Ce prince honnête, profondément religieux, se recommandait surtout par les qualités de son cœur. Père de ses peuples, plus qu'il ne s'en croyait le maître, il avait mérité qu'on l'appelât *le bon*, et ce glorieux surnom lui est resté. Doué d'ailleurs d'une sagacité peu commune et d'un grand sens politique, il avait saisi avec beaucoup de justesse les traits saillants du caractère provençal. A ces natures franches et expansives, mais ardentes et susceptibles d'exaltation, il avait compris qu'il fallait ouvrir une sorte de dérivatif par où pût s'écouler, sans aucun danger pour la morale ou la paix publique, l'exubérance de leur vie. C'est à cette pensée que les jeux de la Fête-Dieu à Aix, et à Tarascon, ceux de la *Tarasque* durent leur naissance. Pensée heureuse, puisqu'elle tendait à créer à tous d'innocentes joies, à lier entre eux, comme les membres d'une seule et même famille, tous les ordres de la société, à entretenir au sein des populations le culte et l'amour des traditions nationales. Les agitations, ou si l'on veut, les progrès

seconde maison d'Anjou. Le jour de la fête de Sainte Marthe et à la procession qui se fait en son honneur, on voit figurer, mais en avant et à quelque distance du cortége religieux, une jeune fille vêtue d'un costume antique et représentant la Sainte Hôtesse de Jésus-Christ. Elle tient par un cordon le monstre, autrefois la terreur de ce pays, et semble le mener en laisse. D'une autre main, elle tient un aspersoir, et de temps en temps elle jette de l'eau bénite sur la *Tarasque*

de nos temps modernes nous ont fait d'autres goûts, d'autres mœurs et des habitudes différentes. Mais il doit être permis, sans dénigrer pour cela le siècle où nous vivons, d'avoir un regret pour certaines institutions de cet *ancien régime*, où malgré les malédictions qu'on lui jette, il faut bien convenir, si l'on veut être juste, que tout n'était pas absolument détestable.

Les jeux de la *Tarasque* furent célébrés à Tarascon pour la première fois, le 24 avril 1474, en présence du roi René et de sa seconde femme Jeanne de Laval. Cette princesse, affligée d'une maladie causée par le marasme, fut, dit-on, rendue à la santé par les émotions que lui causa ce spectacle. (Voir à l'*Appendice*. §. V).

René *le bon* cultivait les arts. C'est ainsi qu'il aimait à se délasser des sollicitudes et des fatigues du gouvernement. Il avait pour la peinture un goût assez prononcé. On conserve en Provence quelques toiles dues à son pinceau. Si elles ne révèlent pas un grand talent d'artiste, elles font l'éloge du souverain qui consacrait ses loisirs à cette noble occupation. L'on voit dans la sacristie de l'hôpital de cette ville l'un de ces tableaux où le roi René s'est représenté lui-même à genoux devant un crucifix. Il avait fait présent de ce tableau à la communauté des Dominicains, d'où il est venu à l'hôpital St-Nicolas, par le don qu'en a fait feu M. J..., acquéreur d'une portion de l'ancien couvent des Frères Prêcheurs.

qui témoigne en effet ce jour-là, par le calme de son attitude, de la puissance de celle qui a dompté ses fureurs. Quand le cortége, à l'issue de la procession, est rentré dans l'église, le monstre soulevé par de robustes bras salue trois fois, à la porte du temple, la vierge triomphatrice. Cette pieuse exhibition qui se renouvelle chaque année est, comme on voit, la fidèle image du prodige qui fut le moyen choisi par la Providence pour amener nos pères à la vie de la foi. Considérée sous cet aspect, et il n'est pas possible de l'envisager autrement, cette coutume ne saurait choquer aucune susceptibilité, ni blesser le moins du monde les bienséances religieuses. Loin donc de désirer de la voir abolie, il faut souhaiter qu'elle se perpétue, comme un mémorial de l'inestimable bienfait accordé à ce pays par la bonté divine et le ministère de Sainte Marthe.

Nous avons maintenant à dire un mot des formules liturgiques usitées autrefois dans la célébration de sa fête. Ce qui frappe d'abord ici et doit aller droit au cœur de quiconque chérit et vénère une si sainte mémoire, c'est de voir les églises les plus éloignées, les plus différentes les unes des autres par la diversité de leur origine, décerner à l'envi leur tribut de louanges à notre illustre Patronne. Ce ne sont pas, sans doute des chefs d'œuvre de poésie lyrique qu'il faut s'attendre à trouver dans ces chants religieux. A défaut du mérite littéraire qui ne saurait être ici que très-accessoire, il en est un autre bien plus précieux qui les distingue singulièrement, celui du sentiment qui les inspira. Marthe y est proclamée le *Miroir de la chasteté*, *le flambeau de l'Église, l'éloquent organe de la parole du Christ, l'astre qui brille au ciel du plus vif éclat, la fleur d'où s'exhale sur la terre le plus doux parfum* (1), etc. etc.

Mais ce qui intéresse plus vivement encore le lecteur chrétien, c'est de trouver reproduits exactement dans ces monuments anciens de la religion et de la piété publiques tous les traits de la vie de la Sainte Hôtesse du Sauveur, telle que nous l'avons racontée. Il n'est pas un seul incident de cette vie admirable dont le souvenir n'ait dans ces cantiques pieux sa pleine consécration. La prédication de Marthe à Tarascon et à Avignon, ses miracles en confirmation de sa parole, sa vie pénitente, les merveilles qui signalèrent son agonie et son trépas, la visite du roi Clovis à son tombeau, le concours des peuples et des princes à ce glorieux sépulcre, rien n'y est oublié (2). Quel argu-

(1) Les Églises de Cologne, de Paris, de Lyon, d'Orléans, de Tours, d'Auch, d'Autun, du Puy, de Coutances, sont sur ce point et sur celui de nos principaux faits traditionnels dans un parfait accord avec les Églises de Provence. Celle d'Arles notamment se joint à ce concert. (Voir les *Monuments inédits*, tom. II. p. 593 et suiv.)

(2) Nous pourrions multiplier ici les citations : il faut se borner à quelques-unes. Voici ce que, jusqu'au milieu du XVIIe siècle, l'on avait continué à chanter dans les Églises de Lyon, de Cologne, d'Orléans, d'Auch, d'Arles, de Marseille :

Ave, Martha gloriosa,
Cœli jubar, mundi rosa
Salvatoris Hospita.

ment en faveur et à l'appui de nos croyances religieuses locales! quelle présomption au moins de leur vérité dans la multiciplicité et l'uniformité de ces témoignages, tous venus à la fois de si loin et de points si

Tu sola virtute Dei
Morbum regis Clodovœi
Curasti incurabilem.

. . . .
. . . .

Per te serpens est subversus
Per te juvenis submersus
Vitæ restituitur.

Per te damnantur errores
Per te decorantur mores
Et fides extollitur.

. . . .
. . . .

Vitam fratri meruisti
Ex aquâ vinum fecisti
Per divinam gratiam.

Animam tuæ sororis
Audisti supernis choris
Ferri cum lætitiâ.

Corpus tuum Tarascone
Sepelivit cum Frontone
Christus manu propriâ, etc.

Salut à vous glorieuse Marthe, astre du ciel, rose du monde, hôtesse du Sauveur.

. . . . , ...
. . . .

divers, tous remontant à une époque dont on ne saurait fixer précisément la date, mais qui, d'après les inductions les plus légitimes, doit être elle-même antérieure à celle de l'invention du corps de Sainte Marthe en

Sans autre secours que celui de la puissance de Dieu, vous avez guéri le roi Clovis d'un mal incurable.

. . . .
. . . .

Par vous a été détruit un serpent dévastateur, par vous encore, un enfant submergé sous les eaux du fleuve a été rendu à la vie.

Par votre ministère les erreurs sont abolies, les mœurs refleurissent et la foi triomphe.

. . . .

Vous avez obtenu à votre frère son retour à la vie, et changé l'eau en vin avec le secours et par l'opération de la grâce.

Vous avez entendu les chœurs joyeux des Anges quand ils portaient au ciel l'âme de votre sœur.

Le Christ, assisté de Saint Front, a daigné de sa main divine ensevelir votre corps à Tarascon, etc.

Voici des extraits d'une autre prose qui se chantait dans les mêmes temps dans les Églises de Paris et de Tours.

In Marthæ solemnio
Pangat omnis concio
Christo melos gloriæ

. . . .
. . . .

Huic dedit facundiam
Prædicandi gratiam

1187! car, ainsi que l'observe très-judicieusement l'auteur des *Monuments inédits*, aucune allusion, même indirecte, à un événement aussi mémorable ne se retrouve dans ces chants religieux qui offrent cependant tant

Super ægros etiam
Concessit potentiam.
. . . .
. . . .

Hæc serpentem sævientem
Nec non quæque destruentem
Ligavit cum cingulo.

Juxtà flumen
Stans ut numen
Dùm dat mite
Verbum vitæ,
Infans mari mergitur.

Illum gentes
Quærunt flentes :
Cui reperto
Et extracto
Per hanc vitæ redditur.
. . . .
. . . .

Nuda pedes incedebat,
Genu centies flectebat.
Nocte, die se stringebat :
Setis equi, sic agebat.

Mortem suam hæc præscivit,
Quia Christus præmunivit.
Hanc in morte tumulavit
Cum Frontone quem amavit, etc.

d'autres réminiscences, et quelques-unes très-minutieuses, de l'histoire de la vie ou de celle du culte de Sainte Marthe. Ce qui suppose et autorise à croire qu'ils ont été composés avant que ne se fût produit ce merveilleux événement.

Nous avons déjà dit par quel entraînement fatal la

Dans cette solennité consacrée à Marthe, que toute l'assemblée des fidèles chante un hymne de louanges à Jésus-Christ!

. . . .

C'est de lui qu'elle tint le don de prêcher la loi de grâce, et, en même temps, le pouvoir de guérir les malades.

. . . .
. . . .

Un horrible serpent désole et ravage la contrée : elle l'enchaîne et le mène lié à sa ceinture.

Debout sur la rive du fleuve, elle annonce au peuple qui l'écoute comme le ministre de la Divinité la douce parole de vie. Dans ce moment un enfant est abîmé sous les flots.

On le pleure, on le cherche, et quand il est retiré du gouffre qui l'avait englouti, il reprend la vie à la voix de Marthe.

. . . .

Elle allait nu-pieds, cent fois le jour fléchissait le genou devant Dieu, et portait toujours, sans jamais le quitter, un cilice formé de la crinière d'un cheval.

Elle savait d'avance l'heure et le jour de sa mort, car le Christ l'en avait avertie. Et lui-même, après son trépas, voulut, avec Front son ami, lui rendre les honneurs de la sépulture, etc.

On peut voir un grand nombre d'autres citations également significatives dans les *Monuments inédits, ubi supra*.

plupart des églises que nous venons de nommer furent
amenées, il y a deux siècles, nonobstant l'exemple
contraire de l'Église Romaine, à effacer de leurs livres
liturgiques ces vestiges précieux de l'antique croyance.
Elle n'en resta pas moins, malgré cette éclipse partielle et momentanée, toujours gravée au cœur des
pieux Tarasconnais. Ce fut même à cette époque que
l'office de Sainte Marthe reçut la dernière forme qu'il
a conservée jusqu'à ce jour. Rien n'y a été changé depuis. Il fut imprimé à Avignon pour la première fois
en 1611, d'après la rédaction qu'en avait faite Jean
du Pré, grand Archidiacre de cette métropole, protonotaire apostolique, et doyen du Chapitre de Tarascon.
On se tromperait cependant si l'on attribuait exclusivement à cet auteur la première idée de cet ouvrage. Les
éléments en existaient avant lui, car nous les retrouvons en partie en des livres liturgiques d'une date
beaucoup plus ancienne. Son travail dut se borner à
les disposer dans l'ordre où ils sont placés et à les
adapter à la méthode et aux usages du Rit romain qui
jamais n'a cessé d'être celui de l'Église d'Avignon. Les
défauts mêmes que l'on peut reprocher à cette composition, tels que la dureté et l'incorrection du style,
révèlent une époque où le goût était loin d'être épuré
comme il le fut au XVIIe siècle. Mais ces imperfections, non plus que celles que l'on a pu remarquer
dans les anciennes liturgies des Églises étrangères à
la Provence, n'ôtent rien à la valeur de ces formules.
Si l'expression en est quelquefois défectueuse, la pensée qu'elles reflètent n'en est pas moins et toujours

dans une parfaite harmonie avec nos croyances traditionnelles. Il y a plus: cet office de Sainte Marthe, tel qu'il nous a été légué par nos pères et que nous le récitons après eux, a été soumis dans ces derniers temps à l'examen critique de l'autorité la plus haute aussi bien que la plus éclairée qui soit au monde. Après une révision minutieuse et sévère, le tribunal institué par le Souverain Pontife pour juger souverainement dans les matières de ce genre, a décidé, avec sa pleine approbation, que, sauf une modification très-légère, et qui ne touche en rien au fond des choses (1), pas un mot n'était à retrancher ou à changer à cet office. Qui ne voit le respect qui doit s'attacher à nos croyances, en présence d'un jugement émané de si haut et rendu dans une cause instruite par tant et de si longs débats? Mais, en même temps, quelle consolation pour nous, enfants de Sainte Marthe, de voir le suprême et bien-aimé Pasteur ratifier par un suffrage aussi imposant

(1) Il n'est pas inutile de faire remarquer en quoi consiste cette modification.

L'invitatoire placé en tête de l'office de Matines portait : *Imperatorem cœlorum qui Beatam Martham suscepit a qua fuerat susceptus in terris ; venite adoremus.* A ces paroles, la Congrégation des Rites a voulu que fussent substituées les suivantes : *Regem virginum dominum ; venite adoremus.* Elle n'a pas indiqué d'autre changement. Cette modification qui n'a aucune importance prouve avec quel soin cet office a été révisé, et combien plus on se serait montré sévère sur d'autres points, ceux qui touchent à la vie apostolique de Sainte Marthe, telle que nous la connaissons, pour peu que l'on y eût reconnu la trace d'une erreur ou d'une témérité.

que le sien celui qu'avaient déjà donné dans le même sens tant d'autres pontifes assis avant lui dans la chaire éternelle ; de penser que, lorsque dans le temple de de Dieu et à la face des saints autels, nous célébrons les bienfaits, les prodiges, les triomphes de notre glorieuse Patronne ; quand, à genoux au pied de son sépulcre, nous vénérons les précieux débris qui nous sont restés de sa dépouille mortelle ; quand nous de- demandons au Tout-Puissant, par son intercession, de se montrer à notre égard propice et favorable ; quelle consolation de penser et de nous dire que le successeur de Pierre, organe, comme lui, infaillible de la vérité, loin de nous démentir, applaudit au contraire à ces épanchements de la piété Provençale, et daigne les encourager par toutes les sympathies de son âme apostolique ?

Et nous ne sommes pas les seuls à rendre à la Sainte Hôtesse du Sauveur ces solennels hommages. D'autres l'honorent et l'invoquent comme nous. Mais, entre toutes les Églises où elle reçoit un culte spécial, il en est une qu'il nous faut saluer la première, et avec le sentiment de la plus affectueuse confraternité, parce que nous ne saurions oublier qu'ayant avec elle une affinité d'origine, nous lui avons été longtemps unis par les liens les plus étroits. Le même fleuve baigne nos rivages, le même soleil féconde nos champs, la même foi éclaire et vivifie nos âmes. Elle y est venue par le même canal versée avec le souffle et sous l'inspiration de la vierge de Béthanie. Notre généalogie spirituelle dérive ainsi de la même source et forme entre nous une parenté dont les vicissitudes du temps ont pu relâcher les nœuds, mais sans les briser jamais. Le peuple d'Avignon lui aussi est fier de ce glorieux souvenir. Sa Patronne est la nôtre, puisque aussi bien la Mère qui nous a engendrés à la vie de la grâce a été la sienne. Il professe pour elle un pareil dévouement, il célèbre ses fêtes avec une égale solennité (1), et répète avec nous les mêmes cantiques.

Sans sortir de la Provence, et tout auprès de la grande cité où l'ami fidèle de Jésus-Christ, Lazare, a versé pour lui son sang dans l'exercice de l'apostolat, nous rencontrons encore un quartier formé d'une agglomération considérable qui a emprunté le nom de Sainte Marthe, et s'est placé sous son patronage. On l'invoque également et on l'honore dans quelques pays du centre et du nord de la France, notamment, dans un bourg de l'arrondissement de Marmande (Lot et Garonne) qui porte son nom, et dans l'une des paroisses du canton de Conches (Eure). Nous avons pu voir déjà plusieurs églises bâties en son honneur dans la Ville Éternelle, et une basilique magnifique qui lui est dédiée dans le royaume de Bohême. L'une des îles de l'Archipel connue sous le nom de Sorlingues, ou Schilly, sur les côtes méridionales de l'Angleterre, s'appelle aussi l'île de

(1) L'office propre de Sainte Marthe approuvé par le Saint-Siége à l'usage de l'Église de Tarascon l'est également à celui de l'Église d'Avignon. Dans cette ville, comme dans l'autre, la fête de la Sainte Hôtesse de Jésus-Christ est célébrée sous le rit des plus grandes solennités. Elle est de plus la patronne spéciale du grand Hôpital.

Sainte-Marthe. Mais le nom de notre sainte Patronne a été porté bien plus au loin. Quand, à la fin du XVᵉ siècle, un navigateur (1) pieux autant que hardi eut découvert un nouveau monde dont un éclair de son génie lui avait révélé l'existence par de là l'Altantique, il voulut que sur cette terre conquise par lui à Jésus-Christ et à son serviteur le roi catholique, il y eût un pays et une ville à qui fût donné le nom de Sainte Marthe, sans doute parce que c'était le 29 juillet, jour consacré à sa fête, que ce pays était tombé sous l'empire de la Croix (2).

Et de nos jours, lorsque cet étendard sacré a été porté victorieux avec le drapeau de la France sur une terre, non pas inconnue, mais infidèle et barbare, le Dieu jaloux de l'honneur de ses Saints, reprenant possession, après un trop long exil, de cette antique portion de son héritage, a voulu associer son hôtesse d'autrefois à la gloire de cette restauration. L'Afrique redevenue chrétienne a pu espérer voir renaître les beaux jours de Saint Cyprien et de Saint Augustin ; mais elle s'est souvenue aussi de Sainte Marthe (3) et lui a élevé des autels.

(1) Christophe Colomb.
(2) Christophe Colomb donna le nom de Ste-Madeleine à une autre province de la Colombie qui le conserve encore, comme s'est conservé celui de Sainte Marthe dans la région qui reçut primitivement dans ce pays cette dénomination.
(3) Le village de Beni-Méred (canton d'Aumale), dans la province d'Alger a dédié à Sainte Marthe son église paroissiale.

CHAPITRE QUATRIÈME.

De l'église de Ste-Marthe à Tarascon. — Date de la construction de ses diverses parties. — L'église primitive ou la crypte. — Autres églises dont il ne reste pas de traces bien sensibles mais qui ont dû être construites dès les temps les plus anciens, une entre autres par Clovis Ier. — Église romane bâtie à la fin du XIIe siècle et consacrée en 1197. — Église ogivale ou moderne édifiée au commencement du XIVe siècle. — La tour du clocher et le campanile. — Divers personnages qui ont eu leur sépulture dans l'église de Sainte-Marthe.

De tous les temples érigés à l'honneur de Dieu et à celui de sa Sainte Hôtesse, aucun ne saurait intéresser le chrétien et l'artiste au même degré que celui dont elle a été elle-même comme le premier architecte, et où reposent ses restes vénérés. Cette église, qui offre, avec le tombeau primitif de Sainte Marthe, le témoignage irrécusable et toujours subsistant de l'ancienneté de nos traditions, est le premier sanctuaire élevé dans ce pays au Dieu véritable. A ce titre, elle a joui pendant très-longtemps de certaines prérogatives attachées autrefois aux églises matriculaires, entr'autres, du privilége exclusif d'administrer le sacrement du baptême (1).

(1) Voir à l'*Appendice*, § 3e *Des Établissements religieux à Tarascon*.

Il n'est pas de notre dessein de présenter ici une description technique et parfaitement exacte de ce monument. C'est une tâche qu'il faut laisser à de plus experts. Il est cependant une observation qui ne saurait nous échapper, parce qu'elle frappe l'œil le moins exercé et le plus inattentif : c'est que cet édifice vraiment remarquable au point de vue architectural, dans quelques-unes de ses parties, laisse voir entre elles des disparates s'expliquant par la diversité des époques de leur construction, et offre, par là, un précieux sujet d'études à l'archéologie chrétienne. La première pensée du pieux visiteur naturellement le conduit à la crypte, c'est-à-dire l'église primitive. On ne saurait y pénétrer sans être involontairement saisi d'un respect inspiré par la sainteté du lieu et la grandeur des souvenirs qu'il rappelle. Il a été consacré par la présence de l'Hôtesse du Sauveur, plus tard par sa sépulture. Sa noble figure semble y revivre, son ombre s'y dresser, et par la puissance de son regard, commander le recueillement à tous ceux qui s'en approchent. Qui que l'on soit, et malgré qu'on en ait, on ne peut se défendre de cette impression et ne point se sentir subjugué par la force de ce sentiment.

La crypte est à trois mètres environ au-dessous du sol. Des vestiges encore très-apparents indiquent d'une manière positive qu'avant les modifications qu'elle a subies et les divers travaux d'embellissement que l'on y a exécutés dans la suite des siècles, son niveau descendait bien plus bas ; et cette circonstance suffirait seule à dénoter l'antiquité de ce sanctuaire ; car il paraît certain, par d'autres indices non moins évidents, qu'à l'époque de sa première édification, il était sur le même plan que le sol d'alentour qui s'est progressivement et insensiblement exhaussé, sous l'action de diverses causes, principalement par les alluvions du Rhône. Mais cette antiquité est péremptoirement démontrée par une autre circonstance. On conserve dans l'église basse le tombeau primitif de Sainte Marthe. Nous n'avons pas à discuter ici la valeur archéologique de ce sarcophage. Cette discussion viendra en son lieu(1); mais il doit nous être permis de répéter l'affirmation que, dans la conviction des juges les plus éclairés, il n'est pas posible d'assigner à ce monument une date postérieure au IVe siècle. Or, cette affirmation étant tenue pour vraie, comme elle l'est incontestablement, il devient également impossible de nier que la crypte ait dû, au moins dans sa forme originaire, préexister à ce sarcophage fait évidemment pour être placé dans une église déjà existante et qui n'a pu être que la crypte elle-même.

On nous pardonnera d'exprimer ici un regret. Quand, vers le milieu du XVIIe siècle, la piété d'un saint archevêque le porta, comme nous le verrons plus tard, à décorer avec tant de magnificence le lieu de la sépulture de l'Hôtesse du Sauveur, on crut devoir, par un sentiment de respect qui se comprend très-bien, renfermer dans le sarcophage moderne le tom-

---

(1) Voir aux *Pièces justificatives* l'article consacré aux *Monuments lapidaires*.

beau primitif et y laisser les reliques de Sainte Marthe qui, jusqu'à ce moment, y avaient toujours reposé. Peut-être eût-il été préférable, au point de vue artistique, et dans l'intérêt de la conservation d'un monument si précieux de l'antiquité chrétienne, de le laisser exposé au grand jour et à tous les regards. On n'eût pas été amené à le mutiler, comme on le fit malheureusement alors, afin de pouvoir l'introduire et le renfermer dans le nouveau sépulcre. Dans ces dernières années, on en a fait tirer en fonte une copie placée au-dessus de l'orgue dans l'église supérieure. Cette copie porte elle-même l'empreinte des dégradations désormais irréparables subies par l'original. Les têtes de l'arrière plan, les seules qui soient restées intactes, disent assez, par le type si pur et si remarquable d'antiquité qu'elles présentent, ce que devaient être celles du premier plan qui ont été coupées. Il serait également désirable et d'une sage prévoyance qu'il fût pris certaines mesures afin d'empêcher dans ce sanctuaire si justement vénéré les corrosions et les ravages que l'humidité constante du sol ainsi que le défaut d'air et de jour ne peuvent manquer d'y produire.

Tel que nous le voyons aujourd'hui il ne donne qu'une idée bien imparfaite de ce qu'il a dû être primitivement. S'il ne fut pas entièrement détruit, il dut souffrir de graves dommages à l'époque des invasions Sarrasines. La voûte a été refaite et l'on aperçoit d'autres retouches se rapportant, suivant les appréciations de l'un de nos archéologues les plus distingués, M. L'abbé Pougnet, au style du XIIe siècle. L'enceinte de la crypte s'agrandit et s'allongea dans sa partie antérieure de toute l'épaisseur d'un grand arceau que l'on y jeta en 1380 pour soutenir le pilier correspondant de l'église supérieure qui avait fléchi et menaçait ruine. A quelque pas plus loin et sur le milieu, on construisit à la même époque un arceau semblable destiné à supporter un autre pilier qui avait également fléchi. Un pareil accident se manifesta dans l'année 1820. Il fallut alors établir sur le roc et au fond même de l'abside un solide massif pour étayer un autre pilier de l'église haute, celui de la chaire, dont le poids, ne rencontrant plus sur la voûte inférieure fatiguée par cette surcharge une résistance relativement suffisante, était sur le point de l'écraser. Cette réparation était donc indispensable ; mais elle eut pour conséquence nécessaire de faire perdre à l'abside de l'église basse sa grâce et sa forme primitives.

Trois chapelles latérales se voient dans la crypte : une à droite, deux à gauche, portant les unes et les autres, dans l'ensemble de leur construction, l'empreinte du XIIe siècle, mais dans les détails de leur décoration, notamment les bas-reliefs que l'on y remarque, celle d'une époque de beaucoup postérieure. Celle de droite est dédiée à Sainte Madeleine ; la première à gauche et en face, à Saint Front ; la dernière sur le même côté et la plus rapprochée de l'entrée de la crypte, à Saint Lazare. On l'appelle aussi la chapelle royale, parce que le roi Louis II, y ayant fait inhumer l'une de ses filles morte en bas âge, y avait fait graver avec son écusson qui a été effacé depuis, divers ornements de sculpture dont quelques-uns subsistent encore. Le tombeau de la jeune princesse est au fond, dans l'épaisseur du mur, et désigné par un petit cadre en pierre, au-dessus duquel se lit l'inscription suivante :

Hic Jacet nobilissima Principissa, filia Serenissimi et Illustriss. Regis Ladovici II. Domini nostri.

Nous n'avons pas à nous occuper encore du grand sarcophage moderne dont nous parlerons dans l'un des chapitres subséquents, ni à revenir sur le cénotaphe élevé au XVe siècle et dont il a été question dans celui qui précède. L'entrée de la crypte est fermée par une grille en fer donnée en 1466 par deux habitants notables de Tarascon Henri de Rusp et Philipon de Lubières. L'escalier latéral qui débouche à côté des fonts baptismaux dans l'église supérieure et la met en communication directe avec l'église basse n'a été ouvert qu'en 1660. Jusqu'alors, il n'était possible d'arriver à la crypte qu'en passant par le porche ou le péristyle établi en avant de la tour du clocher et en face de l'escalier qui descend directement au tombeau de Sainte Marthe. Cet escalier même n'est pas l'escalier primitif. Il en existait un autre auparavant établi au même lieu et dans le même sens, à une époque qu'il est impossible de déterminer. On en distingue les traces très-visibles encore sur les parois du mur, à son sommet, et sur la gauche était une petite porte depuis très-longtemps condamnée, mais dont l'encadrement se dessine d'une manière très-apparente. Cette ouverture, donnant sur le dehors et tout auprès de l'ancienne maison claustrale devait, selon toutes les vraisemblances, avoir été pratiquée à l'usage et pour la commodité des religieux attachés autrefois au service de l'église de Sainte-Marthe. Une autre ouverture fermée par un grillage existe dans la crypte, en face de la chapelle de Saint-Lazare et au-dessus d'un puits placé au même endroit. Elle laisse voir dans sa cavité quelques marches d'un escalier servant autrefois de communication avec l'église romane supérieure. Cette communication dut être abandonnée à l'époque de la construction de l'église ogivale; mais primitivement l'escalier descendait jusqu'au sol de la crypte et dans l'emplacement même occupé par la margelle du puits; ce qui démontre que son ouverture est d'une date plus récente et qu'elle n'eut lieu qu'après la suppression de l'escalier. Il est difficile, comme on le voit, après tant de révolutions et de remaniements, de se rendre un compte exact de la forme et de l'état de l'église basse à son origine. Mais ces modifications, si nombreuses qu'elles aient été, n'infirment en rien la preuve déduite des données historiques les plus certaines que cette origine remonte elle-même au premier âge du Christianisme.

A cette première période en succéda une autre pendant laquelle une, ou même plusieurs autres églises furent construites à l'honneur de la Sainte Hôtesse de Jésus-Christ et auprès de son tombeau. Les traces n'en subsistent plus, il est vrai, d'une manière bien sensible : le temps ou la main des hommes les ont effacées; mais ils n'ont pu anéantir également les documents et les autres indices qui témoignent hautement de leur existence. Ainsi, pour ne pas remonter plus haut, nous voyons en 1096 (1) un évêque d'Avignon annexer à son Chapitre cathédral l'église de *Sainte-Marthe à Tarascon*. Quelle était cette église désignée dans cet acte sous le vocable de *Sainte-Marthe à Tarascon ?* Ce ne pouvait être assurément l'église romane, puisque nous aurons bientôt la preuve qu'elle ne fut édifiée que cent ans plus tard; ni moins encore l'église moderne qui le fut seulement au XIVe siècle; ni même proprement ou exclusivement la crypte qui, bien que comprise dans cette donation, ne pouvait seule suffire, à cause de l'exiguité de son enceinte, aux besoins religieux d'une population s'élevant, nous l'avons vu, au XIIe siècle, au chiffre de 17000, après avoir atteint dès le VIIe celui de 12000 âmes.

Il est donc manifeste qu'il y avait en 1096 dans cette ville, au-dessus ou à côté de la crypte, une autre église plus spacieuse qui fut donnée aux chanoines d'Avignon, et dont il ne reste plus aujourd'hui de vestige. Mais qu'on prenne garde à cette date de 1096 : elle est postérieure, et de beaucoup, à l'expulsion des Sarrasins du sol de la Provence; ce qui donne tout lieu de croire qu'avant cette église, il en existait une autre que les barbares avaient trouvée debout, et qui subit, sans aucun doute, le sort de toutes celles qu'ils rencontrèrent sur leur chemin. Il ne se peut, en effet, qu'au VIIe siècle, celui qui précéda l'invasion Sarrasine, il n'y eût pas dans ce pays un temple

(1) *Gallia Christiana*. tom. I. p. 141 Instrum.

chrétien dont le vaisseau fût en proportion du nombre des habitants que cette ville comptait alors dans ses murs.

Il ne saurait donc y avoir ici lieu au moindre doute; mais une circonstance qu'il importe de relever, parcequ'elle touche à l'un des points essentiels de nos traditions, c'est qu'entre ces églises diverses élevées successivement en ce pays et dans cette période sous le vocable de Sainte Marthe, il en est une dont toutes les probabilités nous permettent d'attribuer la construction au roi Clovis lui-même. Et ces probabilités sont telles à nos yeux qu'elles équivalent à une certitude.

« Après son baptême, dit M. de Caumont, ce prince
« fonda plusieurs monastères et des églises dont les
« principales furent celles de Saint-Pierre et de Saint-
« Paul élevée hors des murs de Paris et commencée en
« 497; celle de l'abbaye de Saint-Père, à Chartres; celle
« de Saint-Mesmin, près d'Orléans; *beaucoup d'autres*
« *furent construites par ses ordres sur différents points*
« *du royaume* (1). »

Or, parmi ces nombreuses églises construites sur différents points par l'ordre de Clovis, doit figurer, au premier rang, celle de Sainte Marthe à Tarascon. Cette présomption ne saurait être taxée de témérité, car elle se justifie par toutes les analogies et les plus rigoureuses déductions de l'histoire.

Il est certain d'abord qu'en l'an 500 Clovis vint assié-

(1) *Histoire de l'architecture religieuse au Moyen-âge.* Paris. 1841. p. 34 et suiv.

ger dans Avignon Gondebaud roi des Bourguignons, qu'il le vainquit et le fit son tributaire. D'autre part il n'est pas moins avéré par les démonstrations de la science archéologique qu'à cette même époque, et déjà depuis longtemps, le tombeau de Sainte Marthe était célèbre à Tarascon, et que le peuple Avignonais honorait dès lors aussi cette Sainte comme sa patronne principale. Il serait donc bien étrange que Clovis, se trouvant au milieu de ce peuple, n'y eût pas ouï parler de l'hôtesse du Sauveur, de son tombeau situé dans le voisinage, de l'affluence des pèlerins qui venaient de toute part le visiter, des merveilles que l'on avait vu s'y opérer jusqu'à ce jour. Il serait plus étrange encore que ce récit ayant frappé les oreilles du premier roi chrétien, sa ferveur de néophyte ne l'eût point amené lui-même à ce sépulcre vénéré, alors surtout qu'il n'avait, pour y venir, qu'à franchir une si courte distance.

Il y vint : tous nos monuments écrits, toutes nos traditions l'attestent (1). Il y laissa d'éclatants témoignages de sa reconnaissance et de sa piété. Mais ces actes de

(1) Il est prouvé par des titres irrécusables et encore existants qu'à la même époque, le roi Clovis, accompagné du saint archevêque de Reims, vint à *Glanum*, bien plus rapproché encore de ce pays que ne l'est Avignon. C'est même à cette circonstance qu'on doit attribuer la substitution du nom de *St-Remi* à celui de *Glanum*. Il ne faut guère plus d'une heure pour franchir la distance qui sépare St-Remi de Tarascon. Comment donc Clovis, si fervent et si pieux, ne serait-il pas venu visiter le tombeau de Sainte Marthe placé si près de lui ?

libéralité si magnifiques n'en supposent-ils pas comme nécessairement un autre dont les largesses royales ne furent que le complément? N'est-il pas naturel de penser que ce religieux monarque dut vouloir laisser de sa gratitude auprès de ce tombeau un monument durable? et que s'il dota, aussi généreusement qu'il le fit, l'église de Sainte-Marthe, il en fut également le *fondateur*? C'est précisément le titre que lui donnait dans un acte public l'un de ses successeurs, le roi Louis XI, et il ne le lui déférait, disait-il, que sur la foi d'informations puisées aux sources les meilleures (1). Le clergé de France assemblé en 1655 le lui décernait également (2). Il l'appelait non-seulement le *bienfaiteur*, mais le *fondateur* de l'église de Sainte-Marthe. Un Archevêque d'Avignon, organe sur ce point de l'opinion publique de son temps, faisait en 1708 une déclaration semblable au Souverain Pontife. Il ajoutait dans le même acte, qu'en mémoire de cette fondation, la ville de Tarascon était connue dans son diocèse sous le nom de ville royale (3).

(1) Lettres patentes de Louis XI, portant érection du Chapitre de Tarascon.
(2) Assemblée du Clergé de France en 1655, 12 mai.
(3) Compte-rendu de l'état de son diocèse présenté par Mgr de Gontery, archevêque d'Avignon au Souverain Pontife en 1708.

En confirmation et à l'appui de nos conjectures sur l'édification d'une église à Tarascon, sous le vocable de Sainte-Marthe, au temps et par les ordres de Clovis, nous pouvons citer le fait suivant. Il fut découvert, il y a quelques années, dans le territoire de cette ville, et l'on conserve dans l'église de Sainte-Marthe un monolithe très-précieux dont voici la figure :

Nous arrivons, en suivant l'ordre des temps, à la troisième période, celle qui se rapporte à l'édification de l'église romane. Ici, nous avons une date précise et certaine.

C'est un autel antique, d'un mètre environ de hauteur, affectant la forme d'un trépied. Mais il a quatre appuis ou colonnes qui s'élèvent sur une plinthe inférieure en divergeant, pour soutenir une table un peu plus large que la base. Au centre des quatre colonnes, est un cinquième appui d'un plus grand diamètre, qui semblerait avoir été orné de sculptures ; mais il est, ainsi que toutes les autres parties, tellement corrodé qu'il n'est guère possible d'en déterminer la forme et la décoration primitives. Le monument n'a souffert d'ailleurs aucune fracture, et il est d'une seule pièce.

Ce monolithe, très-rare en son espèce, attira l'attention des antiquaires attachés à la rédaction de la *Statistique du Département*. Ils eurent un moment la pensée que ce monument pouvait être un autel votif romain ; mais ayant aperçu des croix de Malte aux angles de la plinthe et aux chapitaux des colonnettes, ils jugèrent que cet autel taillé, comme nous l'avons dit, était une œuvre datant de l'époque des Templiers. (*Statistique du Département*, tom. II. p. 442 et suiv.)

Plus tard ce monument ayant été étudié avec plus d'attention, il a été reconnu qu'il n'était ni un autel votif païen ni une œuvre que l'on puisse attribuer à l'époque des Templiers, mais un autel chrétien dont la forme se rapporte exactement à la période comprise entre le Ve siècle et le VIe. Telle est, entre autres, l'appréciation nettement formulée par le P. Guéruzzi, et M. l'abbé Pougnet. Or cette date entre le Ve siècle et le VIe coïncide parfaitement avec celle où nous supposons que le roi Clovis aurait ordonné l'érection à Tarascon d'une église en l'honneur de Sainte Marthe. Et alors même qu'il n'y aurait à établir aucune relation entre le fait attribué à Clovis et cet ancien autel,

Mille ducentis transactis minus ac tribus annis ;
Imbertus præsul Rostagno præsule secum,
In primâ Junii consecrat ecclesiam.

Telle est l'inscription qui se lit au-dessous d'un bas-relief incrusté dans le mur au côté droit du portail latéral où l'on voit deux évêques concourant à la cérémonie du sacre d'une église.

Elle revient à dire que le premier Juin 1187 (qui était un dimanche), Imbert d'Aiguières, Archevêque d'Arles, assisté de Rostaing de Marguerite, évêque d'Avignon, consacra l'église de Sainte-Marthe. Dédiée sous ce vocable au culte divin, elle fut placée, comme l'avait été l'église primitive, sous l'invocation de la Mère de Dieu dans le mystère de son Assomption.

Suivant une autre inscription gravée sur le mur extérieur d'une chapelle près de la petite porte d'entrée, on aurait commencé de l'édifier en 1187, sans doute à l'occasion de l'invention et du recouvrement des reliques de la Sainte Hôtesse de Jésus-Christ.

Dans l'opinion unanime des juges les plus compétens (1), et contrairement à celle de l'auteur des *Mo-*

l'existence de ce monument, et l'âge précis qu'il accuse n'en démontreraient pas moins qu'entre le Ve siècle et le VIe il y avait à Tarascon un temple chrétien.

(1) Au nombre de ces juges, nous pouvons citer M. Révoil, architecte diocésain, et M. l'abbé Pougnet, deux hommes connus et justement estimés de tous à cause de l'étendue de leurs connaissances et de la sûreté de leurs appréciations dans les matières d'archéologie. Quelle que soit la déférence que méritent en général les affirmations d'un auteur tel que M. Faillon,

numents inédits, ces deux inscriptions ne peuvent convenir qu'à l'église romane et ne sauraient, en aucune façon, être attribuées à l'église moderne dont les formes prises dans leur ensemble aussi bien que dans leurs détails révèlent manifestement une date postérieure.

Au contraire, les parties restées intactes de l'ancienne église romane présentent, non pas comme l'a dit l'auteur des *Monuments inédits*, les traits de ce *style grec barbare*, employé dans les constructions religieuses avant le XIIe siècle, mais bien plutôt les caractères les plus purs et les mieux accentués de ces belles formes architectoniques qui marquèrent la renaissance de l'art chrétien à cette époque-là même, et l'ont fait nommer celle du *Roman secondaire*, ou de transition.

Il paraît donc constant et, à nos yeux, il est démontré avec la dernière évidence, que c'est bien à cette église que doivent s'appliquer les deux inscriptions que nous venons de mentionner.

Elle n'avait qu'une seule nef, longue de trente-quatre mètres, non compris l'abside, large de huit environ et divisée en six travées.

nous devons, dans une question comme celle-ci, nous ranger de préférence à l'avis exprimé sur ce point par des hommes à qui la spécialité de leurs études permet de se prononcer avec une pleine connaissance de cause. Ici leur opinion nous semble si plausible que nous ne doutons point que l'auteur lui-même des *Monuments inédits* ne se crût obligé de l'adopter, s'il voulait seulement examiner de nouveau l'état des lieux avec un peu d'attention.

Devenue comme l'enclave de l'église actuelle dont elle forme une partie intégrante et à laquelle on a cherché à la raccorder (1), elle permet à l'œil de l'observateur de suivre sans peine le développement de ses lignes et d'embrasser ses dimensions. Les murs qui circonscrivaient son enceinte des côtés du midi et de l'ouest sont restés debout sur à peu près toute leur étendue et jusqu'à la hauteur des voussures. Celui du midi a son point de départ à la chapelle dite de Saint-Symphorien et se continue jusqu'au fond de la nef, vis-à-vis des Fonts Baptismaux. Sur sa façade occidentale, l'église romane avait une entrée qui subsiste encore, quoique modifiée et ramenée par les ornements qu'on y ajouta dans la suite aux formes et au goût du style ogival. Mais son entrée principale était celle qui sert encore à l'église moderne et qui s'ouvre sur son flanc méridional.

On sait que les architectes du moyen-âge s'étudiaient à décorer avec beaucoup de soin et quelquefois de magnificence l'entrée de la maison de Dieu. Ils voulaient,

(1) Ces raccordements sont visibles en diverses parties de l'église, mais surtout dans le fond de la nef près de la petite porte occidentale, où l'on distingue le plein cintre roman se dessinant d'une manière encore très-apparente au-dessus de l'ogive que l'on y substitua au sommet de l'arcature de quelques chapelles. Au nombre de ces chapelles, il en est une qui est éclairée par un dôme et ne tient ni au style roman ni au style ogival. C'est celle de Saint-Joseph construite au dernier siècle par la famille de Raousset-Soumabre dans le goût de la Renaissance. Sauf ces modifications, cette partie de l'église est telle encore qu'elle fut édifiée à la fin du XIIe siècle.

sans doute, frapper par l'éclat de ces images l'esprit des fidèles qui venaient la visiter, et leur inspirer plus de respect pour un lieu si saint. Le portail de Reims, ceux de l'abbatiale de Saint-Denis et de Saint-Trophime d'Arles sont connus et admirés parmi les monuments religieux de cette époque. Sans égaler entièrement l'ampleur et la richesse de leur ornementation, le portail latéral de l'église de Sainte-Marthe, avant que le vandalisme révolutionnaire ne l'eût si malheureusement dégradé, pouvait passer justement pour l'une des plus merveilleuses, et surtout des plus élégantes productions de l'art chrétien au XIIe siècle (1). Le ci-

(1) Un Tarasconnais, qui a laissé en manuscrit des notes très-étendues sur l'*Histoire de son temps et de son pays* (M. Mouren), a donné de ce portail, tel qu'on le voyait avant qu'il ne fût mutilé, une description reproduite par l'auteur des *Monuments inédits*, et que nous croyons devoir mettre sous les yeux du lecteur :

Au milieu du tympan de la voussure, on voyait Jésus-Christ assis dans un trône, et autour de lui, les quatre Évangélistes désignés par les figures symboliques des quatre animaux mystérieux. Chacun des quatre animaux était posé sur une console en saillie. Saint Mathieu, à droite, sous la figure d'un homme, tenait son évangile par un cordon, et semblait l'offrir à Jésus-Christ. A l'autre côté, un aigle, figure de Saint Jean, tenait l'évangile suspendu de la même manière à son bec ; et enfin, au-dessus des deux autres figures, on voyait les types de Saint Marc et de Saint Luc exprimés par un lion et un bœuf ailé.

Au-dessous du tympan, était un grand bas-relief représentant l'entrée triomphante de Jésus-Christ à Jérusalem. En avant des Apôtres et des autres Juifs paraissait le Sauveur monté sur une ânesse, figure de la nation juive, et suivi du poulain, type de la

sceau de l'artiste y avait écrit tout un poëme. Des scènes bibliques entremêlées d'épisodes empruntés à nos traditions en avaient fourni le sujet. Elles étaient distribuées avec beaucoup d'intelligence et de bonheur sur

gentilité. Mais une circonstance assez digne d'attention, c'est que tandis que plusieurs Juifs étaient représentés étendant des vêtements, ou jetant des rameaux sur le chemin, un autre, placé à côté du Sauveur, tenait à la main un parasol pour l'ombrager ; type que l'on ne rencontre peut-être nulle part ailleurs dans les monuments chrétiens. Il paraît être emprunté aux mœurs des Orientaux, et spécialement aux usages de la Perse.

Au côté gauche, en entrant sous la voussure, on voyait représentée la résurrection de Lazare ; et sur la face des angles saillants et rentrants de l'intérieur du portail, une suite de figures qui désignaient les juifs présents à cet événement. Au côté opposé du portail, était figurée la victoire de Sainte Marthe sur la *Tarasque*. La Sainte, plus élevée que les autres personnages, était placée dans une petite niche dont on voit encore le couronnement. Elle tenait à la main une croix double, image de celle que l'on conservait autrefois dans le trésor de l'église et que l'on croyait avoir été à l'usage de Sainte Marthe. Dans les angles saillants et rentrants de ce côté, étaient figurés les habitants de la ville, portant chacun une armure ancienne, et se dirigeant vers le monstre pour le mettre en pièces.

La voussure est surmontée d'une corniche à feuilles d'acanthe qui ceint les parties latérales de l'édifice jusqu'au mur de l'église. Elle est soutenue par diverses figures symboliques, assemblage bizarre, mais non sans intérêt pour l'histoire de l'architecture : une tête de cheval, un marmouset à figure humaine, une tête de bélier, une autre de taureau, un bélier et une chèvre, la figure d'une chatte qui porte à ses dents l'un de ses petits. Les interstices de ces figures sont remplis par des modillons qui ajoutent par leurs ornements et leur variété à la

les diverses faces du monument, de manière à former le plus harmonieux ensemble. La grande figure du Christ dominait tout ce tableau. Il n'en reste plus maintenant que les fleurons et les moulures. Toutes les figures sans exception furent impitoyablement détruites en 1793, et rasées jusqu'à fleur de pierre. Encore aujourd'hui, on a de la peine à s'expliquer à soi-même cette rage de destruction; car enfin cette composition admirable ne renfermait aucun symbole dont pût s'effaroucher le préjugé politique de ce temps; et si la pensée qui l'avait inspirée lui paraissait méprisa-

richesse de la corniche. Enfin un attique accompagné de colonnes, les unes rondes, les autres en forme de pilastres à quatre faces et surmontées de leurs chapiteaux, couronne l'édifice. L'un de ces chapiteaux offre trois têtes de chien sortant du même cou. C'est sans doute un symbole de la vigilance figurée par Cerbère.

La voussure à plein-cintre du portail est soutenue de chaque côté par cinq colonnes surmontées de chapiteaux dont quelques-unes figurent des aigles ou des hiboux. Elle forme ainsi sur le mur dans lequel elle s'encadre, une saillie très-prononcée et une sorte de *narthex* ou de parvis. C'était là sans doute que, sous l'ancienne discipline, devaient stationner ceux d'entre les fidèles qui avaient mérité que leur fût imposée, comme pénitence canonique, la privation temporaire de l'entrée de la maison de Dieu. Là encore, ceux-là même à qui l'accès n'en était point interdit, avaient coutume, avant d'y pénétrer, de se prosterner sur le seuil même du temple, d'en baiser les portes, et d'y réciter des prières. Cet usage tout à fait en harmonie avec les habitudes religieuses de ces temps anciens est attesté par tous les écrivains ecclésiastiques. (Voir à ce sujet *Baronius*, *Martyrol. Rom.* 18 novemb.)

ble, il aurait dû, ce semble, respecter au moins le talent de l'artiste qui l'avait exprimée si heureusement. Mais il était naturel et dans l'ordre des convenances, que les architectes du temple moderne, animés de tout autres sentiments, se montrassent jaloux de conserver une œuvre de ce prix, et de l'adapter, comme ils firent, sans aucune modification, malgré la différence des genres et des styles, à la construction nouvelle.

Nous entrons ici dans la quatrième et dernière période, celle qui se rapporte à l'église ogivale actuelle. Aucun renseignement positif ne nous est parvenu qui permette d'en fixer précisément la date. Mais cet édifice porte dans l'expression très-caractéristique de ses formes son acte de naissance, et les mêmes juges dont nous avons plus d'une fois déjà invoqué le témoignage ont cru pouvoir le lire avec une parfaite certitude. Ils indiquent le commencement du XIVe siècle et les premières années du séjour des Papes à Avignon.

Cette époque coïncide en effet avec l'ère de transition du système ogival primaire ou à *lancette*, qui domina pendant le XIIIe siècle, au système ogival *rayonnant* qui fut le plus généralement en usage dans le siècle suivant. Toutefois il ne faut pas perdre de vue que les progrès de l'architecture ayant été, suivant l'opinion commune, beaucoup moins rapides dans nos contrées méridionales que dans celles du nord, la construction de l'église de Sainte-Marthe, ayant commencé dès les premières années du XIVe siècle, dut conserver, en grande partie, l'empreinte des belles traditions du siècle précédent. C'est ce caractère qui distingue principalement cet édifice parmi ceux du même genre et lui a sans doute valu la faveur d'être rangé au nombre des *monuments historiques*. On admire avec raison la nef principale pour l'élégance de sa coupe et la hardiesse de ses piliers. Ses belles proportions, sa disposition simple et majestueuse lui donnent cet aspect religieux et imposant qui élève l'âme, et y réveille les saintes émotions de la foi, en lui rappelant la présence de la divinité.

Deux choses seulement sont regrettables : la première, que la voûte de l'abside et du chœur soit de beaucoup plus basse que celle de la nef; la seconde, que la nef elle-même, au lieu de se prolonger sans interruption jusqu'au fond de l'église, soit coupée en quelque sorte et masquée par la tour du clocher. On comprend combien plus imposante serait la perspective de la nef, si, d'une part on la voyait se développer de face sans aucune obstruction dans toute sa longueur, et de l'autre, si l'œil n'était point choqué par la différence très-sensible d'élévation entre la voûte du chœur et celle du reste de l'église.

La construction primitive ne comprenait que la nef principale et les deux bas côtés : celui de droite ou du midi occupant, aux trois quarts de sa longueur, l'emplacement, et appuyé sur le mur de l'ancienne église romane. Les chapelles latérales ne vinrent que plus tard, et successivement, ce qui explique la différence de leur grandeur et de leur forme (1).

(1) La partie voûtée de la sacristie construite en 1449 est due principalement aux libéralités de duc de Calabre. La chapelle du

En 1379 survint l'accident, dont nous avons parlé déjà, qui fit craindre un instant la ruine de la nouvelle église. Les deux piliers les plus rapprochés de la tour du clocher n'ayant pour fondement que la voûte même de la crypte épaisse de soixante-six centimètres environ s'affaissèrent, et l'on craignit un instant que l'édifice entier ne croulât. Le service religieux fut, dès ce moment, suspendu dans l'église de Sainte-Marthe. Le Capitaine de la ville, accompagné de Bertrand de Lubières, député par le Conseil municipal, se rendit à Avignon, afin de solliciter de la Cour du Pape des secours pour la réparation de ce désastre. La ville s'imposa, et l'on commença les travaux, l'année suivante 1380. Les deux piliers avec leurs dépendances ayant été démolis, on jeta, ainsi qu'il a été dit plus haut, dans l'église basse deux arceaux destinés à servir de base et de soutien aux piliers superposés. Le premier de ces arceaux est en effet d'une telle épaisseur que sa crête s'élève de près de 70 centimètres au-dessus du pavé de l'église supérieure.

On reprit les travaux en 1418, pour prévenir de nouveaux accidents. Le Cardinal Brognier, évêque d'Ostie et de Velletri, prieur de Sainte-Marthe donna d'abord 100 ducats, puis 3000 florins d'or. La ville s'imposa de son côté et s'épuisa tellement pour conserver cet édi-

Corpus Domini, aujourd'hui *St-Symphorien*, date de 1466, peu après la construction de celles de St-Pierre et de St-Claude. On bâtit en 1638 les deux chapelles hexagones situées aux deux extrémités des bas-côtés, et qui communiquent par un couloir derrière le chœur.

fice, qu'en 1432 elle exposait au roi que ces réparations l'avaient ruinée. On construisit alors divers arcs-boutants pour soutenir les voûtes. Un instant, on eut la pensée de démolir le chœur et de l'élever à la hauteur de la nef; mais la dépense qu'aurait nécessitée ce travail en fit abandonner l'exécution : on se borna à étayer la voûte du chœur par des contre-forts qui l'ont maintenue jusqu'à présent.

Dans ces dernières années, un accident de même nature, mais déterminé par une cause différente, obligea de prendre des mesures analogues. L'édifice n'avait eu d'abord pour couverture que des dalles. En 1740, on y avait ajouté une charpente et une toiture. Mais on eut dans le même temps l'imprudence de combler par des décombres et des ouvrages de maçonnerie les interstices existant entre les dalles et la charpente. La voûte et les murs inférieurs, longtemps fatigués par cette surcharge, avaient fini par éprouver une flexion qui devenait menaçante. Le gouvernement avisé de cette situation s'en préoccupa, et il chargea l'un de ses plus habiles ingénieurs, M. Laval, dont le talent s'était révélé déjà dans la construction des asiles impériaux, de vérifier l'état des lieux, de régler et de diriger les travaux destinés à conjurer le danger qu'il fallait prévenir.

L'éminent architecte avait encore la mission de rendre au monument sa physionomie primitive en grande partie défigurée soit par l'injure du temps, soit plus encore par des mains pieuses, sans doute, mais singulièrement maladroites. Dans l'année 1740, le Chapitre de Sainte-Marthe avait fait exécuter dans l'abside et dans le chœur des travaux qui en changèrent entièrement l'aspect, et eurent surtout le grave inconvénient, malgré le mérite incontestable de quelques-uns de leurs détails, de créer entre les diverses parties de l'édifice de grossières discordances. Il est vrai que dans le préjugé qui avait généralement prévalu dans ce temps, et qui était partagé par les meilleurs esprits, le style architectonique, si éminemment propre à exprimer la pensée chrétienne, était tombé dans un discrédit complet (1). On se plaisait à l'appeler barbare, et il n'y avait de faveur que pour celui de la *Renaissance*. Il en advint pour l'église de Sainte-Marthe ce résultat que l'on y vit un mélange bizarre du genre gothique avec celui de la Renaissance, et le singulier spectacle d'un monument dont le corps, si l'on peut dire, était resté chrétien, tandis que la tête en était devenue païenne.

Sous la direction intelligente de M. Laval ces anomalies si étranges ont disparu. L'autel (2) a repris sa

(1) On peut voir dans le discours de réception de Fénelon à l'Académie française en quels termes le grand archevêque et l'illustre écrivain appréciait le genre gothique.

(2) Non pas l'ancien autel roman ou gothique qui avait figuré dans l'abside jusqu'en 1710 et qui n'existait plus, mais celui que l'on y avait substitué à cette époque et qui était dû aux libéralités de M. de Clerc de Mollières, chanoine, trésorier du Chapitre de Sainte-Marthe. Le nom de M. de Mollières, entouré d'honneur, reparaîtra dans la suite de ce récit. L'autel dont il fit don à l'église de Sainte-Marthe en 1710 est le même que l'on voit encore.

SECONDE PARTIE. — CHAPITRE IV.

place, et le chœur, sa disposition première. Les trois fenêtres absidales, qui projettent un jour si propice au recueillement et à la prière à travers les vitraux où

Il répond par sa forme aux changements qui furent à cette époque opérés dans le chœur et le sanctuaire. Mais si riche que fût ce présent, il ne saurait compenser la perte de l'ancien autel.

Une délibération du Chapitre de Sainte-Marthe, en date du 14 juillet 1744, dont nous reproduisons ici le texte, doit singulièrement contribuer à augmenter ces regrets.

« Aujourd'hui, 14 juillet 1744, le Sieur Doyen (l'abbé de
« Bussi-Rabutin) a dit que MM. les Maire et Consuls, en exé-
« cution de la délibération du 14 juin du Conseil de la commu-
« nauté de cette ville, lui ayant proposé de faire l'inventaire
« de l'argenterie du *maître-autel* de l'église, à cause de sa
« démolition, il y aurait adhéré. A cet effet, le jour d'hier,
« lui, comme premier Marguillier de cette église, conjointe-
« ment avec les dits Sieur Maire et les Sieurs Marguilliers de
« la communauté, auraient fait procéder au dit inventaire,
« et au poids de la dite argenterie qui s'est trouvée peser deux
« cent-cinquante marcs (50,000 grammes environ); qu'ayant en-
« suite conféré avec les dits Sieurs Maire et Marguilliers sur
« l'emploi et destination de la dite argenterie, et ayant considéré
« qu'elle avait été donnée à cette église pour la décoration d'icelle
« par le Pape Clément VI et qu'elle ne pouvait plus servir à cet
« usage, soit par la vétusté des figures qui sont toutes *gothiques*,
« soit par les nouvelles formes de l'autel, ils avaient trouvé à
« propos de la faire fondre, pour le prix en provenant être em-
« ployé à de nouveaux ornements et réparations à la dite église,
« ce qui serait suivre l'esprit et l'intention des donateurs ; et
« d'autant plus que dans l'état où se trouve aujourd'hui l'église,
« il y a lieu d'y faire divers embellissements et ornements,
« même absolument nécessaires : comme entre autres la grille
« autour du nouveau sanctuaire, le récrépissement du vaisseau

une main habile a su reproduire avec une délicatesse et un art infinis les principaux traits de notre histoire

« de l'église, la séparation d'entre le baptistère de la nef, l'ou-
« verture ou agrandissement des fenêtres, au-dessus des cha-
« pelles de Notre-Dame-du-Château et de Sainte-Marthe, les
« armoires et crédences de la sacristie, l'achèvement de l'or-
« gue, ou même d'aider la communauté pour la réparation de
« la *couverture de l'église*. Sur quoi, le Sieur Doyen demande
« qu'il soit délibéré. »

Sur cet exposé il fut délibéré à l'unanimité que l'argenterie dont il vient d'être parlé serait portée à Aix, à l'hôtel des monnaies, pour y être fondue, et le prix de revient être employé aux usages ci-dessus spécifiés.

Plusieurs observations sont à faire sur cette délibération.

D'après l'exposé du Doyen du Chapitre on voit que ces ouvrages d'argenterie destinés à la décoration de l'autel avaient été donnés à l'église par le Pape Clément VI. On devait ce semble avoir alors des renseignements positifs sur leur provenance. Cependant nous lisons dans l'ancienne Vie de Sainte Marthe et on a toujours cru que ce magnifique présent avait été fait à l'église, non pas par Clément VI, mais beaucoup plus tard par Grégoire XI, le même qui reporta le Siége pontifical d'Avignon à Rome. Cette argenterie ne fut point fondue : on trouva sans doute à en faire un plus utile emploi en la vendant à la Métropole d'Avignon où elle servit, comme elle avait servi à Tarascon, à la décoration de l'autel principal.

Cette délibération nous apprend encore qu'entre autres réparations et embellissements qui se firent alors à l'église de Sainte-Marthe les travaux qui s'exécutèrent pour la *couverture de l'église*, avec le concours de la communauté, furent des plus considérables. Ce fut, sans doute, dans cette occasion que furent construites la charpente et la toiture superposées aux dalles qu'on laissa imprudemment sur les voûtes.

religieuse (1), ont été rétablies dans la forme hardie autant qu'élégante que leur avaient donnée les premiers architectes. Il n'est plus resté de traces de l'ignoble badigeon qui avait si souvent et si longtemps souillé les murs de la maison de Dieu, ni des dégradations qu'elle avait souffertes dans quelques-unes de ses parties. Toutes les précautions que dictait la prudence ont été prises pour en assurer la solidité et la préserver de nouveaux accidents. Ce travail de restauration commencé en l'année 1855 se termina en 1857. L'Etat y avait contribué pour une somme d'environ 57,000 fr.; la commune de Tarascon, pour 30,000; la Fabrique de la paroisse, pour 5,000. Le peuple Tarasconnais voulut, en cette occasion, donner un témoignage éclatant de sa dévotion pour son illustre Patronne: les offrandes du riche jointes à l'obole fournie par le pauvre avec un religieux empressement formèrent un appoint de 12,000 fr. Grâce à cette coopération les fidèles eurent la consolation de retrouver cette basilique dans l'état où l'avaient élevée plus de cinq siècles auparavant la piété et la foi de leurs pères.

Nous ne saurions abandonner ce sujet sans dire un mot du clocher qui forme l'appendice le plus remarquable de l'église de Sainte-Marthe. Il fut bâti en trois temps. On construisit d'abord la partie inférieure de la tour, celle qui forme avec le porche ou le péristyle placé en face de l'escalier descendant directement

(1) Les vitraux sont sortis des ateliers de M. Maréchal, de Metz.

à la crypte, une sorte de *Narthex* servant d'introduction à l'église basse. Cette construction, qui paraît avoir précédé de quelques années celle de l'église romane elle-même, date du XIIe siècle. Elle s'arrêta d'abord, et pendant assez longtemps, à la hauteur du porche, et ce ne fut que lorsqu'on édifia l'église ogivale que le reste de la tour y fut superposée. Pendant plus d'un siècle cette tour exista seule, à peu près, dans la forme d'une citadelle. Elle avait, à son sommet une plate-forme entourée de créneaux et de machicoulis dont les vestiges sont encore très-apparents, surtout du côté méridional.

Le campanile et la flèche vinrent plus tard. Ce fut le roi René qui autorisa en 1460 l'achèvement du clocher de l'église de Sainte-Marthe, *en l'honneur de Notre-Seigneur Jesus-Christ et de sa glorieuse Mère*. Suivant une tradition populaire, dont nous ne garantissons nullement l'exactitude, on aurait eu alors la pensée de donner plus d'élévation à la tour déjà existante, afin d'exhausser d'autant le campanile et la flèche qui devaient le couronner. Le roi s'y serait opposé et n'aurait pas voulu que la hauteur de la tour dominât ou égalât seulement celle du château où était sa demeure.

Les travaux commencés en 1460 se poursuivirent assez longtemps, puisque encore en 1470 la reprise en fut autorisée par de nouvelles *lettres royaux* expédiées par le sénéchal de Provence Jean Cossa. Suivant le prix fait le 11 septembre par les Consuls de Tarascon, cet ouvrage coûta 2050 florins. Le Prieur de Sainte-

Marthe, Louis de Poitiers, évêque de Valence et de Die, contribua à la dépense. La ville qui, dès l'année 1449, avait assigné des fonds à cet usage, donna, pour sa quote-part, le revenu de la gabelle.

Le campanile est de forme octogone et percé de fenêtres ogivales à chacune de ses faces. Tout autour règne un balcon avec une rampe en pierre et percée à jour. Des arcs-boutants surmontés de pignons sont disposés aux angles de la tour : l'un d'eux, abattu par la foudre, a été rétabli dans le cours des dernières réparations dirigées par M. Laval. Au-dessus du campanile, couronné aussi d'une rampe également à jour, s'élève la grande et belle flèche du clocher. Elle est de forme octogone et aussi remarquable par la justesse de son aplomb que par la majestueuse simplicité de sa forme (1).

(1) Quatre cloches se voient dans le campanile. La première, ayant environ 1 mètre 50 c. de diamètre, fut fondue en 1469 : elle porte, avec les sceaux du roi René et de la ville, celui de Sainte Marthe où la Sainte est représentée tenant à ses pieds la *Tarasque* enchaînée. On y lit l'inscription suivante, à peu près intraduisible : *Mente — Sancta — spontanea — Honorem — Deo — et patriæ liberatione — X.^{tus} — Rex — venit — in pace — Deus — homo — Factus est* ; et au-dessous : *Mectre Mere le boeteux me fit l'an mil* **CCCCLXIX**. La seconde, qui est le bourdon, a plus de 2 mètres de diamètre : elle fut fondue en 1713 sous le doyenné de M. de Bussi-Rabutin et le consulat de MM. de Sade, Jean Palladan, Jean Bocqui dont elle porte les noms. La troisième appelée la *Dominicaine*, parce qu'elle provient de l'ancien couvent des Dominicains, fut fondue en 1585. La quatrième enfin et la plus petite, appelée Sainte Anne, fut fondue en 1688 par Joseph Alibert.

Si prolixes qu'aient été ces détails, et si minutieux qu'ils paraissent, nous devons, en terminant ce chapitre, rappeler le souvenir de certains personnages, quelques-uns historiques, dont l'église de Sainte Marthe renferme les tombeaux.

Les premiers en date sont ceux de Rostaing et de Raymond Gantelmi qui paraissent avoir été deux frères, et appartenaient à une famille depuis longtemps éteinte et l'une des plus illustres de ce pays. Le premier mourut le 9 février 1202, et le second, dans l'année 1220. Ils furent inhumés l'un et l'autre près de la porte de l'église. Ils durent cet honneur moins encore peut-être à l'illustration de leur nom qu'aux mérites de leur vertu, et surtout à leurs pieuses libéralités. Une inscription (1) en dystiques latins, presque effacée par le temps, mais qui fut rétablie en 1819 par l'auteur même des *Monuments inédits*, fait le plus bel éloge de Raymond Gantelmi. Elle loue sa tendre dévotion pour l'hôtesse du Sauveur, l'innocence de ses mœurs, la sainteté de sa vie et la magnificence de ses dons à l'église de Sainte-Marthe. La coutume était dans

(1) Voici cette inscription traduite littéralement du latin :

« L'an de l'Incarnation de Notre-Seigneur 1220.

« Ici repose un illustre serviteur de Marthe, hôtesse du Sau-
« veur. Lui-même eût reçu Dieu dans sa maison, s'il eût vécu au
« temps de Marthe : et parce qu'il s'est signalé par son zèle
« pour Dieu et par ses libéralités, que la main de Dieu soit libé-
« rale à son égard.

« C'est Raymond Gantelmi, chaste de corps, illustre par ses
« riches offrandes et par la magnificence de ses dons. »

ce temps d'inhumer les fidèles dans l'intérieur même des églises. Mais ceux qui, à un titre quelconque, avaient bien mérité de la religion ou de la reconnaissance publique, l'étaient devant le portail, sans doute afin que, par cette distinction, le souvenir de leurs vertus ou de leurs bienfaits fût rendu plus sensible à tous ceux qui entraient dans le temple : à ce double titre, la mémoire des deux frères Gantelmi devait être chère à leurs concitoyens et leur paraître digne d'un tel hommage. Les deux inscriptions sépulcrales qui viennent d'être relatées appartenaient à l'ancienne église romane. Celles qui nous restent à signaler se rapportent à des personnages ayant vécu après la contruction de l'église moderne.

La première est celle de Sanche d'Albe de Roquemartine, sans doute l'une des parentes de Béatrix première abbesse du monastère de Saint-Honorat. Elle était elle-même d'une naissance illustre, puisqu'elle avait épousé Philippe de Saint Genet, Sénéchal de Provence. Elle mourut le 4 mars 1330 et fut inhumée d'abord dans le caveau du chœur de l'église, où sa dépouille mortelle se trouvait encore en 1713. A cette époque, elle en fut retirée pour être transférée dans la chapelle de Saint-André. Quelque chose de bien merveilleux parut dans cette première translation. Le corps de Sanche d'Albe, après plus de trois siècles d'inhumation, se montra dans un état de conservation aussi parfait que si elle était décédée de la veille. Le même phénomène apparut une seconde fois en 1792. Le 27 Juin de cette année, le corps de Sanche d'Albe fut transféré de la Chapelle de Saint-André à celle de Sainte-Cécile, à l'endroit même occupé aujourd'hui au-dessous de l'orgue par le *fac simile* du tombeau primitif de Sainte Marthe, et cette seconde translation fut marquée par le même prodige que l'on avait remarqué en 1713. Il fut constaté juridiquement par un procès-verbal (1) que chacun peut lire et qui ne laisse aucun doute sur la vérité d'un fait aussi extraordinaire. Peut-être pourrait-on en induire que Sanche d'Albe était une personne de beaucoup de vertu et d'une éminente sainteté.

Le tombeau de Guillaume Crespin, que nous rencontrons derrière un pilier situé dans la partie de l'église en deçà de l'orgue, n'arrêterait pas notre attention si le nom de ce personnage ne se liait à un fait assez mémorable dans l'histoire de ce pays.

Guillaume Crespin, décédé le 25 Juin 1440, était un gentilhomme originaire de Château-Gontier, au diocèse du Mans, et Capitaine du château de Tarascon sous Louis III et René *le bon*.

L'an 1427, et le 11 du mois de Juin, des factieux ayant résolu secrètement de livrer le château aux troupes d'Alphonse, roi d'Aragon, entrèrent dans la

(1) La vérité de ce procès-verbal dressé au Directoire de Tarascon, le 27 juin 1792, l'*an IV de la liberté*, est garantie par la signature de MM. Moublet-Gras, médecin, président du Directoire, Ravel, Chayard et Rivière, administrateurs du district, et de plus par celle de M. J.-B. Reynaud, curé de Sainte-Marthe, témoin du même fait. Dans une dernière migration, le corps de Sanche d'Albe a été transféré, il y a quelques années, dans la chapelle de Saint-Joseph, où il repose à présent.

place, en dissimulant leur dessein. Puis, saisissant brusquement Crespin qui était sans défiance, ils le renfermèrent dans une chambre étroite, et se rendirent, par cette surprise, maîtres du château. Le Viguier, informé de cette trahison accourt aussitôt, et somme les rebelles d'ouvrir les portes; mais se voyant repoussé à coups de pierre, il fait sonner le *tocsin*. La population Tarasconnaise tout entière, hommes et femmes, se lève et répond à cet appel. On se précipite sur le château, et l'assaut est si impétueux que les portes cèdent au premier choc. Dans la chaleur de l'action, on massacra impitoyablement tous les rebelles, sans faire quartier à personne, pas même à ceux qui s'étaient réfugiés dans la chapelle et tenaient embrassées les saintes images. Parmi eux étaient un prêtre et un clerc qui périrent avec les autres dans cette journée. Le roi Louis III fut sensible à cette marque de dévouement de ses fidèles Tarasconnais. Il leur en témoigna sa reconnaissance, et leur accorda diverses grâces, en dédommagement de la perte de plusieurs citoyens qui avaient sacrifié leur vie dans cette rencontre, pour le service de sa cause. A sa sollicitation, le pape Martin V releva ceux qui avaient survécu des censures par eux encourues à cause de la violation du droit d'asyle et du privilége des clercs. L'année suivante 1428, Jean Ruffi, patriarche d'Antioche, et prieur de Sainte-Marthe, vint à Tarascon au mois de mars, afin de donner, au nom du Souverain Pontife, cette absolution au Viguier ainsi qu'aux habitants. Guillaume Crespin reprit son commandement et le conserva jusqu'à sa mort.

Un autre personnage, son contemporain, fut quelques années après, et sur la demande expresse qu'il en avait faite dans son testament, inhumée dans le chœur de l'église de Sainte-Marthe, en face du grand autel. C'était Gabriel de Valori (1), décédé le 31 Juillet 1441, dans la 65e année de son âge.

(1) Le lieu de la sépulture de Gabriel de Valori eût été probablement ignoré, si l'un de ses descendants, feu M. le marquis de Valori, décédé à Château-Renard le 31 janvier 1859, n'avait composé lui-même son épitaphe gravée sur un marbre tumulaire placé depuis peu dans le chœur de l'église de Sainte-Marthe. Nous reproduisons ici cette épitaphe traduite littéralement du latin. Elle rappelle la haute origine du défunt et les grands emplois qu'il avait occupés :

« Le sénat et le peuple de Florence.
« A Dieu seul honneur et gloire.

« Sous le pavé de ce sanctuaire repose en Jésus-Christ noble
« et puissant chevalier, Gabriel Valori, qui eut la gloire d'être
« issu de l'antique race des princes de Fiésole et des ducs de
« Toscane. Il fut prince de Cosenza, baron de Château-Renard,
« châtelain et gouverneur de Tarascon, premier écuyer du roi
« et de la reine, et jadis grand-maître très-fidèle du palais de
« la reine Yolande d'Aragon, reine de Jérusalem et de Sicile.
« Élevé comme parent à la cour dès sa plus tendre jeunesse,
« il entra dans les conseils des comtes de Provence, et se dé-
« voua généreusement à la maison d'Anjou, principalement
« dans les affaires de Naples, pendant la guerre, comme pen-
« dant la paix, au milieu des fatigues et des dangers. Il mourut
« l'an du salut 1442, le dernier jour de juillet. »

Il y a une réserve à faire sur la qualification de *gouverneur* de Tarascon, donnée par l'auteur de l'épitaphe à Gabriel de Valori. Il était, comme Guillaume Crespin, gouverneur du château, mais

En retournant vers la crypte, nous rencontrons, à droite de l'escalier qui y conduit, un sarcophage construit avec une certaine magnificence. Un chevalier y est représenté armé de toutes pièces, à l'exception du casque et du gantelet; à son côté gauche, on voit une partie de son estramaçon, instrument de valeureux exploits. Du même côté, sont les débris d'une lance, allusion aux exercices chevaleresques des tournois. Ce personnage porte également sous son bras gauche la décoration de l'ordre du croissant, institué par le roi René avec la devise consacrée : *Loz en croissant.* Il a les mains jointes; sa tête repose sur un oreiller,

non point de la ville, qui n'avait alors d'autres *gouverneurs* que ses consuls.

M. l'abbé André, du diocèse d'Avignon, a publié en 1866 une notice sur la famille de Valori. Son origine, suivant cet auteur, se perdrait dans la nuit des temps, et cette opinion, appuyée du témoignage de Machiavel, ne serait pas dénuée de fondement. La maison de Valori tenait, par ses alliances, à plusieurs familles souveraines, et aurait régné elle-même en Toscane pendant plusieurs siècles. Pour en trouver le commencement, il faudrait remonter jusqu'à *Caïus Junius Rustichellus*, consul à Rome, sous Cicéron. Les maisons *Julia*, *Fabia*, *Cornelia* et *Junia*, à laquelle appartenait ce *Rustichellus*, étaient les quatre plus grandes familles patriciennes de la République.

Il est pour cette famille un titre de gloire que n'a point rapporté, sans doute par oubli, l'auteur de cette notice, mais qui égale au moins tous les autres, quoiqu'il se rapporte à une époque assez récente. Quand le roi Louis XVI fit le voyage de Varennes, un chevalier de Valori eut l'insigne et périlleux honneur d'accompagner l'infortuné monarque et de le suivre dans son retour à Paris.

et ses pieds s'appuient sur un animal, symbole de la fidélité. Le monument est entouré d'une grille en fer, ornée de fleurs de lis. Ce tombeau est celui de Jean Cossa, Comte de Troïa, Baron de Grimaud, né à Naples en 1400 et décédé à Tarascon dans l'année 1476. La communauté d'origine et la similitude de nom autorisent à penser qu'il était de la même famille que le Pape Jean XXIII (Balthazard Cossa).

Jean Cossa devint, sous le roi René, sénéchal de Provence, et parut avec beaucoup d'honneur au fameux tournoi donné à Tarascon au mois de mai 1449; mais il avait à l'estime et à l'affection de son maître des titres plus sérieux. Brave à la guerre, sage dans le Conseil, fidèle à son prince dans la bonne comme dans la mauvaise fortune, ayant même poussé l'abnégation du dévouement jusqu'à renoncer à sa patrie, pour le suivre en Provence, il devint son ministre le plus écouté, son ami le plus sûr et le plus intime. Le bon roi dut être sensible à la perte d'un si loyal serviteur. Il le fit inhumer à l'entrée de l'église basse de Sainte-Marthe, lui érigea le monument que l'on voit encore, et le décora d'une épitaphe qui est un hommage rendu aux belles qualités du Sénéchal, autant qu'un témoignage des regrets et de la reconnnaissance du Souverain. Elle est gravée sur une table de marbre blanc entourée de pilastres et d'arabesques (1).

(1) *Hic situs est Troiæ Coxa de stirpe Joannes,*
Qui comes et civis Parthenopeus erat.
Is patriam reliquit tactus fulgore Renati

Regis quem coluit semper ubique fide;
Atque Senescallum facilem Provincia sensit;
Et domuit Ligures Marte tonante viros.
Melchior hoc patri marmor posuitque Renatus.
Qui legit hæc dicat : Molliter ossa cubent.
Obiit ætatis suæ anno LXXVI
Mense VI et die VI, ac nostræ salutis
MCCCCLXXVI
V nonas octobris
O factum pie !

Ici repose Jean de la maison de Cossa, comte de Troïa, et citoyen de Naples.

Il abandonna sa patrie entraîné par la gloire de René son roi auquel partout et toujours il resta fidèle.

La Provence dont il fut le Sénéchal éprouva la douceur de son gouvernement.

Il dompta par sa valeur les rebelles de la Ligurie. René lui éleva ce tombeau de concert avec Melchior, fils de l'illustre défunt. Que celui qui lira cette épitaphe lui souhaite un repos éternel.

Il mourut la 76e année, le 6e mois et le 6e jour de son âge, et de notre salut la 1476e, le 5 des nones d'octobre.

O digne témoignage de piété!

Le passage de cette inscription, où il est dit que Cossa dompta les Liguriens, est une allusion au fait d'armes accompli à Gênes par le Sénéchal, lorsque ayant surpris, à la porte de cette ville, le traître Pierre Frégose en flagrant délit de félonie et entraînant le peuple à la révolte, il l'abattit mort à ses pieds par deux coups de son estramaçon, et par cet acte de vigueur en imposa aux rebelles. Cette place fut ainsi conservée à René.

Jean Cossa fut atteint d'une paralysie à Tarascon où il résidait alors. Comme il avait perdu le libre usage de la parole, son confesseur, Bernard de Capoue, qui connaissait ses volontés, les dictait au notaire. Le testateur manifestait son assentiment, après chaque article, par un signe de tête et par le monosyllabe *oy*. Cette forme testamentaire, qui ne serait plus valable aujourd'hui, était autorisée par la jurisprudence de ce temps.

La famille française des *Cossé* divisée en plusieurs branches, notamment celle des *Brissac*, prétend rattacher sa généalogie à celle de Jean Cossa.

CHAPITRE CINQUIÈME.

Du ministère écclésiastique attaché au service de l'église de Sainte-Marthe. — Par qui ce service a-t-il été rempli après la fondation de cette église et dans les premiers temps qui suivirent ? — Le Prieuré de Sainte-Marthe uni à la fin du XIe siècle au Chapitre cathédral d'Avignon. — Ce Prieuré desservi ensuite par les chanoines réguliers du Monastère de Saint-Michel de Frigolet. — Fondation par le roi Louis XI à la fin du XVe siècle d'un Chapitre royal et séculier dans l'église de Sainte-Marthe. — Suppression de ce Chapitre en 1790.

Comment et par qui le service divin a-t-il été célébré dans l'église de Sainte-Marthe, dès l'origine de sa fondation et dans les premiers temps qui suivirent? Question très-obscure, et par-là, bien difficile à résoudre. Selon toutes les apparences, quelques-uns de ceux qui accompagnèrent en Provence la Sainte Hôtesse du Sauveur et la suivirent à Tarascon étaient revêtus du caractère sacerdotal. Ils durent donc, quand le culte chrétien commença d'être pratiqué dans cette ville, y exercer les fonctions de leur ministère. Et puis, l'Église d'Arles n'était pas loin. Nous avons vu Saint Trophime, son fondateur, honorer de sa présence la consécration du premier temple chrétien érigé à Tarascon. On ne saurait douter que, soit pendant la vie, soit après la mort de Sainte Marthe, il n'ait, suivant que les besoins l'exigeaient, envoyé des prêtres pour soutenir et développer l'œuvre commencée par la Vierge de Béthanie. Les circonscriptions ecclésiastiques étaient, dans ces commencements, bien loin encore d'être délimitées avec autant de précision qu'elles le furent depuis. Le nom même de *diocèses* sous lequel elles sont connues à présent ne leur fut donné que beaucoup plus tard; et elles l'empruntèrent aux grandes divisions territoriales établies dans l'empire, sous le règne de Constantin.

Comment se formaient dans ces premiers temps ces agglomérations que l'on appelait des Églises ? Un évêque, ayant reçu des Apôtres sa mission, arrivait dans un pays. Autour de sa chaire se groupait un certain nombre de fidèles qui acceptaient son enseignement et se plaçaient sous sa direction religieuse. Ce petit troupeau, d'un jour à l'autre s'accroissant, formait une *Église*. Celle-ci en engendrait une autre; et de cette génération spirituelle résultait une filiation qui conférait aux uns un droit de surveillance et de patronage, et plaçait les autres dans une situation hiérarchiquement subordonnée. Au nombre de ces *Églises mères* figure au premier rang celle d'Arles. Elle exerçait notamment sur l'Église d'Avignon, à laquelle la nôtre a été longtemps unie, un droit de juridiction qui ne cessa que vers la fin du XVe siècle, lorsque le siége épiscopal de cette ville fut érigé en Archevêché (1). Nous voyons même au XIe siècle, l'Église

(1) Cette érection eut lieu, en 1475, en faveur de Julien de

d'Avignon, bien qu'elle eût dès les premiers âges du Christianisme une existence propre, gouvernée et régie, sans doute pendant une vacance du Siége, par un Archevêque d'Arles, Gibelin de Sabran (1).

Il n'y aurait donc aucune témérité à penser que soit à cause du voisinage des lieux, soit à cause du droit de suprématie spirituelle exercée sur toute cette contrée par les Archevêques d'Arles, ils durent, dans ces commencements pourvoir aux besoins spirituels de nos ancêtres devenus chrétiens (2). Les indications positives manquent ici du reste absolument. Il faut attribuer aux désastres et aux dévastations qui suivirent les invasions sarrasines la perte des documents qui auraient éclairé, sans doute, cette première et longue période de notre histoire religieuse. On signale seulement au mois de septembre de l'année 974 un acte par lequel une dame *Arautrudes* fait aux prêtres *Daniel et Agilbert* donation d'une propriété consistant

la Rovère, évêque d'Avignon, depuis pape sous le nom de Jules II.

(1) *Gallia Christiana.* tom. I. *Provinc. Avenion.*

(2) L'an 885, le 6ᵉ du règne de Lothaire, un nommé Anthaire, vicaire du comte d'Arles à Tarascon, rendit un jugement dans la cause de l'Église d'Arles qui réclamait, comme lui appartenant, un domaine situé dans l'île de Jarnègue. Il n'est pas dit sur quel titre se fondait cette réclamation; mais puisqu'elle était formulée, non point par un individu, mais par l'Église d'Arles, ne donne-t-elle pas à présumer qu'entre l'Église d'Arles et la nôtre, il y aurait eu originairement des relations d'où la première aurait fait dériver ses droits à la possession de ce domaine? (Voir la *Statistique du Département*, tome II. p. 329).

en deux *sémodiates* de vigne et situés dans le territoire de Tarascon, *in agro Rupiano* (1). Mais quelles lumières peuvent jaillir de ce document? Tout ce qui en résulte, c'est qu'en 974 il y avait à Tarascon deux prêtres nommés *Daniel* et *Agilbert*, attachés probablement au service de l'église de Sainte-Marthe.

A la fin du XIe siècle, nous trouvons quelque chose de plus précis. L'année 1096 et le 17 des Calendes d'Octobre, le Pape Urbain II donnait à Avignon une bulle par laquelle il ratifiait l'union déjà faite précédemment par Arbert, évêque de cette ville, au Chapitre de Notre-Dame-des-Doms, des églises de Sainte-Marthe à Tarascon (2).

Ainsi, dès avant l'année 1096, la ville de Tarascon faisait partie du diocèse d'Avignon, et l'évêque de cette ville avait incorporé à son Chapitre formé alors par des Chanoines réguliers de l'Ordre de Saint-Augustin de la Congrégation de Saint-Ruf, le clergé de l'église

(1) *Statistique du Département.* tom. II. p. 1163 et suiv.
(2) *Gallia Christiana.* tom. I. p. 140 et suiv. *instrum.*

Tarascon, Saint-Remi, Château-Renard et les Communes situées dans le ressort de ces trois cantons appartenaient autrefois au diocèse d'Avignon. Néanmoins les paroisses de Saint-Étienne-du-Grès et de Lansac, ainsi que la ville de Beaucaire dépendaient de l'Archevêché d'Arles. Cette démarcation a subsisté jusqu'en 1802, où s'est fait, en vertu du Concordat passé entre le pape Pie VII et le gouvernement français une nouvelle division territoriale, division modifiée elle-même par la création de nouveaux siéges épiscopaux en 1817. Mais depuis 1802, toute la partie du département des Bouches-du-Rhône qui avait précédemment appartenu au diocèse d'Avignon a été attribuée à celui d'Aix.

de Sainte-Marthe. La Congrégation de Saint-Ruf est célèbre dans les annales religieuses Avignonaises. A l'époque dont nous parlons, elle semblait avoir atteint le plus haut point de sa prospérité, puisque, seulement un demi-siècle plus tard, elle vit deux de ses membres élevés successivement sur la Chaire Pontificale, sous les noms d'Anastase IV, et d'Adrien IV.

C'était donc à des Chanoines d'Avignon, ou bien à des prêtres indigènes agrégés à ce corps capitulaire qu'était confié dans ce temps le service religieux de l'église de Sainte-Marthe. De ce nombre fut sans doute Martin de Robian dont une pierre tumulaire incrustée dans le mur du porche de l'église basse nous apprend qu'il était chanoine et qu'il mourut le 3 décembre 1226. Ces religieux menaient une vie commune et habitaient une maison claustrale contiguë à l'église et, dont quelques restes ont été conservés (1). Ils y de-

(1) L'aile gauche du bâtiment occupée aujourd'hui par MM. les vicaires est un reste de l'ancienne maison claustrale. C'est là que, sous l'ancien Chapitre, était installée la maîtrise des enfants de chœur. Toutes les autres parties de ce vaste édifice avaient été démolies à la fin du XVIIe siècle pour faire place à la construction d'une maison très-spacieuse et très-commode servant d'habitation au Doyen de Sainte-Marthe. L'ancienne maison claustrale, rebâtie sur un plan nouveau, s'appela dès lors le *Doyenné*, et la petite rue qui le séparait, par derrière, de l'abbaye des religieuses Bénédictines prit le nom qu'elle conserve encore de rue du *Doyenné*. Le Doyenné devenu propriété nationale à la suppression du Chapitre fut occupé par le Tribunal civil du troisième arrondissement judiciaire du Département qui a continué d'y tenir ses séances jusqu'à l'année 1858.

meurèrent et desservirent le Prieuré de Sainte-Marthe jusqu'au moment que nous allons dire. A une époque antérieure d'un siècle environ à celle que nous avons assignée à l'annexion de l'église de Sainte-Marthe au Chapitre Cathédral d'Avignon, s'était formé dans le voisinage de cette ville, par les soins des moines de Mont-Majour, et grâces aux libéralités de Guillaume 1er comte de Provence, un établissement destiné à prendre des accroissements considérables. Nous voulons parler du monastère de Saint-Michel de Frigolet, tenu d'abord par ses fondateurs les Religieux Bénédictins, puis, à ce qu'il paraît et bientôt après par une réunion de prêtres séculiers s'adonnant aux pratiques de la vie érémitique, ensuite par une communauté assez nombreuse de religieux formant un corps capitulaire présidé par un chef appelé Prieur. On les nommait les *religieux blancs*, à cause de la couleur de leur habit. Les vicomtes de Boulbon leur portaient une affection particulière. Ils leur avaient donné successivement sur les *Petites*

A cette époque on résolut de le transférer dans un autre local beaucoup mieux approprié aux besoins du service. A cette occasion, la ville de Tarascon acheta au Département pour le prix de 40,000 fr. les bâtiments de l'ancien Doyenné devant être rendu à sa destination première et transformé en maison presbytérale. Dans cette circonstance, l'Administration municipale donna une preuve éclatante et ajoutée à beaucoup d'autres de sa sollicitude pour les intérêts religieux de la cité. Après avoir fait, au prix que l'on vient de dire, l'acquisition de ce local, elle ne recula devant aucun sacrifice afin de l'adapter par des aménagements nouveaux aux convenances de MM. les ecclésiastiques appelés à l'habiter.

Montagnes les terrains qui entouraient leur monastère dans un rayon assez étendu ; d'autres grands personnages, tels que les comtes de Provence, les seigneurs les plus puissants de ce pays, les Archevêques d'Arles, les Évêques d'Avignon, les Abbés de Mont-Majour ne leur témoignaient pas une moindre bienveillance. De là, non-seulement les domaines qui leur avaient été concédés et qui furent en très-grande partie défrichés par leurs soins, mais les immunités, les franchises, les exemptions d'impôt et beaucoup d'autres priviléges dus à la bienfaisance de leurs protecteurs. Dès son origine, le monastère de Saint-Michel de Frigolet était placé sous la juridiction spirituelle de l'évêque d'Avignon. Mais en l'année 1316, époque de sa plus haute prospérité, il fut uni à cette Église par un lien bien plus étroit. Cette année même qui était la première de son pontificat, le Pape Jean XXII, précédemment Évêque d'Avignon, érigea dans le Chapitre Cathédral de cette ville, afin d'en rehausser le lustre, deux archidiaconés dont le premier devait à perpétuité être attribué au Prieur de Saint-Michel de Frigolet (1). Par le même acte il régla que les Chanoines réguliers de ce monastère seraient incorporés en la même qualité au Chapitre de Notre-Dame-des-Doms, sans doute comme l'avaient été en 1096 les prêtres du Prieuré de Sainte-Marthe. Le premier résultat de cette fusion

(1) Le second archidiaconé fut conféré au Prieur de Saint-Paul-du-Mausolée, à Saint-Remi, et les religieux de ce monastère affiliés, comme ceux de Saint-Michel de Frigolet, au Chapitre d'Avignon.

fut de créer entre notre Église et le monastère des *Petites Montagnes*, rattachés l'un et l'autre à un centre commun, une sorte d'affinité qui devint bientôt après plus étroite encore par l'intimité des relations qui se formèrent des deux côtés. Car les religieux de Saint-Michel, devenus, en vertu des dispositions de la bulle de Jean XXII, Chanoines du Chapitre d'Avignon, furent, à ce titre, délégués au service du Prieuré de Sainte-Marthe. Cinq d'entr'eux vinrent s'établir dans la maison claustrale de cette église et y remplir les mêmes fonctions qu'avaient exercées jusques-là d'autres Chanoines détachés du même Chapitre de Notre-Dame-des-Doms. L'un deux avait le titre de *Capiscol*, comme qui dirait chef d'école (*Caput scholæ*) ; un autre, celui de *Sacristain*; un autre, celui *d'Infirmier*; un autre enfin était chargé du soin du *vestiaire* (1).

C'est aussi à cette date de 1316 que l'on doit fixer l'inféodation du Prieuré de Sainte-Marthe à celui de Saint-Michel de Frigolet, et la réunion sur la même tête de ces deux bénéfices ainsi que de leurs annexes, sous le titre principal de Grand-Archidiacre d'Avignon. La Cour Pontificale siégeant dans cette ville et privée, surtout pendant le schisme, des subsides qu'elle percevait auparavant des provinces italiennes, devait naturellement songer à se créer des ressources pour l'entretien de ses hauts dignitaires. Dans ce but, elle disposait en leur faveur des bénéfices ecclésiastiques de la Provence dont elle avait la collation. L'un des plus

(1) Ces détails sont puisés aux registres des délibérations de l'ancien Chapitre de Sainte-Marthe.

richement dotés était, sans contredit, le grand-archidiaconé d'Avignon dont le titulaire touchait, moyennant l'acquit de certaines charges, les revenus des Prieurés réunis de Saint-Michel de Frigolet, de Sainte-Marthe, et de Saint-Thomas de Laurade, aussi voyons-nous cet office de Grand-Archidiacre occupé, dès cette époque, par des personnages éminents, par des prélats, et souvent même par des membres du Sacré-Collége (1). Quelques-uns d'entr'eux avaient fixé leur demeure à Tarascon où y avaient du moins, soit à la ville soit à la campagne, une résidence (2). Car le Prieuré de Sainte-Marthe étant l'une des annexes principales de leur titre, leur dévotion ou le désir de remplir le devoir de leur charge devait les amener souvent auprès du tombeau de la Sainte Hôtesse du Sauveur. Mais qu'ils résidassent ou non dans ce pays, ils étaient obligés d'y entretenir pour le service de l'église les cinq religieux *blancs*, détachés, comme nous l'avons dit, du monastère de Saint-Michel de Frigolet : ce régime dura jusques vers la fin du XV⁰ siècle.

Le Roi de France, Louis XI, devenu alors, par le bénéfice des dispositions testamentaires du successeur

(1) Parmi les Archidiacres d'Avignon, Prieurs de Saint-Michel de Frigolet, de Sainte-Marthe et de Saint-Thomas de Laurade, on cite les Cardinaux Brognier et d'Estouteville, Jean Ruffi, Patriarche d'Antioche, Louis de Poitiers, évêque de Valence et de Die, etc.

(2) La maison *Payan*, à l'extrémité et au coin de la rue des Halles, les *mas d'Esquirolly* et du petit *Fontanille* passent pour avoir autrefois appartenu à des Cardinaux de la Cour des Papes d'Avignon.

de René *le bon* (1), héritier du comté de Provence, voulut inaugurer par un acte mémorable la prise de possession du nouvel état qu'un coup de fortune si heureux venait de faire tomber dans le domaine de sa couronne (2). Avant même qu'il n'en fût le souverain, il avait donné des marques éclatantes de sa dévotion envers notre Sainte Patronne. L'ordre des matières amènera dans le chapitre suivant le souvenir de ces

(1) Charles III, neveu et successeur de René *le bon*, décéda à Marseille le 11 décembre 1481. N'ayant pas de postérité, il avait institué le roi de France son héritier au comté de Provence, à l'instigation de son ministre, Palamède de Forbin : mais à l'expresse condition que ce pays, même alors qu'il serait réuni à la couronne de France, conserverait ses institutions, ses franchises et ses priviléges. En souvenir de la part prise par l'un de ses membres à la réunion de la Provence à la France, la maison de Forbin joignit alors à ses armes la devise connue : *J'ai fait comte le roi, et le comte m'a fait roi*, allusion à la vice-royauté ou au gouvernement de la Province déféré à Palamède.

(2) Le jugement de l'histoire a été sévère à l'égard de ce prince. Elle lui a reproché ses cruautés, les travers de son caractère, les bizarreries de sa dévotion : mais il faut, pour être juste, convenir que si elle fut quelquefois superstitieuse, elle était sincère, au moins, et jamais ne fut entachée d'hypocrisie ; et se souvenir encore que s'il eut des défauts ou même des vices, il eut le mérite de contribuer, autant et plus qu'un grand nombre de ceux qui l'avaient précédé ou qui l'ont suivi sur le trône, à la *formation de la carte de France*. Sous son règne, et par le succès de sa politique, ce beau royaume s'est arrondi de ses plus riches provinces, la Bourgogne, l'Anjou, le Maine, la Provence.

témoignages de sa piété. Nous n'avons à parler maintenant que de la nouvelle organisation qui fut donnée par lui, avec le concours et l'acquiescement du Pape Sixte IV, au service religieux de l'église de Sainte-Marthe.

Ce prince « considérant les très-grands biens et sin-
« gulières grâces que Dieu notre créateur lui avait
« faits, tant en sa personne qu'en celle de sa très-chère
« et très-aimée compagne, la reine, son très-cher et
« très-aimé fils, Charles, Dauphin de Viennois, et la
« protection, garde et défense de son royaume obte-
« nus par l'intercession et prières de la très-benoîte
« et glorieuse Vierge Marie, des benoîts Saints et Sain-
« tes du paradis, et mêmement de la glorieuse dame
« Madame Sainte-Marthe, à laquelle il avait eu jus-
« ques-là et aurait, tant qu'il plairait à Dieu le con-
« server en ce monde, très singulier amour, dévotion
« et confiance, de laquelle Dame le benoît corps
« repose en son église fondée en son nom au lieu et
« ville de Tarascon au comté de Provence.....

« Considérant que la dite église avait été fondée par
« ses prédécesseurs qui lui avaient, en leurs temps,
« donné et aumôné de leurs biens, domaines et sei-
« gneries..... qu'ainsi qu'il avait pu le savoir par de
« vrais renseignements, feu de bonne mémoire le Roi
« Clovis, son prédécesseur avait été principal fonda-
« teur d'icelle..... qu'il avait voulu et ordonné que
« le lieu et terre de Sainte-Marthe fussent francs,
« quittes, exempts et immunes à jamais de toutes char-
« ges, subsides et choses quelconques et avec ce, y

« avait donné et délaissé de ses biens, laquelle chose
« n'avait été depuis du tout entretenue ni accomplie.

« Par ces motifs et d'autres encore, le roi Louis XI
« avait voulu, ordonné, délibéré et conclu, afin d'ac-
« croître, décorer et augmenter le dit lieu et église
« de Sainte-Marthe à Tarascon, ériger en icelle un
« corps ou collége de gens d'église séculiers pour y
« faire dire et célébrer dorénavant, perpétuellement
« et à toujours, certain grand, notable et solennel ser-
« vice et autres biens et œuvres méritoires, salutaires,
« et à Dieu plaisantes et agréables, ainsi que l'on faisait
« aux notables églises collégiales du royaume (1). »

Aux termes de cet acte donné à Lyon et portant la date du mois de mai 1482, le personnel du nouveau Chapitre collégial devait se composer de quinze Chanoines-prébendés, d'un nombre égal de bénéficiers ou vicaires, de six enfants de chœur, d'un maître de grammaire et de musique, de deux clercs pour servir à l'église, de deux bastonniers ou francs-sergents.

Au nombre des quinze Chanoines, cinq étaient dignitaires, savoir : le Doyen, chef du Chapitre, le Trésorier, le Chantre, le Sous-Doyen et le Sous-Chantre.

Le Doyen succédait aux droits, honneurs, et prérogatives attribués par la bulle de Jean XXII au Grand-Archidiacre d'Avignon. Conséquemment il joignait à cette qualité celle de Prieur de St-Michel-de-Frigolet, de Ste-Marthe de Tarascon et de St-Thomas de Laurade. Mais le titre qui devait désormais primer et embras-

(1) Extrait des Lettres patentes de Louis XI.

ser indivisiblement tous les autres était celui de Doyen du Chapitre de Sainte-Marthe. Il devait être transmis également sans partage et sans division à tous ses successeurs. Aussi ce bénéfice était-il l'un des plus riches du royaume et un échelon menant très-souvent à l'épiscopat (1). Le roi s'en réservait la nomina-

(1) Nous croyons devoir donner ici, dans l'ordre de leur succession, la liste des Doyens du Chapitre de Sainte-Marthe.

Le premier fut le Sieur Simon Guiétoir, institué par les Lettres patentes de Louis XI portant érection du Chapitre, et qui était lui-même en ce moment Grand-Archidiacre d'Avignon, Prieur de Sainte-Marthe, de Saint-Michel de Frigolet et de Saint-Thomas de Laurade. Les mêmes Lettres patentes pourvoyaient à la nomination des autres chanoines et des bénéficiers : au nombre des Chanoines institués, figuraient les cinq religieux *blancs*, alors attachés au service de l'église, et qui furent sécularisés par le Pape Sixte IV et incorporés au nouveau Chapitre.

Après Simon Guiétoir, nous trouvons en 1497 le cardinal Brissonnet, successivement évêque de Nîmes, de Saint-Malo, de Reims, de Narbonne et de Préneste ; il eut en 1514 pour successeur au doyenné de Sainte-Marthe Denys Brissonnet, l'un des fils qu'il avait eus avant d'entrer dans les ordres, et qui devint, comme son père, évêque de Saint-Malo ; en 1540, Gilles Boyer ou Bohier, depuis évêque d'Agde ; en 1570, Antoine Subject, surnommée *Cardot*, né dans une condition obscure à Château-Renard, depuis évêque de Montpellier.

Après lui, mais sans date précise, Nicolas Roulier ; François N. qui n'est connu que par l'initiale de son nom ; en 1593, Jean Dujardin ; en 1603 Jean du Pré ; en 1632, ou à peu près à cette époque, Henri de Robin de Graveson ; après lui et vers l'an 1652, Jean de Forbin de Lagoy ; en 1664, Louis de Forbin d'Oppède, depuis évêque de Toulon et archevêque d'Aix ; en 1669, Jean de Vintimille du Luc, depuis évêque de Toulon ; après M. de Vinti-

tion, ainsi que celle des autres canonicats, à l'exception de cinq dont le Doyen avait la collation, en sa qualité de Prieur de St-Michel-de-Frigolet, et auxquels

mille, Rostaing de Bertet, auteur d'une Vie de Sainte-Marthe; en 1709, Michel-Celse Roger de Bussi-Rabutin, depuis évêque de Luçon; en 1724, François de Salignac de la Motte-Fénelon; en 1754, Charles-Pierre-Guillaume de Montpézat; après lui, Charles-Henri de Moreton de Chabrillan qui fut le dernier Doyen et mourut à Beaucaire en 1843.

Dans cette nomenclature, on peut remarquer quelques noms qui n'ont pas été sans illustration. Ce fut le Doyen Boyer qui fit édifier au pied des *Petites Montagnes* la maison de plaisance de Frigolet et créa autour de cette résidence tous les embellissements qui pouvaient en rendre le séjour agréable. La grande muraille qui l'entourait fut construite beaucoup plus tard, sous le Doyenné de M. de Bussi-Rabutin, parent de Sainte Chantal et neveu de Mme de Sévigné. Les bâtiments du Doyenné, tels qu'on les voit encore à Tarascon, sauf les modifications intérieures que l'on y a introduites plus tard, datent du temps de Rostaing de Bertet qui les fit élever au lieu et place de l'ancienne maison claustrale. Mais le nom qui rappelle les plus touchants souvenirs est incontestablement celui de M. de Fénelon. Il y avait dans son âme un reflet héréditaire des vertus du grand Archevêque de Cambrai; et on en cite des traits admirables. Il lui était arrivé dans une discussion de blesser par des paroles un peu vives les susceptibilités de l'un des chanoines ses collègues, et de ce froissement d'amour-propre était résulté une certaine altération dans les relations du Doyen avec le Chanoine qui se croyait offensé. L'abbé de Fénelon, souffrant plus que personne de cette brouillerie et du dommage qu'elle pouvait causer à l'édification publique, convoqua, quelques jours après qu'elle eut éclaté, une assemblée extraordinaire du Chapitre. Il voulut même donner à cette réunion une publicité que n'a-

il devait pourvoir, en représentation des cinq religieux *blancs* détachés jusqu'à ce moment de ce monastère pour le service de l'église de Ste-Marthe.

vaient pas de coutume les assemblées capitulaires. Quand la séance fut ouverte, le Doyen prit la parole en présence d'un assez grand nombre de témoins, et s'adressant à son confrère il le supplia dans le plus pathétique langage de lui pardonner les torts qu'il avait eus vis-à-vis de lui. Exemple tout à fait analogue à celui que l'Archevêque de Cambrai, dans une circonstance différente, avait donné dans la chaire de sa métropole. Temps heureux, où l'autorité ecclésiastique, même alors qu'elle était représentée par les plus beaux noms, n'avait pas à craindre de s'avilir par de telles condescendances !

L'abbé de Fénelon avait au cœur, avec la douce piété de son oncle, toute la fermeté de sa foi et de son respect pour les jugements de l'Église. On sait les luttes qu'avait eu à soutenir l'Archevêque de Cambrai contre les novateurs du XVIIe siècle et du XVIIIe, dans les longues et malheureuses querelles du Jansénisme. Après la condamnation par le Pape Clément XI du livre de Quesnel, l'abbé de Fénelon assembla le Chapitre de Tarascon et le décida à souscrire sans restriction et sans réserve à cette décision. Cette délibération prise à l'unanimité fut suivie le lendemain d'un incident assez curieux. Trois des signataires de la déclaration de la veille se présentaient devant leurs collègues, et sans rétracter précisément l'adhésion donnée par eux à la condamnation du livre de Quesnel, ils demandèrent qu'on effaçât du texte de la déclaration qu'ils avaient souscrite les mots *purement et simplement* que contenait la première rédaction. Les autres Chanoines et, à leur tête l'abbé de Fénelon, s'opposèrent à cette altération du texte primitif qui fut maintenu dans son intégrité. On se borna à donner aux réclamants acte de leur demande, mais avec la mention expresse qu'on était loin de l'approuver.

Les Lettres patentes de Louis XI désignaient nominativement les titulaires des quinze bénéfices créés pour le service de l'église ; mais il y était stipulé que dans la suite cette nomination serait faite par le Chapitre lui-même par voix d'élection et à la pluralité des suffrages. Avant d'être installés dans leur charge, les Chanoines et les Bénéficiers devaient faire, dans la forme canonique, leur profession de foi, prêter le serment de s'acquitter fidèlement des devoirs attachés à leurs fonctions respectives et s'engager à observer exactement les règlements capitulaires. Ils avaient également, en prenant possession de leurs offices, à verser, à titre de droit *de chape*, une somme proportionnée à l'importance de leurs emplois. Ce droit était de 400 livres pour le Doyen ; de 100, pour les Chanoines et de 40, pour les Bénéficiers. Ces sommes entraient dans un fonds commun appelé la *Mense Capitulaire*.

Les Chanoines de Ste-Marthe assimilés à ceux de la Sainte Chapelle de Paris devaient porter le même costume ; et le Chapitre, sauf quelques restrictions relatives au service paroissial (1) et au soin des âmes, était

On remarque qu'entre les divers Doyens qui se sont succédé, l'abbé de Fénelon fut l'un des plus fidèles à la loi de la résidence. Quand on construisit en 1740 l'église actuelle de Saint-Jacques, il contribua pour 4000 livres aux frais de cette construction.

(1) Le service paroissial dans l'église de Sainte-Marthe entièrement distinct de celui du Chapitre, était placé sous la dépendance directe du Doyen. Celui-ci, en sa qualité de Prieur, était le curé primitif, mais il déléguait pour remplir, à sa place, les fonctions curiales, un ecclésiastique assisté, suivant les besoins, d'un ou de plusieurs *secondaires* chargés de l'adminis-

exempt de toute autre juridiction que de celle de N. S. P. le Pape.

Après quelques règlements pour sa discipline intérieure et la fixation des services religieux qu'il avait à célébrer, se lisent dans les mêmes Lettres patentes les dispositions arrêtées pour assurer sa dotation. Telle qu'elle était dans les intentions exprimées du fondateur, elle devait être magnifique et se rapprocher beaucoup de celle dont Clovis 1er avait autrefois voulu enrichir cette église. Mais ces dispositions fiscales restèrent toujours une lettre morte, car les nécessités de l'État ne permirent jamais l'entière exécution de cette partie de la fondation royale. Une subvention pécuniaire tirée du trésor public était donnée chaque année en compensation ; mais elle était loin d'équivaloir aux libéralités promises. A côté de la position du Doyen si brillante et depuis très-longtemps fixée par

tration des sacrements et du soin des âmes. En la même qualité, il en déléguait d'autres pareillement dans la paroisse de Saint-Jacques et dans celle de Saint-Thomas de Laurade. Ces ecclésiastiques, qui n'appartenaient point au corps capitulaire, avaient les attributions de *vicaires perpétuels* ou de *curés* : ils en prenaient même le titre ; mais ils n'étaient réellement que les substituts du Doyen qui les nommait et les avait à ses gages.

Au nombre de ces ecclésiastiques qualifiés de curés de Sainte-Marthe, on en distingue un qui fut l'auteur d'un livre ascétique très-apprécié et qui a été réimprimé souvent sous le titre de *Manuale Christianorum : Manuel du Chrétien.* C'était M. Aubry (Noël Véran), d'abord *secondaire*, puis curé de la paroisse de Sainte-Marthe. Il en avait exercé les fonctions depuis 1751 jusqu'à l'année 1755 qui fut celle de sa mort.

le cumul des bénéfices attachés au grand Archidiaconé d'Avignon, celle des autres Chanoines ses collègues était relativement chétive (1).

(1) Nous avons sous les yeux l'état complet et détaillé des revenus *propres* de l'ancien Chapitre de Sainte-Marthe, comme il les percevait en 1790, époque de sa suppression. Ils s'élevaient en totalité au chiffre net de 8401 livres : somme bien modique pour être partagée entre plus de trente parties prenantes. Le dividende afférent à chacun des quinze Chanoines était de 416 livres et celui qui revenait à chaque Bénéficier variait entre 227 et 162 livres. Cette somme de 8401 livres se décomposait de la manière suivante :

    1765 livres 8 sols provenaient des biens immeubles possédés par le Chapitre.

    2400 livres étaient versés annuellement, comme subvention, par le trésor royal.

    2000 livres l'étaient par le Doyen tous les ans sur les revenus du Doyenné.

Le surplus était fourni par une multitude de très-petits capitaux provenant de fondations pieuses, et servis, les uns par diverses communautés, les autres, par des particuliers. Les Chanoines aussi bien que les Bénéficiers avaient la chance de se créer un supplément de ressources par l'obtention d'une où même de plusieurs Chapellenies établies en très-grand nombre à Tarascon. Ces Chapellenies étaient aussi des fondations pieuses auxquelles était attaché un revenu le plus souvent territorial, moyennant l'acquit de certaines charges déterminées par les fondateurs. La plus avantageusement dotée était celle de l'*aube*, ainsi nommée parce que celui qui en était le titulaire devait célébrer ou faire célébrer une messe chaque jour, à l'heure de l'*aube*: il jouissait du revenu d'un peu plus de 13 hectares de terres. Ces Chapellenies étaient à la disposition des héritiers des fondateurs ou de leurs ayants droit qui s'appelaient les *Jus-*

Cette compagnie ne s'en montra pas moins, tout le temps qu'elle vécut, fidèle à la pensée de son institution. Son existence de trois siècles est sans contredit la période la plus brillante dans l'histoire du culte de Sainte Marthe. Formant autour de sa tombe comme une garde d'honneur, elle se recrutait ordinairement parmi les notabilités du pays ou de la province.

patrons. Mais les titulaires ou les *recteurs*, comme on les nommait, ne pouvaient en prendre possession qu'après la vérification faite par le Chapitre de leurs titres et de leur condition d'aptitude.

Les revenus du Doyenné étaient très-considérables et ne s'élevaient à guères moins de 30,000 livres de rentes. Le domaine seul de Frigolet contenait 310 salmées, c'est-à-dire plus de 217 hectares de terres. Le Doyen possédait en outre d'autres immeubles dans le territoire de la ville de Tarascon où il exerçait également et partout les droits de décimateur. Mais il avait aussi des charges à supporter : l'acquit des fondations faites à Saint-Michel de Frigolet ; l'entretien de ce monastère ; celui du service paroissial, à Sainte-Marthe, à Saint-Jacques, à Laurade ; la pension annuelle de 2000 livres à la Mense Capitulaire, etc.

Du reste les biens du Doyenné, ceux du Chapitre, des Chapellenies et des communautés religieuses de Tarascon, formant ensemble une masse très-considérable d'immeubles ayant été déclarés par l'Assemblée Constituante *propriété nationale*, furent, comme on sait, vendus en 1791 aux enchères publiques et détournés ainsi de la destination que leur avait affectée les fondateurs. Le prix total des adjudications, inférieur à la valeur réelle des biens vendus, s'éleva à près de 1,500,000 livres ; encore est-il à observer que les immeubles saisis ne furent pas tous vendus.

Successivement nous y voyons figurer les noms les plus honorables : les Raousset, les de Sade, les Pomérol, les Mollières, les Provençal, les Léautaud etc. Les familles les plus distinguées et les plus anciennes y avaient presque toujours des représentants. Mais elle s'attachait aussi à relever sa dignité par un autre relief que celui de la naissance et du sang. Plus les immunités que lui avaient concédées ses fondateurs lui donnaient d'indépendance, plus elle sentait le besoin de veiller à ce qu'aucun de ses membres ne faillît à la sainteté du mandat qui lui était confié. Outre ses assemblées extraordinaires convoquées suivant l'occurrence des cas, elle avait des réunions périodiques consacrées principalement à la nomination de certains officiers choisis dans son sein et dont quelques-uns étaient spécialement chargés de rédiger des règlements disciplinaires et d'en assurer la fidèle exécution (1).

(1) Le 22 décembre de chaque année il était procédé en assemblée capitulaire, sous la présidence du Doyen, à la nomination des officiers du Chapitre, savoir : le syndic à qui étaient confiés la gestion des affaires et le soin des intérêts temporels du Chapitre, les auditeurs de comptes, le pointeur chargé de signaler les absences aux offices publics, le secrétaire, le directeur de l'hospice et maison de charité, et, avant tous les autres, l'official. La mission de celui-ci était de veiller à l'observation des règlements capitulaires touchant la discipline ecclésiastique ; d'en provoquer de nouveaux, quand le besoin s'en faisait sentir ; de requérir, s'il y avait lieu, contre les délinquants, des peines canoniques et la privation, à titre d'amende, d'une portion de leur revenu; quelquefois même, suivant la qualité du

Les monuments qui nous en sont restés témoignent encore du zèle que montra constamment cette compagnie pour entourer le service divin, non-seulement de la décence, mais de toute la pompe qui conviennent à sa célébration. L'art musical, qui contribue si puissamment, quand il s'inspire d'une pensée religieuse, à relever l'éclat des cérémonies sacrées, était cultivé avec beaucoup de soin parmi les jeunes enfants appelés à prêter aux chants ecclésiastiques le concours de leurs voix innocentes. Formés à cette école, quelques-uns d'entr'eux méritèrent plus tard par leurs talents et par leurs succès un certain renom parmi les musiciens célèbres (1).

délit, la révocation de leur titre. La juridiction exercée au nom du Chapitre et en vertu de son privilége d'exemption par son official ne s'étendait que sur ses membres et ses suppôts. Les personnes et les lieux qui ne lui appartenaient point étaient soumis à la juridiction de l'Archevêque d'Avignon représenté par un autre official résidant dans ce pays et que l'on appelait l'*official forain*. Mais comme il n'y avait ici aucune incompatibilité, l'Archevêque déléguait le plus souvent pour l'exercice de son autorité juridictionnelle un ecclésiastique choisi par lui au sein même du Chapitre.

(1) Au nombre de ces musiciens on compte Gilles (Jean) célèbre compositeur, né à Tarascon en 1669, mort en 1705 à Toulouse où il était maître de chapelle à l'église de Saint-Étienne; Tardieu, maître de chapelle à Sainte-Marthe ; Comte (Léon) et Latty ses élèves, le dernier habile haute-contre et mort Doyen du Chapitre de Haguenau; Boyer (Pascal), maître de chapelle à la cathédrale de Nîmes, élève de Comte, et compositeur renommé; Valentin (Henri), première haute-contre de la chapelle du roi. Le plus célèbre de tous fut Gauzargues (Charles), né à

L'ancien Chapitre de Sainte-Marthe s'est acquis d'autres titres au souvenir reconnaissant de la postérité. Ils sont trop légitimes et se rattachent à des actes trop mémorables pour qu'il nous soit permis de les laisser passer inaperçus.

C'est d'abord à son initiative et à la généreuse coopération de l'un de ses membres qu'est due la création de cet établisement de bienfaisance le plus remarquable qui se voie dans ce pays et dans ses alentours, c'est-à-dire de l'hospice de la Charité. Afin d'en expliquer l'origine, il est nécessaire d'entrer dans quelques détails et de rappeler que le service de l'assistance publique était, depuis une époque fort ancienne, confié dans cette ville à une commission très-nombreuse dont les membres étaient connus sous le nom de *Charitadier*: quelques-uns étaient électifs, d'autres permanents ou membres-nés. A cette catégorie appartenaient les Consuls, le Viguier, le Juge royal et un certain nombre de conseillers municipaux. Le clergé était représenté également dans cette commission. Il y avait

---

Tarascon en 1723, mort à Paris dans les premières années de ce siècle. Aux talents d'un artiste et d'un compositeur de premier ordre, il joignit les mérites plus solides encore d'un saint ecclésiastique. D'abord maître de chapelle, puis chanoine de la cathédrale de Nîmes, il vint à Paris où bientôt apprécié il devint maître de la chapelle du roi, fut pourvu de l'abbaye de Noblac et surpris au milieu de ses succès par la Révolution. Il y survécut après en avoir beaucoup souffert. Son œuvre musicale exclusivement religieuse était d'une si grande valeur qu'on lui en aurait offert une somme suffisante pour lui assurer une brillante fortune.

même une place distinguée, car c'était au Doyen de Sainte-Marthe qu'en appartenait la présidence. Elle lui était déférée non-seulement à cause de l'éminence de son rang et de l'éclat de sa position, mais sans doute aussi par cette considération que la part contributive fournie (1) par lui aux soulagements de l'indigence semblait lui mériter l'honneur de cette prérogative. A côté de lui siégeaient, en vertu de leurs titres, dans ce conseil de charité, l'Official et un autre membre du Chapitre. Déjà depuis longtemps la commission des *Charitadiers*, frappée des graves inconvénients qu'il y avait à laisser l'indigence livrée sans discipline ni aucune surveillance aux hazards d'un vie vagabonde et aventureuse, avait songé à réunir les pauvres dans un asyle commun où ils recevraient, sous la direction religieuse et intelligente du Conseil de l'assistance publique, les soins de toute nature que réclamait le malheur de leur condition. Une pensée si chrétienne devait naturellement germer dans un pays dont la Patronne avait, par ses glorieux exemples, élevé si haut le prix et le mérite de l'hospitalité. Dès l'année 1665, elle avait reçu un commencement d'exécution ; car à cette époque on avait fait le choix et l'acquisition d'un local affecté à cette pieuse destination (2). Toutefois ce dessein contrarié par des

(1) Le Doyen du Chapitre devait, chaque année, fournir à la Confrérie des *Charitadiers*, pour la nourriture des pauvres, une quantité de 35 salmées de blé prélevée sur les produits des terres de son bénéfice.

(2) En 1665 la Confrérie des *Charitadiers* avait acheté de

obstacles imprévus n'eut pas de suite immédiate : il fallut attendre pour le réaliser une heure plus propice. Elle arriva enfin en 1691. Le 23 janvier de cette année fut acquis de M. Raoulx de Soumabre, au prix de 1500 livres, un terrain d'à peu près une hectare près des bords du Rhône et dans un site agréable et salubre : c'est sur cet emplacement que l'on se proposait d'élever la demeure des pauvres. Les plans en furent dressés par le sieur Péru, architecte de la ville d'Avignon, mais en des proportions si vastes et dans une si belle ordonnance que le nouvel édifice devait, par son caractère monumental, devenir l'un des principaux ornements de cette cité. Aussi une difficulté se présenta tout d'abord ; celle des moyens d'exécution, et jamais on ne serait parvenu à la surmonter, si la Providence n'eût suscité au sein du Chapitre de Sainte-Marthe un homme qui fut son instrument pour cette merveilleuse création.

Ici vient se placer le nom de M. l'abbé de Molliè-

nobles Charles et Antoine de Ravoulx *le jeu de Paume* et trois capitaux établis sur trois maisons adjacentes pour établir dans ce local l'hospice de la Charité. Le Conseil général de la ville, par délibération du 21 décembre de l'année précédente, avait approuvé cet établissement et décidé en même temps que l'état des finances de la communauté ne lui permettant point de contribuer à cette fondation ni de l'aider à se soutenir, le Doyen du Chapitre serait prié de transférer au profit du nouvel établissement la prestation en nature qu'il devait fournir en vertu des conventions précédentes de 35 salmées de blé. Cette quantité équivalait à près de 70 hectolitres de notre mesure actuelle.

SECONDE PARTIE. — CHAPITRE V.

res (1), nom à jamais béni, et digne de vivre éternellement dans la mémoire de ses concitoyens. La noble figure de ce vénérable ecclésiastique, son caractère

(1) Joseph de Clerc de Mollières né à Tarascon au commencement de 1646 d'une famille noble de cette ville y mourut le 4 janvier 1736. Sa naissance et plus encore ses vertus l'avaient élevé à la seconde dignité du Chapitre de Sainte-Marthe, celle de chanoine-trésorier. L'Archevêque d'Avignon l'avait aussi, en considération de son mérite, désigné pour son Official forain. Dès l'année 1676, de concert avec son père, il avait fait don d'une partie de sa maison, celle qui appartient aujourd'hui à MM. de Raousset, pour y établir le premier siége du Mont-de-Piété dans cette ville. Mais son œuvre de prédilection fut, sans contredit, l'édification de l'hospice de la charité. Après avoir contribué à sa construction de son vivant, il institua pour ses héritiers les pauvres de cette maison, et il voulut que l'on employât à son achèvement les restes de sa fortune. Il peut donc, à très-bon droit, en être considéré comme le fondateur. Ces souvenirs étaient presque effacés lorsqu'en l'année 1860 la commission administrative des hospices délibéra, sur la proposition de son président, M. Ad. Drujon, Maire de la ville, qu'une statue serait érigée à M. de Mollières sur la façade principale de l'hospice de la charité. Elle y fut inaugurée avec beaucoup de pompe le 21 mai de l'année suivante. En même temps l'Administration Municipale, jalouse de réparer un injuste et trop long oubli, fit inscrire sous le nom de Mollières la rue où est située la maison donnée autrefois en Mont-de-Piété par ce vertueux ecclésiastique : hommage d'autant plus légitime qu'il était plus tardif, et qui honore le magistrat qui en a eu la première pensée, autant que la mémoire du personnage à laquelle il a été rendu. L'autre partie de la maison de M. de Mollières, celle qu'il habitait et où il mourut, rue de la Visclède, échut, par un legs particulier, à l'un de ses neveux, M. de Florens,

connu et, plus que tout le reste, ses œuvres de bienfaisance reflètent d'une manière bien sensible le type magistral de cette portion de l'ancien clergé français qui avait mérité, par la douce gravité de ses mœurs, l'éclat de ses vertus, la distinction de ses habitudes et de ses manières, souvent par la solidité et l'étendue de son savoir, d'être tenu pour le premier clergé du monde. Sous l'inspiration d'un sentiment magnanime, l'abbé de Mollières contracta l'engagement de subvenir par ses facultés personnelles à la dépense de la construction projetée ; en conséquence, et le 3 septembre de cette même année 1691, dans une séance présidée par M. Rostaing de Bertet, Doyen de Sainte-Marthe, fut passée avec divers entrepreneurs une convention réglant les conditions des travaux à exécuter en conformité des plans dressés par l'architecte de la ville d'Avignon. Commencés aussitôt, ils furent poursuivis avec assez d'activité pour que le nouveau bâtiment fût en état, au bout de quelques années, de recevoir ses hôtes. Toutefois il ne prit sa dernière forme, celle où nous le voyons aujourd'hui, qu'après la mort de M. de Mollières. Mais ce furent encore ses

---

lequel la vendit, quelques années après, sous le Doyenné de M. de Fénelon, à la fabrique de Sainte-Marthe, pour servir d'habitation au curé et au secondaire de la paroisse. Mise en adjudication en 1794 comme bien national, elle fut acquise par M J.-Bte Reynaud qui l'occupait déjà à titre de curé et qui continua de l'habiter jusqu'à sa mort, comme sa propriété personnelle. Les héritiers de M. Reynaud la vendirent à la famille Cady qui vient à son tour de l'aliéner.

pieuses libéralités qui rendirent possible la continua-
de cette œuvre grandiose. Ses dernières pensées exprimées dans un acte solennel s'inspirèrent du sentiment qui avait été le mobile de celles de sa vie. La
maison de charité fut instituée son héritière principale, à la condition que l'on y achèverait ce qui avait été
commencé déjà par son entremise (1). Il y aurait de

(1) L'hospice de la Charité avait eu jusqu'en 1790 une existence
indépendante et un revenu propre qui s'était progressivement
élevé jusqu'au chiffre de 30,188 livres. On y recevait les pauvres
de la ville et des deux sexes au nombre de cent. En vertu des
lettres patentes délivrées par Louis XIV en 1695, cet établissement régi par un économe était administré par 24 recteurs suc-
cédant aux anciens *Charitadiers*. Douze d'entre eux étaient
électifs et choisis dans toutes les classes des habitants. Leur mandat avait une durée de deux ans. Les douze autres désignés
d'office et membres permanents étaient le Doyen du Chapitre,
l'Official, un chanoine de Sainte-Marthe, un curé de la ville,
les consuls, trois conseillers municipaux, le juge royal et son
assesseur. Chaque année le Chapitre de Sainte-Marthe en procé-
dant, comme on l'a vu, à la nomination de ses officiers, désignait le chanoine qui devait, avec le Doyen, l'Official et les
autres recteurs, faire partie du bureau de la maison de charité.
Sa dotation, formée d'abord par les libéralités de M. de Mollières
son fondateur, s'était accrue dans la suite par les largesses d'un
grand nombre de bienfaiteurs entre lesquels se distinguent plusieurs Chanoines du Chapitre de Sainte-Marthe.

On trouve dans les écritures de Mᵉ Lagrange, notaire à Tarascon divers actes relatifs à l'établissement de l'hospice de la
Charité, entre autres, la convention passée par le ministère
de Mᵉ Avignon avec plusieurs maçons de cette ville et de celle
d'Arles le 3 septembre 1691 réglant les conditions de prix et
d'exécution des travaux de bâtisse; une convention semblable,

l'ingratitude et une injustice égale à laisser tomber dans l'oubli des actes aussi méritoires, et ils ne sont pas les seuls que nous ayons à signaler à la louange de l'ancien Chapitre de Sainte Marthe.

Les calamités qui marquèrent les dernières années du règne de Louis XIV forment dans notre histoire nationale un bien sombre tableau : le drapeau de la France humilié, son armée, jusque-là victorieuse, écrasée par un ennemi puissant et implacable, ses frontières envahies, son existence compromise, ses finances épuisées, son commerce anéanti. Contraste douloureux avec la prospérité et les gloires de la veille ! Tristes retours de la fortune qui frappèrent sans l'abattre l'âme du grand roi, pas plus qu'ils n'arrêtèrent l'élan et ne ralentirent le courage de son peuple ! Aux désastres occasionnés par des guerres longues et malheureuses se joignirent bientôt d'autres épreuves dont la Provence eut plus particulièrement à souffrir. Le cruel hiver de 1709, en y détruisant toutes les récoltes, tarit en même temps les sources de l'alimentation publique La population Tarasconnaise ne tirant guères, comme aujourd'hui, sa subsistance que des produits du sol se vit réduite aux plus fâcheuses extrémités. La misère y était affreuse et l'on put craindre un instant de la voir s'aggraver par les horreurs de la famine.

à la date du 4 décembre 1692, pour ceux de charpente et de menuiserie. Ces documents sont curieux à consulter par ce qu'ils offrent un point de comparaison des prix de main d'œuvre de ce temps avec ceux d'aujourd'hui.

SECONDE PARTIE. — CHAPITRE V. 363

En ces fatales circonstances, le Chapitre de Sainte-Marthe se montra le digne héritier de l'esprit de sa Patronne. Dans la vue d'alléger aux habitants de ce pays le fardeau de leurs souffrances, il prit, de concert avec les magistrats et le Conseil Municipal de cette ville, une résolution que nous ne saurions mieux faire apprécier qu'en transcrivant ici le texte même de sa délibération :

« Ce jourd'hui, six août 1709, le Chapitre étant as-
« semblé, le sieur Doyen (M. de Bussi-Rabutin) a ex-
« posé que les habitants de cette ville étant malheu-
« reusement en danger de périr par la faim, à cause
« que tous leurs blés sont morts par la rigueur du
« froid de l'hiver dernier, et la communauté n'ayant
« trouvé aucun argent à emprunter pour l'achat des
« blés et autres grains nécessaires à la nourriture des
« habitants et à l'ensemencement de leurs terres, après
« avoir fait une quête publique qui n'aurait produit
« qu'une somme très-médiocre ; voyant n'avoir d'au-
« tre ressource dans un si pressant besoin que celle
« du secours des églises par le prêt de leur argente-
« rie et des choses qui sont provenues de la libéralité
« du peuple, elle aurait délibéré dans son Conseil
« général du 30 du mois passé que Mgr l'Archevêque
« d'Avignon serait supplié de permettre à MM. les
« Maires de les prendre, à l'effet de les employer à
« l'effet ci-dessus et de les remplacer ; avec pouvoir
« aux susdits sieurs Maires de passer, en les recevant,
« les obligations et assurances nécessaires ; et sur la
« requête présentée à ce sujet au dit seigneur Arche-

« vêque le second du courant, la dite permission leur
« aurait été accordée, par son ordonnance au bas de
« la requête : mais parce que dans la susdite permis-
« sion l'argenterie de cette église, autre que celle des
« confréries particulières n'est point comprise (1), les
« dits sieurs Maires demandent qu'elle leur soit re-
« mise, à condition qu'ils la remplaceront et qu'elle
« sera uniquement employée au pressant besoin du
« peuple, dans ce temps si calamiteux. Sur quoi, tous
« les sieurs capitulans, vu la nécessité et misère pu-
« bliques, ont unanimement délibéré qu'à l'exemple de
« Mgr l'Archevêque d'Avignon, ils consentent que
« toute l'argenterie de cette église, à la réserve des
« vases sacrés et de la châsse, bras et joyaux de Sainte
« Marthe, six chandeliers d'argent et une croix d'argent
« pour la décoration de l'autel, sera remise à la com-
« munauté, à condition qu'elle passera les obligations
« nécessaires pour le remplacement et restitution de la
« dite argenterie dans le temps et de la manière qui
« sera convenue entr'elle et ceux de MM. les capitulans
« qui seront à cet effet désignés par le Chapitre : à la
« charge encore que la communauté fera préalable-
« ment autoriser la délibération susdite de son Conseil
« ainsi que les obligations qui seront contractées par
« elle par M. l'Intendant. *(Suivent les signatures.)* »

Cette détermination du Chapitre fut portée à la connaissance de Louis XIV. Ce monarque en fut extrême-

(1) L'argenterie de l'église de Ste-Marthe n'était pas comprise dans l'ordonnance de l'Archevêque d'Avignon, parce que cette église étant exempte de sa juridiction, la permission d'engager cette argenterie ne pouvait émaner que du Chapitre lui-même.

ment touché ; et il en fit témoigner sa satisfaction par la lettre suivante que le P. Le Tellier, son confesseur, adressa de sa part, le 16 août de la même année, à M. de Bussi, doyen du Chapitre.

« Monsieur, j'ai rendu compte à Sa Majesté de la ré-
« solution où vous me marquez que vous êtes avec
« MM. de votre Chapitre d'engager votre argenterie
« pour le soulagement des pauvres. Elle approuve
« votre dessein, et consent à l'emploi que vous voulez
« faire de cette argenterie, ne pouvant être que très-
« édifiée de votre zèle et de votre charité. Ce sera tou-
« jours pour moi un sensible plaisir de seconder vos
« pieuses intentions, et mon attention à les faire réus-
« sir vous sera une preuve certaine de l'attachement
« et du respect particulier avec lequel je suis, Monsieur,
« votre très-humble et très-obéissant serviteur en N. S.
« Le Tellier. »

Tel était le Chapitre de Ste-Marthe. Suivant le vœu de son royal fondateur, il veillait autour du sépulcre de la glorieuse Hôtesse de Jésus-Christ, *et persévérait dans la prière ;* car sa mission principale était d'appeler du ciel par de journalières et de fréquentes invocations sur ce pays et sur ses conducteurs la protection divine. S'associant de toute l'ardeur de ses sympathies aux joies et aux douleurs publiques, il prenait une égale part à toutes les œuvres pouvant servir au bien de la patrie commune.

Le 7 du mois de novembre de l'année 1790 , dit un témoin contemporain, il put célébrer encore l'office de vêpres. Ce fut son heure suprême et son dernier soupir ; car il lui fut immédiatement signifié, au nom de la Nation et de la loi qu'il devait à l'instant même cesser de prier et de vivre. Expulsé alors, pour n'y plus rentrer, de ce sanctuaire où pendant plus de trois cents ans il avait rempli avec tant d'éclat son ministère religieux, il fut contraint de le laisser sans défense, livré aux profanations qui devaient en faire bientôt un lieu de désolation (1). D'autres chants s'y firent entendre ;

(1) A la restauration du culte en 1802, il n'était pas possible de rétablir l'ancien Chapitre de Sainte-Marthe. Cette église conserva seulement son titre paroissial élevé à la première classe. Lorsque Mgr Darcimoles, archevêque d'Aix, divisa son diocèse, il y a quelques années, en trois Archidiaconés, il fut réglé que l'un des Archidiacres ou Vicaires-généraux emprunterait son nom et son titre à la ville de Tarascon. A peu près dans le même temps, le curé de Sainte-Marthe fut élevé à la dignité d'Archiprêtre, avec certains pouvoirs juridictionnels sur les paroisses du ressort de son Archiprêtré.

Parmi les Doyens de l'ancien Chapitre de Sainte-Marthe, nous avons nommé un neveu de Fénelon : c'était lui que l'archevêque de Cambrai, suivant le témoignage de ses historiens, se plaisait, dans l'épanchement d'une tendresse presque paternelle et la familiarité de ses entretiens intimes, à appeler *Fanfan*.

Un autre abbé de Fénelon, neveu lui-même du précédent, avait été nommé par son oncle à l'un des cinq canonicats de la Collégiale de Sainte-Marthe dont son titre de Doyen lui attribuait la collation. Des motifs que nous ne connaissons point l'empêchèrent d'accepter cette position. Un peu plus tard, la pieuse reine Marie Leczinska, épouse de Louis XV, le désignait pour l'un de ses aumôniers, et quelques années après la mort de cette princesse, il consacra son existence à l'une des œuvres les plus humbles et les plus méritoires du zèle sacerdotal, celle des *Petits Savoyards*, avec un dévouement égal à celui de Saint Vincent de Paul ; il remplit cet obscur mais glorieux ministère dans la ca-

on vit s'y étaler les cérémonies d'un autre culte : jours à jamais lamentables, œuvres sacriléges, lugubres souvenirs qui fournissent à l'histoire de ce pays une page que l'on voudrait pouvoir déchirer ! Le zèle des pasteurs qui se sont succédé depuis dans cette église a cherché, avec le concours des pieux Tarasconnais, il s'applique encore à effacer les traces de ces dévastations. Mais ce temple auguste, bien que purgé de ces souillures et vengé des outrages qu'il avait reçus par des mains impies, autant qu'il a été possible de les réparer, n'a plus vu reparaître cette légion de ministres sacrés qui faisaient autrefois son plus bel ornement. Elle y a été remplacée par un clergé moins nombreux, mais aussi exemplaire, et qui continue avec un dévouement au-dessus de tout éloge, à remplir la noble tâche dont il a hérité.

pitale jusqu'aux plus mauvais jours de la Révolution. Arrêté comme suspect en 1793, il fut renfermé dans la prison du Luxembourg. Vainement les *petits Savoyards* demandèrent qu'on leur rendît leur guide, leur soutien, leur tuteur et leur nourricier. Ni les supplications si touchantes de ces enfants devenus les siens, ni le respect dû à sa vieillesse, ni la vénération universelle que lui avait acquise l'héroïsme de ses vertus ne purent amollir le cœur de ses juges. Le 7 juillet 1794, il fut, avec beaucoup d'autres, condamné à périr. Il était âgé de 80 ans ; on raconte de lui qu'en allant au supplice il encourageait par ses exhortations les compagnons de son infortune et qu'au dernier moment il levait sur eux les mains pour les bénir et les absoudre. Quand son tour vint de subir le coup fatal, l'exécuteur, obéissant à un mouvement involontaire, s'inclina par respect devant cette sainte victime comme pour obtenir d'elle le pardon du crime dont il allait être l'instrument.

CHAPITRE SIXIÈME.

De la munificence et de la piété des princes et de quelques personnages envers Sainte Marthe. — Les Papes d'Avignon. — Les Comtes de Provence. — Le roi Louis XI. — Mgr de Marinis, Archevêque d'Avignon. — Le Père Chérubin de Noves etc.

Rien ne démontre aussi évidemment l'ancienne et universelle célébrité du culte de Ste Marthe que la multiplicité des dons qui enrichirent successivement le trésor de son église. A diverses époques, et presque jusqu'aux derniers temps, on en avait dressé des inventaires authentiques. On reste confondu d'étonnement, en voyant la profusion de ces offrandes, témoignages magnifiques de la piété de leurs auteurs et répétés si souvent que l'énumération en serait impossible. Ce sont des statues, des lampes, des reliquaires, des ornements ou des vases sacrés, une foule d'objets semblables, presque tous d'un très-haut prix et d'un incomparable travail. Mais aussi le cœur saigne quand on songe qu'il suffit d'une heure et d'un souffle pour dissiper et jeter aux vents ces monuments séculaires de la religion des âges précédents.

Au premier rang de ceux qui se montrèrent le plus dévots à notre Sainte Patronne, il faut placer les Souverains Pontifes. Ici même il doit nous être permis de risquer une conjecture qui, pour n'être pas appuyée de preuves positives, ne nous paraît pas tout à fait dénuée de fondement. Conformément à l'avis exprimé par les hommes les plus compétents en ces sortes de matières, nous avons assigné au commencement du XIV° siècle l'édification de l'église ogivale ou actuelle de Ste-Marthe. A juger d'ailleurs de l'âge de cet édifice par l'ensemble de ses formes, cette opinion est dans une parfaite conformité avec les données de la science. Dès lors nous ne serions pas éloignés de croire que c'est au premier pape résidant à Avignon que doit être attribué l'honneur d'avoir ordonné cette construction ou d'y avoir au moins contribué. A l'appui de cette présomption, il y a quelque chose de plus qu'une simple concordance de dates. Lorsque Clément V après son élévation à la papauté vint s'établir à Avignon, le siége épiscopal de cette ville était tenu par un prélat (1)

(1) Bertrand Aymini, d'abord Prévôt du Chapitre de Notre-Dame-des-Doms, devint Évêque d'Avignon, et il l'était encore en 1305 quand l'Archevêque de Bordeaux, Bertrand de Got, fut élu Pape et prit le nom de Clément V.

L'*Histoire de la noblesse du Comté Venaissin* (tome 1er p. 18 et suiv.) relève ici une erreur où Nouguier, aussi bien que l'auteur du Nécrologe des Évêques d'Avignon seraient tombés au sujet de Bertrand Aymini, en donnant l'année 1304 pour celle de sa mort. Cette date est fautive et de beaucoup prématurée, puisque, suivant la même histoire, Bertrand Aymini aurait promis fidélité à Robert d'Anjou, roi de Sicile et comte de Provence, ainsi qu'à son fils, le duc de Calabre, dans le palais royal d'Aix, le 3 septembre 1309, et leur aurait en même temps fait hommage pour les châteaux de Noves, Barbentane, Verquières et Eyragues qu'il tenait à titre d'Évêque d'Avignon sous la suzeraineté

dont la famille était tarasconnaise. Il est conséquemment naturel de penser qu'ayant avec ce pays de si étroites relations d'origine, il devait partager envers son illustre Patronne les sentiments de ses proches ; user même de son influence auprès du Souverain Pontife, afin de l'intéresser à des œuvres se rapportant à un culte que tant de titres lui rendaient cher. Il est donc infiniment probable, s'il n'est démontré absolument, que le temple moderne, érigé certainement sous le pontificat de Clément V à l'honneur de Sainte Marthe, l'a été par les libéralités, ou du moins avec le concours de ce pape.

La plupart de ses successeurs, soit avant soit pendant le schisme, signalèrent par des présents très-riches et les plus touchantes démonstrations leur dévotion envers la Sainte Hôtesse de Jésus-Christ. Ceci n'est plus seulement du domaine des conjectures ; car nous apprenons d'un récit consigné aux archives de l'Hôtel-de-ville que dans l'année 1366, sous le pontificat d'Ur-

---

des Comtes de Provence. Quatre branches de la famille Aymini s'étaient successivement fixées à Tarascon. L'une d'elles avait une part dans la seigneurie du *Mas-Blanc*. Elles avaient successivement contracté des alliances avec les principales familles tarasconnaises : les La Visclède, les Lubières, les Doria, les Pomérol, les Léautaud. Louis Aymini, chanoine et grand Archidiacre de Nîmes, avait, par son testament du 12 février 1589, légué aux consuls de Tarascon une rente perpétuelle de 900 livres, à la charge d'employer un tiers de cette somme à la dot d'une fille de la famille d'Aymini, et les deux autres tiers aux frais d'études et d'éducation de deux enfants mâles de la même maison. (Voir l'*Histoire de la Noblesse du Comté Venaissin*. loc. cit.)

bain V (1), Bertrand de Lubières et Guillaume de Villeneuve, gentilshommes tarasconnais, assistés du notaire Thomas Gervasy, reçurent de la Chambre Apostolique 129 florins d'or pour être employés au *rétable* d'argent de l'autel de Ste-Marthe, exécuté par un artiste d'Avignon. Quelques années plus tard, ce même autel fut décoré avec une magnificence toute royale par Grégoire XI (2). Ce merveilleux ouvrage, vrai chef-d'œuvre de l'art, excitait l'admiration de tous ceux qui le voyaient. On y avait représenté dans une série de tableaux correspondant aux diverses faces de l'autel, les traits principaux de la vie et de la mort de Sainte Marthe : la part qu'elle prit à la conversion de Madeleine, sa prédication, ses miracles, sa sépulture. Outre des figures reproduisant l'image des trois personnes de l'adorable Trinité, on y remarquait celles de N. S., de St-Front et plusieurs groupes d'anges, chacun avec des attributs particuliers. Le tombeau de Sainte Marthe y paraissait entre deux obélisques. Toutes ces ima-

(1) L'auteur des *Monuments inédits* a écrit Urbain VI. C'est sans doute une erreur de typographe ; car Urbain VI ne vint qu'en 1378, et il siégeait à Rome, tandis que son compétiteur reconnu par une partie de l'Église sous le nom de Clément VII était fixé à Avignon.

(2) Nous avons vu précédemment que dans une assemblée capitulaire tenue en 1744, M. de Bussi-Rabutin attribuait ce présent à Clément VI. M. Bertet, également Doyen du Chapitre, assure au contraire, dans une Vie de Sainte Marthe publiée à Lyon en 1650, que cet autel avait été donné par Grégoire XI. On l'a toujours cru ainsi, et la version de M. Bertet nous paraît préférable à celle de M de Bussi.

ges en relief et en argent très-pur sur quatre grandes plaques de même métal étaient relevées encore par divers ornements en or et par des pierres précieuses. Cette décoration servait à la parure de l'autel dans les jours de grande solennité. D'autres présents avaient été faits à notre Sainte Patronne par le pape Clément VII, et ils étaient assez considérables pour que le Conseil Municipal de cette ville crût devoir, par une expresse délibération prise au mois de mai de l'année 1389, en témoigner sa reconnaissance à l'auguste donateur. Ils consistaient en deux grands bassins d'argent, en forme de candélabres suspendus par des chaînes. Le Souverain Pontife y avait joint cent livres de cire blanche et deux torches devant brûler sur les candélabres à cause *de la révérence due* à la Vierge de Béthanie.

Pierre de Lune (Benoit XIII), qui professait pour elle une particulière dévotion, dut sans doute la manifester dans les divers séjours qu'il fit à Tarascon. Il y était le 8 janvier de l'année 1403 et ce jour-là même il y reçut solennellement les ambassadeurs du roi Charles VI qui vinrent, au nom de ce prince, le reconnaître pour Souverain Pontife. Le 1er janvier de l'année suivante, il fut harangué par le célèbre Gerson dans l'église même de Ste-Marthe. Ainsi que le rapporte Maimbourg dans son histoire du grand schisme, le célèbre Chancelier de l'Université de Paris exhortait dans ce discours le Pape aragonais à faire à la paix et à l'union de l'Église le sacrifice de ses prétentions. Ce fut encore dans cette ville et le 8 janvier 1406 qu'il publia la bulle où il semblait s'engager, afin de hâter l'extirpation du schisme, à renoncer à la papauté, et celle où il promettait de convoquer un concile dans le même but. Un peu plus tard le duc d'Orléans, frère du roi Charles VI, et les autres députés de ce prince tinrent dans cette ville une conférence avec Pierre de Lune pour y traiter de cet objet. Il est dans les vraisemblances, dit l'auteur des *Monuments inédits*, que ces hauts personnages venus dans ce pays en ces diverses occasions ne le quittèrent point sans y laisser des gages de leur piété envers sa Patronne.

Les plus empressés à l'honorer furent, après les Souverains Pontifes, les Comtes de Provence et les princes leurs contemporains.

Entre tous les autres, ceux de la maison d'Anjou se distinguèrent par la générosité de leurs offrandes et les témoignages de leur dévotion. Ils avaient à Aix, capitale du Comté, leur résidence officielle dans un vaste palais sur les ruines duquel on a élevé, au commencement de ce siècle, les bâtiments occupés aujourd'hui par la Cour impériale. Mais le séjour de Tarascon leur était particulièrement agréable. Ils se plaisaient à y venir souvent et s'y étaient fait construire, avec une somptuosité vraiment princière, une demeure que l'on voit encore et qui est restée le monument le plus remarquable (1) dans tout le midi de la France de l'architecture au XVe siècle. On ne comprendrait guère cette prédilection et la préférence donnée à une ville d'une importance et d'un rang très-inférieurs à ceux

(1) Appendice § 2. **Le Château.**

de quelques autres dans la même contrée, si l'on n'en trouvait l'explication dans l'attrait que devait avoir pour ces princes religieux le voisinage du tombeau de Sainte Marthe. La vie devait leur paraître meilleure, et leurs jours s'écouler plus prospères à l'ombre et sous l'égide d'une telle protection. A leur suite et à leur exemple, un assez grand nombre de nobles familles, quelques-unes descendues de très-haut et venues de fort loin, s'étaient fixées à Tarascon. Elles y formaient, sous un régime qui n'est plus celui de nos temps modernes, une société d'élite, et comme une sorte de couronne autour du glorieux sépulcre de l'Hôtesse de Jésus-Christ. Au retour de leurs expéditions en Italie, si souvent renouvelées et toujours malheureuses, les Comtes de Provence aimaient à revenir dans cette résidence. Elle était affectionnée particulièrement et fut successivement habitée par les reines Jeanne, Marie, Yolande, par les rois Louis II, Louis III, et surtout par René *le bon* qui lui donna sa dernière forme et la décora avec magnificence. La dévotion envers Sainte Marthe était héréditaire dans cette famille et tellement dans ses habitudes que le roi Louis II étant mort sans laisser de legs pour l'ornement de son tombeau ou de son église, le Conseil Municipal crut pouvoir supplier sa veuve, la reine Yolande, régente pour son fils mineur Louis III, de réparer cet oubli. Nous ne nous arrêterons pas à marquer ici les dons particuliers faits par ces princes à Sainte Marthe, soit de leur vivant, soit par des dispositions testamentaires. Il n'y a pas à redire non plus les preuves nombreuses que le meilleur d'entre ceux de sa race, le roi René, avait données en diverses occasions de sa piété envers notre Sainte Patronne. Ce sentiment tenait si fort au cœur de tous, il y était gravé si profondément que lorsque Charles III, dernier successeur de René, n'ayant point d'héritier direct auquel il pût laisser sa couronne, songeait à la transmettre à la maison de France, il lui imposait, comme une dette d'honneur, l'obligation de perpétuer dans ce pays le culte de ses apôtres tutélaires et en particulier celui de Sainte Marthe.

Le roi Louis XI appelé à recueillir cette riche succession remplit fidèlement cet engagement sacré. C'est à cette pensée qu'est due principalement la fondation faite par ce monarque du Chapitre royal de Sainte-Marthe dont nous avons si longuement parlé aux pages qui précèdent. Mais déjà longtemps avant cette époque et lorsqu'il n'avait encore sur la Provence aucun droit de souveraineté, ce prince avait payé par des offrandes magnifiques son tribut d'hommage à la Sainte Hôtesse de Jésus-Christ. En 1447, n'étant encore que Dauphin, il était venu vénérer son tombeau. En 1458, il avait contribué pour une large part à la confection de la châsse d'argent offerte par le roi René et destinée à renfermer le chef de Sainte Marthe. Puis, voulant mettre sous sa protection et sous ses auspices les commencements de son règne, il envoya, dès qu'il fut parvenu à la couronne, un cierge de 144 livres pour être placé devant son tombeau. Il ordonnait en même temps que, pour la *conservation de sa dévotion et celle des pèlerins*, le cierge fût gardé à perpétuité dans l'église basse, *sans être jamais allumé ou diminué*. Les magistrats de Beaucaire, alors frontière de France, vinrent de sa part l'offrir aux consuls de Tarascon. Paul de Colonne, vicaire du Prieur de Sainte-Marthe, s'étant permis de le briser, le Conseil Municipal justement blessé de cette violation des volontés royales, obligea le délinquant à le remplacer par un cierge de même valeur et d'un poids égal.

Mais le monarque français réservait à l'église de Sainte-Marthe un présent bien autrement précieux et plus digne de lui.

Qui de nous ayant vécu un âge d'homme n'a pas souvent entendu les anciens de la génération précédente lui exprimer leur ravissement dans la description de ce merveilleux ouvrage ? L'image en était restée gravée dans leurs souvenirs. Après l'avoir contemplé de leurs yeux, ils ne pouvaient se consoler à la pensée que cet inestimable trésor était pour jamais perdu. Le burin et le pinceau des artistes en avaient multiplié les copies. C'est tout ce qui a pu en être conservé. Mais par les traits mêmes que présentent ces frêles traductions il est facile de juger la valeur de l'original.

Il s'agit du reliquaire ou de la châsse d'or destinée à renfermer le chef de Sainte Marthe. L'exécution en fut confiée à un orfèvre de Tours nommé Mangot, qui fit d'abord le buste de la Sainte. Il commença ce travail en 1483. Cette année même, le Conseil Municipal chargea par une délibération expresse Raymond de la Motte-Faucon de faire transcrire une copie de la vie de Sainte Marthe et délégua Guillaume de Viridario pour la présenter au roi. Louis XI avait demandé cette copie, parce qu'il voulait choisir lui-même et marquer les traits de la vie de la Sainte dont le dessin devait être reproduit sur la châsse. Mais le buste s'étant trouvé trop petit, le travail fut à recommencer. Cependant le Conseil Municipal justement jaloux de le voir terminer, pria le gouverneur du Languedoc en 1467 d'en presser l'exécution ; et afin de rendre plus efficace cette supplique, il l'accompagna d'un acte de politesse qui nous semblerait ridicule aujourd'hui, mais qu'explique très-bien la simplicité des mœurs de cette époque (1). Le buste achevé enfin arriva à Tarascon en 1470. Le poids en était de 41 marcs, six onces d'or. Le visage de la Sainte composé de la même matière était peint, et la tête, couronnée de fleurs de lys.

Le 8 décembre de cette même année, jour de la fête de l'Immaculée Conception de la Très-Sainte-Vierge, André de Place, évêque de Sisteron, bénit solennellement le nouveau reliquaire et y transféra le chef de la Sainte renfermé depuis l'année 1458 dans une autre châsse d'argent doré dont il a été parlé précédemment. A l'issue de cette cérémonie, le buste de Sainte Marthe fut porté triomphalement dans la ville au milieu des bénédictions d'un peuple immense accouru de tous les points du voisinage. Le roi René, en ce moment à Tarascon, la reine sa femme, sa fille et son gendre, tous les seigneurs de sa cour sympathisant au sentiment public se

(1) Le Conseil Municipal envoya un quartier de veau au gouverneur du Languedoc.

joignirent à ce cortége afin d'en rehausser l'éclat. Il fut si imposant que la relation de cette fête conservée aux archives municipales constate que jamais homme d'alors, sa vie eût-elle été plus longue, n'avait souvenance d'en avoir jamais vu d'aussi belle. Temps heureux, où le sentiment de la foi s'unissant à une admirable simplicité de mœurs se traduisait par de telles manifestations !

Cependant ce don du roi de France n'était que le prélude d'un autre présent plus magnifique encore qui devait servir de complément au premier. Le buste d'or était supporté par le socle d'argent doré ayant appartenu à l'ancienne châsse (1). La piété du prince saintement difficile voyait dans ce disparate une imperfection dont son goût était offensé. Il voulait que tout fût harmonique dans cet ouvrage et d'une irréprochable correction. C'est pourquoi, dans l'année 1476, il chargea le même Mangot d'achever la châsse, mais de telle sorte *que ce qui était en argent fût en or*.

Un espace de moins de deux ans suffit à ce nouveau travail, bien plus remarquable que celui qui avait précédé. Il dénotait un talent bien rare encore à cette époque. Benvenuto Cellini, qui devait bientôt venir, ne l'aurait peut-être pas désavoué. Ce chef-d'œuvre fut apporté à Tarascon par son auteur en 1478. Il représen-

(1) Cette ancienne châsse qui datait de 1458 étant devenue inutile, on la vendit à Avignon pour la somme de 311 florins 6 gros. Mais on conserva provisoirement l'ancien socle ou pied d'argent que l'on adapta au buste d'or donné par Louis XI. (*Archives municipales, livre rouge*. p. 373.)

BUSTE EN OR DONNÉ PAR LOUIS XI

tait une galerie ovale, divisée dans son pourtour par de petites colonnettes et par de riches contre-forts surmontés de cintres en ogive. Ces cintres formaient autant de tableaux ornés richement et offraient chacun l'une des scènes de la vie de Sainte Marthe émaillée de noir sur or. On voyait au bas la statuette du monarque à genoux, couverte d'un manteau parsemé de fleurs de lys, et à côté on lisait ces paroles : *Rex. Francorum. Ludovicus. undecimus. hoc. fecit. fieri. opus. anno Dⁿⁱ M. CCCCLXXVIII.* Sur la partie opposée étaient gravés les mots suivants : *Notre Seigneur par sa grâce le rende au dit roi en acquest monde et en l'autre, et li donne grâce de y faire encore la caisse d'or pour y mettre le corps de la dite Sainte.* Inscription qui donne à penser qu'il était dans les intentions connues du monarque d'ajouter à ce présent de nouvelles et de non moins insignes largesses.

Le poids total de cet ouvrage était de 101 marcs, 6 onces d'or de ducats de 23 carats, ce qui, d'après les calculs que l'on avait fait dans le temps, aurait représenté une somme de 216,667 livres. Encore faut-il observer que ce chiffre n'aurait accusé que la valeur intrinsèque, sans y comprendre le prix de la façon qui devait être proportionnel, ni celui des émeraudes et autres pierres précieuses dont on assure que cet ouvrage était parsemé.

Telle était cette châsse (1), si riche et si belle qu'un

(1) La pieuse curiosité du lecteur demandera peut-être ce que devint ce splendide joyau dans les jours mauvais du dernier siècle. La Révolution, après avoir mis la main sur les biens possé-

auteur du dernier siècle qui avait pu la voir et l'apprécier disait que rien de pareil ne se rencontrait dans le

dés par les établissements religieux, poursuivit son œuvre en dépouillant nos temples de tout ce qu'ils pouvaient renfermer de précieux. Toutes les églises indistinctement riches ou pauvres furent contraintes en 1794 de livrer leur mobilier et leur argenterie. On conçoit que s'il y eût eu à faire une exception en faveur de l'une de ces églises, ce n'aurait pas été à celle de Sainte Marthe qu'on l'eût accordée. L'auteur des *Monuments inédits* rapporte que le Conseil Municipal de Tarascon tenta quelques efforts pour obtenir la conservation de la châsse ; mais ces démarches furent sans succès, et il fallut obéir. A ces renseignements, nous pouvons ajouter quelques circonstances également certaines.

Des citoyens tarasconnais dont les noms méritent d'être signalés, les sieurs Brunel et Signoret, ainsi que les autres Fabriciens de l'église de Sainte-Marthe en 1794, sous l'inspiration d'un sentiment religieux autant que patriotique, eurent la pensée de receler secrètement la châsse et de la soustraire par un pieux larcin à la rapacité révolutionnaire. Ils offrirent courageusement de prendre sur eux exclusivement les risques et les périls d'une telle entreprise. On ne crut pas devoir profiter de leur dévouement, et des conseils plus timides prévalurent. La châsse de Sainte Marthe fut alors, dit-on, vendue à des marchands Génois. Mais nonobstant les recherches minutieuses qui en furent faites plus tard à Gênes, il devint impossible d'en retrouver la trace. A cette perte à jamais regrettable s'en joignit une autre plus douloureuse encore. Le chef de Sainte Marthe que renfermait la châsse, ainsi que les autres reliques contenues dans le bras doré de la Sainte ne pouvaient, ce semble, tenter la convoitise des spoliateurs. Mais, par un aveuglement ou une négligence inconcevables, reliques et reliquaire, tout fut livré à la fois et par conséquent perdu sans retour.

royaume. Un poëte contemporain (1) après l'avoir contemplée n'avait pu s'empêcher d'en célébrer la magnificence, et notre immortel Peiresc (2), sous l'impression du même enthousiasme, n'avait pas dédaigné lui-même, dans un écrit consacré à la défense de nos traditions, de se faire l'écho du versificateur latin dont s'honore la cité voisine de la nôtre.

Là cependant ne se bornèrent point les saintes prodigalités de Louis XI. En 1479, il envoya quatre lampes d'argent du poids de 62 marcs 1/2 qui arrivèrent à Tarascon la veille de Noël, lorsque allait commencer l'office de Matines. On les alluma à l'instant même devant le tombeau de Sainte Marthe, où suivant les intentions exprimées du monarque, elles devaient brûler continuellement. L'année suivante 1480 et le 9 de mars, on reçut encore de la libéralité du prince une *garniture d'argent* et un magnifique tabernacle de même matière du poids de 35 marcs. La chronique officielle écrite dans le langage du temps et conservée aux archives municipales ajoute : *Et dins loudit tabernacle l'yère lymage dou Rey ajinouillat et vestit de sa raubo longuo, et davant si ginoulx, un petit chin ben fa, et a cousta, un capel.*

Le trésor de l'église de Sainte-Marthe conservait

(1) Pierre Cassoleti, de Beaucaire, premier consul de cette ville en 1498 et 1499. La famille à laquelle il appartenait, l'une des plus nobles de ce pays, était la même que celle des Cassole qui s'est éteinte dans le dernier siècle.

(2) Msc. de Peiresc, à la Bibliothèque de Carpentras, cités aux *Monuments inédits*, tome 1er p. 1250.

également une main de justice aux armes de Louis XI. Ce présent était sans doute dans son intention comme un hommage de sa puissance royale fait à notre Sainte Patronne. Enfin, ce prince envoya encore un calice d'argent doré du poids de 20 marcs ; il était couvert de fleurs de lys ciselées avec beaucoup d'art et portait sur le pied les armes de France. Le poids et la grandeur excessive de ce calice montrent assez qu'il avait été donné par Louis XI moins pour le service de l'autel que comme un signe commémoratif d'un bienfait obtenu par l'intercession de Sainte Marthe. Nous lisons en effet dans l'histoire de sa vie écrite par M. Bertet que la veille d'un jour où il devait communier le roi crut voir dans son sommeil Sainte Marthe lui apparaître. Elle était venue l'avertir que le vin qui devait lui être présenté le jour suivant était empoisonné et qu'il eût à y prendre garde. En effet ce vin lui ayant été servi, il ordonna à la personne qui le lui avait offert d'avaler elle-même ce breuvage. Elle en mourut, et le prince préservé ainsi miraculeusement du péril qui l'avait menacé, voulut témoigner par ce nouveau don sa reconnaissance à sa libératrice.

On nous pardonnera la prolixité de ces détails au sujet de Louis XI. Notre pays doit beaucoup à ce monarque. Si décriée que puisse paraître à d'autre sa mémoire, le souvenir de ses bienfaits devra toujours vivre dans nos cœurs. Bien plus : nous nous plaisons à croire qu'au tribunal de Celui dont la *miséricorde surexalte le jugement* il a dû être absous de beaucoup de méfaits, parce qu'il avait *beaucoup aimé notre Sainte patronne*. Nous ne doutons point surtout que si à l'heure décisive Dieu lui envoya dans la personne de l'un de ses plus fidèles serviteurs (1), Saint François de Paule, un ange pour l'aider à bien mourir, ce prince n'ait été redevable de cette faveur suprême aux mérites et à la protection de celle qu'il avait tant honorée pendant sa vie.

Voici maintenant un autre personnage d'un caractère bien différent, mais dont la piété plus touchante et plus pure ne fut ni moins généreuse ni moins expansive.

Dominique de Marinis, né de l'une des plus illustres familles italiennes, était entré jeune encore dans l'Ordre des Frères Prêcheurs, où il s'était pénétré d'une dévotion tendre pour Sainte Madeleine (2), honorée dans

(1) Saint François de Paule vint en France du fond de la Calabre, tout exprès pour assister Louis XI dans ses derniers moments.

(2) L'auteur des *Monuments inédits* (tome 1er p. 1103) attribue à Mgr de Marinis le don fait à l'église de Saint-Maximin de l'urne magnifique de porphyre où les reliques de Sainte Madeleine furent par lui solennellement déposées le 6 février 1660 en présence de Louis XIV et de sa mère, Anne d'Autriche.

Dans un autre endroit du même ouvrage, (p. 1082), il semble faire honneur de cet acte de munificence à Nicolas Rodulphe, général de l'Ordre de St-Dominique.

La contradiction apparente de ces deux assertions n'a point échappé au savant hagiographe; et il l'explique par cette observation que c'était bien le général des Dominicains qui, au retour d'un pèlerinage fait à Saint-Maximin en 1632, avait fait exécuter à Rome par de très-habiles artistes ce merveilleux travail, et ensuite l'avait offert, au nom de tout son Ordre à Sainte Madeleine,

cet institut d'un culte spécial. Cette heureuse prédisposition devait naturellement incliner son cœur à un pareil sentiment pour la sœur de l'illustre pénitente. Promu en 1648 à l'archevêché d'Avignon, il avait ajouté à la gloire de cet antique siége, en y faisant monter avec lui toutes les vertus des temps apostoliques. Mais son existence étant liée à cette Église devenue désormais son épouse, il dut embrasser de toute l'affection de son âme ses traditions séculaires, se pénétrer pour celle qu'elle aime et qu'elle invoque comme sa mère d'un amour semblable et d'une égale vénération. Aussi le nom de Marthe, qui certes jusques-là ne lui avait jamais été indifférent, devint-il dès ce moment le plus cher à son cœur.

Il vint visiter son tombeau dans le commencement de décembre de l'année 1649 et dès les premiers temps de son épiscopat. Les souvenirs qui se rattachent à ce sanctuaire le saisirent dès qu'il y fut entré, et si vive était l'impression qu'il en éprouva qu'il semblait ne vouloir plus s'éloigner de ces lieux bénis. L'ardeur de sa foi retenait son âme comme enchaînée au

comme un gage de sa dévotion ; mais que c'était Mgr de Marinis, alors simple religieux dominicain, qui avait fourni à la dépense occasionnée par l'exécution de ce monument. Une circonstance paraît justifier cette explication. C'est qu'une inscription commémorative conservée dans le sanctuaire de l'église de St-Maximin désigne l'archevêque d'Avignon comme le *donateur* de cette urne, et constate de plus qu'il présida, en qualité de conservateur des priviléges de cette même église, à la translation solennelle des restes vénérés de l'illustre pénitente dans le nouveau reliquaire. (Voir les *Monuments inédits*, loc. cit.)

pied de ce sépulcre glorieux. On le vit y passer en prières tout un jour et toute une nuit, absorbé dans son recueillement.

Le 8 du même mois, jour de la fête de l'Immaculée Conception de la Très-Sainte Vierge, la dévotion du saint prélat se traduisit par une manifestation on ne saurait plus touchante et d'une telle singularité que la pensée ne pouvait visiblement lui en avoir été suggérée que par une inspiration du ciel. Après être resté plus d'une heure prosterné devant le tombeau de Sainte Marthe, il se leva et rompant le religieux silence gardé par lui jusqu'à ce moment, il se prit à continuer à haute voix avec l'Hôtesse du Sauveur le colloque déjà commencé dans le secret de son oraison. A ses yeux, elle semblait revivre, et il la voyait lui prêtant la plus bienveillante et comme une maternelle attention. Le saint archevêque lui rappelait dans la solennité de cet entretien que c'était elle véritablement qui avait été le premier pasteur du peuple de toute cette contrée, son apôtre, son initiatrice à la vie de la grâce. Il la conjurait de continuer auprès de lui les mêmes offices. Conséquemment l'Archevêque remettait entre ses mains le soin de son Église et la garde du troupeau qui lui avait été confié. Il abdiquait, pour la lui transférer, toute l'autorité dont il était investi. C'était à elle désormais qu'appartiendrait le gouvernement du diocèse d'Avignon ; elle qui devait dorénavant sauvegarder ses intérêts et satisfaire à tous ses besoins spirituels. Sans peine l'on conçoit l'émotion que dut causer parmi les assistants ce dramatique langage. Elle fut au comble lorsque l'Archevêque, suivant le fil de la même pensée et faisant allusion aux circonstances malheureuses où l'on se trouvait alors (1), élevait la voix vers l'auguste protectrice de son diocèse et la suppliait par une prière entrecoupée de ses larmes d'inaugurer le ministère qu'il venait de remettre en ses mains, en versant au cœur de ceux qui l'écoutaient une grâce de réconciliation et d'apaisement, de se montrer au sein de cette famille devenue la sienne une médiatrice de paix, d'y étouffer tous les ferments de discorde et d'en unir entre eux les membres par les liens désormais indissolubles d'une fraternelle charité.

De telles exhortations adressées à ce peuple avec une éloquence si divinement persuasive devaient être entendues. Monseigneur de Marinis avait tout lieu de l'espérer et de se le promettre; car dans plus d'une circonstance ses confidents intimes avaient, dans l'épanchement d'un entretien familier, recueilli de sa bouche l'aveu qu'il avait *personnellement de grandes obligations* à la Patronne de sa ville épiscopale. Mais ces effusions si touchantes de sa piété ne suffisaient pas à sa reconnaissance; il voulut en laisser un monument durable et qui répondît par sa richesse et sa magnificence à ses sentiments de gratitude, de vénération et d'amour, dont il désirait transmettre l'expression aux âges les plus reculés.

(1) Les troubles qui agitaient alors la Provence, sans avoir à Tarascon le même caractère de gravité que dans les autres parties de la province, ne laissaient pas d'y échauffer les esprits et de les diviser.

Ce monument existe encore. La main de Dieu l'a protégé, nous l'avons vu, à l'époque la plus lugubre de notre histoire contre les fureurs de la barbarie et de l'impiété ; et il semble n'avoir échappé à ce cataclysme qu'afin de perpétuer au milieu de nous avec le culte de notre Sainte Patronne la mémoire de celui qui l'a élevé.

On est frappé d'une religieuse admiration en entrant dans la crypte, à la vue de cette œuvre grandiose. On la dirait exécutée par un ciseau grec, sous le souffle du génie chrétien. La statue en marbre de Sainte Marthe de grandeur naturelle y est représentée couchée sur un vaste mausolée. Elle a les mains croisées sur la poitrine, tenant dans l'une une croix en signe de la foi chrétienne qu'elle prêcha aux habitants de cette contrée, et dans l'autre, un aspersoir, symbole ou instrument du triomphe remporté par elle sur le monstre qui désolait ce pays. Mais quelle dignité dans cette pose ! Quelle grâce et quel art dans la disposition des draperies ! Quel air de majesté surtout dans cette noble et grande figure ! Quelle pureté et quelle délicatesse dans les traits qui la distinguent ! Quel charme divin dans le calme et la placidité de son repos !

C'est la pensée principale que l'artiste a voulu rendre et qu'expriment les mots gravés au-dessus de la tête de la Sainte : *Solicita non turbatur*. *Solicita* pour *Sollicita*, inscription dont Millin, pour ne l'avoir pas comprise, avait dénaturé le sens, et qui est empruntée, avec un changement de signification, à cet endroit de l'Évangile où le Sauveur invitait son Hôtesse à modérer l'empressement excessif qu'elle mettait dans la préparation du festin auquel il allait bientôt s'asseoir. Elle revient à dire, non pas que *Marthe entourée de tribulations n'en ressent aucun trouble*, ni moins encore qu'elle n'éprouve point *ces craintes qui agitent l'âme du juste à l'approche du jugement de Dieu*, ainsi que l'a entendu Millin ; mais plutôt que quoique empressée, *sollicita*, pour le salut et le bien de son peuple, comme elle le fut autrefois pour le service de Jésus-Christ, elle est exempte de toute inquiétude, *non turbatur*, et jouit d'une tranquillité désormais inaltérable dans les douceurs du repos éternel.

Ce magnifique sarcophage taillé sur le plus beau marbre statuaire fut exécuté à Gênes, patrie de Monseigneur de Marinis, par un artiste de grand talent. Il arriva par mer et de là par le Rhône jusqu'à Tarascon, le Jeudi-Saint 17 avril 1653. Les magistrats, le clergé, toutes les associations pieuses de la ville allèrent le recevoir au port et l'accompagnèrent, au milieu d'un immense concours de peuple, à l'église de Sainte-Marthe. Ce fut dans cette occasion que l'on commit la faute mille fois déplorable de mutiler le tombeau primitif. Comme on avait sans doute négligé d'en donner à l'artiste génois les dimensions exactes, il se trouva trop grand et il fallut le réduire par la suppression des têtes du premier plan, afin de pouvoir l'introduire dans le sarcophage.

Monseigneur de Marinis fit encore incruster de marbre les parois des murs, la voûte et le pavé de l'église basse. A l'ancien autel il substitua un nouvel autel en marbre blanc, accompagné d'une balustrade de la même matière, et donna enfin une chapelle complète avec une croix enrichie d'émeraudes.

Après lui nous devons citer un autre zélateur et l'un des plus fervents du culte de Sainte Marthe. Il n'occupait ni dans l'Église ni dans l'État une position distinguée ; car c'était un simple religieux et de l'ordre le plus humble, celui des Capucins. Mais sous l'habit austère et grossier des enfants de Saint François il portait une âme grande, un esprit cultivé, un goût très-prononcé pour les œuvres d'art, et, par dessus tout, un cœur voué sans réserve aux vertus de sa profession. Son nom patronymique était Charles Ricard ; on l'appelait en religion le P. Chérubin de Noves, du lieu de sa naissance. Élevé successivement aux premières charges de son Ordre, il avait été appelé à Rome, où ses grandes qualités bientôt connues entourèrent son nom d'une considération toute particulière. Il y devint qualificateur du Saint-Office, consulteur de la Congrégation de l'*Index*, de celle des Indulgences et des reliques, procureur général des missions de son Ordre, fonctions qui n'étaient et ne sont encore dévolues qu'à des ecclésiastiques ou à des religieux du plus haut mérite. D'ailleurs, l'étendue de ses connaissances, la rectitude de son jugement, la sûreté de son conseil et surtout l'aménité de son caractère lui valurent de nombreuses et de puissantes amitiés. Les Souverains Pontifes qui se succédèrent dans les trente-deux ans qu'il vécut dans la Ville Éternelle l'honorèrent de leur confiance. Il entretenait les meilleures relations avec Clémentine Sobieski, épouse de Jacques III prétendant au trône d'Angleterre, avec Stanislas roi de Pologne (1), les ducs d'Orléans, de Noailles, plu-

(1) Le portrait de Stanislas, roi de Pologne, qui figure dans la grande salle de la Mairie, ceux des Souverains Pontifes et des cardinaux qui décorent la sacristie de Sainte-Marthe proviennent de l'ancien couvent des Capucins de cette ville et avaient été donnés au Père Chérubin par les divers personnages qu'ils représentent comme un témoignage de leur bienveillance.

Pendant très-longtemps le couvent des Capucins a tenu un rang très-distingué entre les communautés religieuses établies en grand nombre dans ce pays. Parmi les religieux qui l'habitèrent, nous en rencontrons quelques-uns qui appartenaient aux familles les plus honorables : le Père Étienne, de la famille des Raousset-Laudun ; le Père Denis, fils de noble Anselme de Romieu, seigneur de Garron ; le Père Albert, fils de noble Jacques de Lagrange ; le Père Celse, fils de noble Pons de Léautaud ; le Père François, fils de noble Jean de Barrême, juge et viguier ; le Père Archange, fils de noble Jean de Guinet ; le Père Théodose, frère de M. de Bertet, doyen du Chapitre, etc. Tous vécurent dans ce cloître d'une manière très-édifiante et y donnèrent constamment l'exemple de toutes les vertus religieuses. Les Capucins se distinguèrent dans cette ville, aussi bien que dans les autres parties de la Provence, par un dévouement vraiment héroïque dans les diverses invasions du fléau de la peste. Ils avaient donné à Tarascon avec beaucoup de succès diverses missions à l'issue de l'une desquelles fut instituée par eux dans l'église de Sainte-Marthe la grande fête annuelle de l'Adoration du Très-Saint-Sacrement. Ce fut sous le Père Chérubin et par les libéralités de ses illustres protecteurs que cette maison devint le plus florissante. Sa bibliothèque, les reliques et les tableaux servant à la décoration de l'église composaient sa richesse principale. Sa bibliothèque, précieuse par le nombre et le choix des volumes,

sieurs cardinaux et une multitude de grands personnages de diverses nations qui tous professaient pour lui une singulière estime et se plurent la plupart à lui

était la plus remarquable de la ville. Il n'en existe plus aujourd'hui que quelques débris que l'on a joints aux restes de quelques autres anciennes collections pour en former le noyau d'une bibliothèque publique On a transféré dans la salle où elle est renfermée une inscription sur marbre figurant autrefois dans celle des Capucins et par laquelle il conste qu'afin d'assurer la conservation de cette collection si riche, formée par les soins du Père Chérubin, le pape Clément XII avait défendu, sous des peines très-sévères, d'emporter hors de ce lieu les livres que l'on y avait réunis.

Les peintures et les reliques, mieux conservées, sont devenues, sauf quelques exceptions, le patrimoine de l'église de Sainte-Marthe. Pendant son séjour à Rome, le Père Chérubin avait obtenu par le crédit dont il y jouissait plusieurs reliques insignes : entre autres, une épine de la sainte couronne, une parcelle considérable de la vraie croix, quatre corps saints entiers et une foule d'autres reliques toutes authentiques et destinées à son couvent de Tarascon. Il y avait fait ériger une chapelle tout exprès pour les recevoir, et le 30 octobre de l'année 1744 elles y furent solennellement transférées par Mgr de Gontéry, archevêque d'Avignon. Nous avons sous les yeux le procès-verbal de cette cérémonie rendue très-imposante par la présence des consuls et des plus hauts personnages de la ville. Le concours du peuple y fut immense, et l'on n'évaluait pas à moins de dix mille le nombre des personnes que l'on vit à cette occasion s'approcher de la Sainte-Table dans l'église des Capucins. La chapelle des saintes reliques devint dès lors très-célèbre. Les Souverains Pontifes avaient attaché à sa visite de nombreuses indulgences. Le premier vendredi de chaque mois était spécialement consacré à la vénération de ces reliques et tous les ans on célébrait à la même fin un *triduo* solennel.

donner dans plusieurs circonstances les gages les plus sensibles de leur affection. Il est cependant à remarquer à la louange de ce saint religieux que bien qu'il

En 1794 le couvent des Capucins, ainsi que toutes les communautés religieuses, ayant été supprimé, les autorités de la ville demandèrent à celles du département et obtinrent la faculté de transférer ces reliques dans l'église de Sainte-Marthe. Le 18 juin de l'année suivante cette translation eut lieu avec beaucoup de pompe et au milieu d'une affluence recueillie et respectueuse. La chapelle où les reliques furent déposées était celle du *Suffrage*, devenue depuis celle du *Saint-Rosaire*, et comme elle était à peu près de même dimension que celle des Capucins, on y transféra également les armoires où elles étaient renfermées. Ce sont ces armoires qui forment encore, à quelques modifications près, la boiserie de cette chapelle du *Rosaire*.

Quelques mois plus tard, les temps devinrent plus orageux, et M. Jean-Baptiste Reynaud, en ce moment curé de Sainte-Marthe, voulant soustraire ce dépôt sacré aux profanations dont il était menacé, crut devoir le transporter dans un lieu plus sûr. Cette translation se fit très-secrètement et de nuit. M. Reynaud y fut aidé par quelques pieux fidèles dont quelques-uns vivant encore il y a quelques années ont pu en rendre un sincère témoignage. Mais cette opération qui eût demandé beaucoup de temps et d'attention, se fit nécessairement à la hâte, à cause du péril du moment ; et de cette précipitation résulta une certaine confusion dans la disposition des reliques. Elles furent comme entassées sans distinction et sans ordre dans le tombeau du maître-autel de l'église supérieure fermé sur le devant par une grille fixe et scellée dans le marbre, et par derrière par une petite porte dont M. le curé Reynaud garda constamment la clef. Il n'était pas possible de faire mieux, en des circonstances aussi critiques, et c'était beaucoup d'y avoir réussi. Il fut encore fort heureux que le tombeau du maître-autel restât, même aux plus

eût pour ses proches l'attachement que la religion commande, jamais il ne se prévalut des avantages de sa position pour augmenter leur fortune. Pauvre lui-même suivant les prescriptions de la règle qu'il avait embrassée, il laissa sa famille pauvre et n'eut à lui léguer en mourant rien de plus qu'une croix de laiton, l'unique et plus grand trésor qu'il eût jamais possédé. Mais il affectionnait beaucoup le couvent de Tarascon qui avait été le berceau de sa vie religieuse et où il se promettait d'avoir sa sépulture. Il usa donc de son crédit et de tous les moyens en son pouvoir pour embellir cette demeure si chère à son cœur, non point par l'étalage d'un vain luxe qui eût été

mauvais jours de la Révolution, toujours respecté. La Divine Providence ne permit pas que l'on pût soupçonner seulement que ce réduit obscur cachât un dépôt aussi précieux. Il y était resté jusqu'à ces derniers temps ; mais le vaisseau de l'église ayant été restauré, ainsi qu'on l'a vu, par les soins de M. Laval, le successeur de M. Reynaud, M. Honoré Bondon, archiprêtre, pensa qu'il était temps de rendre au culte et à la vénération des fidèles les saintes reliques jusque-là cachées et comme enfouies dans l'obscurité du maître-autel. A cet effet, aidé du concours de ses religieux paroissiens, il fit disposer avec beaucoup de soins et même un certain luxe d'ornementation une nouvelle chapelle des saintes reliques à côté de celle du Rosaire. Ce fut là que, après avoir été soumises à une exacte révision et rangées dans un classement plus normal, elles furent solennellement transférées. Cette cérémonie, présidée par Mgr Chalandon, archevêque d'Aix, eut lieu le 13 mai 1866.

M. le curé Bondon publia dans cette occasion une notice où les faits relatifs aux saintes reliques sont exposés dans tous leurs détails et avec leurs preuves justificatives.

là déplacé plus qu'ailleurs, mais par un genre d'ornements et de richesses qui n'avaient rien d'incompatible avec l'esprit de son institut : une bibliothèque volumineuse et bien choisie; des reliques en grand nombre dont quelques-unes d'un prix inestimable à cause de leur provenance et de leur rareté; enfin toute une galerie de tableaux exécutés par les premiers maîtres et destinés à la décoration de l'église.

L'humble religieux voulut en effet, suivant une pensée digne de sa piété autant que de son esprit, appeler le génie de la peinture à consacrer par des œuvres éclatantes la gloire de la Sainte Hôtesse du Sauveur. Deux artistes célèbres lui offrirent leur pinceau et retracèrent sur des toiles immortelles les scènes principales de la vie et de l'apostolat de Sainte Marthe. Le premier fut Carle Vanloo (1), élève et frère de Jean-

---

(1) Après avoir représenté dans une grande et admirable composition le triomphe de Sainte Marthe, Carle Vanloo voulut donner au Père Chérubin un témoignage très-délicat de ses sympathies. Il peignit dans un cadre de moindre dimension la mort de Saint François; mais il eut soin de donner au séraphique patriarche des traits empruntés exactement à ceux de ce saint religieux. La ressemblance est en effet si parfaite que de tous les portraits du Père Chérubin il n'en est aucun de plus achevé et de plus fidèle. Carle Vanloo ne pensait qu'à un acte de courtoisie, et il avait fait un chef-d'œuvre. Au dire des connaisseurs, ce petit tableau, qui figure dans l'église de Sainte-Marthe, est l'un de ceux qui font le plus d'honneur à ce peintre célèbre et montrent dans le plus beau jour son incomparable talent. Il a été offert par des amateurs jaloux de posséder ce bijou des sommes fabuleuses.

Baptiste, peintre de Louis XV et professeur à l'académie de peinture. En 1730 il peignait à Rome sous les yeux du P. Chérubin ce tableau où notre Patronne se montre posant son pied vainqueur sur le monstre dont elle avait dompté la férocité et enchaîné les fureurs. Cette œuvre magistrale attira, dès qu'elle fut achevée, l'admiration universelle, et valut à son auteur la haute protection du cardinal de Polignac, juge assez compétent du mérite de ce genre d'ouvrages, et à cette époque ambassadeur de France à Rome.

A Carle Vanloo succéda dans ce travail Joseph-Marie Vien, dont le plus bel éloge est dans cette foule d'artistes distingués qui se formèrent par ses conseils et à son école : David, Lemonnier, Girodet, Gros etc., et qui mérita par les luttes qu'il soutint, aussi bien que par ses succès, d'être appelé le restaurateur de la peinture en France. Il fut directeur de l'Académie de Rome et premier peintre du roi Louis XVI. Mais ce fut à ses productions religieuses et principalement à celles que lui avait demandées le P. Chérubin qu'il dut la révélation de son talent et la consécration de sa renommée. Il en était d'autant plus digne que s'il avait déployé dans ce labeur long et difficile les facultés d'un artiste de premier ordre, il y montra aussi une générosité et un désintéressement qui n'honoraient pas moins son caractère. On ne l'apprendra point sans quelque surprise. Il accepta pour les six premiers tableaux faits à l'honneur de Sainte Marthe, une rémunération totale de six cents livres. Pour le septième et le dernier, celui de l'embarquement, fait à Paris en

1750, lorsqu'il avait cessé d'être pensionnaire de l'Académie, il fut un peu plus exigeant. Il demanda 500 livres qu'on ne lui marchanda point. L'auteur des *Monuments inédits*, à qui nous empruntons ces renseignements entre beaucoup d'autres non moins curieux, a donné, dans un autre ouvrage spécialement consacré à l'église de Sainte-Marthe, une description détaillée des sujets peints par Vien (1) et par d'autres qui se

(1) Les sujets traités par Vien classés dans l'ordre de leur date sont : 1º Sainte Marthe recevant Jésus-Christ à Béthanie ; 2º la résurrection de Lazare ; 3º l'arrivée de Sainte Marthe en Provence ; 4º Sainte Marthe prêchant l'évangile à Tarascon ; 5º l'agonie de Sainte Marthe ; 6º ses funérailles.

Ces six tableaux furent faits à Rome dans les années 1747-1748-1749. Celui de l'embarquement qui aurait dû venir l'un des premiers dans l'ordre historique fut exécuté à Paris en 1750. Ce fut ce tableau qui valut à l'auteur son élection comme membre de l'Académie de peinture et une épître en vers très-flatteuse que lui adressa son ami, le poëte Ducis. Il est à remarquer dans cette composition, d'ailleurs admirable, que le peintre s'est inspiré de la croyance, à notre sens erronée, mais vulgaire de son temps, touchant l'embarquement de nos saints patrons, et qu'il s'est éloigné encore de la vérité historique, en donnant à Saint Lazare et à Saint Maximin le costume pontifical des évêques au dix-huitième siècle. Outre les tableaux de Vien, on en compte dans l'église de Sainte-Marthe un assez grand nombre d'autres non moins précieux, entre lesquels ceux de Pierre Parrocel et de Nicolas Mignard tiennent le premier rang. Du dernier, l'on cite une Assomption de la Très-Sainte Vierge qui décore la Chapelle de Notre-Dame-du-Château ou du Saint-Sacrement, et un autre tableau représentant Notre-Seigneur venu à Béthanie pour ressusciter Lazare.

voient dans cette église et l'ont comme transformée en un musée religieux. Il serait en effet difficile de rencontrer ailleurs une collection aussi nombreuse

L'œuvre de Pierre Parrocel est plus considérable. Son tableau le plus remarquable est une grande et magnifique toile ayant pour sujet Sainte Marie-Égyptienne, puis les tableaux de Sainte-Cécile, *(Don de la famille de Léautaud)*, — de Saint-Thomas-d'Aquin, — de Sainte Catherine de Sienne, — de Notre-Dame-du-Peuple, — de l'Annonciation, — de l'adoration des bergers, — du Christ en croix.

A côté des tableaux figure dans la même église une œuvre d'art d'un autre genre, mais qui ne mérite pas moins d'être remarquée. C'est un bas-relief en pierre où Sainte Madeleine est représentée dans une grotte, à demi couchée sur une natte, le bras droit accoudé, la tête penchée sur sa main et les yeux fixés sur un crucifix posé auprès de sa couche. Ce travail que l'on attribue au célèbre Puget peut être comparé aux meilleurs morceaux de la sculpture antique.

Il doit être intéressant pour les lecteurs tarasconnais de savoir comment les tableaux provenant de l'ancienne église des Capucins ont pu être conservés et arriver à la place qu'ils occupent aujourd'hui. Deux fois ces toiles magnifiques ont failli être perdues pour nous ; deux fois des circonstances presque providentielles en ont assuré la conservation. Après la suppression du couvent des Capucins et la clôture de leur église en 1792, ces tableaux furent déposés dans les combles de l'hospice de la Charité. Les plus mauvais jours de la période révolutionnaire ne vinrent que plus tard, et personne heureusement ne songea à retirer ces tableaux du réduit où on les avait placés. Quelques années après, lorsqu'un gouvernement régulier fut sorti du 18 Brumaire, le préfet des Bouches-du-Rhône prit un arrêté prescrivant le transfert de ces tableaux au chef-lieu du département. Cette mesure qui contrariait vivement notre population allait s'exécuter, lorsqu'on eut la pensée de recourir au chef de l'État

d'œuvres d'un si haut prix. Le P. Chérubin fut heureux d'ajouter à cette couronne artistique décernée à Sainte Marthe quelques-uns de ses plus brillants fleurons. Il eut aussi la consolation tant désirée par lui de voir ses derniers jours s'écouler auprès de sa tombe. Protégée et bénie par ce voisinage, la sienne n'était pas loin. Il y descendit, plein d'années et de mérites, le 21 mai 1767, et dans la 79e année de son âge.

Ces nobles exemples de munificence et de piété en-

afin d'obtenir la révocation de la décision préfectorale. Mais la difficulté était d'arriver au premier Consul ou de rencontrer un personnage assez accrédité pour lui exprimer, avec quelque chance de succès, les doléances et les vœux de la population tarasconnaise. Ce personnage se trouva, et ce fut le docteur Larrey, chirurgien en chef de l'armée d'Italie, pour lequel le général Bonaparte avait une affection toute particulière. A l'occasion de son passage à Lyon où il accompagnait le premier Consul, l'un de nos compatriotes, son ancien condisciple et son ami, feu M. André Laudun, médecin attaché alors au soin des blessés de l'hôpital militaire de cette ville, le pria de s'intéresser auprès du général Bonaparte à la cause des Tarasconnais. Son intervention eut un résultat aussi favorable qu'on pouvait le désirer. L'arrêté pris par le préfet Delacroix n'eut pas de suite, et les tableaux nous restèrent. C'est donc aux bons offices du célèbre chirurgien et aux démarches de M. André Laudun qu'est due la conservation de ce trésor. Quand on fut assuré qu'il ne nous serait pas ravi, l'autorité locale mit ces tableaux à la disposition de M. le curé de Sainte-Marthe, à l'exception d'un seul, celui de Carle Vanloo, représentant l'extermination de la Tarasque, que réclama et obtint M. le curé de Saint-Jacques, pour être placé dans son église où il est toujours resté depuis.

vers notre Sainte Patronne n'ont pas été perdus. La tradition s'en est conservée autant que celle de son culte. Peu d'années se passent sans que des offrandes nouvelles, quelques-unes fort riches et venues de bien loin, ne soient déposées à ses pieds comme le témoignage toujours subsistant de la dévotion publique. Les noms de ces pieux tributaires sont au livre de vie. Le jour viendra où leurs aumônes et leurs libéralités seront glorifiées dans l'assemblée des Saints, d'autant plus justement que plusieurs d'entre eux, connus de Dieu seul, ont ajouté au mérite de ces œuvres en les couvrant du voile de leur modestie (1).

(1) La liste des modernes bienfaiteurs de l'église de Sainte-Marthe, de ceux-là même qui n'ont point gardé ou n'ont pu conserver l'anonyme serait bien longue si nous voulions la donner complète. Mais un sentiment de convenance que l'on comprendra sans peine et la crainte de blesser des susceptibilités respectables nous imposent le devoir de ne pas la divulguer.

CHAPITRE SEPTIÈME.

Des grâces particulières et des bienfaits publics obtenus par la protection de Sainte Marthe. — De l'amour et du dévouement du peuple tarasconnais pour sa Patronne.

L'empressement des pèlerins au tombeau de Sainte Marthe, la multiplicité et la richesse de leurs offrandes ont une explication naturelle dans le sentiment de la foi si profond encore et si vivace dans le cœur de nos pères. L'éclat des vertus de notre Sainte relevé à leurs yeux par le souvenir des rapports intimes établis autrefois entre le divin Sauveur et la famille de sa bienheureuse Hôtesse leur inspirait pour elle et ses restes précieux cette religieuse vénération qu'ils se plaisaient à lui témoigner par des présents destinés à orner son temple ou à rehausser la pompe de ses fêtes. Mais ces largesses pieuses n'étaient pas seulement l'hommage de leur respect : la reconnaissance y avait aussi sa part. Ils s'acquittaient ainsi envers leur puissante protectrice d'un devoir d'autant plus sacré que les faveurs obtenues par son intercession de la bonté divine étaient plus signalées et plus nombreuses. C'est aujourd'hui généralement un parti pris de n'accueillir qu'avec un dédain superbe toutes les histoires des temps anciens, pour peu qu'elles choquent les préventions semées dans les esprits par le souffle de l'incrédulité. Il y a dans ce procédé une souveraine injustice ; car si la critique a des droits qu'elle ne peut abdiquer, jamais elle n'aura celui de faire à la mémoire de nos aïeux l'injure de les supposer capables, quand ils racontent des faits dont ils ont été les témoins, d'avoir voulu accréditer des impostures ou de s'être laissés constamment tromper eux-mêmes par des récits fabuleux. De leur temps, on n'avait pas inventé encore la maxime célèbre et pratiquée depuis un peu plus d'un siècle avec un si déplorable succès : *Mentez, mentez hardiment : il en restera toujours quelque chose* (1). La vérité était sacrée à leurs yeux. Donc quand ils nous apprennent que des guérisons miraculeuses ou d'autres faveurs non moins inespérées étaient presque chaque jour obtenues par la protection de Sainte Marthe, lorsqu'ils donnent ces faits pour notoires et comme s'étant maintes fois renouvelés sous leurs yeux, nul n'est autorisé à les révoquer en doute. La certitude historique est tout entière fondée sur cette présomption de sincérité et de bonne foi. Aucune histoire n'échapperait au reproche d'une légitime suspicion, si ces ré-

(1) On sait par qui et dans l'intérêt de quelle cause cette maxime, exprimée avec une cynique effronterie, a été mise en honneur. On sait encore comment elle a été entendue et l'influence qu'elle a exercée sur un trop grand nombre d'esprits. Aussi commence-t-on maintenant à reconnaître que l'histoire telle qu'on a osé l'écrire depuis un certain temps est tout entière à refaire ; car, suivant l'énergique expression du grand Joseph de Maistre, elle n'a guère été autre chose qu'une *perpétuelle conjuration contre la vérité.*

cits de faits contemporains constants, unanimes, invariables sur un même point, pouvaient généralement et d'une manière absolue être répudiés comme entachés d'erreur ou de mensonge.

Contre cette théorie une objection s'élève. Comment se dit-on, et pourquoi ces prodiges autrefois si fréquents sont-ils devenus si rares aujourd'hui ? Ce que nos pères ont cru, ce qu'ils nous ont raconté, nous le croirions comme eux, s'il nous était donné de voir ce qu'ils ont vu. Déjà nous avons touché cette difficulté. Cette rareté de miracles ne doit infirmer en rien la foi due aux récits que nous ont transmis nos ancêtres. Si nous ne voyons point aussi souvent se renouveler ces éclatantes manifestations de la puissance de Dieu et de celle de sa Sainte Hôtesse, ce n'est pas que ce pouvoir surhumain d'où elles émanaient ait été affaibli, moins encore épuisé. Ce que nos pères ont vu, la Providence se plaît encore, malgré la défaillance chaque jour progressive du sentiment religieux, à nous le montrer quelquefois, et par des signes si évidents, qu'ils portent avec eux la preuve visible aux yeux de tous, que ni le crédit de Sainte Marthe ni sa bonté pour ceux qui l'invoquent n'ont été diminués.

On ne doit pas attendre ici l'énumération exacte et détaillée de toutes les grâces obtenues par son intercession. Dans leur nombre il en est beaucoup d'un ordre particulier dont le secret n'est connu que de Dieu seul et de ceux à qui ces faveurs ont été accordées. Descendez dans le sanctuaire où se conservent les restes vénérés de notre Sainte Patronne : chaque jour et à toute heure, vous y rencontrerez des fidèles pieusement agenouillés au pied de sa tombe. Ils y sont venus, quelquefois de fort loin, lui adresser leurs vœux, lui exposer leurs besoins et leurs peines. Demandez à l'un ou à l'autre de ces suppliants le motif de sa confiance, et qu'il vous dise si elle a été souvent trompée. Demandez-lui si dans sa personne ou dans le sein de sa famille, toujours au fond de son âme, ne s'est pas fait sentir l'effet de la bénédiction que son ardente prière avait sollicitée. Mais en dehors de ces merveilles qui pour ne point tomber sous les sens ou n'avoir pas été éclairées toutes du grand jour de la publicité, n'en sont pas moins réelles, il en est d'autres, et d'une date assez récente, qui ont fourni la démonstration, en quelque sorte palpable, de la puissance accordée par Dieu à sa Sainte Hôtesse.

C'est ici le lieu de rapporter le mémorable événement dont son église fut le théâtre le neuf mai de l'année 1820. Il n'y manqua aucune des circonstances qui autorisent à le considérer comme miraculeux, et toutes furent garanties par des témoignages qui en établissent la parfaite certitude. Le souvenir en est vivant encore ; car un grand nombre des personnes qui ont vécu avec celle qui éprouva d'une manière si sensible la vertu de la protection de Sainte Marthe, confirmeraient au besoin la réalité de ce prodige.

Ce récit sera plus touchant et plus expressif dans sa naïveté originale qu'il ne le serait sous notre plume. La source d'où il émane y attachera un intérêt nouveau, et le lecteur, nous en sommes sûrs, partagera l'émotion que nous avons éprouvée quand cette relation est tombée sous nos yeux pour la première fois.

« Nous soussignés, Jean-Baptiste Bernavon aîné
« négociant, et Thérèse Claire Julie Bonfilhon, son
« épouse, domiciliés à Beaucaire, département du
« Gard, pénétrés de reconnaissance envers la divine
« Providence, et voulant rendre hommage à la vérité,
« déclarons et attestons :

« Que notre fils, Alphonse Bernavon, âgé de dix
« ans, fut atteint dans le mois de novembre dernier
« d'une maladie qui commença par des convulsions et
« fut suivie d'une paralysie générale. Qu'à la suite
« d'un traitement fait par M. Blaud dont les talents
« sont connus, il se servit, deux mois après, de ses
« bras et recouvra l'usage de sa langue, sans pouvoir
« néanmoins se soutenir sur ses jambes, qui restèrent
« paralysées jusqu'au 9 mai, mois courant. Que ce
« jour, il fut entièrement rétabli par l'effet d'un mi-
« racle opéré à Tarascon, dans l'église souterraine où
« est déposé le tombeau de Sainte Marthe ; et que c'est
« par son intercession, que notre fils invoqua avec fer-
« veur, qu'il obtint sa guérison, ainsi qu'on le verra
« par le récit que nous allons faire.

« Cet enfant, ayant beaucoup de piété, ne man-
« quait pas de dire tous les jours ses prières ordinai-
« res et celles du Saint Sacrifice. Il s'abstint de man-
« ger gras le carême, quoique cela fût contraire à sa
« maladie, et malgré l'ordre du médecin. Il suppor-

« tait son mal patiemment et sans s'inquiéter. Ayant
« appris que le tombeau de Sainte Marthe à Tarascon
« était superbe, qu'elle était représentée en marbre
« sur ce tombeau, et qu'elle avait fait des miracles,
« il demanda de suite d'y être transporté, étant as-
« suré d'obtenir sa guérison, en baisant ses pieds. Il
« ne cessa pendant deux jours de demander avec beau-
« coup d'instances qu'on l'y portât. Nous cédâmes à sa
« demande et le mîmes dans une voiture, le neuf mai,
« accompagné par nous, son père et sa mère, et par
« la domestique de la maison. Arrivés devant la porte
« de l'église de Sainte-Marthe à Tarascon, vers les
« quatre heures de l'après-midi, la domestique le prit
« aux bras, et le porta dans l'église, en nous sui-
« vant. Après avoir adoré Dieu, ainsi que le Christ
« qui est en face de l'escalier descendant à l'église
« souterraine de Sainte-Marthe, il fut porté dans la
« dite église. D'abord on le soutint à genoux ; et
« dans cet état il fit sa prière à Sainte Marthe, afin
« qu'elle lui obtînt auprès de Dieu sa guérison. On le
« releva ensuite pour lui faire baiser les pieds et les
« mains de la Sainte. Un instant après, il dit à la do-
« mestique qui le portait aux bras de le mettre à
« terre, qu'il croyait pouvoir se tenir debout, ce que cel-
« le-ci fit en l'appuyant contre le tombeau qui est assez
« élevé. Il se tint en effet droit sur le champ, et mar-
« cha ensuite sur l'un des côtés du tombeau à notre
« grande admiration. Nous versâmes des larmes de
« joie, ainsi qu'un femme de Tarascon qui était pré-
« sente, et qui avait eu la bonté de joindre ses prières

« aux nôtres, pour un miracle aussi prompt qu'écla-
« tant. Nous en témoignâmes notre plus vive recon-
« naissance à Dieu et à Sainte Marthe, en redoublant
« nos prières.

« Au sortir de l'église souterraine, le jeune Al-
« phonse marcha et monta les escaliers pour venir
« dans l'église, étant à peine soutenu par les bras, et
« alla se reposer dans une maison voisine. Il arriva
« ensuite à Beaucaire, où il causa la plus grande et
« la plus agréable surprise à sa famille et à tous ceux
« qui l'avaient vu dans un état si pitoyable. Il est de-
« puis très-raffermi et fait des marches très-longues.

« Fait à Beaucaire, le 20 mai 1820.

« Bernavon aîné — Bonfilhon Bernavon. » (1)

L'écriture de ce document est bien certainement de la date qu'il porte. L'esprit qui le dicta et qu'il respire sont d'un autre temps. S'il est vrai que le *style soit l'homme*, il est clair que ces lignes ont été tracées de la main d'un *antique* chrétien. Elles sont signées ; mais ne le fussent-elles point, on y reconnaîtrait visiblement le cœur d'un père et d'une mère. Et que dire

(1) Dans l'enquête ouverte à l'occasion de cet événement, le médecin qui avait donné des soins à cet enfant, homme très-honorable et des plus estimés parmi ceux de sa profession, joignit son témoignage écrit à ceux du père et de la mère du jeune Alphonse. D'autres personnes, entre lesquelles un magistrat, toutes également considérées, et qui avaient pu constater la situation du malade, parce qu'elles venaient presque journellement dans sa maison, donnèrent aussi des attestations concordant toutes exactement avec le récit du père et de la mère.

de la ravissante physionomie de l'enfant héros de cette scène ? Voyez le : il a dix ans, mais bien que sa raison soit dégagée des ignorances du premier âge, il en a conservé la candeur, l'ingénuité et jusqu'aux innocentes faiblesses. On lui a parlé du tombeau de Sainte Marthe, qui est superbe ; et il a une envie démesurée de le voir. Ce n'est point un intérêt de pure curiosité qui excite dans son cœur ce désir ; car cet enfant est un ange, il ne manque jamais de réciter ses prières ordinaires et celles du Saint Sacrifice. Quoique malade, et malgré l'avis de son médecin, il s'impose volontairement des abstinences dont la loi elle-même, d'après son universelle interprétation, semble le dispenser. Au milieu de ses souffrances, il montre une parfaite résignation, et le calme de son esprit reste toujours inaltérable. Mais il a au cœur une pensée : elle n'y est point venue par une inspiration étrangère, si ce n'est celle du ciel. Il veut qu'on le porte au tombeau de Sainte Marthe. Il insiste et par les supplications les plus vives, pour obtenir cette satisfaction. Si elle lui est accordée enfin, il se tient assuré de sa guérison. Un sentiment qui ne le trompe point lui garantit l'accomplissement de cette espérance. Elle ne fut point déçue. L'enfant du miracle vécut et grandit. Chaque année, le jour de la fête de Sainte Marthe, et tandis que son image était, selon l'usage, portée triomphalement dans les rues de la cité, on voyait le pieux jeune homme, tenant dans les mains un flambeau, symbole de son amour et de sa reconnaissance, se presser sur les pas de sa libératrice, et par cet acte public et solennel de sa foi, donner aux yeux de tous la démonstration la plus éclatante du bienfait dont il avait été favorisé.

Les miracles, dit-on, sont rares aujourd'hui au tombeau de Sainte Marthe. Mais, on peut en être certain, ils seraient plus fréquents si ceux qui les demandent et se plaignent de ne plus les voir se rendaient dignes de les obtenir par d'aussi saintes dispositions.

Nous avons à enregistrer maintenant d'autres traits non moins signalés de la protection de notre Sainte Patronne. Ils méritent d'autant plus d'être remarqués, que ce ne sont plus des grâces particulières accordées à la dévotion des individus, mais des faveurs dont le profit a été général et qui eurent tous les caractères d'un bienfait public.

Une chose frappe tout d'abord ici. En des temps et en des pays bien éloignés des nôtres, on a généralement attribué à l'intercession de Sainte Marthe une vertu préservatrice contre certains fléaux, et particulièrement celui de la peste. Le cardinal Torquemada, auteur espagnol du XVe siècle, plaçait en tête de son exposition des Psaumes une prière adressée dans ce but à l'Hôtesse de Jésus-Christ. Un peu plus tard, le fameux Jérôme Savonarole, qui vivait à Florence, répétait la même prière et l'insérait au commentaire du Psaume 77.

C'était en effet alors une opinion très-accréditée que lorsque Notre-Seigneur apparut à Sainte Marthe au moment de son agonie, il lui accorda cette insigne prérogative, et lui promit de ne refuser jamais à son intervention l'éloignement ou la cessation de ces fléaux.

Remarquons encore qu'en l'année 1865, lorsque l'on craignait à Rome l'invasion de cette terrible épidémie qui a désolé successivement depuis un peu plus d'un quart de siècle toutes les contrées de l'Europe, le Maître du Sacré-Palais permit que l'on imprimât et qu'on répandît parmi les fidèles une invocation à Sainte Marthe afin d'obtenir par sa protection d'être préservé du *choléra*.

S'il est permis de ne pas tenir pour rigoureusement démontrée la vérité de cette promesse de Notre-Seigneur à notre Sainte Patronne, des faits certains, positifs, renouvelés souvent, ne laissent pas douter que la ville de Tarascon a dû beaucoup, dans les temps les plus calamiteux, à ce puissant patronage. Quand la terreur et la désolation régnaient dans son voisinage, elle a été souvent épargnée ; et lorsqu'elle a eu sa part dans les désastres publics, la Providence la lui a faite relativement si minime, qu'à bon droit elle a pû être considérée comme une ville véritablement prévilégiée.

Les années 1629-1639-1640-1649-1650 et surtout celle de 1720 ont laissé dans l'histoire Provençale une trace bien lugubre. A ces diverses époques les populations de ce pays eurent à souffrir cruellement des ravages de la peste. Mais il est singulièrement intéressant de voir dans les mémoires du temps, ainsi que dans les relations officielles, quel fut, en ces circonstances lamentables, le sort réservé aux habitants de cette cité. Suivant les données de la *Statistique du Département* elle en comptait environ 13,000 au milieu du XVIIᵉ siècle. Au commencement du siècle suivant, ce chiffre tomba à 10,000. Or dans les quatre premières invasions du fléau, la population tarasconnaise fut entièrement préservée. Elle fut atteinte en 1650, mais sur un nombre de 13,000 habitants qu'elle comptait alors, la contagion ne lui ravit en tout que 15 victimes (1).

Dans l'année si tristement mémorable de 1720 qui a gardé dans nos annales le nom sinistre de *l'an de la peste*, les pertes furent plus sensibles : 210 personnes furent enlevées à Tarascon par le fléau dévastateur. Mais veut-on savoir dans quel rapport et quelles proportions ce contingent se balançait avec les pertes essuyées dans les pays voisins ? Suivant un récit authentique (2), la ville de Marseille, sur une population de 100,000 habitants, en perdit 50,000 ; celle d'Aix, 7,000, sur 24,200 habitants ; Arles, 7,000, sur 24,400 ; Saint-Remi, 996, sur 2,500 ; Les Martigues, 2,150, sur 13,000 ;

(1) Ancienne Vie de Sainte Marthe, par M. Bertet, édit. de Lyon pages 289-300.

(2) *Statistique du Département des Bouches-du-Rhône*, tome III. p. 352. Nous devons ajouter ici que suivant une note manuscrite extraite des papiers de feu M. Dusau, le nombre des victimes de la peste de 1650 fut de 80. Celle de 1720 se déclara dans le courant de décembre de cette année, et finit dans le courant d'août de l'année suivante. C'est dans cet espace de 8 mois ou de 224 jours que s'échelonnent les 210 décès constatés par toutes les relations.

Salon, 700, sur 3,600. Et à Tarascon, sur une population de 10,000 personnes, 210 seulement succombèrent. C'était trop déjà sans aucun doute. Mais qui ne serait frappé d'une si étonnante disproportion ? Essaierait-on de l'expliquer par l'influence de certaines causes purement naturelles ? Cette explication serait démentie hautement d'abord par le témoignage contemporain de la conscience publique dont un écho fidèle est arrivé jusqu'à nous. Le texte et la date en ont été conservés dans nos Archives communales. Nous y lisons que, par une délibération du 2 octobre 1650, notre Conseil Municipal, organe en cette occasion du pays tout entier, attribuait expressément le salut du peuple à la protection de Sainte Marthe ; il lui votait pour ce motif des actions de grâces solennelles, et décidait en même temps qu'une somme de 1000 livres, gage de la reconnaissance publique, serait consacrée à son culte. Dix ans auparavant un fait bien plus significatif encore s'était passé. En 1640, la ville de Beaucaire, séparée de la nôtre seulement par le Rhône, fut maltraitée horriblement par les ravages de la contagion. Épreuve d'autant plus douloureuse, qu'à la même époque et sur la rive opposée, la santé publique n'avait subi aucune altération ! Nos infortunés voisins ne se méprirent point sur les causes véritables d'un contraste aussi affligeant ; d'une voix unanime, ils réclamèrent le secours de notre grande protectrice, et le ving-neuf juillet de cette année, jour de sa fête, ils obtinrent que son buste et ses reliques fussent exposés sur le massif qui s'élève au milieu du fleuve.

Il dut être d'une solennité bien imposante le spectacle qui s'offrit en ce moment à tous les regards, et figurer un tableau d'une grande et sévère beauté. Sur les deux rives oposées se réunit un peuple immense ayant à sa tête ses magistrats, ses prêtres, et tout ce qu'il compte dans son sein de citoyens les plus honorables. Dans les rangs pressés de cette multitude règne un morne silence. Sur tous les visages se lit le sentiment de la consternation produite par le souvenir des maux que l'on a soufferts déjà, et l'appréhension de ceux que l'on redoute. Puis tout à coup et au milieu de ce large encadrement apparait l'image resplendissante de la Vierge de Béthanie. A son aspect, tous les yeux se remplissent de larmes ; toutes les mains s'élèvent suppliantes vers le ciel d'abord et ensuite vers cette image tutélaire qui semble en être descendue pour être offerte à tous comme le signe consolateur d'une suprême et commune espérance. Cette journée fut en effet pour la ville de Beaucaire celle de sa rédemption et le terme de son deuil. A dater de ce moment, le glaive de l'ange exterminateur échappé de ses mains cessa de frapper de nouveaux coups dans cette ville désolée (1).

(1) *Ancienne Vie de Sainte Marthe*, p. 290. Dans l'invasion de la peste, en 1720, on vit les habitants de la ville de Beaucaire invoquer, comme dans le siècle précédent, la protection de Sainte Marthe et en ressentir les mêmes effets. (Voir les *Nouvelles recherches historiques sur la ville de Beaucaire*. par M. le Chevalier de Forton, p. 302.)

Les deux villes de Tarascon et de Beaucaire si rapprochées l'une de l'autre ont toujours entretenu des relations de bon voisinage. En 1562 les Huguenots s'étant rendus maîtres absolus

De nos jours, et en des circonstances analogues nous avous vu se renouveler, avec moins d'éclat mais d'une manière aussi sensible, un phénomène semblable. Depuis l'année 1834, presque jusqu'à ces derniers temps, la Provence a été visitée successivement

dans la seconde et l'ayant saccagée, les catholiques Beaucairois trouvèrent auprès des Tarasconnais l'accueil le plus empressé et un asile où leurs persécuteurs n'essayèrent pas de les pourchasser. Ils purent même, avec le concours de leurs généreux voisins, y organiser contre les protestants de Beaucaire une expédition qui aurait pleinement réussi, si elle eût été mieux concertée et conduite avec plus de prévoyance. Le Viguier de Tarascon, Pomet Durand, leur permit d'y recruter un corps de 1600 hommes revêtus de casaques blanches en forme de chemises et qui s'étaient donnés pour mot de ralliement Sainte *Marie Madeleine*. Dans la nuit du 10 juin de cette année cette petite armée traversa le Rhône en silence et fondit à l'improviste sur la porte Beauregard. Cette attaque inattendue fut si impétueuse que ce poste fut emporté presque sans coup férir. De là les assaillants poursuivirent dans la ville leur marche victorieuse, renversant sur leur passage tout ce qui leur faisait obstacle. Malheureusement les catholiques enivrés de leur succès oublièrent que le château de Beaucaire était occupé par leurs ennemis. Rien n'eût été plus facile que de les en déloger ; car cette forteresse n'était défendue que par une faible garnison. On ne songea pas à l'attaquer. Le commandant du château sut mettre à profit cette faute. Il eut le temps d'appeler et d'obtenir des secours. Dès qu'ils lui furent arrivés, il descendit dans la ville pour en chasser les vainqueurs de la veille. La lutte fut longue et acharnée. Les catholiques y perdirent 1200 des leurs. Enfin, il fallut céder au nombre, et les survivants de cette boucherie retournèrent à Tarascon où ils trouvèrent de nouveau un refuge en attendant des temps meilleurs.

et à des intervalles très-rapprochés les uns des autres par une épidémie importée, comme celles d'autrefois, des régions de l'Orient, et qui a été presque également désastreuse. On ne saurait oublier l'épouvante dont nos voisins de la ville d'Arles ont été saisis chaque fois que ce terrible fléau s'est déclaré chez eux. On les a vus déserter en masse leurs foyers et chercher sous un autre climat une sauvegarde contre le péril qui menaçait leur vie. Cette antique cité, quoique réduite à un tiers de sa population ordinaire, n'en a pas moins été frappée et a payé largement son tribut à la contagion. Ici, et à quelque pas seulement de cette ville, sous l'influence des mêmes lois climatériques, rien de pareil ne s'est rencontré. Les habitants de Tarascon n'ont, pour la plupart, à des époques aussi critiques, rien changé à leurs habitudes. Ils sont restés tranquilles dans leurs demeures, voyant en quelque sorte le fléau passer sur leurs têtes, sans les atteindre. Quelques-uns en ont été les victimes; mais en si petit nombre que ces malheurs accidentels, quoique toujours déplorables, n'ont servi qu'à mettre dans une plus grande évidence la situation tout exceptionnelle faite à ce pays dans ces circonstances douloureuses. A quoi donc ont tenu cette exception et la sécurité dont nous avons joui tant qu'ont duré ces jours néfastes ? La réponse est dans toutes les bouches, comme le souvenir en est resté dans tous les cœurs. Du haut du trône que ses enfants lui avaient érigé dans son sanctuaire, notre Sainte Patronne veillait sur eux avec une maternelle sollicitude. Autant que d'autres, peut-être, ils avaient mérité les châtiments du ciel. Elle opposait à ses justes vengeances la puissance de sa médiation, et obtenait pour les coupables grâce et miséricorde.

Mais s'il est d'autres fléaux plus redoutables dans leurs conséquences matérielles que celui des épidémies, il est aussi d'autres bienfaits plus précieux encore dont notre cité est redevable à sa protectrice.

Entre ces diverses calamités qui peuvent affliger un peuple, aucune n'est épouvantable au même degré que celle des guerres civiles, terribles plus que jamais quand elles sont fomentées par des dissensions et des querelles religieuses.

Voyez le spectacle qu'à deux périodes différentes et dans une longue suite d'années nous offre l'histoire de ces contrées méridionales, au temps des Albigeois d'abord, et trois siècles plus tard sous l'action de l'esprit réformateur et des doctrines de Calvin. Quelle confusion, grand Dieu! que de profanations et de sacriléges! que de dévastations et de ruines! quel déluge de sang! quelles atrocités dans ces actes de vengeances! Et remarquez-le bien, il n'était pas loin de nous le théâtre de ces luttes fratricides. C'est dans le Languedoc, dans une partie de la Provence, jusqu'à nos portes et dans cette ville qui n'est séparée de la nôtre que par le fleuve qui baigne nos rivages, que le démon de la discorde agitait ses fureurs. Comment s'est-il donc fait qu'au milieu de cette conflagration générale, et tandis que le foyer de l'incendie était si proche, jamais une étincelle n'en soit tombée dans notre pays?

Comment et par quelle cause ce fléau des guerres religieuses qui a laissé dans ceux du voisinage, après les avoir si longtemps et si cruellement ravagés, un ferment d'où pourraient jaillir encore des calamités nouvelles, pour peu que les circonstances aidassent à son explosion, comment et par quelle cause ce fléau a-t-il été, même aux époques (1) les plus périlleuses, tou-

(1) La ville de Tarascon fut presque la seule parmi celles de Provence qui, au temps de la Ligue, resta fidèle au parti du roi. Par cette attitude elle s'aliénait l'affection de tous ses voisins et semblait se rapprocher du parti protestant. Mais sa fidélité au devoir politique ne lui fit pas oublier ses devoirs religieux. Autant fut-elle attentive à éloigner de ses murs les ennemis du Prince; autant et plus fut-elle soigneuse d'en repousser les sectaires ennemis de sa foi.

Au temps de la guerre des Albigeois, la ville de Beaucaire eut à soutenir contre Simon de Montfort un siége long et meurtrier. Dans la seconde moitié du XVIe siècle cette ville infortunée n'eut pas moins à souffrir à la suite de l'introduction dans ses murs du culte réformé. On peut lire dans les historiens du temps les détails douloureux de ses longues tribulations à cette époque : la division et le schisme au sein de ses familles les plus honorables ; la dévastation de ses édifices sacrés ; l'exil et la proscription d'un grand nombre de ses citoyens ; ses rues et ses places publiques transformées en champs de bataille ; le frère armé contre le frère etc ; les mêmes désordres et de plus grands malheurs se produisant dans le reste du Languedoc et certaines contrées de la Provence.

L'antagonisme religieux, cause de ces calamités, a depuis assez longtemps cessé dans la ville de Beaucaire par l'extinction graduelle et aujourd'hui à peu près absolue de l'une des parties belligérantes. Mais il s'est perpétué, il subsiste encore aussi vivace qu'au commencement, en d'autres pays où il pourrait,

jours inconnu dans notre cité? Ce fait si extraordinaire a sans doute son explication. Il n'est pas difficile de la trouver, car elle saute aux yeux de quiconque sait y voir. Ce pays a été préservé de ce malheur parce qu'il n'a jamais eu celui de perdre sa foi. La Sainte Hôtesse de Jésus-Christ qui la lui avait annoncée a veillé à sa conservation. Elle n'a jamais permis qu'on lui en prêchât une autre, que l'on y dressât un autel rival en face de l'autel qu'elle-même avait érigé ; que l'on y publiât enfin un évangile différent de celui dont elle avait été le premier apôtre. Heureux eussent été nos voisins si, résistant au charme trompeur de l'innovation et à l'attrait non moins décevant de la liberté de penser, ils avaient eu, comme nous, la sagesse ou le bonheur de conserver sans altération le dépôt de leurs antiques croyances ! Heureuse la ville aimée du ciel qui a dû à la protection constante de sa Patronne de garder toujours inviolablement les saintes traditions du culte primitif, et par là d'échapper aux châtiments qu'ont attirés sur d'autres leurs défections et leurs apostasies ! Cette tombe qu'elle vénère, après avoir été ainsi sa pierre fondamentale, lui est restée comme son *Palladium*, sa sauvegarde, le gage permanent de la sécurité et de la paix publiques.

Aussi la dévotion à Sainte Marthe, en quelque sorte

en se réveillant dans certaines circonstances données, amener le retour des mêmes catastrophes.

La ville de Tarascon, quoique voisine du théâtre de ces luttes, a dû à la protection de sa Patronne dont elle a gardé toujours inviolablement la foi, d'échapper à ces cruelles épreuves.

naturelle au cœur de ses enfants, n'y est pas seulement comme une impression de respect religieux ; elle y a toute la puissance, l'ardeur et l'énergie d'un sentiment patriotique.

Ainsi lorsqu'en 1563 les États de Provence, dans la vue de prévenir une profanation qu'ils croyaient imminente, statuèrent que les reliques de Sainte Marthe seraient tranférées à Marseille ou dans un autre lieu pour être soustraites aux entreprises des Huguenots du Languedoc, la ville de Tarascon ne voulut, à aucun prix, souscrire à cette décision, ni se dessaisir, ne fût-ce que momentanément, de l'inestimable trésor quelle possède. Par deux délibérations successives du 25 et du 30 mars de cette année, son Conseil Municipal déclara péremptoirement qu'il ne lui serait jamais ravi ; que la population tout entière, sans distinction de rang et de condition, se liguerait au besoin pour en assurer la conservation ; que tous les habitants se rendaient sur leurs personnes, leurs biens et leur vie, caution *pleiges* et *fidéjussaires* de la sûreté de ce dépôt.

Et cette déclaration si courageuse ne fût pas restée, le cas échéant, une lettre morte. On l'aurait vue cette population fidèle se lever, au premier signal, comme un seul homme, se ranger en bataille autour du sépulcre de l'Hôtesse de Jésus-Christ et lui faire de la poitrine de ses enfants un rempart inexpugnable contre les agressions de l'hérésie ou de l'impiété. Tel il se montrerait encore ce peuple, s'il fallait, aux mêmes risques et aux mêmes périls, défendre cette tombe sacrée ; car le nom de Marthe correspond au cœur de tous, même de ceux qui peuvent paraître les plus indifférents à leurs affections les plus chères et les plus intimes. Ils n'ont jamais eu, grâce à Dieu, ils n'auront jamais, il faut l'espérer, à lui donner un pareil gage de leur dévouement; mais dans toutes les autres occasions qui se sont rencontrées, combien touchantes en ont été les manifestations ! Parmi tant d'autres que nous pourrions citer, il en est une d'une date assez récente et que nous ne saurions nous empêcher de signaler ici, parce qu'elle nous semble avoir été l'une des plus édifiantes expressions du sentiment public.

A la suite de l'une de ces dernières épidémies qui avait frappé cruellement les populations du voisinage, et lorsque la cessation complète du fléau eut dissipé les craintes que l'on avait eues d'abord de le voir envahir ce pays, le pieux pasteur de cette église eut la pensée de consacrer par une institution durable le souvenir de ce bienfait accordé à son peuple par son auguste protectrice, et de lui offrir en même temps un témoignage permanent de sa gratitude.

Il proposa donc aux fidèles tarasconnais de former entre eux une association composée de personnes en nombre égal à celui des jours de l'année. Chaque jour, l'une d'elles, en son nom, et en celui de la ville entière, ferait brûler, auprès du tombeau de Sainte Marthe deux cierges, symbole de l'amour et de la dévotion publiques ; de telle sorte que cette démonstration de la piété commune se continuât à toute heure et ne subît jamais d'interruption.

Cette pensée était dans les sympathies de tous. Tous aussi l'accueillirent avec un religieux empressement. Une difficulté seulement sembla s'opposer d'abord à son exécution ; car il était regrettable que le nombre des jours de l'an n'égalât point celui des personnes réclamant chacune à l'envi la faveur de faire partie de cette pieuse association. Mais enfin on s'entendit : il fut décidé que l'on doublerait, au besoin, et à certains jours le nombre des cierges offerts par la dévotion publique ; et depuis ce moment, la Sainte Hôtesse du Sauveur n'a pas cessé de recevoir cet hommage journalier de la piété de ses enfants. Puisse-t-il, en se perpétuant, attirer constamment du ciel sur ce pays d'aussi abondantes bénédictions ! Puisse cette tombe chérie, gloire de cette cité, y être entourée toujours des mêmes respects, et y rester jusqu'à la fin des temps comme la plus sûre garantie de la conservation de la foi, de la religion, de la prospérité et de la paix publiques !

FIN DE LA DEUXIÈME PARTIE.

PIÈCES JUSTIFICATIVES

PIÈCES JUSTIFICATIVES.

LES MONUMENTS ÉCRITS.

§. 1.

RÉCIT DE L'EMBARQUEMENT ET DU VOYAGE DES APOTRES DE LA PROVENCE.

Dès le début de cet ouvrage nous avons remarqué dans la narration de nos faits traditionnels, telle qu'elle nous est présentée dans la plupart des *Monuments écrits*, que ces récits, uniformes et constants sur la substance des faits, laissent voir entre eux des variantes assez sensibles dans l'exposition de leurs circonstances accessoires. De cette uniformité nous avons tiré la preuve que ces variantes elles-mêmes, ne portant que sur des points accidentels, loin de nuire à la certitude des faits principaux, en sont plutôt la confirmation.

Elles s'expliquent d'ailleurs par cette considération que la tradition provençale, pure à son origine, a été altérée dans le laps du temps; et ç'a été son plus grand malheur. Car ce sont ces altérations qui l'ont le plus gravement compromise et ont failli la perdre, en la rendant par ces travestissements un objet de ridicule. Tout le monde en convient et le reconnaît aujourd'hui.

Afin de faire mieux ressortir la vérité de ces observations, nous allons mettre en présence sous les yeux du lecteur ceux de ces récits qui ont le plus d'importance, c'est-à-dire ceux qui se rattachent au départ, à l'embarquement et au voyage de nos Saints tutélaires. Nous aurons ainsi l'occasion de constater cette uniformité, et en même temps de dégager, autant qu'il se pourra, la vérité des erreurs qu'une piété enthousiaste mais indiscrète ou mal instruite y a mêlées.

Le premier de ces documents doit avoir une grande valeur. Car, suivant les appréciations de l'auteur des *Monuments inédits* qui l'a découvert et mis en lumière, la date en remonterait au Ve, ou au plus tard, au VIe siècle.

Il s'agit des anciens Actes de la vie de Sainte Madeleine (1) qui ont servi manifestement de modèle et de type à un assez grand nombre d'autres récits du même genre où on les voit reproduits textuellement, quelquefois avec des additions ou des commentaires qui n'en changent pas essentiellement le fonds.

Raban lui-même, ou soit l'auteur qui porte son nom, a fait à ces anciens Actes de nombreux emprunts et les a littéralement insérés dans son texte.

Pour plus d'exactitude, nous allons donner les anciens Actes de la vie de Sainte Madeleine dans la traduction qu'en a faite l'auteur des *Monuments inédits*.

(1) Voir les *Monuments inédits*, tome II. page 433 et suiv.

Cette Vie qui est fort abrégée est précédée d'un prologue ainsi conçu :

« Quoique la plupart aient sous la main l'his-
« toire plus étendue qui rapporte comment Sainte
« Marie-Madeleine, par l'ordre de la divine bonté,
« passa la mer avec Saint Maximin, et arriva dans
« le comté d'Aix au royaume de Provence, *comme il*
« *est raconté dans la Vie de ce saint Évêque même*, ce-
« pendant nous avons eu soin de publier ce petit
« abrégé, afin que ceux à qui la connaissance de
« cette Vie plus étendue ne serait point parvenue
« sachent au moins par cet écrit la vérité de ce qu'elle
« contient. »

Il est clair, par ce préambule, que cet abrégé de la vie de Sainte Madeleine, composé, suivant M. l'abbé Faillon, au Ve siècle, avait été extrait fidèlement d'une Vie de Saint Maximin plus étendue, et *antérieurement* écrite.

Puis l'auteur de cet abrégé continue en ces termes :

« Après la gloire de la Résurrection du Seigneur,
« le triomphe de son Ascension et la mission de l'Es-
« prit Paraclet qui remplit le cœur des disciples en-
« core tremblants par la crainte des maux temporels,
« et leur donna la science de toutes les langues, ceux
« qui croyaient étaient tous avec les Saintes Femmes,
« et avec Marie, la Mère de Jésus, comme le raconte
« Luc l'évangéliste. La parole de Dieu se répandait
« et le nombre des fidèles croissait tous les jours ;
« en sorte que par la prédication des Apôtres plu-
« sieurs milliers de personnes obéissaient à la parole de

« la foi et se dépouillaient de leurs biens. Car per-
« sonne parmi eux n'avait rien en propre ; mais tous
« leurs biens étaient en commun, ayant entre eux un
« même cœur et une même âme. Les prêtres des
« Juifs avec les Pharisiens et les Scribes enflammés
« donc du feu de la jalousie excitèrent la persécution
« dans l'Église, mirent à mort Saint Étienne, le
« premier Martyr, et chassèrent de la Judée presque
« tous les témoins de Jésus-Christ.

« Pendant que la tempête de la persécution exer-
« çait ses ravages, les fidèles qu'elle avait dispersés
« se rendirent dans divers lieux du monde que le Sei-
« gneur leur avait assignés à chacun, annonçant la pa-
« role du salut aux Gentils. *Avec les Apôtres* était alors
« le bienheureux Maximin, l'un des soixante-dix dis-
« ciples, personnage recommandable par l'intégrité
« parfaite de ses mœurs, et illustre par sa doctrine et
« le don d'opérer des miracles. Sainte Marie Made-
« leine qui demeurait dans la compagnie (1) de Saint
« Maximin, comme la bienheureuse Marie toujours
« vierge, dans celle de Saint Jean l'Évangéliste à qui
« le Seigneur l'avait confiée, s'abandonna à la solli-
« citude religieuse de ce saint disciple. C'est pour-
« quoi, dans cette dispersion, Sainte Madeleine s'étant
« *associée à lui, ils se rendirent jusqu'à la mer* (2) et

(1) Le texte latin porte *contubernio*, ce qui indique que Sainte Madeleine et Saint Maximin vivaient sous le même toit.

(2) On lit dans le texte original : *Iter perrexerunt ad mare. Ascendentes navim* ; littéralement : *Ils prirent leur chemin vers la mer, et montant sur le vaisseau* etc.

« *montant sur un vaisseau*, ils arrivèrent heureuse-
« ment à Marseille. »

Suivent d'autres détails relatifs au reste de la vie de Sainte Madeleine, mais étrangers aux points que nous avons à examiner ici.

Il est à remarquer dans ce texte qu'il y est dit de Saint Maximin, l'un des soixante-dix disciples, qu'il était avec les Apôtres au moment de la dispersion des fidèles causée par les persécutions des Juifs, et que Sainte Madeleine était confiée à sa sollicitude, comme la très-Sainte Vierge l'avait été à celle de Saint Jean l'évangéliste : l'illustre pénitente se joignit au saint évêque, et le suivit dans son voyage. Raban dit expressément la même chose de Sainte Marthe et du diacre Parménas (3).

Le second récit, mais le plus généralement et le plus justement suspect, parce qu'il émane d'un faussaire, est celui de la prétendue Syntique. On a donné également à l'ouvrage où il est contenu le nom d'*Acta Marcelliana*, par le motif que, suivant la supposition du pseudonyme, Sainte Marcelle, l'une des suivantes de Sainte Marthe, aurait d'abord écrit sa vie en hébreu, et Syntique, une autre de ses suivantes, l'aurait ensuite traduite en latin. Pendant très-longtemps l'histoire de notre Sainte Patronne n'a été connue que par cette relation la plus répandue et la plus en vogue, mais aussi la plus fautive. Nous n'avons pas la date précise de sa composition ; mais nous supposons

---

(3) Raban, *Vie de Sainte Marthe*, chap. 36.

avec l'auteur des *Monuments inédits* (1) qu'elle a dû précéder le travail de Raban. N'ayant pu nous en procurer le texte original, nous le donnons d'après celui de la Vie de Sainte Marthe publiée à Lyon en 1650, et qui a été elle-même calquée sur celle de la fausse Syntique.

« Les progrès que faisait le Christianisme, par le
« ministère des Apôtres et des disciples qui prêchaient
« tout autour de Jérusalem, étaient si odieux à la Sy-
« nagogue, que les prêtres juifs, les Saducéens et
« tous ceux des autres sectes, par un faux zèle de
« religion firent des émotions du peuple de temps en
« temps pour s'opposer à leur doctrine, et pour

(1) Le savant Sulpicien nous permettra de lui faire observer que sur ce point il ne semble pas être d'accord avec lui-même ; car après avoir affirmé, contre les suppositions des critiques du XVIIe siècle, que la Vie de Sainte Marthe faussement attribuée à Syntique *était déjà ancienne du temps de Raban* (*Monuments inédits* tom. II. p. 126.), à la page 129 suivante il conjecture que « après les ravages des Sarrasins et lorsque tout le pays avait « été dévasté, le faussaire se procura la Vie de Sainte Made-« leine et de Sainte Marthe par Raban, de laquelle il tira tout « ce qui a rapport à Sainte Marthe. »

Or cette conjecture paraît être en contradiction avec l'affirmation précédente ; et si la *Vie attribuée à Syntique était déjà ancienne du temps de Raban*, il ne paraît pas possible que le faussaire, quel qu'il ait été, ait eu le moyen de profiter du travail d'un auteur venu beaucoup plus tard.

Nous nous en tenons à la première leçon, et nous croyons que l'histoire écrite par la prétendue Syntique était déjà ancienne du temps de Raban.

« les faire mourir, plutôt que de supporter la conti-
« nuation de leurs discours. Ce que n'ayant pu em-
« pêcher ni par menaces ni par emprisonnement,
« leur rage s'échauffa si fort en haine des prodiges
« qu'ils faisaient en leur présence, qu'ayant lapidé
« Saint Étienne, l'un des sept premiers diacres éle-
« vés par les Apôtres, ils suscitèrent une si horrible
« persécution contre l'Église de Jérusalem que deux
« mille chrétiens y furent massacrés. Ce qui arriva,
« suivant le rapport de plusieurs historiens et chrono-
« logistes, l'année d'après la mort de Jésus-Christ.

« Ce fut *alors* que la sainte famille de Marthe, La-
« zare et Madeleine, commença de souffrir parmi les
« Juifs toute sorte d'inhumanités. Ils évitèrent la mort,
« mais ce fut par une providence particulière de Dieu,
« et non pas, comme on a voulu dire, pour le respect
« que ces barbares eurent de leur mérite et de leur
« condition ; puisque les ayant bannis de Jérusalem,
« et les ayant exposés à la merci des eaux, dans un
« vaisseau à demi brisé, sans voiles et sans aviron,
« et plus proprement un tombeau qu'un navire, ils
« les traitèrent avec plus de cruauté que s'ils leur
« eussent donné la mort...... Dès lors, la mer, qui
« avait renfermé dans son sein tous ses flots et toutes
« ses vagues, n'eut plus d'orages pour incommoder
« ces divins ouvriers de la gloire de Dieu. Elle se vit
« tout d'un coup aplanie sous un petit vaisseau
« qu'elle respectait comme une autre arche sacrée.
« Les vents ne soufflèrent plus que pour applaudir à
« cette sainte aventure ; et ils témoignèrent tant de

« soumission qu'ils semblaient plutôt le suivre que
« le pousser, ayant cédé leur office à l'esprit de
« Dieu qui résidait pour lors sur les eaux, etc. etc. »

Après avoir raconté ainsi cette navigation miraculeuse, l'auteur du récit fait arriver nos saints voyageurs à Marseille (1).

Une troisième relation nous est fournie par une ancienne Vie de Sainte Marthe, inconnue jusqu'à ce jour, et dont M. l'abbé Faillon a fait la découverte dans l'une des bibliothèques savantes de Rome pendant le séjour qu'il a fait en dernier lieu dans cette ville et postérieurement à la publication des *Monuments inédits*. On ne nomme ni l'auteur de cette ancienne Vie, probablement parce qu'il n'est pas connu, ni sa date, parce qu'elle ne l'est pas davantage. Il faut seulement supposer qu'elle est antérieure au IXe siècle, puisque l'éminent Sulpicien croit que Raban y a puisé certains détails et qu'il s'en est servi.

M. l'abbé Faillon a eu l'extrême obligeance de nous communiquer tout récemment ce précieux document, non pas dans son texte intégral et suivi, ce que nous aurions préféré, mais dans une analyse que nous devons tenir pour exacte et fidèle, et avec quelques extraits détachés les uns des autres.

Nous donnons ici cette analyse, telle qu'elle nous a été transmise et dans les termes mêmes employés par M. l'abbé Faillon.

Cette narration peut se diviser en trois sections bien distinctes.

(1) *Vie de Sainte Marthe*, par M. Bertet. p. 136 et suiv.

1° Dans la première, qui n'a pas un rapport spécial et direct au voyage de nos Saints Patrons, l'auteur présente un tableau général et sommaire des actes de cruautés et de violences exercés contre les premiers chrétiens par les Juifs pendant la persécution, ou plutôt dans les diverses persécutions qu'ils suscitèrent contre eux à des époques différentes et assez éloignées les unes des autres.

« Les Juifs, y est-il dit, sévirent contre les Chré-
« tiens en jetant les uns en prison, *comme Saint*
« *Pierre* et d'autres apôtres ; en en lapidant d'autres,
« *comme Saint Étienne* ; en en faisant périr d'autres,
« *comme Saint Jacques* (le majeur) : ils en mirent en
« fuite (1) *quelques-uns*, les jetant de vive force sur des
« navires dépouillés de leurs voiles, de leur rames et
« de leurs gouvernails. Ils furent ainsi lancés en pleine
« mer, sans secours et sans provisions, et livrés à
« la merci des flots ; mais après avoir été éloignés de
« leur pays natal par la malice et la barbarie des
« Juifs, ils furent conduits par la divine Providence
« en des régions moins inhospitalières. »

2° Après ce préambule « l'auteur fait le dénombre-
« ment de tous les missionnaires dont a parlé Raban

---

(1) Voici le texte latin correspondant à ce passage : « quos-
« dam *ratibus arcentes, ablatis remis, velis, et gubernaculis*
« *cæterisque alimentis desolatos altâ* theride (mot que
nous n'avons pas compris, mais qui signifie évidemment la
mer) « *effugârunt. Sed quos dira Judæorum sævitia a finibus*
« *suis projecit, hos divina Providentia melioribus regionibus*
« *ditavit.* »

« au nombre de vingt-quatre, savoir : dix-sept pour
« les Gaules et sept pour l'Espagne, et en y joignant
« Saint-Denis de Paris, avec la désignation des diver-
« ses villes où ils étaient envoyés pour y fonder la
« foi : mais sans vouloir dire qu'ils soient tous venus
« avec les apôtres de la Provence ; ou plutôt, l'auteur
« de la vie assure le contraire. »

3º En effet et dans la dernière section de ce récit, après avoir nommé proprement Sainte Marthe, Sainte Madeleine et les personnes de leur suite, cet auteur ajoute que les apôtres de la Provence étant *entrés* dans le vaisseau avec beaucoup d'autres, et *quelques-uns* de ceux qu'il a nommés précédemment dans le dénombrement des missionnaires destinés aux diverses Églises qu'ils devaient fonder, arrivèrent, Dieu aidant, à Marseille, après une traversée heureuse. (1)

Le quatrième récit, qui contient les renseignements donnés avec le plus de détails, de précision et de suite, est celui qui serait venu après tous les autres, au IX siècle, sous le nom de Raban.

L'auteur, remontant à l'origine, mentionne d'abord les faits qui suivirent la lapidation de Saint Étienne :

---

(1) Texte latin. « *Qui navim ingressi cum multis aliis et
« quibusdam ex prædictis, prospero cursu ad portum Massiliæ,
« Deo ducente, pervenerunt.* »

Ce qui donne évidemment à penser que tous les missionnaires qui ont été nommés dans la 2ᵉ section de ce récit ne s'embarquèrent point avec ceux de la Provence ; mais qu'il n'y en eut que *quelques-uns, cum quibusdam ex prædictis,* qui montèrent avec eux dans le même vaisseau.

la première dispersion des fidèles à cette époque, la conversion de Saint Paul, la prédication de l'Évangile en Samarie, en Phénicie, en Chypre, la fondation de l'Eglise d'Antioche. Mais il a soin de faire remarquer que dans cette première période, qui dura douze ans, la foi ne fut annoncée, suivant l'ordre de Notre-Seigneur, qu'*aux Juifs seulement*.

Puis il marque la mort de Saint Jacques arrivée la treizième année après l'Ascension du Sauveur et suivie de l'emprisonnement de Saint Pierre.

« L'année suivante, poursuit-il, ou la quatorzième,
« eut lieu la division des Apôtres. L'Orient échut en
« partage à Thomas et à Barthélemi; le midi, à Si-
« mon et à Matthieu; le nord, à Philippe et à Thadée;
« le centre du monde, à Matthias et à Jacques le Mi-
« neur; les provinces de la Mer Méditerranée furent
« le partage de Jean et d'André; les royaumes d'Oc-
« cident, celui de Pierre et de Paul...... Or Pierre
« qui devait quitter l'Orient pour venir à Rome dé-
« signa les prédicateurs de l'Évangile pour les autres
« pays d'Occident où il ne pouvait se rendre en per-
« sonne, et les choisit parmi les illustres fidèles et
« les plus anciens disciples du Sauveur: pour le pays
« des Gaules où l'on compte dix-sept provinces, dix-
« sept pontifes; pour le pays des Espagnes, où l'on
« compte sept provinces, sept docteurs.

« A la tête de ces vingt-quatre anciens, était le
« célèbre docteur Maximin, du nombre des soixante-
« dix disciples du Sauveur, illustre par le don d'o-
« pérer toute sorte de miracles, et le chef de la milice

« chrétienne, après les Apôtres. Sainte Madeleine,
« unie par le lien de la charité à la religion et à la
« sainteté de ce disciple, *résolut de ne point se séparer*
« *de sa société*, quel que fût le lieu où le Seigneur
« l'appelât,...... Ce fut alors, pendant que la tempête de
« la persécution exerçait ses ravages, que les fidèles
« déjà dispersés *se rendirent dans les divers lieux du*
« *monde que le Seigneur leur avait assignés à chacun*,
« afin de prêcher avec intrépidité la parole du salut
« aux Gentils qui ignoraient Jésus-Christ. A leur dé-
« part, les saintes femmes et les veuves illustres qui
« les avaient servis à Jérusalem et dans l'Orient vou-
« lurent les accompagner. Tel était leur attachement
« pour l'amie spéciale du Sauveur qu'elles ne purent
« souffrir son éloignement et la privation de sa so-
« ciété. Parmi elles fut Sainte Marthe, dont le frère
« Lazare était alors évêque de Chypre. Cette vénérable
« Hôtesse du Fils de Dieu *voulut marcher sur les traces*
« *de sa sœur*, ainsi que Sainte Marcelle, la suivante
« de Marthe, femme d'une grande piété, d'une foi
« vive, et qui avait adressé au Seigneur ce salut :
« *Bienheureux le sein qui vous a porté !* etc. Saint Par-
« ménas, diacre plein de foi et de la grâce de Dieu,
« était aussi du nombre de ses disciples. Ce fut à ses
« soins et à sa garde que Sainte Marthe se recommanda
« en Jésus-Christ, comme Marie, au saint pontife Ma-
« ximin. Ils *prirent donc ensemble leur route vers les pays*
« *d'Occident* (1), par un admirable conseil de la Pro-

(1) Texte latin correspondant : *Iter ad occidentales orbis pla-*
gas dirigunt.

« vidence, qui voulait non-seulement que la gloire et
« la célébrité de Marie et de sa sœur se répandissent
« dans tout l'univers par le moyen de l'Évangile,
« mais encore que, comme l'Orient avait été jusques-
« là favorisé de l'exemple de leur sainte vie, l'Occi-
« dent fût illustré lui-même par le séjour qu'elles y
« firent, et par le dépôt de leurs reliques sacrées.

« Dans la compagnie de Madeleine, la glorieuse
« amie de Dieu, et de Sainte Marthe, sa sœur, le
« saint Évêque Maximin s'abandonna donc aux flots
« de la mer avec Saint Parménas, chef des diacres,
« les évêques Trophime, Eutrope, les autres chefs
« de la milice chrétienne. Poussés par le vent d'est,
« ils quittèrent l'Asie, descendirent par la Mer Tyr-
« rhénienne, entre l'Europe et l'Afrique, en faisant
« divers détours. Ils laissèrent à droite la ville de
« Rome, et toute l'Italie, ainsi que les Alpes, qui,
« partant du golfe de Gênes et de la mer des Gaules,
« s'étendent vers l'Orient et se terminent à la Mer
« Adriatique. Enfin, ils abordèrent heureusement
« *sur la droite*, dans la Province Viennoise, *auprès*
« *de la ville de Marseille, dans l'endroit ou le Rhône* (1)
« *se jette dans la mer des Gaules.* »

Un peu plus bas, l'auteur désigne par leurs noms
propres et par celui des diverses Églises qu'ils devaient
fonder dans les Gaules et dans les Espagnes les vingt-
quatre évêques dont il a parlé précédemment (2).

(1) Texte latin : *Prospero cursu applicarunt à dextris in Provincia Galliarum Viennensi, apud civitatem Massiliam, ubi Mari Gallico Rhodanus recipitur.*

(2) *Vie de Sainte Marthe* par Raban, chap. 36-37.

On le voit, ces diverses versions correspondent entre elles et se touchent par certains points : toutes mentionnent la persécution ou les persécutions suscitées par les Juifs contre les Chrétiens, et qui obligèrent ceux-ci à se disperser. Toutes signalent ces persécutions comme l'heureuse circonstance qui donna lieu à la diffusion de la prédication évangélique. Toutes parlent du voyage de nos Saints Patrons et de leur débarquement à Marseille ou près de Marseille. Ainsi, à tous ces égards, concordance et par conséquent certitude parfaite.

Mais à quelle époque précise ce voyage eut-il lieu, et quelle est la persécution qui en fournit l'occasion ? Faut-il croire que ce fut celle qui s'éleva au temps de la lapidation de Saint Étienne, ou bien une autre que les Juifs suscitèrent beaucoup plus tard contre les Chrétiens ? de plus, dans quelles conditions et de quelle manière s'effectua ce départ de nos saints apôtres ? Y a-t-il lieu de penser qu'ils furent jetés dans un navire sans voiles, sans rames, sans gouvernail, et livrés ainsi, sans aucune provision, à la merci des flots et à la seule protection de la divine Providence ? Ou bien ce voyage et ce départ, bien que déterminés par une persécution à laquelle on voulait se soustraire, s'accomplit-il par le seul fait de la volonté de de nos Saints Patrons et en des conditions normales ?

Telles sont les deux questions principales qui restent à résoudre et sur lesquelles les diverses narrations que nous avons rapportées laissent entrevoir entre elles des nuances.

Où est donc ici la vérité, où est l'erreur ? Le discernement ne peut en être que bien difficile. Tout au plus est-il permis, dans une matière aussi obscure, d'espérer d'obtenir, par un examen comparatif, de simples probabilités.

Avant tout, il est une chose que l'on doit se demander ici : celle de savoir si parmi les relations diverses que nous avons précédemment rapportées, il n'y en aurait pas une, qui, présentant des garanties spéciales d'exactitude et de véracité, mériterait aussi plus de confiance que les autres.

A cette question nous n'hésitons pas à répondre affirmativement et à désigner la version de Raban comme celle à qui doit revenir une légitime préférence. Non pas précisément à cause de l'autorité qui s'attache à un nom tel que celui-là ; car la critique n'est pas invariablement fixée sur le point de savoir si le célèbre archevêque de Mayence est ou n'est pas l'auteur de l'ouvrage que M. Faillon lui attribue. Nous n'avons nul besoin d'intervenir dans ce débat, moins encore de le trancher. Il nous suffit de savoir et de répéter une fois de plus que, dans la conviction des juges les plus éclairés, cet auteur, quel qu'il soit, a vécu et écrit au IXe siècle. Ce que nous pouvons affirmer encore de lui, et ce qu'il importe singulièrement de remarquer ici, c'est qu'il résulte clairement de son ouvrage qu'avant de le composer, et afin de le faire d'une manière plus sûre, il avait pris certaines précautions. A ce sujet, il nous apprend deux choses : premièrement, après avoir recueilli des

Saints Évangiles ce qu'ils racontent de la vie de nos Saints Patrons jusqu'à l'Ascension du Sauveur, il avait eu soin de puiser aux *écrits des anciens Pères* de fidèles renseignements touchant les événements arrivés depuis cette époque, et il s'efforçait d'exposer sommairement, sur l'origine, l'extraction, la naissance, l'éducation, les talents et le caractère de ces bienheureux amis de Jésus, tout ce que les histoires et *les plus anciennes et les plus véridiques* lui en avaient appris (1). Secondement, il avait eu également sous les yeux et dans la main des documents émanés d'une source moins irréprochable et où des écrivains fantaisistes avaient mêlé le vrai avec le faux, à la manière des *empoisonneurs*, dit-il, *qui se plaisent à déguiser le venin qu'ils distillent, sous un alliage de miel, afin de faire avaler plus facilement ces funestes breuvages* (2). Mais il avait mis une attention singulière à distinguer dans ces infidèles récits le vrai d'avec le faux, et de n'en prendre que ce qui se présentait sans aucune tache d'erreur.

Voilà donc un travail de révision et de critique auquel s'est livré cet écrivain. On n'en voit pas la trace dans les autres narrations. Et puisque celle de Raban est la seule qui offre cette garantie, on doit, ce semble, la considérer aussi comme celle qui mérite le plus de confiance.

Or sur la question du temps où les Apôtres de la

(1) Voyez le prologue ou la préface placée en tête du récit de Raban.
(2) Voyez le chap. 39 du même ouvrage.

Provence seraient venus en ce pays, la relation de Raban est précise. Elle marque cette époque, non pas immédiatement après la lapidation de Saint Étienne et la dispersion qui la suivit, mais beaucoup plus tard ; c'est-à-dire après le partage fait entre les Apôtres des diverses parties de l'univers qu'ils devaient conquérir à Jésus-Christ ; partage qui n'eut lieu que la 14e année après l'Ascension du divin Sauveur.

Sur ce point, l'ancienne Vie de Sainte Marthe récemment découverte à Rome par M. l'abbé Faillon paraît concorder à peu près avec la version de Raban, puisqu'elle ne marque le départ des missionnaires de la Provence qu'*après* la mort de Saint Jacques le Majeur et l'emprisonnement de Saint Pierre, événements qui se passèrent la 13e année après l'Ascension de Notre-Seigneur.

Telle est aussi l'opinion aujourd'hui le plus généralement accréditée et que partagent avec les anciens les bons critiques modernes, le P. Pagi, Schelstrat, Henschenius, Lequien et d'autres. Il faut y joindre l'auteur des *Monuments inédits*.

« Il n'y a, dit-il, aucune raison pour fixer l'arrivée
« de Sainte Madeleine et de ses compagnons en Pro-
« vence avant la 14e année après l'Ascension, et il
« faut penser qu'elle a eu lieu cette année, puisque
« Raban l'affirme expressément, et qu'une ancienne
« Vie de Sainte Madeleine marque aussi la 14e année
« comme celle de son arrivée dans les Gaules. » (1)

(1) Voyez les *Monuments inédits* tom. II. p. 283.

Mais s'il n'y a point de raison pour fixer cet événement avant la 14ᵉ année, il en est une qui nous semble s'opposer absolument à ce que l'on marque, ainsi que paraît l'avoir fait la fausse Syntique, l'arrivée en Provence de ses Saints tutélaires à l'époque de la première dispersion des fidèles qui suivit la lapidation de Saint Étienne.

Saint Luc, au livre des Actes, a rapporté avec beaucoup de détails toutes les circonstances de cette dispersion. Il a nommé les divers pays où se rendirent alors, pour y prêcher l'Évangile, les fidèles dispersés : la Samarie, la Phénicie, l'île de Chypre, Antioche ; il n'a pas dit un seul mot des Gaules ou de la Provence, qu'il n'aurait certainement pas oubliées de comprendre dans cette énumération, si ces contrées éloignées avaient alors, comme celles qu'il a désignées au même endroit, reçu des missionnaires. Son silence à cet égard est donc une preuve que les apôtres de la Provence n'y vinrent que plus tard, et, suivant les meilleures conjectures, que la 14ᵉ année après l'Ascension de Notre-Seigneur.

La seconde question, celle de savoir comment s'effectua ce voyage, si ce fut par suite d'un dessein concerté, ou bien, comme l'ont cru et le croient encore quelques-uns, d'une façon exclusivement providentielle et miraculeuse, en ce sens qu'ayant été jetés de vive force par les Juifs sur un *navire sans voiles, sans rames et sans gouvernail,* nos Saints Patrons ne durent qu'à la protection divine d'être préservés d'un naufrage certain et d'arriver heureusement sur les côtes de la Provence : ce point offre plus de difficultés.

Observons tout d'abord, comme nous l'avons fait durant le cours de cet ouvrage, que les plus zélés défenseurs de la tradition provençale, tels que le savant Noël-Alexandre, Honoré Bouche, et jusqu'à ces derniers temps, M. l'abbé Faillon (1), n'ont pas cru à la vérité de cet embarquement tel qu'il est raconté par la fausse Syntique. Disons encore que l'exactitude de ce récit est combattue par des invraisemblances qui le rendent peu croyable, et que des obstacles matériels devaient s'opposer à la perpétration de l'acte de violence que l'on suppose avoir été exercé par les Juifs dans cette circonstance sur la personne de nos Saints tutélaires. Ce n'est ni à Jérusalem ni à Béthanie, lieux ordinaires de leur résidence, que ce projet barbare a pu être exécuté, puisque jamais la mer n'est arrivée jusqu'à l'un ou à l'autre de ces deux points. Ce serait, tout au plus à Joppé ou à Ascalon éloignés de Jérusalem de plusieurs journées de marche ; et l'on ne comprend guère comment les Juifs, si ardente que fût leur animosité, auraient pu, sans empêchement, entraîner toute une famille accompagnée d'une suite nombreuse jusqu'à un point si distant de son domicile pour lui infliger un pareil traitement. S'ils avaient résolu de l'exterminer, il y avait pour la faire périr un moyen beaucoup plus facile, plus simple et surtout plus expéditif.

(1) M. l'abbé Faillon a tout dernièrement, ainsi que nous le verrons bientôt, modifié sur ce point son opinion.

Mais il y a contre cette idée d'un embarquement forcé une objection bien plus sérieuse : ni les anciens Actes de Sainte Madeleine, ni les diverses versions qui les ont reproduits, ni l'histoire écrite par Raban n'en ont dit un seul mot. Et non-seulement on ne trouve dans ces différentes narrations aucune trace de cet événement, mais leur contexture elle-même et leur sens total excluent manifestement la pensée que cet embarquement ait été la suite d'un acte de violence.

Voyez en effet comment y sont expliquées les causes déterminantes et les circonstances de ce voyage. Au lieu d'accueillir la parole de salut qui leur est annoncée, les Juifs la repoussent obstinément. Ils persécutent avec une aveugle fureur les prédicateurs de l'Évangile ; et ceux-ci se tournent alors du côté des Gentils. Les Apôtres se partagent entre eux la tâche de convertir le monde. Saint Pierre leur chef à tous a pour sa part les régions de l'Occident ; mais ne pouvant lui-même être présent partout, il délègue, pour le représenter dans les diverses parties du monde occidental, des évêques qui reçoivent chacun une mission spéciale.

Au nombre de ces évêques figure au premier rang Saint Maximin, l'un des plus anciens et des plus illustres soixante-dix disciples. Il est désigné avec d'autres pontifes envoyés dans les Gaules pour annoncer la foi chrétienne en Provence, et tel est le but du voyage qu'il est sur le point d'entreprendre. Mais Sainte Madeleine depuis longtemps confiée à sa sollicitude, comme la Mère de Jésus, à celle de Saint Jean, ne saurait consentir à se séparer de lui, et elle est résolue à le suivre partout où il ira. Sainte Marthe, liée de son côté par des relations semblables au diacre Parménas, veut rester attachée à sa compagnie. Ils prennent donc ensemble le chemin de la mer : *iter ad mare perrexerunt*. Ils montent sur le vaisseau, *ascendentes navim*, et ils se dirigent vers l'Occident : *iter ad occidentales plagas dirigunt*.

Ne tombe-t-il pas sous le sens qu'un voyage entrepris avec des intentions si précises et un but si clairement déterminé ne saurait se concilier avec l'idée d'une aventure, et même d'une aventure qui aurait eu, par suite de l'intervention miraculeuse de la Providence, une terminaison heureuse ?

Ces considérations nous semblent bien puissantes contre la supposition d'un navire lancé à la mer sans voiles, sans rames et sans gouvernail ; et, sans doute, elles avaient paru décisives à M. l'abbé Faillon, puisque dans le savant ouvrage publié par lui il avait exprimé sur ce point une pensée conforme à celle des autres critiques, et attribué la création de ce navire à l'imagination des peintres (1) qui l'auraient ainsi représenté afin de poëtiser cette scène.

Mais la découverte récente faite à Rome a changé complétement à ce sujet ses premières appréciations.

« Au sujet de l'embarquement de nos Saints, nous écrit-il, « sur un vaisseau sans voiles ni gouvernail, où « ils auraient été jetés par la violence des Juifs leurs

(1) *Monuments inédits*. tom. II. p. 288 et suiv. et tom. 1er p. 569, à la note.

« persécuteurs, Raban n'a pas parlé de cette circons-
« tance, ce qui m'avait fait présumer qu'elle pouvait
« n'être pas fondée sur la vérité. Mais la découverte
« que j'ai faite de la Vie de Sainte Marthe, où *Raban a*
« *puisé tout ce qu'il dit de ce voyage*, m'a convaincu que
« cette circonstance de l'embarquement est fondée sur
« la tradition ancienne qui a persévéré toujours la
« même dans le pays de Provence et ailleurs, quoique
« Raban n'en ait pas dit un mot ; car elle est *équiva-*
« *lemment* rapportée dans cette ancienne Vie ; et lors-
« que je publierai des additions aux *Monuments*, je
« désavouerai le doute que j'ai émis là-dessus dans cet
« ouvrage (1). »

Nous respectons singulièrement les scrupules exprimés par l'auteur des *Monuments inédits ;* mais nous
avouerons ingénûment que nous ne saurions les partager ni accepter le désaveu qu'il annonce. Autant
qu'à lui la tradition provençale nous est chère. Mais
c'est précisément pour ce motif que nous regrettons
qu'elle ne soit pas restée dans son intégrité primitive.
Car, bien certainement elle a été altérée, et M. l'abbé
Faillon le sait mieux que personne (2). Or, nous incli-

(1) *Lettre de M. l'abbé Faillon* à la date du 31 mai 1867.
(2) Dès l'année 1835, M. l'abbé Faillon avait publié pour la
défense de nos traditions religieuses un ouvrage qui était
comme le précurseur des *Monuments inédits*, et il le terminait
par la déclaration suivante :

« Nous terminerons cette discussion par une observation
« importante. Si nous défendons la vérité de la tradition de
« Provence, nous confessons en même temps que les Actes

nons à croire que la circonstance du navire lancé à la mer, comme le dépeint le récit de la fausse Syntique, est l'une de ces altérations ; et pour ne rien déguiser de notre pensée, il nous semble que la découverte faite récemment à Rome, au lieu d'éloigner ce soupçon, serait propre plutôt à le justifier.

Observons d'abord que cette ancienne Vie de Sainte Marthe, trouvée à Rome, est loin d'être explicite sur le fait en discussion. Il y est dit que les Juifs, faisant périr les uns par le glaive, lapidant les autres ou les jetant en prison, se livraient contre quelques personnes à des violences d'un autre genre, en les lançant en pleine mer sur des navires dépouillés de leurs voiles, de leurs rames et de leur gouvernail. Mais ce fait est rapporté d'une manière générale, et, comme nous l'avons remarqué déjà, sans un rapport direct et spécial à nos Saints Patrons. La suite même de ce récit semble indiquer que ce fut à d'autres, et non pas à eux, que

« de nos SS. tutélaires qui nous restent aujourd'hui sont beau-
« coup trop modernes, pour qu'on puisse y faire quelque
« fonds : on y trouve même des *circonstances évidemment*
« *apocryphes*. En supposant que ces Saints ont vécu et sont
« morts en Provence, nous ne garantissons aucune circons-
« tance de leur vie et nous pouvons avec le P. Pagi rejeter
« tous ces Actes : ils ne nuisent pas plus à la vérité de la tradi-
« tion, que de mauvais exposés, à une bonne cause. » (*Monuments de l'église de Sainte Marthe*, p. 196)

Sur le dernier point, nous ne saurions partager l'avis du savant hagiographe : il nous semble, au contraire, que les causes les meilleures peuvent gagner ou perdre beaucoup, suivant qu'on les expose sous un vrai ou sous un faux jour.

les Juifs infligèrent ce traitement. Car après avoir énuméré dans la seconde section de son récit les vingt-cinq missionnaires désignés pour aller annoncer l'Évangile dans les Gaules et dans les Espagnes, l'auteur ajoute dans la troisième section que les apôtres de la Provence entrèrent dans le vaisseau, *navim ingressi*, avec beaucoup d'autres et quelques-uns de ceux qu'il a précédemment nommés, et *quibusdam ex prædictis*. Qui étaient ces *quelques-uns* ? Évidemment un certain nombre de ces missionnaires désignés pour fonder des Églises dans les divers lieux où ils devaient se rendre. Ceux-là donc, aussi bien que les apôtres de la Provence, entrèrent dans le vaisseau et entreprirent ce voyage avec *un but déterminé* et l'intention de remplir une *mission spéciale ;* ce qui éloigne la pensée qu'ils aient été jetés de vive force dans un navire sans voiles et sans gouvernail, et autorise à croire que, cette circonstance fût-elle vraie, ne s'applique point au voyage de nos Saints tutélaires.

Mais cette circonstance, dans sa généralité même, est-elle bien vraie, et n'y a-t-il pas dans le texte rapporté rien qui la rende suspecte d'avoir été controuvée ? Oui : ce texte, non-seulement ne nous paraît pas suffisamment explicite ; nous croyons encore y voir l'indice d'une erreur.

Qu'on veuille y faire attention. L'auteur de ce récit y présente d'abord le détail des cruautés exercées par les Juifs sur la personne des premiers Chrétiens, et chaque fois qu'il rappelle l'un de ces actes de violence, il ne manque pas de justifier ces citations par des exemples. Ainsi, quand il parle de ceux qui furent lapidés, il nomme Saint Étienne. Il désigne également Saint Jacques et Saint Pierre, quand il parle de ceux qui périrent par le glaive ou qui furent mis en prison. Mais, chose singulière, lorsqu'il est question de ceux qui auraient été jetés à la mer sur des navires sans voiles, sans rames et sans gouvernail, il ne nomme personne. Il se borne à une désignation vague, *quosdam*, quelques-uns. Qui étaient donc ces quelques-uns, et pourquoi n'en nomme-t-il aucun, après qu'il a nommé Saint Étienne, Saint Jacques et Saint Pierre ?

Cette omission et ce silence ont quelque chose de bien significatif (1).

Raban, dit-on, a puisé dans cette ancienne Vie de Sainte Marthe tout ce qu'il dit sur le voyage de nos Saints Patrons. La vérité est qu'il en a pris certains détails, et qu'il y en a laissé quelques autres, notamment la circonstance du navire sans voiles, qu'il n'a pas cru devoir faire passer dans son propre récit, d'où la conséquence

(1) Bien évidemment l'auteur de cet écrit a emprunté aux *Actes des Apôtres* rédigés par Saint Luc ce qu'il dit de Saint Étienne, de Saint Jacques et de Saint Pierre. Ces divers faits sont consignés dans ce livre : mais nulle part on n'y rencontre un seul mot ayant un rapport quelconque au fait du navire lancé à la mer sans voiles, sans rames et sans gouvernail. Cependant si ce fait était vrai, Saint Luc aurait dû le connaître, car il se serait passé à une époque antérieure à la rédaction de son livre, et l'on aurait lieu d'être surpris qu'ayant parlé des autres vexations exercées contre les premiers Chrétiens, il n'eût pas dit un mot de celle-là.

qu'il n'aura pas jugé cette circonstance suffisamment avérée pour être considérée comme historique.

Oserons-nous exprimer toute notre pensée et dire à notre savant et vénéré compatriote la peine que nous éprouvons ? Elle vient précisément de la difficulté que l'on a ici à le trouver d'accord avec lui-même et à s'expliquer la contrariété de ses jugements.

On se demande comment après avoir tant exalté, ainsi qu'on peut le voir aux *Monuments inédits,* le mérite de Raban ; après avoir soutenu avec une persistance invariable, malgré les dénégations qu'on lui a opposées, que c'est bien à lui que doit être attribuée l'œuvre signée de son nom au manuscrit d'Oxford, il tient aujourd'hui si peu de compte de son autorité, qu'il semble lui préférer le témoignage ambigu d'un livre dont on ne cite ni l'auteur ni la date ? comment encore, au lieu de corriger le texte de ce livre par celui de Raban que nous avons vu si clair sur le point en discussion, il se sert du texte de ce livre même pour corriger celui de l'archevêque de Mayence ?

Notre conviction à nous sur le sujet en question est restée invariable. Nous n'avons pas cessé, même après la découverte faite à Rome, de considérer comme légendaire le récit de l'embarquement des apôtres de la Provence, tel que l'a donné la fausse Syntique. Mais la légende ayant généralement son explication dans un fait vrai, auquel se sera mêlé le faux, nous avons été amenés à chercher la cause réelle qui aura donné lieu à la supposition d'un navire lancé à la mer sans voiles, sans rames et sans gouvernail ; et nous croyons l'avoir trouvée, non pas dans un caprice des peintres, mais dans un accident de mer survenu pendant le voyage de nos Saints Patrons. Sur le point qu'ils étaient de toucher au terme, une tempête se sera élevée qui aura maltraité leur navire et l'aura jeté hors de sa voie. De là sera venue la croyance populaire que les Juifs l'auraient lancé à la mer après l'avoir dépouillé de tous ses appareils. Cette explication qui est neuve aura, nous le savons, aux yeux d'un grand nombre de lecteurs, le tort de se présenter avec un caractère purement hypothétique. Cela est vrai: car dans une matière entourée de tant d'incertitudes et d'obscurités il ne saurait y avoir que des hypothèses. Mais hypothèse pour hypothèse, celle-là nous a paru préférable, parce que, outre qu'elle est la plus naturelle, elle a l'avantage de se coordonner parfaitement avec l'ensemble de nos traditions, surtout avec celles qui se rattachent à l'antique et vénérable sanctuaire de Notre-Dame-de-la-Mer.

Si même on veut y réfléchir et y prendre garde, on verra que cette explication n'est pas aussi gratuite qu'elle paraît l'être d'abord, ni dénuée de certaines vraisemblances.

Incontestablement le but du voyage de nos apôtres était Marseille, et ils y allaient remplir une mission évangélique. Très-certainement encore la ville de Marseille d'autrefois occupait le même emplacement que celle d'aujourd'hui. Que l'on prenne donc une carte, et après avoir mesuré de l'œil la distance qui sépare cette cité de la plage de Notre-Dame-de-la-Mer, que l'on se demande s'il serait naturel qu'un navire à la destination de Marseille allât débarquer sur cette plage. Si l'on disait que les Marseillais avaient autrefois sur ce point un port auxiliaire connu sous le nom de *Gradus Massilitanorum*, cette assertion serait démentie par les données les plus probables de la géographie ancienne qui place ce port auxiliaire, non pas à la plage de Notre-Dame-de-la-Mer, mais à l'extrémité du canal de Marius (*Fossæ Marianæ*), ou tout au plus à l'embouchure du grand Rhône et vers l'emplacement occupé par la tour St-Louis. Supposé donc que le navire monté par nos Saints tutélaires les ait débarqués sur la plage de Notre-Dame-de-la-Mer, ainsi que l'atteste une tradition respectable, on est toujours ramené à l'idée qu'il sera venu s'y échouer par l'effort et sous le coup d'une tempête. C'est aussi la considération qui nous a le plus vivement impressionné. Cette hypothèse d'un accident de mer nous a paru dès lors assez plausible pour mériter de passer dans notre récit.

Cette discussion ayant son importance, aux observations qui précèdent nous croyons devoir ajouter quelques remarques sur un ouvrage récent où est revenue la question que nous venons d'examiner.

Le R. P. Benoît Valuy, de la Compagnie de Jésus, a publié dans le courant de cette année (1867) une histoire ascétique de la vie de Sainte Marie-Madeleine. Cette œuvre remarquable continue très-heureusement la série de celles que déjà nous devions à la plume de ce docte et pieux écrivain. Le but qu'il s'y est manifestement proposé a été, bien moins de faire de la vie de Sainte Madeleine l'objet d'une étude critique,

que de présenter cette vie admirable comme un modèle aux âmes qui s'adonnent, après l'illustre pénitente, aux exercices de la contemplation. Il y a merveilleusement réussi ; car il est peu de livres qui respirent une onction si suave, et offrent à la piété chrétienne un aliment plus savoureux et, tout à la fois, plus substantiel. Il n'a pu cependant éviter de toucher dans cet ouvrage aux points controversés, notamment à celui que nous discutons.

Voici comment il y raconte l'embarquement des saints apôtres de la Provence. Après avoir parlé des préparatifs de leur départ, il ajoute :

« Ces saintes femmes (les deux sœurs de Lazare et
« les autres) et leurs compagnons de voyage étaient
« loin de soupçonner la nouvelle épreuve qui leur
« était réservée. Les Juifs, plus animés que jamais
« contre les Chrétiens, *avertis du départ* de la sainte
« colonie et de la *mission que Saint Pierre lui confiait*,
« voulurent, du même coup, immoler à leur haine la
« famille de Lazare, arrêter les projets du chef des
« Apôtres, et faire périr la plupart des amis de Jésus.
« Et comme ils n'avaient plus droit de vie et de mort,
« depuis qu'ils étaient sujets de l'empire, ils eurent re-
« cours au genre de supplice que le roi Genséric exerça
« dans la suite contre l'évêque et le clergé de Carthage.
« *Apostés* sur le rivage de la mer de Tyr, au jour de
« l'embarquement, ils *écartèrent* les serviteurs de Dieu
« du *navire qu'ils avaient affrété*, et les *forcèrent* de mon-
« ter dans un *esquif sans voiles* et *sans gouvernail* pour
« les dévouer au milieu des flots à une mort certaine.

« Cette circonstance consignée dans le Bréviaire Ro-
« main est attestée par la plus constante tradition ; et
« l'auteur des *Monuments inédits* qui l'avait d'abord ré-
« voquée en doute, ayant découvert (à Rome) l'an-
« cienne Vie de Sainte Marthe copiée par Raban-Maur,
« où ce trait de la barbarie des Juifs est raconté comme
« un fait admis et certain dès les premiers temps, est
« revenu sur son jugement et se propose de rétablir
« la vérité dans une nouvelle édition (1). »

Observons d'abord, ainsi que nous l'avons fait déjà, que le fait d'un embarquement *forcé* n'est pas raconté dans la Vie de Sainte Marthe découverte à Rome comme se référant *spécialement* à nos Saints Patrons, mais qu'il y est présenté d'une manière vague, générale et sans aucune application positive à telle ou telle circonstance, à telles ou à telles personnes. Secondement, qu'à supposer que Raban ait copié cette Vie de Sainte Marthe, non-seulement il n'a pas reproduit dans son récit l'idée d'un embarquement *forcé*, mais le texte et le contexte de sa narration semblent l'exclure formellement.

De plus, il résulte évidemment de l'extrait tiré de l'histoire écrite par le R. P. Valuy que dans sa pensée, aussi bien que dans la nôtre, le voyage de nos saints apôtres n'était pas une *aventure*; qu'il avait été *concerté d'avance*, et qu'il était entrepris par suite d'une *mission donnée* par *Saint Pierre*; qu'afin de la remplir, nos Saints

(1) *Histoire ascétique de la vie de Sainte Madeleine*, par le R. P. Valuy, de la Compagnie de Jésus. Lyon 1867, p. 395 et suiv.

Patrons avaient arrêté des dispositions pour le départ et *affrété un navire.* Les documents primitifs qu'a dû consulter l'auteur de la nouvelle Vie de Sainte Madeleine l'attestent clairement, et il est infiniment probable qu'il n'aurait pas raconté autrement que nous le voyage en Provence, si M. l'abbé Faillon, revenant sur son opinion première, n'eût interprêté, comme il l'a fait, certains passages du manuscrit ancien découvert à Rome.

Mais voyez ce qui arrive. Aux yeux du R. P. Valuy, les documents primitifs sont trop précis à cet égard et leur autorité trop incontestable pour ne pas mériter une entière foi. C'est pourquoi il persiste à penser et à dire que le voyage de nos Saints tutélaires était un voyage *concerté*, qu'ils avaient tout disposé pour le départ et *affrété un navire.* D'autre part, le panégyriste de Sainte Madeleine, entraîné par un sentiment bien naturel de déférence envers l'auteur des *Monuments inédits*, a cherché un lien de conciliation entre l'opinion émise en dernier lieu par l'éminent Sulpicien et celle qui ressort évidemment du texte des documents primitifs. Mais de cette espèce de transaction il est advenu ce résultat assez étrange qu'au lieu *d'un seul* navire, nous en avons *deux* : l'un que nos saints apôtres avaient *affrété*, et qu'ils étaient sur le point de monter, mais d'où les Juifs *avertis* de leur départ et *apostés* sur le rivage de la Mer Tyrrhénienne les éloignèrent violemment ; l'autre, qui était *sans voiles* et *sans gouvernail*, où ils les jetèrent de vive force, pour les exposer à une mort certaine, quoique la nation juive n'eût plus alors, par suite de son assujettissement à l'empire, à exercer sur personne un droit de vie et de mort.

N'est-il pas permis de voir un peu de confusion, beaucoup d'embarras et d'invraisemblance dans cette narration? Combien la nôtre, tout hypothétique qu'elle soit, mais dégagée de ces incohérences et puisée aux sources d'informations les plus anciennes et les plus sûres, a mieux les apparences de la vérité?

Vainement on invoque au profit de la version contraire le témoignage du Bréviaire Romain. Ce suffrage, si respectable qu'il puisse être, ne saurait, à lui seul, suffire à couvrir les difficultés de tout genre que soulève le récit légendaire, ni être accepté comme une décision péremptoire. Il sera toujours permis de discuter les assertions que ce récit renferme, et de les rejeter, si on les reconnaît apocryphes. Le Bréviaire Romain est favorable à l'ensemble de nos traditions, et c'est à bon droit que nous avons précédemment fait valoir son témoignage comme un argument en faveur de leur vérité; mais ce témoignage ne doit pas être accepté à l'aveugle et sans discernement. Nos traditions avaient été altérées depuis longtemps quand fut composé le Bréviaire Romain : il n'est donc pas étonnant qu'il porte l'empreinte de ces altérations, et qu'à côté d'un fait *substantiellement* vrai, se soient glissées des circonstances *qui ne paraissent pas l'être*.

Le lecteur appréciera, du reste, et il adoptera sur une aussi difficile question, l'opinion qui lui sourira davantage; mais de toute cette discussion, quelle que soit la solution qu'il y donne, résultera toujours dans son esprit, comme dans le nôtre, la conviction que, si divergentes que soient entr'elles sur des points de détail les diverses relations du voyage des apôtres de la Provence, elles s'accordent toutes sur le fonds, et, par cet accord, forment en faveur de nos traditions un argument d'une grande valeur.

§. 2.

LES ACTES DU MARTYRE DE SAINT ALEXANDRE DE BRESCIA.

Parmi les titres justificatifs de nos traditions, il n'en est aucun d'aussi démonstratif que celui qu'on va lire. Deux des apôtres de la Provence, Saint Lazare et Saint Maximin, y sont nommés d'une manière incidente et montrés l'un et l'autre sur le théâtre de leurs travaux. Cette pièce, quoique n'ayant avec notre sujet qu'un rapport indirect et très-éloigné, n'en a que plus de force, puisqu'on ne saurait, en aucune manière, la soupçonner d'avoir été composée pour le besoin et dans l'intérêt de notre cause.

Ce précieux document fut publié pour la première fois à Milan dans un catalogue des Saints d'Italie, en 1613, par le savant Philippe Ferrari, religieux servite, deux fois général de son Ordre, et auteur très-estimé de plusieurs travaux hagiographiques. Les continuateurs de Bollandus, tout en faisant sur la valeur de ce document des réserves dont nous parlerons bientôt, le jugèrent digne de figurer dans le recueil des *Acta Sanctorum*. Il y resta comme enseveli et inaperçu, jusqu'à ce que l'auteur des *Monuments inédits* l'exhumât de la collection Bollandienne et le fit connaître au public. Cette divulgation est, sans contredit, l'un des plus signalés services qu'il ait rendus à la tradition provençale, car ce monument de l'antiquité chrétienne étant donné pour sincère et authentique, comme il l'est incontestablement, suffit, à lui seul, à démontrer rigoureusement la vérité de nos croyances.

Nous donnons ici les Actes du martyre de Saint Alexandre dans la traduction qu'en a faite M. l'abbé Faillon, en y joignant quelques extraits du commentaire qu'il y a ajouté :

« Alexandre, né à Brescia d'une famille illustre et
« instruit des vérités de la religion chrétienne alla à
« Marseille, encore adolescent, auprès du bienheureux
« Lazare, évêque de cette ville, lorsque l'empereur
« Claude persécutait les Chrétiens. S'étant de là rendu
« à Aix auprès du bienheureux Évêque Maximin, et
« ayant été affermi par lui dans la foi et enflammé d'ar-
« deur à souffrir le martyre pour Jésus-Christ, il re-
« tourna à Brescia : là, ayant vendu ses biens et en
« ayant distribué le prix aux pauvres, il entra, par le
« désir qu'il avait du martyre, dans le temple de Diane,
« et commanda aux démons, au nom de Jésus-Christ,
« de briser les idoles.

« La chose étant arrivée de la sorte, il est saisi par

« les prêtres et conduit au préfet Félicien ; lequel, après
« en avoir informé Néron, et avoir reçu pour réponse
« qu'Alexandre devait sacrifier aux dieux ou expirer
« dans de cruels supplices, lui expose l'ordre de l'em-
« pereur et l'exhorte à sacrifier à Mars. Alexandre se
« met à genoux, comme pour adorer l'idole de Mars,
« adresse à Jésus-Christ sa prière, et aussitôt l'idole
« tombant par terre est réduite en poudre. C'est pour-
« quoi Félicien irrité ordonne qu'il soit battu avec
« des courroies et qu'on verse dans sa bouche de
« l'huile bouillante, mêlée de poix et de soufre. Le
« préfet voyant qu'il n'en avait reçu aucun mal, com-
« manda qu'on lui perçât les mains et qu'on y passât
« une corde, qu'on attachât cette corde au cou d'un
« taureau indompté et que le martyr fût ainsi traîné
« par la ville, et qu'enfin, après lui avoir coupé les
« bras et la langue, il eût la tête tranchée.

« Comme dans ce lieu il parut miraculeusement
« quatre flambeaux auprès du corps du Martyr et que
« plusieurs se convertirent à Jésus-Christ à cause de
« ce miracle, l'évêque Anathalon l'ensevelit, et dans la
« suite les Bressans bâtirent un temple à son nom. »

« Ces Actes, dit M. l'abbé Faillon, portent ces deux
« caractères distinctifs des Actes *sincères* assignés par
« Tillemont: la brièveté et la simplicité, et de plus on
« n'y remarque rien qui ne convienne au temps de
« Saint Alexandre (1). »

1° Que l'empereur Claude ait rendu un édit contre
les Chrétiens, c'est un fait attesté à la fois par l'his-

(1) *Monuments inédits*. Tome 1er p. 523 et suiv.

toire sainte et par l'histoire profane. Saint Luc, au livre des Actes (1), marque expressément que lorsque Saint Paul vint à Corinthe, il y trouva Aquila, originaire du Pont, qui était venu dans cette ville avec sa femme Priscille et avait été obligé de quitter l'Italie, *à cause de l'édit rendu par Claude* contre les Juifs. Saint Paul logeait et travaillait chez eux, Aquila étant de la même profession que lui.

Saint Léon, pape, dit implicitement la même chose dans un sermon prêché le jour de la solennité de Saint Pierre, en assurant qu'il ne *céda ni à Claude ni à Néron*, ce qui signifie évidemment que, *nonobstant les ordres donnés par Claude*, le Prince des Apôtres ne quitta point Rome et ne cessa d'y prêcher l'Évangile.

Suétone (2) rend le même témoignage. Il est vrai qu'il ne parle que des Juifs, sans nommer les Chrétiens. Mais il faut observer que dans ces temps primitifs on ne distinguait pas encore les uns des autres, et que, dans l'opinion générale, les Chrétiens passaient pour une secte juive. Et ce qui prouve que cette confusion existait dans l'esprit de Suétone, et que, par le mot de Juifs qu'il emploie, l'on doit entendre les Chrétiens, c'est qu'il donne pour motif à l'édit rendu contre eux les fréquents *tumultes* qu'ils excitaient à Rome, à l'*impulsion du Christ*.

(1) *Actes*, ch. XVIII. v. 2.
(2) *Claudius Judæos* impulsore Christo *assidue tumultuantes Roma expulit.* (*Suetone in Claudium*, cap. XXV.) L'on doit croire, au reste, que Chrétiens et Juifs, confondus les uns et les autres dans la même dénomination, furent proscrits tous ensemble. Le récit de Flavius Josèphe l'indique positivement.

Le temps auquel on sait qu'avait été porté contre eux cet arrêt de proscription coïncide d'ailleurs parfaitement avec celui où nos saints apôtres sont venus en Provence et où Saint Alexandre a dû les y trouver. Car, ainsi que nous l'avons établi déjà, ils n'y sont venus ni plus tôt ni plus tard que l'année 48 de notre ère. Or l'édit de Claude ayant été rendu la neuvième année de son règne, suivant le récit de Josèphe et d'Orose, ce serait l'an 49 que Saint Alexandre serait venu à Marseille et à Aix (1). Il y avait donc par conséquent à peu près une année que Saint Maximin et Saint Lazare étaient dans ce pays quand Saint Alexandre les y rencontra.

« Si les Juifs, continue M. l'abbé Faillon, furent obli-
« gés, ainsi qu'un grand nombre de Chrétiens de sortir
« de Rome à cette époque, on peut penser que cette

(1) M. l'abbé Faillon marque l'année 50 de notre ère comme celle où fut rendu l'édit de Claude. Il nous semble voir dans la fixation de cette date une petite erreur de supputation ; car l'empereur Claude ayant commencé à régner l'an 41, et l'édit rendu contre les Chrétiens l'ayant été le neuvième de son règne, cette dernière année doit correspondre à la 49ᵉ et non point à la 50ᵉ de notre ère. Du reste, c'est bien ainsi que calculent les continuateurs de Bollandus, puisqu'en admettant que l'épiscopat de Saint Anathalon, dont il est parlé dans les Actes du martyre de Saint Alexandre, ait commencé la 7ᵉ année du règne de Claude, ils font coïncider cette 7ᵉ année avec la 47ᵉ de notre ère : *Ex catalogo pervetusto episcoporum Ecclesiæ Mediolanensis colligi posse arbitratur Papebrochius sedisse Anathalonem ab anno VII Claudii usque ad VIII Neronis, id est, ab anno æræ vulgaris 47 ad annum usque 60.* (*Monuments inédits.* tome 1ᵉʳ p. 531 à la note.)

« mesure, qui tendait à maintenir le calme dans cette
« grande ville, s'étendit aux environs, et peut-être à
« toute l'Italie. Car Saint Luc ne dit pas qu'Aquila fut
« venu à Corinthe de Rome : il dit en général qu'il était
« venu de l'Italie à l'occasion de l'édit de Claude, ce
« qui pourrait très-bien signifier qu'il serait venu de
« quelqu'autre ville que Rome. Saint Alexandre s'y
« trouvait peut-être, lorsque l'édit de proscription fut
« publié, et croyait qu'il serait plus en sûreté dans les
« Gaules qu'à Brescia, sa patrie, d'où peut-être aussi
« les Juifs et les Chrétiens avaient reçu l'ordre de sor-
« tir. Ou bien encore il put quitter Brescia par la
« crainte d'y être inquiété, et dans l'espérance de se
« mettre en sûreté en quittant l'Italie pour passer dans
« quelqu'autre province, comme nous voyons qu'A-
« quila se mit à couvert en allant à Corinthe. Ainsi
« la fuite de Saint Alexandre s'explique très-naturel-
« lement par l'histoire de ce temps-là. »

« Il vint à Marseille où il vit le bienheureux Lazare.
« Comme ce Saint était juif de naissance et qu'il avait
« vécu dans l'intimité de Notre-Seigneur, on conçoit
« très-bien que Saint Alexandre se rendant dans les
« Gaules se soit ouvert à ce saint évêque de préférence
« à tous les autres, s'il y en avait alors dans ce pays. »

Saint Maximin ayant été l'un des plus anciens
soixante-dix (1) disciples du Sauveur avait eu également

(1) Les écrivains ecclésiastiques ont la coutume, quand ils nomment les disciples de Notre-Seigneur, de les compter au nombre
de 70, pour faire un nombre rond, au lieu de 72 qui est le nombre vrai.

le bonheur de vivre dans sa société. C'est pourquoi ces Actes rapportent que « Saint Alexandre vint de « Marseille à Aix vers le saint évêque Maximin *qui le* « *fortifia dans la foi*, paroles qui indiquent que Saint « Alexandre avait pris de lui-même la fuite par un sen- « timent de crainte; et ce qui suit : *Saint Maximin l'en-* « *flamma d'ardeur à souffrir le martyre pour Jésus-Christ*, « semble appuyer cette conjecture. »

Les Actes ne marquent point l'époque précise où Saint Alexandre retourna dans sa patrie. Mais ce dut être après la mort de Claude et sous le règne de son successeur, puisque les mêmes Actes nous apprennent que ce Saint ayant eu, après son retour, le courage d'insulter aux idoles adorées dans un temple, Néron en fut informé et ordonna qu'au refus de Saint Alexandre de sacrifier aux dieux de l'empire, il fût livré aux plus cruels supplices. Nous lisons d'ailleurs dans Josèphe qu'à la mort de Claude (1) on cessa de tenir la main à l'exécution de l'édit qui avait exclu les Juifs du séjour de Rome, et que *les Chrétiens qui en avaient été bannis également* eurent eux-mêmes la faculté d'y revenir.

2° « Les divers genres de supplices qu'on dit avoir « été infligés par les ordres de Néron et ceux du préfet « Félicien à Saint Alexandre ressemblent exactement

(1) *Extinctum una cum Claudio fuit edictum illud adversus Judæos, ne in Urbe agerent, promulgatum. Quamobrem et Christianis etiam qui ex Judæis crediderant in Urbem redeundi*, quâ pulsi fuerant, *facultas data est*. (*Fl. Joseph. Antiq. Judaïc.* lib. xx. cap. 5. *et de Bello Judaïco.* lib. ii. cap 12.)

« aux actes de cruautés exercés contre les martyrs
« dans les diverses persécutions, tels que l'histoire
« ecclésiastique de ce temps en offre le tableau. De
« plus, ce qu'on attribue dans ce récit à Saint Alexan-
« dre : l'idole de Mars brisée, les flambeaux qui paru-
« rent auprès du corps du martyr, ses funérailles célé-
« brées par l'évêque Anathalon, la conversion de
« plusieurs payens en cette circonstance, l'église bâ-
« tie plus tard en l'honneur du saint martyr, tous ces
« détails ont trop de ressemblance avec ceux que nous
« lisons dans les autres Actes reconnus pour vrais,
« pour que l'on puisse suspecter la sincérité de
« ceux-ci. »

3º Il est une autre considération qu'il importe singulièrement de relever ici. Il serait souverainement ridicule de supposer que les anciens habitants de Brescia eussent voulu flatter les préjugés religieux des Provençaux, en faisant intervenir Saint Lazare et Saint Maximin dans les Actes du martyre de Saint Alexandre. Entre les Églises de Provence et celle de Brescia il n'a jamais existé de relations particulières ; on ne voit pas dès lors quel motif auraient eu les Bressans de mêler ici leur histoire avec la nôtre, si ce rapprochement n'avait été fondé sur la réalité des faits. Il y a plus ; car ils avaient un intérêt contraire. Ils devaient craindre qu'en nommant, comme ils l'ont fait, Saint Lazare et Saint Maximin dans les Actes du martyre de leur Saint Patron, ils n'exposassent, par l'addition de cette circonstance, ces Actes au danger d'être considérés comme apocryphes. Il y avait donc pour eux une raison de taire cette circonstance, au lieu de la signaler, et d'autant plus que cet incident, s'il n'eût été vrai, était parfaitement inutile, qu'il n'ajoutait rien au mérite de leur Saint, et semblait plutôt le diminuer en le représentant sous un air de faiblesse et de lâcheté qui le poussait à fuir la persécution, et à chercher un refuge dans les Gaules.

« Ce trait ajouté à l'histoire du martyre de Saint
« Alexandre porte donc avec lui-même des marques si
« singulières et tellement inimitables de vérité, qu'il
« ne peut évidemment avoir trouvé sa source que dans
« l'exacte réalité du fait que l'on raconte, et que, le
« voulût-on, il est impossible de soupçonner ici une
« imposture. »

4° Nous avons dit que les continuateurs de *Bollandus* ont inséré dans leur collection les Actes du martyre de Saint Alexandre, mais en joignant à cette insertion quelques réserves.

« Nous donnons ces Actes, disent-ils, sur la foi de
« Ferrari ; mais le défaut de documents nous empê-
« che de les approuver ou de les improuver. Il s'y
« trouve d'ailleurs certaines choses qui sont sujettes à
« de grandes difficultés. » (1)

(1) *Sequentia Acta quandoquidem approbare vel improbare ea aliunde non possumus defectu documentorum ; damus in Ferrarii fide, etiamsi nonnulla sint illis immixta quæ magnis difficultatibus non carent.* (*Acta Sanct. Augusti. tom.* v. *p.* 777.)

Il est bien clair qu'il s'agit ici des Bollandistes anciens dont quelques-uns d'ailleurs, tels que le P. Sollier, se sont montrés favorables à nos traditions.

Cela pouvait s'écrire au milieu du XVIIe siècle. Il était permis alors de suspendre son jugement, par le motif que le flambeau d'une critique impartiale n'avait pas éclairé encore d'une suffisante lumière cette partie de notre histoire religieuse, et que toutes les pièces du procès n'avaient pas été produites *ex defectu documentorum*. Mais depuis, le jour s'est fait sur cette question; la cause a été instruite; des titres inconnus ou mal étudiés jusqu'à ce moment ont été fournis, et ils viennent tous en confirmation de celui que les continuateurs de Bollandus déclaraient ne pouvoir rejeter ou admettre, à cause de son isolement. L'hésitation n'est donc plus désormais possible. On ne saurait invoquer contre les Actes du martyre de Saint Alexandre le défaut de documents.

Mais ces Actes eux-mêmes, fussent-ils le seul titre allégué pour établir le fait de l'apostolat de nos Saints Patrons, les signes intrinsèques et extrinsèques de sincérité qu'ils présentent sont si manifestes; il serait si difficile de trouver un motif qui pût faire seulement soupçonner qu'ils ont été supposés; ils ont un air de ressemblance si frappant avec les *Actes des Martyrs* publiés par Dom Ruinart, et dont la sincérité n'est révoquée en doute par personne, quoique quelques-uns d'entr'eux n'offrent pas un cachet aussi visible de vérité, que ce titre, à défaut de tout autre, suffirait à démontrer la réalité de cet apostolat.

« On trouve dans ces Actes, ajoutent les Bollandistes,
« certaines choses qui sont sujettes à de grandes dif-
« ficultés. »

Qu'est-ce à dire, et quelles sont ces difficultés qui arrêtent ces savants critiques ? Vous aurez beau les interroger, ils n'en produisent pas d'autres que la mention faite dans ces Actes de Saint Lazare et de Saint Maximin : c'est la seule objection qu'ils leur opposent. Ces Actes seraient, à leurs yeux, absolument irréprochables, si cette mention ne s'y rencontrait point.

Mais c'est cette objection elle-même et cette difficulté qui fait notre force ; car c'est, à notre sens, une injure à la raison et à l'équité de tenir ces Actes en suspicion, précisément et uniquement par le motif qu'ils prouvent trop en notre faveur. Démontrez, si vous le pouvez, que ces Actes sont apocryphes ; si vous y réussissez, tout sera dit, et nous n'aurons plus à nous prévaloir de ce document. Mais si vous n'opposez, comme vous le faites, à la sincérité de ces Actes d'autre difficulté que le témoignage qu'ils rendent à la vérité de nos faits traditionnels, nous nous appuyerons sur cette difficulté elle-même comme sur l'une des plus solides de nos preuves, et nous la formulerons en ces termes :

Les Actes du martyre de Saint Alexandre sont véritables ;

Donc, les traditions des Églises de Provence touchant l'apostolat de leurs Saints Patrons le sont également.

LES MONUMENTS LAPIDAIRES.

LE TOMBEAU ANTIQUE DE SAINTE MARTHE.

Nos traditions religieuses confirmées par les monuments *écrits* le sont, d'une manière plus sensible encore, par les monuments *lapidaires*. Il n'est pas inutile de répéter ici le témoignage rendu à ce sujet par l'un des hagiographes modernes les plus instruits, le P. Bossüe, qui écrivait, il y a peu de temps, dans l'un des volumes de la collection Bollandienne, après avoir longuement et minutieusement examiné cette question par toutes ses faces :

« Afin de résumer en peu de mots une discussion
« trop longue, peut-être, j'estime que l'étude des *sar-*
« *cophages* et des autres *monuments de ce genre* démon-
« tre que le culte des Saints de Provence remonte à la
« plus haute antiquité (1). »

Combien n'est-il donc pas regrettable que les progrès de la science archéologique aient été si lents, et que l'attention des critiques, qui s'est si longuement et

(1) *Ut paucis resumam justò fortè prolixiorem disputationem, existimo ex sarcophagis aliisque ejusmodi monumentis cultûs* summam antiquitatem *stabilitam confirmatamque* (*Acta Sanct.* Tom. IXe. octob. p. 452.)

si laborieusement exercée sur cette question, ne se soit pas plus tôt tournée de ce côté ?

Elle y était cependant sollicitée vivement et de toute part ; car la terre de Provence était alors, comme elle l'est encore, malgré les injures du temps et les outrages de la main des hommes, couverte des vestiges de la présence, du séjour et des travaux de ses Saints tutélaires. On les trouvait à Aix; on les voit encore à Marseille, à Saint-Maximin, à la Sainte-Baume, à Tarascon, à Notre-Dame-de-la-Mer ; et quelle force nouvelle cette preuve parlante n'emprunte-t-elle pas à l'évidente corrélation qui existe entre ces monuments épars et les rattache les uns et les autres à une origine commune ? Partout, c'est la même pensée exprimée par des symboles différents, suivant la différence des personnages et des lieux. Nous la voyons même se refléter comme un écho et sous les mêmes emblêmes (1), dans les pays limitrophes de ceux qu'ont autrefois évangélisés nos apôtres ; un volume ne suffirait pas à exposer ce point de vue avec tous les développements et les détails qu'il comporte. L'auteur des *Monuments inédits* qui a visité avec une savante et avide curiosité tous les points où se conservent les traces de la vie, de la mort et de la sépulture de nos Saints protecteurs a donné, sur ces divers sujets, des explications rendues sensibles par le dessin et par la gravure, et pouvant passer elles-mêmes pour l'un des meilleurs modèles d'études archéologiques.

(1) Telle est l'image de la Tarasque gravée, ainsi que nous l'avons vu, en divers endroits de l'antique métropole d'Arles.

A Marseille, il nous montre, dans les cryptes de l'ancienne abbaye de Saint-Victor, la grotte taillée dans le roc, où se voit encore le siége d'où Saint Lazare instruisait les premiers Chrétiens de cette ville réunis en ce lieu; un peu plus loin, la prison où on le renferma, et où il recueillit, par une mort glorieuse, la palme du martyre.

A Saint-Maximin, il nous montre les tombeaux de Sainte Madeleine et du fondateur de l'Église d'Aix : le premier en albâtre, et où se voient encore, gravés en relief, malgré les mutilations qu'a subies ce monument par suite de la dévotion indiscrète des pèlerins, les traits principaux de la vie de l'illustre pénitente ; le second, en marbre, et où Saint Maximin est représenté à côté du divin Sauveur l'agrégeant au nombre des soixante-douze disciples. Ces deux sarcophages offrent, d'après leur comparaison avec d'autres monuments semblables qui se voient dans les catacombes romaines, et suivant le témoignage des archéologues les plus experts, Millin, Bottari, Aringhi, Raoul Rochette, et en dernier lieu, le P. Gueruzzi, les signes les moins équivoques de la plus haute antiquité. C'est dans l'ouvrage (1) même de notre savant compatriote qu'il faut lire ces détails ; car ils perdraient beaucoup à être réduits aux proportions d'une analyse.

Nous devons néanmoins signaler ici d'une manière toute particulière le tombeau antique de Sainte Marthe, conservé dans la crypte de son église, parce que ce

(1) *Monuments inédits*. Tome 1er p. 533 et suiv. *ibid*. p. 426 et suiv.

TOMBEAU DES CATACOMBES.

TOMBEAU ANTIQUE DE Sᵗᵉ MARTHE

monument, se rapportant plus spécialement à nos traditions religieuses locales, offre aussi de leur vérité la garantie la plus incontestable.

Ce tombeau, qui n'a jamais cessé de renfermer les restes précieux de notre Sainte Patronne, n'est pas visible à l'œil, étant caché, depuis deux siècles, comme nous l'avons dit, sous le grand sarcophage en marbre blanc dû à la munificence de Mgr de Marinis, archevêque d'Avignon. Le Conseil Municipal en fit mouler, il y a quelques années, les bas reliefs, et tirer en fonte de fer le *fac simile* que l'on voit dans l'église haute et qui reproduit assez fidèlement l'original. Malheureusement cet original fut mutilé, et de la façon la plus regrettable, ainsi que nous l'avons dit encore, quand on voulut l'introduire et le renfermer dans le sarcophage nouveau. Il ne put y entrer qu'aux dépens des têtes qui furent toutes rasées, à l'exception de quelques-unes du second plan, moins saillantes que les autres. On distingue cependant très-bien les sujets qu'il représente et qui ont avec ceux d'un autre tombeau antique tiré des catacombes de Rome et placé en regard, comme point de comparaison, une analogie si frappante que, sauf la différence dans le mérite de l'exécution, on dirait le second de ces tombeaux, celui de Sainte Marthe, taillé exactement sur le modèle et à l'image de l'autre.

On remarque sur la face antérieure cinq groupes de personnages différents, deux à droite, deux à gauche, et un autre au milieu, représentant chacun l'une des scènes de l'histoire de l'Ancien ou du Nouveau Testament.

Le premier groupe de droite figure le miracle de l'eau jaillissant d'un rocher dans le désert au commandement de Moïse. Le législateur des Hébreux tient un rouleau dans la main gauche ; la baguette qu'il avait dans la droite et dont il frappa le rocher d'Horeb a été coupée. Devant lui, sont deux jeunes israélites qui se désaltèrent à cette source miraculeuse ; derrière lui en est un autre dans l'attitude de l'admiration et de l'étonnement.

Dans le groupe suivant est représenté le miracle de la multiplication des pains au désert par Notre-Seigneur. Quatre corbeilles pleines de pains sont à ses pieds. On remarque que ces pains sont ronds et marqués à la surface d'une empreinte en forme de croix, pour en faciliter la division. C'était en effet la coutume des Romains, avant de mettre les pains au four, de tracer sur la pâte quatre incisions, afin de les rompre ensuite plus aisément. On voit dans Horace et dans Martial des allusions à cet usage (1). Le Sauveur a la main droite inclinée, il y tenait la baguette, symbole du commandement, dont il touchait les pains, et que les mutilations ont fait disparaître.

A gauche, sont deux autres groupes, dont le premier

---

(1) *Et mihi dividuo findetur munere quadra.*
(*Horat. Lib.* 1. *Epist.* 17.)

Un commentateur d'Horace dit, à propos de ce vers, que l'on appelait à Rome *panis quadratus*, *pain coupé en quatre*, celui que l'on distribuait gratuitement au pauvre peuple en certaines occasions.

Nec te liba juvant, nec sectæ quadra placentæ.
(*Martial. lib.* 1. *epigram.* 76.)

représente le changement d'eau en vin aux noces de Cana, figuré par les urnes placées devant Notre-Seigneur. Il tient dans la gauche un rouleau. La droite ne se voit plus ; mais la direction du bras indique qu'elle était étendue sur les urnes et semblait donner le signal du prodige opéré dans cette circonstance.

Dans le groupe suivant paraît encore le Sauveur et à côté de lui Saint Pierre, auquel il prédit le crime de son reniement et de son parjure. Le Prince des Apôtres, placé à la droite de son Maître, lève la main, comme pour protester de son dévouement et de son inébranlable fidélité. Mais Notre-Seigneur de son côté fait un signe qui semble annoncer à son disciple présomptueux que ces assurances quoique sincères seront démenties bientôt par l'événement. A ses pieds est le coq qui, suivant la prédiction du Sauveur, ne devait faire entendre son chant dans la nuit de la Passion, qu'après que Saint Pierre aurait par trois fois violé ses serments de la veille. La tête et la partie antérieure du volatile ont été coupés ; il ne reste de son corps que les pattes et la partie de derrière (1).

(1) Nous avons à rectifier ici une erreur commise dans l'Avant-propos de cet ouvrage. Il y est dit (page XLV) que la figure de la Tarasque se voyait sur l'ancien tombeau de Sainte Marthe. Nous devons avouer que nous avons confondu le monstre traditionnel avec le coq de l'Évangile. Nous sommes tombé dans cette méprise sur la foi de M. l'abbé Faillon, qui avait fait la même confusion dans un ouvrage publié par lui en 1835 sur les monuments de l'église de Sainte-Marthe. Il a rétracté cette erreur dans les *Monuments inédits* (p. 580). Mais faute d'une suffisante atten-

Le groupe du milieu a exercé la sagacité des antiquaires qui ne s'accordent pas entre eux sur l'explication qu'il convient d'y donner. On y voit une femme dans l'attitude de la prière, la tête voilée et vêtue assez élégamment. A ses côtés, sont deux hommes dont la pose et le maintien attestent évidemment qu'ils ne forment avec la figure principale qu'une seule et même scène. Le même type est exactement reproduit sur plusieurs sarcophages des catacombes romaines.

Mais comment dénommer cette femme ainsi placée entre deux hommes ? Suivant Millin, elle ne serait autre que la personne inhumée dans le tombeau, ayant près d'elle ses parents éplorés ; type que l'on voit reproduit sur un tombeau chrétien à Arles (1). M. Raoul Rochette pense que c'est une matrone entre deux docteurs (2). D'après Bottari (3), dont l'opinion paraît mieux fondée à l'auteur des *Monuments inédits*, cette femme richement vêtue serait la chaste Suzanne entre les deux vieillards de la Bible, et figurant ici l'Église persécutée. Il n'est pas douteux que, dans les premiers âges du Christianisme, l'Église a été quelquefois symbolisée sous l'emblème d'une femme. Plus que toute autre, l'image de Suzanne était propre à personnifier cette pensée. « On « pourrait ajouter, dit M. l'abbé Faillon, que tous les

tion, cette rétractation nous avait échappé, et nous ne nous en sommes aperçu qu'après l'impression de notre Avant-propos.

(1) *Voyages dans les départements du Midi*. Tome 3. p. 551. planche 65.

(2) *Tableau des catacombes*. p. 166.

(3) Bottari. Tome 2. p. 94.

« autres sujets de ce tombeau étant tirés de l'Ancien ou
« du Nouveau Testament, il semble que celui-ci a dû
« être également emprunté à l'un ou à l'autre de ces
« livres (1). »

Enfin le trait de Suzanne pouvait avoir un sens allégorique compris seulement par les fidèles; « car les
« Chrétiens de ces premiers âges, » dit M. Raoul Rochette (2), « s'étudiaient à rendre ou à cacher leurs
« idées sous le voile d'allégories dont le sens mystique
« ne fût connu que par les adeptes et dont la forme
« sensible pût tromper les adversaires. »

« Sans doute, ajoute Bottari, ils employaient ce lan-
« gage symbolique pour ranimer leur courage au
« temps des persécutions, et s'exciter à souffrir les plus
« cruels tourments, plutôt que de renoncer à leur foi ;
« à l'exemple de Suzanne qui aima mieux s'exposer à
« être condamnée par ses juges, que de transgresser
« la loi divine (3). »

Outre les cinq groupes que nous venons de décrire, il en est un autre à l'extrémité de gauche qui semble se détacher des précédents, et qui marque ce tombeau d'un signe particulier emprunté à la vie même de Sainte Marthe. Le sujet représenté est la résurrection de Lazare. Jésus-Christ sur le premier plan, le dos tourné vers les spectateurs, tient le rouleau dans la main gauche. A la droite, il avait une baguette qui a été coupée, ainsi que le bras. Un suaire couvre la tête

(1) *Monuments inédits*. Tome 1er. p. 578.
(2) Raoul Rochette, *ubi supra*, p. 224 et suiv.
(3) Bottari, *ubi supra*, p. 91.

de Lazare, sans pourtant voiler sa face. Des bandelettes environnent son corps, ce qui le fait ressembler aux anciennes momies égyptiennes. Il se présente debout, sur le seuil de la porte encadrée par deux colonnes torses d'ordre corinthien surmontées d'un fronton. La figure de Lazare se distingue par sa petitesse de toutes les autres ; et la forme de son tombeau, purement idéale, se retrouve dans un grand nombre d'anciens sarcophages ; on la voit exactement reproduite dans celui qui est placé en regard. C'est, dit M. l'abbé Faillon, « l'expression d'un type de con-
« vention, parmi les premiers Chrétiens, imaginé par
« des artistes qui n'avaient pas été en Palestine, où le
« tombeau de Lazare n'est point élevé comme un édi-
« fice, mais dont l'entrée est à fleur de terre et fer-
« mée, après la sépulture du frère de Sainte Marthe,
« par une grande pierre tumulaire posée horizontale-
« ment (1). »

La femme que l'on voit prosternée devant le Sauveur dans l'attitude de la supplication et lui baisant les pieds, serait Sainte Marthe, d'après Aringhi ; et ce tombeau étant le sien, cette interprétation paraîtrait assez raisonnable. L'auteur des *Monuments inédits* préfère y voir Sainte Madeleine (2), par le motif que c'est à elle, et non point à sa sœur, que l'Évangile prête cette action. Remarquons cependant que, d'après le récit de Saint Jean, lorsque le Sauveur vint à Béthanie pour ressusciter Lazare, Sainte Marthe fut la première à sa ren-

(1) *Monuments inédits*. Tome 1er. p. 580.
(2) *Ibid.* p. 584.

contre, et qu'il n'est nullement invraisemblable, bien que l'Évangile ne le marque pas expressément, que l'impression de sa douleur et la vivacité de sa foi l'ait portée dans un moment comme celui-là, à se prosterner aux pieds de celui qu'elle proclamait le *Christ*, *Fils du Dieu vivant*, et qui disait de lui-même qu'il *était la résurrection et la vie*.

Tel est l'ancien tombeau de Sainte Marthe. Dire quel est l'âge précis de ce monument serait chose assez difficile. Il est pourtant ici une indication sûre et péremptoire en faveur de nos traditions. Incontestablement ce tombeau est antique ; et d'après l'opinion unanimement exprimée par les juges les plus compétents, il n'est pas possible d'assigner à cette œuvre une époque postérieure au IVe siècle. Quelques-uns lui donnent une origine plus ancienne. Mais fallût-il s'arrêter à cette limite du IVe siècle, cette date serait assez éloignée pour justifier pleinement nos croyances religieuses sur l'apostolat et la sépulture de la Sainte Hôtesse de Jésus-Christ. La certitude de ce fait entraîne, par une conséquence nécessaire, celle du pèlerinage que, suivant nos traditions, Clovis aurait fait, l'an 500 de notre ère, à ce glorieux sépulcre. C'est devant ce marbre séculaire que s'est agenouillé le premier roi chrétien, et jamais, les générations qui se sont succédé depuis n'ont cessé d'y vénérer les précieuses reliques qu'il renferme.

APPENDICE.

NOTICE HISTORIQUE

SUR LA VILLE DE TARASCON.

APPENDICE.

NOTICE HISTORIQUE

SUR LA VILLE DE TARASCON.

Les détails qui vont suivre n'ayant pas avec le sujet que nous avons traité une liaison bien directe, mais intéressant plus spécialement les habitants de ce pays, nous avons cru devoir les détacher du reste de l'ouvrage et les grouper dans un même cadre. Ce tableau embrasse dans une forme nécessairement raccourcie des objets bien divers : les origines de la ville de Tarascon, ses monuments anciens, ses institutions religieuses et civiles, etc. Il aurait été plus étendu encore, si la perte d'un grand nombre de documents, de ceux surtout qui se rapportent aux temps les plus anciens, ne nous eût empêché de le compléter. Mais tel qu'il est, et si imparfait que l'on puisse le trouver, nous l'offrons aux lecteurs tarasconnais comme un appendice naturel de l'histoire de la vie et du culte de Sainte Marthe.

§. 1.

Origines de la ville de Tarascon. — Sa fondation. — Vestiges de son antiquité. — Sa situation topographique d'autrefois.

La ville de Tarascon, nous l'avons vu, doit son existence à une colonie marseillaise. L'étymologie de son nom et quelques inscriptions anciennes l'indiquent suffisamment. Gruterus (1), d'après Scaliger, en cite une qui était autrefois à la porte du Rhône ; et Romieu, dans ses *Antiquités de la ville d'Arles*, dit l'avoir vue à Tarascon près de la maison du Viguier. *L. Æmil. et. P. Yphons. M. Cornelius. Symbiotes. Amico.*

Gruterus en rapporte une autre qui était alors dans l'église de Sainte Marthe, et que Soléry, auteur provençal du milieu du XVIe siècle donne également. *D. M. Q. Caprii. Hermes* (2).

Les noms que l'on voit ici, *Hermes*, *Yphons*, *Symbiotes* accusent évidemment une origine grecque.

Cette ville aurait été fondée par les Marseillais suivant les uns du temps de Pompée et lorsque cet illustre romain, après avoir dépouillé de leurs terres les Helviens, les Voconces et les Volsques qui avaient suivi le parti de Sertorius, les aurait données aux Marseillais. Mais suivant les autres, et beaucoup plus probablement, elle l'aurait été assez longtemps auparavant, et à l'époque où Marius eût fait creuser dans la Camargue le canal auquel il donna son nom.

Le livre *vert* conservé dans nos archives municipales donne la première version, et c'est probablement à cette source que Papon l'aura puisée ; mais outre qu'aux yeux des critiques l'autorité du livre *vert* n'est pas d'un bien grand poids, cette assertion n'y est justifiée par aucune espèce de preuves.

Strabon et Ptolémée ont clairement désigné l'ancienne position géographique de Tarascon. Le premier de ces auteurs qui florissait l'an 14 avant Jésus-Christ écrivait dans son livre 4e.

E Nemauso per Ugernum atque Tarasconem ad calidas aquas quas Sextias nominant prope Massiliam sunt millia tria et quinquaginta.

(1) Joan. *Gruter.* p. 855. Suarez. *Gallia Christ.* t. VIII. p. 434.
(2) Bouche, *Hist. de Provence.* Tom. I. p. 325.

De Nîmes aux eaux chaudes de *Sextius* (Aix) près de Marseille on compte cinquante-trois milles, en passant par *Ugernum* (Beaucaire) et Tarascon.

Le second, qui vint un peu plus d'un siècle plus tard, parlant des villes habitées par les Salyens, disait :

Sub Salyes quorum civitates Tarouscon, Glanum, Arelate.

Sous les Salyens sont les villes suivantes *Tarascon*, *Glanum* (St-Remy) et *Arles*.

Le nom de *Nerluc* n'était donc pas, quand Sainte Marthe vint dans notre pays, celui qui lui appartenait véritablement. Il est probable qu'il y avait alors dans les environs de la ville, peut-être dans l'île ou la presqu'île *Jarnica*, une forêt épaisse servant de repaire à quelque animal carnassier et qu'on appelait vulgairement *Nerluc*. Par une confusion qui s'explique facilement les chroniqueurs auront donné à la ville même le nom de la forêt voisine.

La ville de Tarascon fut possédée par les Marseillais jusqu'au moment où l'antique cité phocéenne fut assiégée et prise par Jules César. Comprise dès lors dans la nouvelle province romaine elle n'en fut jamais détachée et en suivit toutes les vicissitudes sous les diverses dominations qui succédèrent à l'empire.

Quoique peu éloignée des grandes voies publiques, elle ne se trouvait pas sur leur parcours; c'était une suite fatale de sa situation : d'un côté la Durance, de l'autre, le Rhône, la menaçaient incessamment, inondaient très-souvent son territoire, l'avaient converti en un vaste marais et ne permettaient pas d'y établir une route facilement et constamment praticable (1).

(1) Nos registres publics attestent que, dès les temps les plus anciens, le voisinage du Rhône a été pour la ville de Tarascon un danger permanent. Au XVIe siècle encore, le fleuve coulait dans le quartier de Jarnègues, au pied même de ses murs, et laissait craindre qu'il ne se creusât dans la ville même un nouveau lit. En 1511

La grande voie Aurélienne ouverte par les Romains et assise sur le versant des Alpines passait à *Glanum* (St-Remy), de là, suivant toujours la chaîne des montagnes, elle descendait à *Ernaginum* (St-Gabriel), et aboutissait à Arles. *Ernaginum* était une station romaine d'une assez grande importance. Les tombeaux et les autres vestiges d'antiquité que l'on y voit encore le démontrent clairement.

Ptolémée l'a désignée sous le nom d'*Ernaginum* parmi les

---

les anxiétés étaient si vives que le 24 avril de cette année, le Conseil Municipal délibéra d'envoyer à Lyon, où se trouvait alors le roi Louis XII, des délégués pour exposer au monarque le péril qui menaçait la ville, et lui demander en même temps les moyens de le conjurer. Le danger venait surtout de ce que le lit du Rhône en amont du château et jusqu'à Boulbon, contenu du côté du Languedoc par les montagnes qui l'avoisinent et obstrué d'ailleurs par un certain nombre d'îlots appartenant pour la plupart aux habitants de l'autre rive, avait une tendance perpétuelle à se rejeter sur la nôtre. Parmi ces îles, il en était une, celle de *Lussano* ou *Lussan* qui nuisait singulièrement par ses envahissements successifs aux intérêts tarasconnais et leur créait la situation la plus menaçante. Par ses lettres patentes datées du mois de mars 1527, François Ier permit aux habitants de Tarascon, nonobstant la vive opposition de ceux de Beaucaire, d'ouvrir au milieu même et sur toute la longueur de l'île de *Lussan* un large canal par où les eaux du fleuve pussent trouver une nouvelle issue. En même temps et pour les aider à couvrir les frais de ce grand travail, aussi bien que pour les dédommager des pertes subies par suite des précédentes inondations, il les exonérait, pour un terme indéfini, de toute redevance, taille ou imposition. Cette opération eut tout le succès que l'on s'était promis. En peu de temps, l'île de Lussan fut emportée et le lit du Rhône agrandi d'autant. Les eaux du fleuve qui avaient envahi la lizière de terrain la plus voisine de nos murs attirées, par ce nouveau courant, refluèrent dans le lit du Rhône. C'est, croyons-nous, depuis cette époque que le faubourg *Jarnègues* et les terres adjacentes ont cessé d'être une presqu'île.

villes des Salyens. Au VI⁰ siècle encore on l'appelait un *bourg*, *vicus*, et l'auteur de la Vie de Saint Césaire écrite à cette époque l'a ainsi dénommée.

L'inscription suivante que l'on peut lire encore à St-Gabriel est surtout digne d'attention : *M. Frontoni eupor. sext. vir. aug. col. jul. aug. Aquis Sextiis navicular. mar. arel. curat. ejusd. corpor. Patrono nautarum druenticorum et utriculariorum corp. Ernaginensium Julia Nic. F. uxor conjugi carissimo.*

Ce qui revient à dire qu'il y avait à *Ernaginum* une corporation de mariniers appelés utriculaires, que M. Fronton était leur patron et leur chef, et que Julia, son épouse, fille de Nic. lui avait érigé ce monument.

Il y avait donc à *Ernaginum* un cours d'eau navigable venant de la Durance. Il était formé par le confluent de deux branches de cette rivière qui se réunissaient à Laurade. De là il passait à *Ernaginum* et se dirigeait sur Arles, où les étangs connus sous le nom d'étangs des *désuviates* le mettaient en communication avec le canal de Marius débouchant à la mer, près du village de Fos.

L'une de ces branches, celle que l'on pouvait appeler la branche septentrionale et que les anciens avaient nommée la *Duransole* avait sa source près de *Château-Renard* ou de *Rognonas*. Elle traversait le territoire de *Maillane*, le *Breuil* et *La Paillade*. La ligne qu'elle parcourait est visible encore à l'œil, et l'on peut en suivre facilement la trace par les gisements de gravier qui se trouvent presque partout à la surface du sol dans cette direction.

L'autre branche, ou la branche méridionale, venait d'*Orgon* ou de ses environs et passant par *Mollégès* et *St-Remy*, elle se jetait dans la *Duransole*, au point que nous avons indiqué. Mais, s'il faut en croire les auteurs de la Statistique du Département (1), cette branche n'était pas, comme celle qui partait de *Rognonas*, une dérivation naturelle de la Durance. C'était un canal que les Romains auraient creusé et rendu navigable, principalement dans le but de faciliter l'exploitation des riches carrières de *Glanum*. Les mêmes auteurs ont cru en effet reconnaître cette provenance aux pierres qui ont servi à la construction de l'amphithéâtre d'Arles. Strabon et les anciens géographes ont nommé ce canal le *Louérion*, d'où serait venu le nom de *Lourouns* vulgairement donné aux nombreux filets d'eau qui surgissent encore du sol dans toute cette contrée, et celui de *Lourado* à l'endroit où aurait eu lieu la jonction des deux branches.

La corporation des mariniers appelés *utriculaires* se nommait ainsi, probablement parce que leurs navires affectaient la forme d'une outre. Au IXe siècle, la Durance passait encore à St-Gabriel, puisqu'une charte de 858 constate que Charles le *Chauve* et son épouse Hermentrude donnèrent à l'archevêque de Vienne l'église bâtie en ce lieu, ainsi que les moulins et les pêcheries de la Durance (2).

Laurade et St-Gabriel étaient ainsi deux points d'une assez grande importance : Laurade, parce qu'elle était au confluent des deux branches de la Durance, et d'ailleurs assez rapprochée d'un relai de la voie Aurélienne établie près de *St-Étienne-du-Grès*. Elle était devenue dès les temps les plus anciens un bourg considérable. On y avait élevé des fortifications dont il existe encore des vestiges à fleur de sol. Outre son église dont la construction remontait très-haut et qui n'existe plus, elle avait une hôtellerie ou hospice désigné dans les anciens titres sous le nom d'*Alberga*. A Laurade encore, comme en beaucoup d'autres lieux, il était perçu, pour droit de transit et au

(1) Voir la *Statistique du Départ.* tome II, p. 178, et la planche IX de l'*Atlas* joint à cet ouvrage.
(2) Voir les *Monuments inédits*. Tome II. p. 625.

profit du fisc, un impôt ou (1) *péage* qui l'était également à St-Gabriel. Il reste encore des fortifications élevées sur ce dernier point une tour fort remarquable par sa structure et que certains auteurs, notamment celui des *Monuments inédits* (2), font remonter au temps des rois Mérovingiens.

Outre la voie navigable qui passait à Laurade et à St-Gabriel, les Romains avaient établi sur le versant des Alpines et presque parallèlement à la voie Aurélienne un aqueduc dont on voit encore des restes au pied de la montagne de Notre-Dame-du-Château. Il prenait sa source près de Romanil, était alimenté par les eaux vives et pures qui jaillissaient des flancs de ces collines et que l'on avait très-soigneusement aménagées. Ces eaux arrivaient ainsi jusqu'à Arles, où elles servaient, non-seulement aux usages domestiques, mais, dit-on, encore à des lustrations usitées dans les cérémonies payennes et à des jeux nautiques qui se donnaient dans l'arène de l'amphithéâtre. Elles franchissaient même le Rhône au moyen de tuyaux en plomb dont on a depuis assez peu retrouvé les débris au

(1) Ces droits de transit furent longtemps exigés, puisqu'à la date du 22 mai 1544, François I*er*, roi de France et comte de Provence, confirmant les priviléges depuis longtemps accordés aux Doyens de Sainte Marthe, les exemptait de toute charge, tribut et contributions à l'entrée des villes, mêmement en celles de *Laurade*. (Voir les *Archives du Département*. Régistre *Serena*.)

Nous voyons encore en 1700 les religieux Célestins d'Avignon, cessionnaires des droits de péage perçus à St-Gabriel par la donation que leur en avait faite le roi René, en instance devant le Parlement à l'effet d'obliger la Communauté de Tarascon à l'acquit de ces droits. Ils perdirent leur procès, parce qu'il fut prouvé par titres authentiques qu'aux XII*e* siècle et au XIII*e*, St-Gabriel était compris dans le domaine Comtal et que les Souverains de la Provence avaient dès lors exempté la Communauté de Tarascon de tout droit de péage à St-Gabriel. *(Archives Municipales.)*

(2) Voir les *Monum. inéd. ubi suprà.*

fond du lit du fleuve, et desservaient les besoins des habitants de l'autre rive.

§. 2.

La ville de Tarascon au moyen-âge et dans les temps postérieurs. — Son enceinte murée. — Ses portes. — Ses édifices publics et particulièrement le château.

Au moyen-âge, la ville de Tarascon est désignée dans la plupart des actes publics sous le nom de *Castrum* qui indique un lieu fortifié. Elle avait une enceinte formée par des remparts crénelés, vulgairement appelés *li barri*, et soutenus à certains intervalles par des tours où devait, en cas d'attaque, se concentrer principalement l'effort de la défense. Dans un temps où les rivalités entre les puissances limitrophes étaient si ardentes et leurs chocs si fréquents, de telles précautions étaient indispensables. Il fallait se prémunir contre les surprises d'un ennemi qui pouvait se montrer en force au moment le plus inattendu, et se trouver en mesure de lui résister. La plupart des villes, et même, comme l'on sait, des demeures féodales de ce temps étaient également défendues par des ouvrages de fortification. Quand survinrent au XIIe siècle et au XIIIe les longues querelles des souverains de la Provence, d'abord avec les comtes de Toulouse, puis avec les princes de la maison des Baux ; plus tard les entreprises dirigées contre la famille d'Anjou par les partisans de la maison de Duras ou de celle des rois d'Aragon, et en dernier lieu les agitations suscitées au XVIe siècle par les guerres religieuses, ce besoin de se protéger et de se défendre dut être plus impérieux encore. Aussi, voyons-nous, dans les souvenirs qui sont restés de ces diverses périodes historiques, que l'entretien des remparts et des fortifications de la ville était constamment pour l'administration l'un des plus graves objets de sa sollicitude.

Cette enceinte murée a subi dans la suite des temps diverses modifications, suivant la direction ou l'extension donnée aux constructions urbaines.

Entre ces différentes rectifications, la plus ancienne que l'on connaisse remonte à la fin du XIe siècle. A cette époque, les limites de la ville, du côté du nord, s'arrêtaient sur un point plus ou moins avancé de la rue Saint-Nicolas, près de la place du marché, mais qui n'allait pas certainement au delà de l'arceau donnant aujourd'hui accès sur la place Pie. Sur cette place même, qui était alors un champ, et dans les circonstances que nous dirons au paragraphe suivant, fut bénie le 3 des ides de septembre, par le pape Urbain II, la première pierre d'une église et d'un hospice (1) que l'on devait bâtir à l'honneur et sous le vocable de Saint-Nicolas. Autour de l'église et de l'hospice, quand ils furent construits, se groupèrent successivement d'autres habitations, entre autres, celle des chevaliers du Temple qui furent des premiers à s'y établir ; tant qu'enfin et dans la seconde moitié du XIVe siècle, à la suite de la nouvelle rue qui avait emprunté à l'hospice de Saint-Nicolas le nom qu'elle porte encore, s'était formé tout un nouveau quartier appelé dès lors comme aujourd'hui celui de la *Condamine*.

(1) Il n'est pas inutile de faire remarquer ici que le mot *hospice* n'avait pas, dans la langue de ce temps ni même de ceux qui suivirent, le sens restreint et spécial que l'on y attache aujourd'hui. Il avait une signification beaucoup plus large et s'appliquait généralement à tous les lieux d'habitation, quels qu'ils fussent. Les anciens Actes et nos Archives Municipales fournissent à cet égard de curieux exemples. Notre langue provençale en partie dérivée de celle que l'on parlait à cette époque a conservé le mot d'*oustaou*, et la langue française celui d'*hôtel*, qui viennent l'un et l'autre d'*hospitium* et n'ont pas une signification moins étendue.

Vers le milieu du dernier siècle, il fut fait à l'enceinte de la ville une autre modification. Par lettres patentes rendues en 1759 sur la requête qui lui avait été présentée, le roi Louis XV permit aux Consuls de faire avancer le mur de la ville, dans une mesure déterminée, depuis le coin de la chapelle de Notre-Dame-de-Bonaventure, près de l'hôpital, jusqu'à la tourelle existant vis-à-vis l'église des Pères Augustins (aujourd'hui la Gendarmerie). Le monarque faisait à la ville perpétuelle concession des terrains du domaine royal qui devaient être enclavés dans la nouvelle enceinte, avec pouvoir de les vendre, et en laissant aux acquéreurs de ces terrains la faculté d'appuyer les maisons qu'ils y feraient bâtir contre le nouveau mur, et d'ouvrir dans son épaisseur des fenêtres pour ajourer leurs habitations, à la charge par eux de se conformer dans ces constructions au plan d'alignement qui devait être tracé.

En conséquence de cette concession, le 17 décembre de cette même année, les travaux de démolition de l'ancien rempart et ceux de l'édification du nouveau mur furent confiés à Jean Galissard et à ses associés qui devaient les exécuter dans le terme de trois ans et moyennant le prix convenu de 9270 livres. On voit encore au fond du jardin de l'ancien hôtel de M. le marquis de Gras-Préville un pan de mur, reste de l'ancien rempart, indiquant la ligne de délimitation de l'enceinte de la ville avant cette époque.

Elle était percée de sept portes, trois principales, flanquées de tours et accompagnées d'un ravelin : c'étaient les portes Saint-Jean, Condamine et Madame.

La porte Saint-Jean ainsi nommée à cause du voisinage d'une église dédiée à Saint Jean-Baptiste, fut reconstruite, telle qu'on la voit aujourd'hui, en 1758, en vue de la rectification que l'on devait donner l'année suivante à l'enceinte de la ville de ce côté. D'après une convention du 21 juillet de cette année 1758, Pomet, Gébelin et Sarnègues, maîtres-maçons de cette ville, se chargèrent de cette reconstruction ; ils s'obligèrent en même temps à bâtir à côté même de la porte l'habitation du capitaine de la ville, et un peu plus loin la maison du nouveau poids de la farine. Tous ces travaux, avec leurs accessoires de menuiserie et de serrurerie, devaient être exécutés dans le terme de neuf mois et soldés par un prix fait de 6800 livres.

La porte *Condamine* prit ce nom lorsqu'elle fut construite en 1379. Avant cette époque et quand les limites de la ville du côté du nord ne s'étendaient point jusques-là, il existait bien en arrière de ce point une autre porte appelée *Saint-Nicolas*, construite près de l'église du même nom, et dont nous avons vu que le pape Urbain II avait béni la première pierre en 1096.

Nous avons vu également que la porte *Madame* avait été ainsi dénommée parce que la reine Jeanne II, quand elle séjournait à Tarascon, avait coutume d'entrer et de sortir par cette porte. Mais sa construction remontait à une époque antérieure à cette princesse. On en voit encore un reste dans un pan du mur très-épais formant un angle de l'hôtel des empereurs. On voit aussi derrière la chapelle attenante à la maison d'école un fragment de l'ancien mur crénelé auquel cette porte se rattachait.

L'entrée de la ville sur ce point, formée par une tour carrée, avait primitivement une porte géminée. Dès l'année 1719, il avait été fait à cette tour quelques démolitions. Le 7 juin de l'année 1790, le Conseil décida que l'avant-porte ou celle du dehors serait abattue. L'arrière porte ou celle du dedans qui avait été conservée fut à son tour démolie quelques années plus tard.

Les portes secondaires étaient celles de *Jarnègues* reconstruite comme on la voit en 1646; du *Rhône*, près de laquelle s'élevait une tour dite de l'*Obole*, probablement parce qu'on y percevait un péage pour le passage du fleuve, et qui fut démolie en 1829, lors de la construction du pont suspendu actuel ; des *fausses brages* ou des *imbrages*, vulgairement le *portalet*, à l'angle du jardin de M. de Gras-Préville, et qui fut reconstruite en 1759 par les mêmes architectes qui rectifièrent à cette époque la ligne du mur d'enceinte sur ce point. En 1776, les Consuls de Tarascon autorisèrent un sieur André Saint-Michel, ménager, à percer le mur d'enceinte à l'extrémité de la rue aboutissant à la place de l'*Église vieille*, et à élever sur ce point, à ses frais, risques et périls, une nouvelle porte à laquelle on donna le nom de *Porte-Neuve* ; mais, construite dans de mauvaises conditions, elle croula bientôt et ne fut plus relevée.

Parmi les édifices publics existant dans la ville de Tarascon le plus remarquable par son aspect grandiose, son caractère monumental et les souvenirs qui s'y rattachent est incontestablement le château.

Il y aurait à écrire tout un livre sur le château de Tarascon, sur ses origines, ses diverses transformations et les événements dont il a été le théâtre.

La citadelle romaine élevée au même lieu avait été remplacée par une forteresse plusieurs fois rebâtie sous les différentes dominations qui succédèrent à l'Empire Romain. Ruinée par les Sarrasins, elle fut reconstruite, après l'expulsion des barbares, par les rois d'Arles et les princes de la maison de Boson. Sous le règne de Béatrix, héritière de celle de Barcelone et fille de Raymond Bérenger IV, l'empereur d'Allemagne, qui exerçait sur la Provence un droit de suzeraineté, avait envoyé à Tarascon un délégué chargé de régler quelques différends survenus entre la noblesse et la bourgeoisie de cette ville. Entre autres difficultés soumises à l'arbitrage du délégué impérial, il y avait à déterminer la part contributive devant être fournie respectivement par les nobles et par les *probes hommes* et autres habitants pour la reconstruction ou la restauration du château. Il devait à cette époque être déjà fort ancien, puisqu'il est constaté dans les écritures de ce temps qu'il *tombait de vétusté*. Dans une assemblée publique tenue le 8 des Calendes de novembre 1233 il fut décidé que la noblesse, qui avait prétendu s'affranchir de toute contribution pour cet objet, serait tenue de concourir pour sa quote-part à la restauration du château. (*Archives Municipales. Livre Rouge.* f°, 151.)

Ce fut dans ce château que Charles Ier d'Anjou, frère de Saint Louis, devenu l'époux de Béatrix reçut, en 1250, l'hommage des ambassadeurs de la ville d'Arles qui l'y vinrent saluer comme leur légitime souverain.

En 1290 son fils Charles II, dit le *boiteux*, fit faire à ce château des embellissements et des agrandissements considérables, ce qui explique l'erreur où sont tombés quelques auteurs en faisant remonter au règne de ce prince le commencement de l'édification du château actuel.

En 1368, sous Jeanne I, qui depuis adopta pour son héritier Louis d'Anjou, cet ancien château subit au mois d'avril un siége dirigé par le célèbre Bertrand Duguesclin, connétable de France. Il combattait pour le même Louis d'Anjou, frère de Charles V, roi de France, qui cherchait alors à s'emparer du comté de Provence. La Curne de Sainte-Palaye raconte en ses mémoires que le connétable avait fait le serment de ne point quitter ses habits de guerre avant qu'il n'eût pris le château de Tarascon. Il n'y aurait jamais réussi sans la trahison de quelques habitants de cette ville; mais peu de jours après, le parti de la reine Jeanne eut une éclatante revanche. Le gouverneur de la province, secondé par la noblesse du pays, attaqua si vigoureusement l'armée de

Louis d'Anjou qu'elle fut obligée de lâcher prise et de fuir de l'autre côté du Rhône.

Ce fut sous les murs même de ce château qu'en 1399 Raymond de Beaufort, vicomte de Turenne, ravageur de la Provence et partisan de Ladislas de Naples, trouva la mort, dans les eaux du fleuve, poursuivi qu'il était par le maréchal de Boucicault et par le prince de Tarente frère du roi Louis II.

Au rapport de Poncet de Rousset, secrétaire du Roi à Aix en 1406, ce serait le même Louis II qui aurait fait commencer le 4 octobre de l'an 1400 la construction du château actuel, d'après les plans dressés par André de Sainte-Marie, architecte de Salon. Ce grand travail, qui se poursuivit sous les ordres de ce prince pendant quatre années, coûta 33,388 florins 3 gros et 23 deniers. Il fut donné à l'architecte pour la levée du plan 25 ducats. Le roi René fit continuer l'ouvrage entrepris sous le règne de son père, et y attacha son nom, en le conduisant au point où nous le voyons aujourd'hui. Entre autres mutilations qu'a subies ce monument, la plus regrettable entre toutes les autres lui fut infligée dans les premières années de ce siècle, lorsqu'on démolit la dernière des tours septentrionales faisant suite à celles qui restent encore, pour y substituer un édifice qui figure très-mal, à cause de sa destination et de l'exiguïté de ses formes, à côté de ce colosse d'architecture. La ville pouvait avoir besoin d'un abattoir ; mais il semble qu'un autre emplacement, quel qu'il fût, eût été plus heureusement choisi pour une construction de ce genre. Ce fut à la même époque que l'on détruisit ce qui était resté autour de la ville de ses anciens remparts (*li barri*). Sauf la destruction de cette tour et quelques autres dégradations faciles à réparer, le château de Taracon bien conservé d'ailleurs présente extérieurement l'aspect le plus imposant. La solidité de sa structure, l'ampleur et la majesté de ses proportions, sa position si pittoresque sur les bords du fleuve en face des tours du château de Beaucaire, qui se dressent sur les hauteurs de la rive opposée, ont quelque chose de féérique qui saisit le regard et lui offre un admirable paysage.

La disposition intérieure de ce monument n'est pas moins remarquable. L'escalier aboutissant à la terrasse du château, la salle de spectacle, la chambre royale, la chapelle surtout, vrai bijou d'architecture ogivale, avaient, il y a quelques années, fixé particulièrement l'attention de M. Prosper Mérimée. Sur le rapport de l'éminent archéologue, cet édifice, ainsi que l'église de Sainte-Marthe, furent classés parmi les monuments historiques. Le roi René qui l'habitait souvent s'était plu à le meubler comme il convenait à une telle demeure. Un savant voyageur, qui l'avait visitée vers le milieu du XVIe siècle, ne parlait qu'avec une sorte de ravissement des richesses artistiques qu'elle renfermait encore. (Goltzius. *Itinéraire Franco-Belge.*)

Les États de Provence avaient été tenus plusieurs fois au château de Tarascon. En 1394, sous le roi Louis II, il s'y forma entre les seigneurs de Provence une ligue contre Raymond de Turenne déclaré ennemi du roi et de la paix publique. Ils s'y tinrent encore en 1628, 1629, 1631, 1658, 1659. Trois fois depuis sa reconstruction le château fut assiégé : la première fois en 1427, ainsi que nous l'avons raconté à la page 328 ; la seconde fois, et le 7 mars de l'année 1586, il le fut par le maréchal de Damville, duc de Montmorency et gouverneur du Languedoc. Ayant voulu s'emparer de la ville de Tarascon par surprise et par escalade, il ne put accomplir son dessein à cause de la résistance que lui opposèrent les Tarasconnais avertis à temps. Pour se venger de cette déconvenue, il lança contre le château quelques volées de canon. Le troisième siège fut plus sérieux et il eut lieu en 1652 pendant les troubles de la Fronde. A cette époque, et déjà depuis plusieurs années, toute la Provence était en feu. L'administration arbitraire et violente du cardinal de Richelieu, les atteintes portées sous celle de son successeur aux anciennes franchises du pays, les exactions commises par les gens de guerre, l'aggravation des impôts et des charges publiques, toutes ces causes avaient excité à Marseille surtout et à Aix un mécontentement qui avait dégénéré en sédition. Au milieu de l'agitation générale, la population tarasconnaise, quoique émue par le tumulte qui grondait autour d'elle, était restée tranquille et fidèle au roi. Le siége du château fut amené par des circonstances qui lui était tout à fait étrangères. Le cardinal Mazarin, jaloux d'en finir avec les mécontents de Provence, avait successivement envoyé dans ce pays des gouverneurs qui devaient, avec l'assistance des troupes nombreuses mises à leur disposition, y étouffer la révolte. Louis de Valois, duc d'Angoulême et comte d'Alais, l'un de ces gouverneurs, soit qu'il n'agit pas avec assez de vigueur contre les révoltés, soit pour tout autre motif, fut révoqué de ses fonctions en 1652 et remplacé par M. de Mercœur, duc de Vendôme. Le château de Tarascon était occupé alors par une garnison sous le commandement d'un gentilhomme nommé Lacan, créature et partisan dévoué du comte d'Alais. Vexé par la disgrâce de son patron, Lacan, et avec lui les troupes sous ses ordres refusent obéissance au nouveau gouverneur qui envoie aussitôt pour les réduire Jean de Pontevès, comte de Carcès. Telle fut l'occasion et l'origine de ce siége : commencé e 10 juin 1652, il se termina le 24 du même mois, par la reddition de la place. Les assiégeants y perdirent 24 hommes, un seul périt du côté des assiégés : c'était un soldat qui, étant descendu du château par des cordes, fut surpris ayant sur lui des lettres à l'adresse d'un habitant de la ville avec lequel Lacan s'était ménagé des intelligences ; il fut pendu. La garnison du château ne se rendit qu'après avoir épuisé toutes ses munitions de guerre et obtenu des conditions honorables.

Les murs du château battus en brèche dans cette circonstance subirent des dégradations dont les vestiges sont restés très-apparents au sommet de la grande tour méridionale. Les maisons voisines, et entre autres celle de l'abbaye de Saint-Honorat, éprouvèrent également d'assez graves dommages. Nous voyons même que les religieuses de ce monastère demandèrent aux États de Provence assemblés en 1656 en compensation des pertes par elles essuyées des indemnités qu'elles n'obtinrent point. Il y a plus : dès l'année 1652 et dans plusieurs assemblées subséquentes, les mêmes États avaient très-vivement sollicité auprès du gouvernement la destruction totale du château de Tarascon. Ils avaient même offert de contribuer pour 24000 livres aux frais de sa démolition. Heureusement cette offre et cette demande ne furent jamais accueillies.

Il est un autre souvenir historique qui doit trouver ici sa place. Ce serait dans le château de Tarascon qu'au mois de juillet 1642 auraient été détenus pendant quelques jours, suivant quelques versions, deux célèbres prisonniers d'état : Henri de Cinq-Mars, marquis d'Effiat, grand écuyer de France, et François-Auguste de Thou, conseiller du roi. Le cardinal de Richelieu qui les avait fait arrêter à Narbonne comme conspirateurs était lui-même à cette époque à Tarascon. Il était descendu dans la maison de M. de Pomérol-Modène, près du château et de l'église de Sainte-Marthe. Comme il était malade et qu'il ne sortait point de son lit, on abattit la fenêtre de l'appartement qui lui avait été préparé depuis quelques jours ; puis on construisit à l'extérieur un pont de bois, en forme de plan incliné par où le cardinal fut porté dans la chambre qu'il devait occuper. Ce fut là que Louis XIII vint du village de Montfrin le 2 juillet de cette année 1642 visiter son ministre. Après avoir demeuré quelques jours à Tarascon et y avoir reçu de tous les Ordres de la province les honneurs dus à son rang, Richelieu s'embarqua sur le Rhône qu'il remonta jusqu'à Lyon, sans sortir de son lit. Il était renfermé comme dans une sorte de cage dont on avait fait un appartement somptueux. Il traînait après lui, dans un bateau remorqué par le sien, ses deux prisonniers Cinq-Mars et de Thou. Tous les deux furent décapités à Lyon le 12 septembre suivant. Moréri raconte qu'une heure seulement avant sa mort, de Thou avait composé une inscription latine destinée à être gravée sur les murs de l'église des Cordeliers de Tarascon, conformément au vœu qu'il avait formé pendant sa détention d'ériger une chapelle dans cette église, s'il obtenait sa délivrance. Il ne l'obtint point ; mais nonobstant la déception de son espérance, peut-être pour se donner dans un moment aussi cruel la consolation de montrer sa grandeur d'âme, il écrivit ce qui suit :

Christo liberatori.	Au Christ libérateur.
Votum in carcere pro libertate conceptum Francis. Aug. Thanus è carcere vitæ jamjam liberandus merito solvit.	François Auguste de Thou prisonnier avait fait un vœu pour sa délivrance. Il l'acquitte au moment où il va être affranchi de la captivité de la vie.
12 *septem.* 1642.	12 septembre 1642.
Confitebor tibi, Domine, quoniam exaudisti me et factus es mihi in salutem.	Je vous rends grâces, Seigneur, de ce que vous m'avez exaucé et de ce que vous avez été mon Sauveur.

Afin de compléter ce récit, nous devons ajouter que le commandement du château était, à cette époque, exercé par Charles de Léautaud, sous les ordres du comte d'Ornano, commandant et gouverneur titulaire.

D'autre part nous lisons dans l'Histoire du Comtat Venaissin, par l'abbé Pithon-Curt (tome Ier p. 338), qu'un gentilhomme de Carpentras, Guillaume de Cheisolme, baron de Crombis, avait été spécialement chargé de la garde des deux célèbres prisonniers d'État depuis le jour de leur arrestation à Narbonne, jusqu'à celui de leur exécution. Cette circonstance a fait penser à quelques-uns que Cinq Mars et de Thou, pendant leur séjour à Tarascon, ne furent point détenus au château, occupé d'ailleurs en ce moment-là même par 500 prisonniers de guerre espagnols, mais au couvent des Observantins, d'autres disent celui des Cordeliers où, suivant Moréri, de Thou avait fait le vœu d'ériger une chapelle, s'il obtenait sa délivrance.

François de Thou était alors âgé de 35 ans. Ayant reçu de son ami Cinq-Mars la confidence d'un complot tramé par lui contre la sûreté de l'État, il ne l'avait point révélé. Cette réticence fut la cause de sa mort; car la législation de de ce temps l'assimilait à une véritable complicité.

Afin de ne pas nous exposer au reproche d'un silence calculé et ne taire aucun des souvenirs qui se rattachent au château de Tarascon nous devons mentionner l'épouvantable scène qui s'y donna après le 9 thermidor et la chute de Robespierre, lorsque quelques personnes victimes d'un mouvement réactionnaire, furent précipitées dans le fleuve du sommet de la grande tour. Cette exécution barbare qui se fit sans jugement ni forme de procès, ne saurait, même à titre de représailles, trouver une excuse auprès d'une âme honnête. Mais s'il est juste de flétrir des actes aussi exécrables, il ne l'est pas moins d'en faire peser la responsabilité sur ceux à qui elle appartient. Les véritables auteurs de ces atrocités, étrangers à ce pays, furent deux commissaires envoyés par la *Convention nationale* (Auguis et Serres), qui mirent en cette occasion tout en œuvre pour surexciter les passions populaires. Nous nous souvenons d'avoir entendu un vieillard nous répétant avec le sentiment d'une vive indignation les paroles que lui-même dans une assemblée publique avait recueillies de la bouche de l'un deux : « Prenez, « aurait-il dit, les ossements de vos pères, et servez-vous- « en comme d'une massue pour écraser leurs assassins. » Langage digne d'un cannibale plutôt que d'un chrétien et qui ne fut que trop écouté !

Le château de Tarascon sert, comme on sait, aujourd'hui de maison d'arrêt. On doit former des vœux pour que les hôtes qu'il héberge soient transférés dans un autre local où ils seraient d'ailleurs placés plus convenablement, et que ce monument si remarquable, restauré comme il devrait l'être, reprenne son caractère, si ce n'est sa destination historique. Les bustes en marbre du roi René et de Jeanne de Laval sa seconde femme figuraient autrefois dans la cour d'honneur. Pendant la Révolution on les jeta dans la citerne, d'où ils ont été retirés il y a quelques années dans un état de déplorable mutilation. Au bas, se voyaient les armes royales avec cette légende :

Divi heroes francis liliis cruceque illustres
Incedunt, jugiter parantes ad superos iter.

Ces augustes personnages illustres par les lys de France et par la croix travaillent sans cesse à se frayer un chemin vers les cieux. Épigraphe très-justement adaptée au blason de la maison d'Anjou où la *croix* de Jérusalem s'alliait aux *lys* de France.

Les autres édifices publics que nous avons à mentionner

sont d'abord l'Hôtel de ville dont on ignore l'emplacement primitif : nous savons seulement que, sur une délibération du Conseil en date du mois de février 1393, rédigée en langue provençale, comme toutes celles de ce temps, il fut acheté près de l'église de Sainte-Marthe, et dans le local beaucoup plus tard occupé par le collége, une maison où fut transféré l'*Ostal del Commun*. Cette maison conserva la même destination jusqu'à la fin de l'année 1643, époque à laquelle elle fut, suivant une délibération prise le 2 août par le Conseil général et particulier, donné aux Pères de la Doctrine chrétienne pour y établir un collége. Le 4 août de l'année suivante furent achetées diverses maisons sur la place du marché où devait être construit un nouvel Hôtel de ville. Cette construction, prise et reprise à divers intervalles et confiée, moyennant un prix fait, à un entrepreneur du nom de Claret, ne fut entièrement terminée que vers l'année 1680.

Il y avait à Tarascon un Hôtel des monnaies dont l'établissement devait remonter, au moins, au mois d'août de l'année 1272, puisque l'on cite à cette date un acte par lequel Charles Ier d'Anjou permettait de battre monnaie dans cette ville, sur le même pied qu'à Tours en Touraine (1). Ce droit plusieurs fois contesté à cette ville par le Parlement de Provence lui fut toujours maintenu ; car nous trouvons une délibération du Conseil à la date du mois de février 1592 qui ordonne de payer une certaine somme au sieur Jean-Baptiste Lazary, *maître de la monnaie qui se bat au château*. Cette dernière circonstance indique clairement que, au moins à cette époque, c'était au château même qu'avait lieu la fabrication et l'émission des espèces. Il existait également à Saint-Remi un Hôtel des monnaies dont la fondation était

---

(1) *Archives Départementales. Régist. Pargamen. Cour des comptes*, f° 53 et Régist. *Padis.* f° 80. *verso.* arm. D. et C. n° 2.

contemporaine de celui qui avait été établi à Tarascon et qui fut tranféré dans cette dernière ville sous les princes de la 2ᵉ Maison d'Anjou (1).

Le projet de construire des casernes à Tarascon pour y loger des troupes de cavalerie remonte à l'année 1711, et il émanait de l'initiative du gouvernement de Louis XIV. Toutefois ce projet ne reçut un commencement d'exécution que sous le règne de son successeur. Le 10 octobre de l'année 1717, le Conseil Municipal, statuant sur une requête présentée par un grand nombre d'habitants, décida qu'il fallait, sans plus de retard, mettre la main à l'œuvre ; et il fixa, en même temps, les termes d'une imposition nouvelle, pour la part contributive que la ville devait fournir à la dépense de ces travaux. Ils furent exécutés par les sieurs l'Ange Graye, Honoré Asquier, Philippe Dumas, Joseph Lachaud, de la ville de Marseille, suivant les plans et devis dressés par le sieur Desfours architecte de la ville de Montpellier, et coûtèrent une somme totale de 150,000 livres.

On sait que cet établissement militaire a reçu depuis, avec le concours de l'État et celui de la Commune, des agrandissements et des améliorations notables.

§ 3.

Des anciens établissements religieux d'instruction et de bienfaisance dans la ville de Tarascon : les paroisses, les couvents, les chapelles rurales, les lieux de pèlerinage, les hospices etc.

L'élément religieux dut avoir de rapides accroissements dans une ville où la semence divine avait été jetée de si bonne heure par la main de Sainte Marthe. Autour de son sépulcre

(1) *Statistique du Département,* Tome II, p. 1140.

glorieux s'étaient formées, suivant les présomptions les plus légitimes, un certain nombre d'institutions destinées elles-mêmes à perpétuer le souvenir et les fruits de ses œuvres. Le terrible ouragan que l'on vit s'abattre sur ce pays au VIIIe siècle et au IXe emporta jusqu'aux derniers vestiges de ces primitives créations de la foi de nos pères ; et ce fut beaucoup qu'ils pussent, au milieu de tant de ruines et de dévastations, sauver par un heureux stratagème les reliques de leur Sainte Patronne, trésor, à leurs yeux, le plus inestimable entre tous ceux qu'ils possédaient.

Quand le sol de la Provence fut délivré enfin des hordes barbares qui l'avaient si longtemps et si cruellement fatigué, surtout après qu'une découverte inespérée eut remis en lumière le sacré dépôt que la crainte d'une profanation avait, depuis plusieurs siècles, fait soustraire à tous les regards, il se produisit un mouvement de résurrection ; et c'est à peu près à cette époque que remonte l'origine du plus grand nombre des établissements religieux que nous allons énumérer. Quelques-uns sont d'une date ou plus ancienne ou plus récente, et quand ils viendront dans leur ordre, nous aurons soin de l'indiquer.

Le premier que nous devions mentionner ici est l'église de Laurade, parce qu'elle est, après celle de Sainte-Marthe, la première qui ait joui du titre paroissial. Nous voyons dans un compte-rendu en 1708 par Mgr de Gontéry, archevêque d'Avignon, au Souverain Pontife qu'il y avait eu en ce lieu, dès un temps très-ancien, une vaste *basilique* dédiée à Saint Thomas apôtre, et qui tombée en ruines, faute d'être réparée, avait été remplacée par une modeste chapelle livrée elle-même, depuis la suppression de cette paroisse, à des usages profanes. Alphonse Ier comte de Provence avait accordé en 1189 à l'église de Laurade aussi bien qu'à celle de Sainte Marthe, de nombreux priviléges, entre autres l'exemption du droit de *Ca-*

valcade qui était celui qu'avait le seigneur suzerain d'exiger pour son service en temps de guerre un certain nombre d'hommes et de chevaux devant lui être fournis par ses vassaux et les communautés de son domaine.

Dans le même compte-rendu de Mgr de Gontéry nous trouvons l'église de Saint-Jacques désignée sous le nom d'église *filiale*. Son existence paroissiale est du reste relativement très-récente, et ne remonte au plus qu'à l'année 1682. A cette époque, elle fut établie dans une chapelle jusqu'alors desservie le dimanche seulement par un prêtre détaché du clergé de Sainte-Marthe, et située à côté de l'hospice érigé autrefois en faveur des pèlerins sur la place de l'*Église vieille*.

Cette chapelle ne pouvant suffire, à cause de son exiguité, à la population de ces quartiers, une nouvelle église, celle que l'on voit aujourd'hui, fut bâtie en 1740 par Antoine Damour, maître-maçon de cette ville, d'après les plans de Brun et de Franque qui avait été six ans auparavant l'un des architectes de la nouvelle église de Notre-Dame-des-Pommiers à Beaucaire. Les frais d'édification de celle de St-Jacques s'élevèrent à 32,550 livres, et ceux de la maison presbytérale attenante, construite en 1749, à 6,950. Jusqu'à la réorganisation du culte en 1802, les curés de St-Jacques avaient été privés du droit d'administrer à leurs paroissiens le sacrement de baptême. Ce privilége était réservé à ceux de Sainte-Marthe, à cause de la primauté de cette église ; et malgré des réclamations qui s'étaient plus d'une fois renouvelées, il leur avait toujours été maintenu.

On comptait autrefois à Tarascon, non compris le monastère de St-Michel-de-Frigolet situé dans sa banlieue, et dont il a été parlé précédemment (Chap. v° de la ii° partie.), six communautés religieuses d'hommes et trois de femmes.

Les premières étaient celles des chanoines réguliers de la Sainte-Trinité pour la rédemption des captifs établis en cette ville en 1220 dans le local occupé avant eux près de la Condamine par les Chevaliers du Temple dont l'Ordre venait d'être supprimé ; — des Dominicains ou Frères Prêcheurs que le roi Charles II avait appelés en 1256 ; — des Cordeliers venus en 1250 et dont l'église dédiée à Saint Laurent était située sur la place du Charbon ; — des Observantins, autre branche de l'Ordre de St-François, établis depuis 1632 sur les bords du Rhône, derrière l'hospice de la Charité, et possédant encore une petite succursale sur la route d'Avignon, vis-à-vis le Château de la Motte ; — des Capucins, appelés en 1600 par vœu de la population et du Conseil Municipal qui leur céda l'ancien hôpital des pestiférés où ils s'établirent ; — des Augustins réformés ou déchaussés, venus en 1662, et dont le couvent, transformé d'abord en hôtellerie, a été affecté en dernier lieu au casernement de la gendarmerie.

Le premier établissement des Cordeliers et des Frères Prêcheurs s'était formé d'abord dans l'île de Jarnègues. Les inondations fréquentes auxquelles ce quartier était exposé obligèrent ces religieux à l'abandonner. Vers le milieu du XVe siècle les Dominicains transférèrent leur domicile près de la porte de Saint-Jean et y bâtirent, sous l'invocation de ce Saint, une église remarquable que la population religieuse de cette ville eut, il y a quarante ans environ, le déplaisir de voir convertir en théâtre. Les Cordeliers ayant également déserté l'île de Jarnègues s'établirent non loin de la porte Madame.

Après leur installation dans le local que la ville leur avait cédé, les Capucins firent construire une église dont le cardinal de Richelieu voulut être le parrain. Ce grand ministre affectionnait beaucoup ces religieux, sans doute à cause de leur mérite, mais aussi par suite de la faveur dont jouissait auprès de lui un des leurs, le célèbre P. Joseph, son confident le plus intime. A son passage à Tarascon en 1642, il fit consacrer le nouveau temple par Mgr Godeau, évêque de Vence, sous la double invocation de Sainte Marthe et de son propre patron Saint Armand.

Les trois communautés de femmes étaient celles des religieuses Bénédictines de l'abbaye de St-Honorat, en face du château; — des Ursulines, sur la place Pie ; — des Visitandines, établies dans la maison d'école dirigée aujourd'hui par les Frères du Sacré-Cœur.

Le monastère des religieuses Bénédictines avait eu, depuis sa fondation en 1352 jusqu'à sa suppression en 1790, trente abbesses, au nombre desquelles en 1754 une nièce de Fénelon, dans le même temps qu'un de ses frères, neveu du grand archevêque de Cambrai, était lui-même doyen du Chapitre royal de Sainte-Marthe. La première abbesse avait été Béatrix d'Albe de Roquemartin, de l'illustre famille tarasconnaise de ce nom, et la dernière fut Marie Sibille, Gabrielle Merle de Beauchamp, décédée dans les premières années de ce siècle. Elle avait fait quelques legs à l'église de Sainte-Marthe, et l'on conserve le portrait de cette bienfaitrice dans la sacristie de la paroisse (1).

L'abbaye de St-Honorat devait son existence à Jean Gantelmi, grand sénéchal de Provence, qui l'avait fondée en exécution d'un vœu de son aïeul Rostaing. Celui-ci échappé presque miraculeusement au massacre des Vêpres Siciliennes en 1282, et jeté par la tempête sur l'île de Lérins, tandis qu'il fuyait les côtes d'Italie, avait promis d'ériger un monastère de l'ordre de St-Benoît. Il ne tint pas sa promesse; mais avant de mourir il chargea son fils Jacques de l'exécuter. Celui-ci n'y fut pas plus fidèle; mais, à son tour, il recommanda sur son lit de mort à son fils Jean de l'accomplir. Il était réservé à ce dernier de dégager enfin la parole de son aïeul Après

(1) Jusqu'à l'année 1717 la nomination de l'abbesse avait appartenu à la communauté qui y procédait par voie d'élection : depuis cette époque, cette nomination fut dévolue au roi.

avoir fait édifier le nouveau monastère sous le vocable de Sainte Marie et de Saint Honorat, il le plaça sous la juridiction majeure et personnelle de l'abbaye de Lérins, et pourvut à sa dotation par la concession du magnifique domaine de Campredon sur le territoire de Saint-Pierre-de-Mézoargues, fief qu'il tenait lui-même de la libéralité de la reine Jeanne ; mais il stipula expressément dans l'acte de fondation que sur les trente religieuses qui devaient habiter le monastère, quinze au moins devraient être prises dans les familles tarasconnaises et admises gratuitement. Sa bienveillante sollicitude s'étendit plus loin. Peu de temps auparavant, il avait fondé à Romanil, près de la tombe de Jean et de Rostaing Gantelmi, ses auteurs, un monastère de religieux et quatre chapellenies sous le titre de Saint Benoît. Afin de donner aux religieuses de l'abbaye de St-Honorat des directeurs de leur ordre, il transféra de Romanil à Tarascon ces religieux, au nombre de 4, avec leur abbé ou prieur, et les établit, avec l'approbation donnée en 1368 par le Pape Urbain V, dans l'hospice de St-Nicolas dont un prédécesseur de ce pape, Urbain II, avait en 1096 bénit la première pierre (1).

(1) Par acte du 15 décembre 1363, notaire Pierre de Podio, cet hospice et toutes ses attenances avaient été cédés, moyennant indemnité à Jean Gantelmi par les religieux de l'abbaye de St-Victor de Marseille ; et une bulle du pape Urbain V, en date du 18 des Calendes de janvier 1364, avait confirmé cet acte de cession.

Nous avons parlé au précédent §. de l'église et de l'hospice St-Nicolas. Voici quelle en fut l'origine. Bertrand II, fils de Geoffroi et Comte de Provence, étant mort en 1090, la Comtesse Étiennette sa mère qui lui avait survécu donna à l'abbé Richard et aux religieux de l'abbaye de St-Victor de Marseille un champ qu'elle possédait en ce lieu, à la charge d'y bâtir une église et un hospice à l'honneur de Saint Nicolas, et d'y prier pour le repos de l'âme de Bertrand. Le pape Urbain II, revenant en 1096 du Concile de Clermont, passa par Tarascon où se trouvait en ce moment la Comtesse

Le nombre des religieux transférés dans cet établissement s'accrut bientôt et on y en comptait jusqu'à vingt. Ils étaient chargés spécialement d'administrer les sacrements et les autres secours spirituels aux religieuses du monastère de St-Honorat. Cette communauté, appelée depuis vulgairement le *Grand Couvent*, était devenue en peu de temps très-florissante. Le titre abbatial que le fondateur y avait attaché, la richesse de son patrimoine, la qualité des personnes qui la composaient et qui appartenaient presque toutes aux familles les plus distinguées de ce pays, la plaçaient au premier rang des établissements du même genre.

Une autre cause avait singulièrement contribué à relever son lustre. Nos religieuses Bénédictines s'adonnaient, autant que le leur permettaient leurs devoirs monastiques, à la culture des lettres, et quelques-unes d'entr'elles y obtenaient de

Étiennette. A la prière de cette princesse, le Pontife accompagné de 3 cardinaux, des abbés de St-Victor et de Mont-Majour et d'une grande foule de peuple se porta sur les lieux, bénit les fondements de l'église que l'on se proposait d'ériger et accorda de nombreuses indulgences aux fidèles qui contribueraient par leurs offrandes à son édification.

L'église et l'hospice construits furent d'abord occupés par une colonie des religieux de St-Victor de Marseille qui, sans se dessaisir de leurs droits, confièrent ensuite l'administration de cet établissement aux Chevaliers du Temple résidant eux-mêmes dans le voisinage. Après la suppression des Templiers et la cession de l'hospice faite à Jean Gantelmi par les religieux de St-Victor, les Bénédictins de Romanil vinrent s'y fixer. Mais ils n'y demeurèrent que jusqu'à l'année 1386. Une bulle du pape Clément VII siégeant alors à Avignon, en date du 12 des Calendes de décembre de cette année, les supprima; et l'hospice de St-Nicolas, desservi quelque temps par des prêtres séculiers, fut définitivement et irrévocablement incorporé à l'abbaye de St-Honorat par une bulle de Jean XXII donnée à Constance le 6 des ides de février 1415. Il fut gardé par les religieuses Bénédictines jusqu'à l'année 1636 où elles le cédèrent aux religieuses Ursulines.

remarquables succès. Denis Faucher, moine de Lérins et l'un de leurs maîtres, ne parle qu'avec une sorte d'admiration de l'ardeur qu'elles portaient à l'étude de la langue et des œuvres des auteurs latins. Ce renom littéraire qui avait acquis au monastère de St-Honorat une véritable célébrité lui était resté attaché longtemps. Quand le roi François Ier, le restaurateur des lettres en France, vint à Tarascon en 1515, la crosse abbatiale était tenue par Claudine de Bectos, surnommée *Scholastique*, à cause de son savoir. Elle était déjà connue du monarque, comme elle l'était du monde lettré par divers ouvrages où s'était révélé un talent d'écrire assez rare dans ce temps parmi les personnes de son sexe. François Ier, accompagné de sa sœur Marguerite, depuis reine de Navarre, voulut la visiter et l'entretenir dans son cloître. On assure même qu'ayant lié avec elle un commerce épistolaire, il avait coutume de montrer les lettres qu'il recevait d'elle aux dames de sa cour comme un modèle du genre.

Quand aux religieux Bénédictins appelés de Romanil pour avoir la direction spirituelle du monastère, ils n'en demeurèrent chargés que jusqu'à l'année 1386. Supprimés à cette époque, ils durent quitter l'hospice St-Nicolas qui fut quelques années plus tard incorporé à l'abbaye de St-Honorat et resta l'une de ses annexes jusqu'à l'année 1636. A cette époque les religieuses de St-Benoît en firent don aux dames Ursulines.

Celles-ci étaient à Tarascon déjà depuis dix ans, et elles habitaient une maison acquise du sieur de Clémens, mais qui ne suffisait plus aux besoins de leur communauté. Installées dans le nouveau local de la place *Pie*, elles y formèrent, pour l'éducation des jeunes filles, un établissement qui jouit, jusqu'au moment de sa suppression en 1790, d'une grande prospérité.

Le couvent des Visitandines, situé dans la rue qui porte encore leur nom, avait été occupé avant elles par des religieuses de l'Ordre de Sainte Claire. Certains désordres s'étant glissés dans cette communauté, en 1641 Mgr Filonardi, archevêque d'Avignon, crut devoir la dissoudre en obligeant les Claristes à se fusionner avec les Visitandines, et en laissant à celles qui ne voudraient point adopter la règle du nouvel institut la faculté de se retirer dans le monde. La plupart acceptèrent la condition imposée, et se rangèrent sous la discipline des filles de Saint François de Sales.

Outre les établissements que nous venons de mentionner, nous devons, pour ne rien omettre dans cette nomenclature, citer encore une maison de refuge dont le nom indiquait la destination ; une chapelle dédiée à Saint Antoine, dans la rue de ce nom, où se célébrait le dimanche un service religieux ; une autre chapelle érigée en 1474, sous le vocable de Notre-Dame-de-Bonaventure, à l'honneur de la Très-Sainte Vierge et de son Immaculée Conception ; enfin trois Confréries de Pénitents : celle des Blancs, contiguë à l'église des Dominicains ; celle des Noirs, établis dans la chapelle de Saint Jean-Baptiste, servant aujourd'hui de lieu de réunion aux Pénitents de la paroisse de Saint-Jacques ; celle des Gris, à l'angle de l'église des Cordeliers, sur la place du Charbon.

Il y avait encore à Tarascon un certain nombre de chapelles rurales dont la plupart ne subsistent plus ou ont été converties à d'autres usages. Elles avaient donné leur nom à diverses sections du territoire : St-Sauveur, St-Victor, St-Clément, St-Georges, St-Martin, St-Hervand, cette dernière fort ancienne, puisque l'on assure qu'en 1037 elle avait été donnée aux Bénédictins de Mont-Majour. Ses démolitions et celles de la chapelle de St-Clément servirent, au commencement du XVIIe siècle, à la construction de l'église des Capucins. Une chapelle plus ancienne encore, et qui est restée l'un des monuments les plus remarquables de l'architecture romane, est celle de St-Gabriel dont nous avons parlé déjà, et qui, suivant l'auteur des *Monuments inédits*, remonterait jusqu'au temps des rois Carlovingiens, peut-être au règne de Charlemagne lui-même. Elle était le siége d'un pricuré donné, ainsi que nous l'avons vu, par le roi René aux religieux Célestins d'Avignon.

Une autre chapelle d'une origine beaucoup plus récente, et qui a conservé jusqu'à ce jour une certaine célébrité, est celle de Notre-Dame-du-Château. A ce sujet, on raconte qu'à une époque dont on ne saurait préciser la date, mais qui ne paraît pas devoir être de beaucoup antérieure ou postérieure aux premières années du XVe siècle, un ermite du nom d'*Imbert*, fuyant la persécution, vint de Briançon dans cette ville, emportant avec lui une statue de la Très-Sainte Vierge appelée d'abord la belle *Briançonne*, à cause de sa provenance, et bientôt après *Notre-Dame-du-Château*, parce qu'elle fut, dès les premiers temps, placée dans un oratoire voisin du Château même. La rue qui y conduit, et en porte également le nom, avait alors celui de la *Juiverie*, car elle était, avec une ruelle transversale, la seule de la ville où il eût été permis aux Juifs de s'établir (1).

(1) Cette séquestration des familles juives dans un quartier séparé remontait dans cette ville à une époque très-éloignée. La reine Jeanne 1re, renouvelant d'anciennes ordonnances, avait en 1377 assigné aux Israélites cette rue comme le lieu obligé de leur résidence, avec défense expresse d'en sortir, sous peine d'une amende considérable. Il leur était même enjoint de rester chaque année strictement renfermés dans leurs maisons depuis le soir du mercredi saint jusqu'à celui du jour de Pâques. Il n'y avait d'exception qu'en faveur des médecins qui la plupart, à cette époque, appartenaient au culte Israélite, et de certains marchands auxquels il était permis, les jours de foire et de marché, de colporter et d'étaler leurs marchandises par les autres rues de la ville. Ces mesures si gênantes avaient été prises dans l'intérêt de la paix publique et dans le but de prévenir les rixes qui n'auraient pas manqué, dans un temps

Cette rue devint très-fréquentée par les Chrétiens depuis que la statue de la belle *Briançonne* avait été installée près du Château. La dévotion des fidèles pour cette image s'ac-

comme celui-là, de résulter d'un contact trop fréquent et trop rapproché de la population chrétienne, de beaucoup la plus nombreuse, avec une fraction minime des habitants qui professaient un culte généralement détesté.

Il est juste de rappeler d'ailleurs, à la louange de nos pères et pour l'honneur de leur mémoire, que les Juifs ont trouvé dans ce pays, dans les circonstances les plus critiques, une protection plus généreuse et plus efficace qu'ils ne l'auraient rencontrée ailleurs dans les mêmes conjonctures.

En 1484, il s'était manifesté au sein de la population une certaine fermentation menaçante pour les Juifs. Le Conseil Municipal sollicita et obtint de l'autorité souveraine des mesures énergiques pour sauvegarder leur vie et leurs propriétés. (*Délibération du 30 mai 1484.*) L'année suivante, une bande d'assassins s'organise dans la ville d'Arles avec le dessein hautement avoué de venir exterminer les Juifs à Tarascon. A cette nouvelle, le Conseil Municipal s'émeut comme à l'annonce d'un péril public. Il ordonne qu'il soit aussitôt formé un corps de miliciens commandés par l'un des plus notables habitants de la ville, avec la mission expresse de défendre, même au risque de leur vie, les demeures, les biens et la personne des Juifs. (*Délibérations du 8 et du 10 juin 1485.*)

Cette même année, quelques agitateurs excitent contre eux, dans un certain quartier de la ville, les colères de la foule prête à se livrer aux derniers emportements. Un moine intervient. Son nom mérite de passer à la postérité. C'est le P. Pons, religieux Trinitaire. Il harangue cette multitude, il calme ses fureurs et obtient d'elle l'assurance que pas un cheveu ne tombera de la tête des Juifs. Le Conseil Municipal exige à son tour que les instigateurs du désordre soient déférés à la justice et punis suivant la rigueur des lois. (*Délibération du 25 août 1485.*) Notre devoir de narrateur nous oblige à relater un autre fait : nous nous bornons à l'enregistrer, parce qu'il appartient à l'histoire, mais sans avoir l'intention de l'apprécier. Onze ans après, c'est-à-dire le 22 mai 1496, le roi Charles IX ordonnait par lettres patentes que les Juifs fussent expulsés de la

croissant de jour en jour, elle donna naissance à une Confrérie qui avait ses dignitaires désignés dès lors sous le nom de *Prieurs de Notre-Dame-du-Château.*

Mais les Israélites qui habitaient cette rue, vexés de ce concours plus considérable encore le samedi, jour auquel ils se livraient eux-mêmes à leurs exercices religieux, demandèrent à nos magistrats de faire transférer cette statue dans un autre lieu. Leur demande fut accueillie ; mais à la condition acceptée et bientôt après remplie par eux, qu'ils disposeraient à leurs frais sur le sommet d'une montagne entre Tarascon et St-Remy un oratoire pour y installer la statue, et à côté, un ermitage pour y loger un ermite. Dès ce moment, cette montagne prit le nom de Notre-Dame-du-Château. Mais l'oratoire se trouvant trop restreint eu égard à la multitude des fidèles qui venaient le visiter, on construisit dans l'année 1431 la chapelle que l'on voit encore et où fut déposée la statue apportée de Briançon. Elle y est toujours restée depuis et n'a jamais cessé d'y être tenue en grande vénération. Chaque année, le lundi de Pâques, se fait, par la voie du sort, l'élection des deux Prieurs de Notre-Dame-du-Château, chargés de l'organisation de sa fête, et choisis parmi les habitants notables de la cité. Le cinquième dimanche après Pâques, dès avant l'aube du jour, la procession se forme à l'église de Sainte-Marthe, et de là, se rend en pèlerinage à la chapelle de Notre-Dame-du-Château. Pendant toute la matinée des messes s'y célèbrent ; car la plupart des familles tarasconnaises et celles des villages voisins s'y donnent ce jour-là rendez-vous. Après avoir assisté au service divin, cette foule distribuée en groupes innombrables, s'en va soit dans les campagnes voisines, soit sur les points ombragés de ce riant vallon, goûter les innocentes douceurs

ville de Tarascon et du ressort de sa Viguerie, non point pour un motif religieux, mais à cause de leurs usures.

d'un rustique festin. Rien ne charme l'œil comme la vue de ce côteau en ce moment si animé et embaumé de tous les parfums du printemps. Cette fête champêtre rappellerait tout à fait l'ère patriarchale, si certains éclats d'une joie trop mondaine n'en altéraient quelquefois le caractère essentiellement religieux.

Vers le milieu du jour, la procession se reforme, retournant à la ville et y ramenant l'image vénérée. Pendant le trajet, chacun se dispute la faveur de la porter ; mais depuis son arrivée dans les faubourgs jusqu'à l'église de Sainte-Marthe, cet honneur est exclusivement réservé aux Prieurs en exercice. L'entrée de la Vierge dans la ville a quelque chose de triomphal, et offre l'un de ces tableaux vraiment féériques dont la religion a seule le privilége de donner le spectacle aux jours de ses grandes solennités : un peuple immense, formé par la réunion du plus grand nombre des habitants de Tarascon et de Beaucaire, se porte au loin et en foule à la rencontre de l'image de la Mère de Dieu. Abritée sous un pavillon de verdure et couronnée des plus riches fleurs printannières, elle plane au-dessus de toutes les têtes et s'avance majestueusement à travers les ondulations de cette multitude, saluée partout sur son passage par le son des cloches, les détonations de l'artillerie locale, des chants religieux appropriés à la circonstance et répétés par mille bouches avec un saint enthousiasme. Elle arrive ainsi à l'église de Sainte-Marthe où elle reste exposée à la vénération des fidèles pendant quarante jours, au bout desquels elle est portée de nouveau processionnellement à la chapelle de l'ermitage. Les pèlerins vont l'y visiter une seconde fois, le dimanche après la fête de l'Assomption. Pendant très-longtemps ce second pèlerinage avait lieu le jour même de l'Assomption ; mais depuis le vœu du roi Louis XIII, une procession générale ayant lieu ce jour-là même, la seconde fête de Notre-Dame-du Château a dû, à cause de cette concurrence, être renvoyée au dimanche suivant. La statue désignée sous ce nom est la même qu'avait apportée de Briançon l'ermite *Imbert*. Elle est d'un bois assez grossièrement travaillé et noirci par le temps. C'est un usage établi dès l'origine que chaque année les Prieurs fassent un présent à Notre-Dame-du-Château ; et le plus souvent il consiste en une toilette. Les fidèles se plaisent également à lui témoigner leur dévotion par des offrandes semblables. La multiplicité de ces dons a rendu très-riche le vestiaire de Notre-Dame-du-Château. Tout le temps qu'elle reste exposée à l'église de Sainte-Marthe, on renouvelle chaque jour son costume ; et la personne qui est chargée de ce soin le tient à grand honneur. Un poëte tarasconnais, M. Dusau, mort au commencement de ce siècle, a célébré en vers provençaux très-heureusement tournés la fête de Notre-Dame-du-Château.

A la tête des anciens établissements charitables de la ville de Tarascon, et abstraction faite de l'hospice de la Charité sur lequel il n'y a plus à revenir après ce qui en a été dit au chap. v. de la 2ᵉ partie de cet ouvrage, il faut placer l'hospice des malades ou de Saint-Nicolas. L'identité de nom et les renseignements fournis par la *Statistique du Département* (1) nous avaient fait croire d'abord que cet hospice était originairement celui que le pape Urbain II et la comtesse Étiennette avaient fondé en 1096 sur la place *Pie*, et qui aurait été plus tard transféré dans le local occupé par l'hôpital actuel. C'était une erreur ; ces deux établissement ont eu constamment une existence distincte et ne sauraient être confondus l'un avec l'autre (2). Il est donc

---

(1) *Statistique du Département*. Tom. III, p. 464.
(2) Ce qui le démontre c'est qu'il conste d'abord, par des actes au-

nécessaire de chercher à l'hôpital des malades une autre origine ; mais il est bien difficile de la trouver. Louis XIV, à qui des mémoires sur ce sujet avaient dû être soumis, et qui réglait par ses lettres patentes données en 1692 l'administration de cet hospice, déclarait que l'on n'avait pas de renseignements précis sur l'époque de sa fondation, tant elle était ancienne.

Un titre de 1451 nous apprend seulement qu'à cette époque et depuis très-longtemps l'administration de cet établissement était confiée à trois Recteurs. Son régime administratif fut définitivement fixé par les lettres patentes de Louis XV à la date de 1755, complément de celles qu'avait données en 1692 son prédécesseur. L'administration se composait de 13 Recteurs choisis parmi les notabilités de la vill ,

thentiques, que depuis l'année 1415, au plus tard, l'hospice de la place *Pie* avait été possédé, à titre de propriété, par les religieuses de l'abbaye de St-Honorat, et qu'en 1636, elles le transmirent, au même titre, aux religieuses Ursulines. D'autre part, nous avons, aux Archives Municipales, la preuve que, dans la seconde moitié du XVIe siècle, l'hôpital des malades se trouvant étroit, humide, malsain et dans un état de dégradation difficile à réparer, le Conseil Municipal décida en 1566 que l'*hôpital vieux* serait *vendu* pour qu'il en fût construit un nouveau, et qu'il nomma des commissaires afin de procéder à cette vente. Or, il est évident que cet *hôpital vieux* que l'on voulait vendre et qui était affecté au soin des malades ne pouvait être celui qui appartenait en propriété aux religieuses de l'abbaye qui le conservèrent en effet jusqu'en 1636 et le transmirent alors aux religieuses Ursulines. Nous avons d'ailleurs fait observer déjà que le nom d'*hospice*, donné à l'établissement de la place *Pie* à l'époque de sa fondation, n'avait pas alors le sens propre et exclusif que l'on attache aujourd'hui à ce terme. Il paraît du reste que l'hôpital *vieux* ne fut pas vendu, comme on en avait eu la pensée, et que l'on se borna, pour éviter une dépense jugée excessive, à faire à l'ancien bâtiment des réparations et des agrandissements qui le mirent en l'état où nous le voyons à présent.

et dont l'un exerçait, à titre de semainier, une surveillance journalière et ordonnançait les dépenses. On y recevait annuellement de six à sept cent pauvres, les militaires de passage ou en garnison. Les enfants naturels y étaient élevés jusqu'à l'âge de sept ans. Depuis l'année 1727, le service hospitalier était fait par des religieuses venues de Lyon. Quelques années avant la révolution il fut confié aux *filles de Sainte-Marthe* qui le transmirent, il y a environ une trentaine d'années, aux Sœurs de *Saint Thomas-de-Villeneuve*. Les revenus de l'hospice fixes ou éventuels s'élevaient en moyenne à la somme de 41,357 livres.

En 1529 il avait été construit dans l'ancien cimetière des Juifs un hospice affecté spécialement au soin des pestiférés et qui fut donné en 1600, ainsi que nous l'avons vu, aux religieux Capucins. Plus anciennement encore il avait été formé au quartier de Saint-Lazare une maladrerie où l'on séquestrait ceux d'entre les habitants qui étaient reconnus être atteints de la *lèpre*. On avait annexé à la léproserie une chapelle qui a subsisté jusqu'à la fin du dernier siècle.

A la suite de ces établissements, il faut nommer le Mont-de-Piété érigé dans cette ville par quelques personnes charitables sous le titre de *Notre-Dame-du-bon-Secours*, et dont les statuts et règlements homologués en 1687 par le Parlement de Provence furent confirmés au mois de juin 1711 par lettres patentes de Louis XIV. Cette institution avait pour objet de soustraire le pauvre peuple aux extorsions des usuriers; son premier siége avait été dans la maison de M. de Clerc de Mollières; il fut tranféré en 1757 dans le local qu'il occupe encore.

A côté de la Compagnie de *Notre-Dame-du-bon-Secours* existait l'œuvre de la *Miséricorde*, administrée par une association de dames pieuses et rendant les mêmes services que nos bureaux actuels de *Bienfaisance*.

Il nous reste, pour terminer cette partie de la notice, à dire un mot des soins donnés par l'ancienne Administration de cette ville au service de l'instruction publique. Nous voyons qu'elle était, dès un temps très-ancien, l'un des principaux objets de sa sollicitude. Un instituteur public était, dès avant le XIIIe siècle, entretenu aux frais de la Communauté.

Le célèbre Pierre Cardinal, né au commencement du XIIIe siècle, suivant les uns au Puy en Velay, suivant les autres à Beaucaire, occupa jusqu'à sa mort cet office d'instituteur public à Tarascon. Nous voyons même que Charles le *boiteux* avait accordé à cette ville une exemption d'impôts pendant dix ans, à condition qu'elle entretiendrait à ses dépens l'homme de lettres qui les faisait fleurir dans ce pays par ses leçons et par ses exemples : ce qui montre que même dans un temps que l'on est accoutumé à dénigrer comme barbare, nos pères savaient comprendre ce que vaut l'instruction et qu'ils se préoccupaient des moyens d'en propager le bienfait. Le nom de Pierre Cardinal reviendra dans une autre partie de cette notice. L'enseignement de l'instituteur public devait être assez suivi, puisque nous trouvons une délibération du Conseil Municipal à la date du 22 janvier 1584 approuvant une dépense faite par le trésorier pour le payement des frais de séjour des écoliers venus du dehors pour les *disputes des écoles*. Un peu plus tard, les Frères Prêcheurs ou Dominicains sont chargés de l'instruction de la jeunesse. En 1640, les Pères Doctrinaires récemment fondés par le vénérable César de Bus leur succèdent dans cet emploi. Logés d'abord aux frais de la ville dans une maison particulière, ils transfèrent en 1643 leur établissement dans l'ancien Hôtel-de-ville qui prend dès lors le nom de Collége L'enseignement qu'ils y distribuent à une nombreuse jeunesse s'étend depuis les premières notions de la grammaire jusqu'à l'étude de la philosophie, comme dans les établissements scolaires les mieux tenus. Par une délibération du 24 octobre 1775, le Conseil Municipal fait aux Pères Doctrinaires cession gratuite d'un terrain au nord du Collége et faisant autrefois partie du cimetière de Sainte-Marthe, pour y bâtir un pensionnat. Les mêmes Pères avaient à côté du Collége une église desservie par eux. Pendant la Révolution on en démolit une portion et ce qui en est resté, affecté d'abord à l'établissement d'une salle de spectacles, l'a été, après la translation du théâtre dans un autre lieu, à celui de la bibliothèque publique.

§. 4.

De l'ancien régime politique et municipal de la ville de Tarascon.

« Un État dans un État, un État vivant de sa propre vie, « se gouvernant par lui-même, et jouissant d'institutions « toutes démocratiques, dans le sens raisonnable de ce » mot, » c'est la formule que nous avons employée déjà et qui nous a paru exprimer le plus fidèlement l'ancienne situation politique de la ville de Tarascon et les conditions de son régime administratif.

L'État supérieur ou l'État souverain, ce fut d'abord l'Empire Romain, après lequel vinrent les gouvernements des Barbares; puis, celui des princes Mérovingiens et Carlovingiens; celui des rois d'Arles, sous la suzeraineté et le haut domaine des empereurs d'Allemagne (1); enfin, les

(1) **Charles-Quint** est le dernier des empereurs d'Allemagne qui ait revendiqué ces droits, et se soit qualifié roi d'Arles. En 1536, il pénétra en Provence et réussit à se faire couronner à **Aix**. Mais il échoua dans ses tentatives contre Marseille et Arles, et fut obligé de repasser les Alpes. On dit qu'en se retirant, il fit une pointe contre le château de Tarascon, moins dans le but et l'espoir de s'en emparer, que pour témoigner son ressentiment aux Provençaux.

quatre dynasties des Comtes de Provence qui se succédèrent depuis le milieu du X⁰ siècle jusque vers la fin du XV⁰, époque à laquelle ce pays fut incorporé à la France.

Sous ces diverses dominations, et dès les temps les plus anciens, la ville de Tarascon relevait politiquement et directement de l'État souverain auquel appartenait la Provence. Aix en était originairement la capitale ; et quoiqu'il y eût à côté de cette ville d'autres cités beaucoup plus anciennes et plus considérables, Tarascon occupait après elle le premier rang dans le tableau des subdivisions territoriales qui partageaient la Provence. La Viguerie dont elle était le chef-lieu, créée, à ce que l'on assure, par le roi Clovis 1ᵉʳ, comprenait dans son ressort vingt-neuf paroisses ou communautés (1), et 246 feux, ce qui représenterait, à raison de 200 habitants par feu, une population totale de 49,200 âmes. Elle envoyait deux députés aux États de Provence et avait donné son nom, celui de *Vigueirat*, au grand canal d'écoulement creusé très-anciennement et probablement dès avant

---

(1) Au nombre de ces Communautés figuraient celles de Montdragon dans l'ancienne principauté d'Orange, et de Notre-Dame-de-la-Mer, ou les Stes-Maries. Montdragon, qui avait été l'une des terres *Baussenques*, était tombée dans le domaine des Comtes de Provence probablement en 1251, lorsque Barral des Baux fit sa soumission à Charles 1ᵉʳ d'Anjou. Quant à la Communauté de Notre-Dame-de-la-Mer, comme il était difficile à ses habitants de se déplacer, à cause de l'éloignement de tout voisinage et de l'imperfection des voies de communication, Charles II, dit le *boiteux*, avait réglé en 1302 que le juge siégeant à Tarascon irait en personne rendre la justice à Notre-Dame-de-la-Mer : et le roi Louis II, par un autre arrêt du 13 juillet 1397, avait prescrit au *Bayle* de n'exécuter aucune sentence de ce juge quand elle n'aurait pas été rendue par lui à Notre-Dame-de-la-Mer. Aussi le Viguier siégeant à Tarascon prenait-il dans les actes officiels le titre de Viguier de Tarascon et de Notre-Dame-de-la-Mer. Dans cette dernière commune il existe une maison de campagne appelée encore le *Mas du Juge*.

le XIᵉ siècle pour amener le desséchement du territoire de la Viguerie.

Le Viguier (1), du latin *Vicarius*, était proprement le lieutenant du prince et son premier officier. Il joignait souvent à ce titre celui de juge royal, quoique les fonctions judiciaires fussent aussi quelquefois attribuées à une autre personne. La ville de Tarascon était ainsi le siége d'une judicature dont le ressort avait la même étendue que celui de la Viguerie et qui formait le premier degré de juridiction. Outre le Viguier et le Juge, un autre officier était attaché primitivement au service de l'État : on l'appelait le *Clavaire*, et il était spécialement chargé du recouvrement de l'impôt.

L'administration de la justice et la perception de l'impôt étaient à peu près les seuls attributs de l'autorité souveraine dans la ville de Tarascon : car, pour tout le reste, elle était *sui juris* par le titre de sa possession et s'appartenait à elle-même. Il est même à remarquer que pendant très-longtemps le Viguier ne fut pas admis à résider dans la ville. Il tenait

(1) Le Viguier avait eu primitivement sa résidence dans une maison donnant sur le quai du Rhône, voisine de celle de M. de Pomérol, et devenue ensuite la propriété de la famille Doria. D'ordinaire les princes de passage à Tarascon y étaient reçus, et Louis XIII y descendit quand il vint en 1642 visiter son ministre le cardinal de Richelieu logé lui-même, comme nous l'avons dit, dans la maison de M. de Pomérol.

Cependant lorsque Louis XIV, accompagné de sa mère Anne d'Autriche, arriva dans ce pays en 1660, il choisit son logement chez le père de l'un de ses pages, rue de la Visclède, et dans une maison devenue aujourd'hui un établissement de bains. Jusqu'à ces derniers temps on y avait conservé et l'on pouvait y voir des signes commémoratifs du séjour momentané qu'y avait fait le monarque.

Le siége de la judicature était, croyons-nous, dans la maison de la rue du Château, où jusqu'à ces dernières années le Tribunal de Commerce avait tenu ses séances. On y avait également installé les prisons de la ville.

son siége dans une localité voisine dépendant du domaine Comtal et que l'on appelait *Altavez*, aujourd'hui le mas de *Tavez*. Le titre de Viguier ne lui était pas attribué : on le nommait le *Bailli* ou le *Bayle* du comte, d'où le nom de Baillage d'*Altavez* (1) donné à la Viguerie de Tarascon. Ce ne fut que sous Charles Ier d'Anjou que le Viguier vint s'établir au Château. Encore l'autorité qu'il y exerçait n'était pas sans limites et ne s'étendait nullement sur la ville. Elle avait des priviléges (2) reconnus imprescriptibles et auxquels on ne pouvait toucher sans que les liens qui unissaient la ville à l'État souverain ne fussent par cela seul brisés.

Deux faits singulièrement caractérisques se présentent ici. Au mois de septembre de l'année 1226, Raymond Béranger IV, jaloux d'écarter les entraves qui opposaient un invincible obstacle au pouvoir dont il voulait s'emparer, eut recours à un stratagème qui lui réussit un instant. Il assembla le peuple dans l'église de Sainte-Marthe, et à l'aide d'un parti puissant qu'il s'était ménagé, il obtint, par un vote popu-

(1) Altavez, le mas blanc, la tour de Cauillac, le territoire de St-Remi et quelques autres domaines situés en Provence tels que le château de Meyrargues composaient l'apanage que la reine Jeanne Ire constitua en 1353 en faveur de Roger de Beaufort, frère du pape Clément VI. Son fils, le vicomte de Turenne, qui périt dans le Rhône en 1399, sous les murs du château de Tarascon, ayant été, dans une assemblée tenue dans cette ville en 1394, déclaré félon et dépouillé des biens que son père tenait de la libéralité de la reine Jeanne, ses terres seigneuriales, entre autres le mas blanc et la tour de Canillac passèrent en d'autres mains : à la maison de Poitevin d'abord, ensuite par succession ou par mariage à d'autres familles, notamment à celle de Léautaud.

(2) En 1692, le Conseil Municipal fit extraire des anciens actes le détail des priviléges et immunités dont jouissait autrefois la ville de Tarascon. Ce recueil qui forme un vol. in-8e manuscrit existe encore dans nos Archives Municipales et renferme sur ce sujet de précieux renseignements. Voir l'armoire A. A. n° 10.

laire et moyennant certaines conditions, la dignité et les prérogatives consulaires. Il put dès lors exercer l'autorité municipale à Tarascon, non pas à titre de comte de Provence, mais à celui de consul que lui avaient déféré les suffrages des citoyens. Toutefois cette élection fut malheureuse et amena entre la ville et le consul souverain des difficultés et des tiraillements qui ne cessèrent que par une sentence arbitrale rendue le 28 juin 1233 par un envoyé de l'empereur Frédéric II, Caille de Cuzzano, assisté de l'évêque et du Podestat d'Avignon, et en vertu de laquelle les attributions consulaires furent retirées au comte de Provence qui ne retint sur la communauté rétablie dans son indépendance que les droits de haute souveraineté (1).

Un peu plus d'un siècle plus tard, c'est-à-dire le 13 mars de l'année 1390, fut passé, entre la reine Marie, tutrice de son fils Louis II, et la ville de Tarascon, un compromis dont le texte est resté dans nos *Archives Municipales* (2). Rien n'est plus remarquable que cet acte, véritable contrat où des deux côtés on traite et l'on stipule comme de puissance à puissance. En vertu de ces dispositions formelles, ceux des habitants qui étaient prévenus de quelque délit devaient être jugés à Tarascon, sans qu'il fût permis de leur faire ailleurs leur procès. — Ils devaient également être détenus dans les prisons de la ville, ou même conserver leur liberté, en donnant une caution. — Aucun habitant de la ville ne pouvait exercer les fonctions de Viguier, de Juge,

(1) Le nom de noble Giraud Amic figure dans cet acte avec la qualification de *Podestat* de Tarascon, titre qui équivalait à celui de *Viguier*. Ce Giraud Amic qui avait épousé Alix, fille de Bertrand II, comte de Forcalquier, appartenait lui-même à la maison de Sabran, l'une des plus illustres et des plus anciennes de la Provence. (Voir le *Nobiliaire de Provence*, tome II, p. 353.)

(2) Voir le *Livre rouge* f° XXXIII et suiv.

de Clavaire, de Secrétaire de la justice ou du Comte : au contraire, le châtelain et les soldats qui gardaient le château du Comte situé dans la ville devaient tous être pris parmi les habitants et rétribués par le Comte. — Celui-ci ne pouvait tenir garnison dans la ville qu'à la réquisition du Conseil Municipal. Seulement les gens de guerre de sa suite pouvaient entrer à Tarascon quand il y entrait lui-même, mais à la condition qu'ils en sortiraient en même temps que lui, et que les habitants seraient défrayés des dépenses faites pendant leur séjour. — La monnaie devait continuer à être frappée à Tarascon, *comme par le passé*. — Les forteresses de Saint-Gabriel et de Laurade devaient rester à la disposition des habitants. — Si les officiers du Comte, même les officiers majeurs tels que le Sénéchal, le Juge-mage ou autres, donnaient quelque atteinte aux libertés des habitants, ceux-ci ne devaient plus les *considérer comme officiers publics, ni leur obéir*, tant qu'on n'aurait pas rendu aux citoyens leurs franchises.

On le voit : le respect et l'inviolabilité de ses priviléges était, pour la ville de Tarascon, la condition *sine quâ non* de sa subordination au pouvoir de l'État. Elle donc aussi était un État, et exerçait un pouvoir. D'où émanait-il, et comment s'en réglait l'exercice ? Il résidait essentiellement dans la *Communauté* maîtresse d'elle-même et se gouvernant par ses propres lois.

Afin de bien comprendre le mécanisme de ce gouvernement, il faut se rappeler que la Communauté ou le *Municipe* se composait de deux ou même de trois ordres de citoyens, ayant chacun des droits égaux et concourant ensemble par leurs représentants à l'exercice du pouvoir municipal : les chevaliers ou gens de guerre, *Milites* (1) ;

(1) Le nom de chevalier *Miles* était le nom générique et primitif que l'on donnait à ceux qui appartenaient au corps de la nobleses.

les bourgeois, c'est à-dire ceux qui vivaient de leurs revenus, *Probi homines* ou *Burgenses*; les artisans et tous ceux qui exerçaient une profession ou s'adonnaient à une

Voilà, sans doute, pourquoi la profession des armes était la seule qu'il leur fût permis d'embrasser, sous peine de *déroger*. Les qualifications de duc, marquis, comte, etc. *dux*, *marchio*, *comes* etc., n'étaient à l'origine, comme l'on sait, que la désignation d'un grade ou d'une fonction militaire. Après l'établissement du régime féodal, elles devinrent des titres honorifiques qui se transmirent héréditairement. Et quand les chevaliers, *Milites*, eurent, en récompense de leurs services, reçu du prince ou du chef dont ils avaient suivi la fortune, des portions plus ou moins étendues du territoire conquis, et possédées par eux sous certaines conditions de dépendance et de vasselage, ces concessions territoriales connues sous le nom de *fiefs* s'appelèrent des *duchés*, des *marquisats*, des *comtés* etc. Toutefois les terres seigneuriales concédées à des *feudataires* n'étaient pas toutes décorées de ces titres pompeux. Au souverain seul appartenait de créer des chevaliers et d'attacher un titre féodal aux terres seigneuriales possédées par eux. Ceux-ci ajoutaient ordinairement à leur nom patronymique celui de leur *fief*. Albe de Roquemartine, Clémens de Graveson, Robin de Barbentane : c'est-à-dire Albe, seigneur de Roquemartine; Clémens, seigneur de Graveson; Robin, seigneur de Barbentane etc.; d'où la distinction entre la noblesse *possédant fief* qui était la plus qualifiée, et celle qui n'avait qu'un simple titre nobiliaire sans *fief*; soit que ce titre dérivât d'une concession royale, soit qu'il eût été acquis par l'exercice de certaines charges ou fonctions publiques auxquelles la coutume ou le droit avait attaché un privilége nobiliaire.

Les terres seigneuriales ou les *fiefs* ainsi que les prérogatives qui y étaient attachées telles que les redevances et les censives sur les terres roturières, la haute et basse justice, les corvées, les droits honorifiques, étaient transmissibles par successions, par mariages, et même par contrats de vente. Mais comme, d'après les principes qui dominaient alors, la distinction entre les diverses classes de citoyens tenait à la constitution même de l'État, ces contrats étaient surveillés rigoureusement, au-

industrie quelconque, pourvu qu'elles fussent honnêtes, *Sartorès*. Ces trois grandes fractions de la Communauté tarasconnaise fournissaient, chacune en des proportions égales, leur

nulés même quelquefois, quand il y avait à craindre que ces transmissions n'amenassent une trop grande confusion dans les divers ordres de la société. Ainsi voyons-nous qu'en 1449 le roi René étant à Tarascon, et voyant avec peine que plusieurs roturiers, profitant de la détresse de certains gentilshommes ruinés par le malheur des guerres précédentes, avaient acheté d'eux quelques terres seigneuriales relevant du domaine Comtal, il déclara par ses lettres patentes, en date du 8 avril de cette année, ces contrats nuls et de nul effet.

La noblesse tarasconnaise était assez nombreuse dès les temps les plus anciennement connus : elle le devint plus encore dans le courant du XV° siècle par la création de titres nouveaux conférés la plupart par le roi René.

L'auteur de l'*Histoire de la noblesse du Comtat Venaissin*, l'abbé Pithon-Curt, compte parmi les plus illustres familles anciennes une maison qui portait le nom de Tarascon (tome I page 113). A cette famille appartenait Albert de Tarascon, l'un des exécuteurs testamentaires de Raymond Béranger IV. Nous pourrions citer encore beaucoup d'autres noms de personnages de cette maison figurant en des actes solennels et publics du XII° siècle et du XIII° Mais ici se place une observation importante. S'il y a eu, comme il y en a eu incontestablement, une maison noble qui ait porté le nom de Tarascon, ce n'est pas à dire que cette ville ait été jamais possédée à titre de *fief* par une famille quelconque ; car il est pleinement avéré qu'elle s'est toujours appartenue à elle-même ; qu'à aucune époque, elle n'a cessé d'être un pays de *Franc-Alleu*, et que vivant sous l'empire de ses coutumes et de son régime municipal, elle n'a connu d'autre dépendance que celle des Comtes et des autres souverains de la Provence, dont l'autorité même n'était pas sans limites, et qui respectaient les franchises et les immunités dont cette ville était en possession de temps immémorial. Et ce qui prouve que cette ancienne maison de Tarascon n'avait sur ce pays aucun droit

contingent au pouvoir délibératif et au pouvoir exécutif. Le pouvoir délibératif ou le Conseil Municipal, électif et sujet à être renouvelé successivement par catégories, se

seigneurial, c'est que son blason, tel que le donne Pithon-Curt (bandé d'or et d'azur, les bandes d'or diaprées de gueules), n'avait absolument rien emprunté à celui de la cité de Sainte Marthe, affranchie par le roi Clovis de *toute domination laïque*.

En conséquence, et par une exception dont on trouverait peu d'exemples, cette ville a eu moins que toute autre à souffrir et à se plaindre des rigueurs du système féodal qui lui a toujours été inconnu. Elle avait sans doute une noblesse formant le premier ordre des citoyens ; mais les deux autres étaient appelés à régler avec elle les affaires communes ; avec elle, et en vertu d'un droit égal, ils siégeaient au parlement municipal ; ils partageaient enfin avec elle les attributions et les prérogatives de la dignité consulaire.

Parmi les plus anciennes familles nobles tarasconnaises il faut citer celles des Albe ou Aube, seigneurs de Roquemartine, — Aymini, de Crotta, — de Flotte, maison très-ancienne, originaire du Dauphiné,—Gantelmi, seigneurs de Romanil, et qui acquirent successivement des droits seigneuriaux sur Laurade, Boulbon, Eyragues, Cabannes, Château-Renard, — Hugolen alliés à cette dernière famille, — Lubières, seigneurs du Breuil, maison très-ancienne et très-opulente, qui avait un droit de péage sur un quartier de cette ville qui porte encore son nom, — Raymond seigneurs de Pomérols et de Modène, — de Rispe ou Ruspe, — Seguin, — de Sade, seigneurs d'Aiguières, et héritiers des Gantelmi dans la seigneurie de Romanil.

A ces noms il convient d'ajouter ceux de quelques familles étrangères, très-illustres, qui étaient venues à des époques diverses s'établir à Tarascon : les Doria, la première entre les quatre premières maisons génoises, et dont une branche était venue à Tarascon dans la seconde moitié du XV° siècle, — les Ponlevès de la famille des comtes de Carcès dont nous trouvons des membres exerçant les fonctions consulaires en 1430 et en 1439, — les Mont-Calm de Saint-Véran originaires du Rouergue, et descendant par les femmes du célèbre Gozon, grand-maître des

composait de membres choisis dans les trois ordres et d'après certaines conditions de cens et d'aptitude vérifiées par des examinateurs. En lui résidait comme la plénitude de l'autorité municipale ; il en représentait au moins la tête, tandis que d'autres agissant sous son inspiration en étaient le bras. Toutes les affaires intéressant à un degré quelconque la Communauté étaient soumises à ses délibérations et se décidaient d'après son avis. Toutefois, il y avait, suivant l'importance des questions à traiter, trois sortes de Conseil : le Conseil ordinaire dont la compétence, au moins en matière d'impôt et de finances, était assez limitée, se composait de dix-sept membres ; le Conseil général, de vingt-sept ; le Conseil extraordinaire était formé par la réunion de cent chefs

chevaliers de Rhodes, — les Grassi, noble famille sicilienne venue en Provence vers le milieu du XIV° siècle, à la suite de la reine Jeanne I° et divisée en deux branches, celle des Gras-Préville et celle des Gras-Preigne.

Dès le commencement et dans toute la suite du XV° siècle nous voyons apparaître une foule de nouveaux noms : ceux d'Abeille, — d'Abisse, — d'Andron, — d'Astier, — Barralier de Barrême, — de Béringuier, — de Berlet, — Berlandier, de Chabert, — de Clémens, seigneurs, puis marquis de Graveson, — de Fougasse, — de la Grange, — de Guinet, — de Guibert de la Rostide, — de Joannis, — de Jossaud, — de Léautaud, — de Mauléon, — de Mercurin, — de Poitevin, — de Privat de Fontanille, — de Privat de Mollières, — du Pré, — de Provençal, — de Raoulx ou Raoussel divisés en cinq ou six branches différentes, — Robin, venus de l'Anjou, sous le roi René et divisés également en plusieurs branches, —Tornatory,— Chalamont de la Visclède, famille originaire de la principauté de Dombes et qui avait donné son nom à une rue de la ville, ainsi qu'à une section du territoire etc.

La plupart des familles que nous venons d'énumérer avaient, soit au dedans soit au dehors, des alliances fort honorables. Un certain nombre d'entre elles sont éteintes ; d'autres se sont fusionnées ou confondues avec des maisons étrangères.

de famille au moins. Tout membre du Conseil qui, sans excuse légitime, ne s'y rendait point après convocation, était passible d'une amende. On a conservé à l'Hôtel-de-Ville toute la suite des délibérations du Conseil Municipal, depuis l'année 1375. Cette collection, très-volumineuse et assez rare en son espèce, est la portion la plus riche de nos *Archives*.

Le pouvoir exécutif était confié à une magistrature également élective et temporaire exercée par trois dignitaires choisis, comme les membres du Conseil, l'un dans l'ordre de la noblesse, l'autre dans celui de la bourgeoisie, un troisième dans celui des artisans, ou du tiers-état. Par une charte en date de l'année 1220 déposée aux *Archives Départementales*, et dont nous avons procuré une copie à celles de cette ville, il conste qu'à cette époque les magistrats municipaux jouissant d'attributions fort étendues avaient le titre de Consuls. Plus tard, et à une époque que nous ne saurions déterminer, on les appela *Syndics*; mais, en 1548, nous les retrouvons désignés sous le nom primitif de Consuls. Après la création faite au commencement du XVIIIe siècle des *offices municipaux* rachetés dans un grand nombre de Communes par voie d'abonnement, ils joignirent au titre originaire de *Consul*, celui de *Maire*, du latin *major*. La liste complète des Consuls qui se sont succédé depuis 1370 jusqu'en 1789 est conservée à l'Hôtel-de-Ville. Les Consuls convoquaient le Conseil Municipal et en avaient de droit la présidence; mais leur titre principal était celui de *Gouverneurs de la ville*. Ils en réglaient la police, veillaient à sa défense et à sa sûreté, prescrivaient toutes les mesures utiles à ses intérêts, sans aucune ingérence de la part d'une autorité étrangère. Sous leurs ordres immédiats était un *Capitaine* de la ville élu le 22 juillet de chaque année par le Conseil Municipal, et spécialement chargé d'ouvrir chaque matin et de fermer le soir les portes de la ville. Il prêtait, avant d'entrer en fonctions, le serment de fidélité au Roi et à la Communauté. Dans les cérémonies publiques les Consuls portaient, comme insigne de leur dignité, un *chaperon*, sorte d'écharpe en velours ou en satin rouge passée sur l'épaule gauche et tombant autour du bras.

Par tout ce qui précède on voit que la ville de Tarascon était, en vertu de ses immunités et de ses franchises, placée vis-à-vis de l'autorité souveraine en des conditions de véritable indépendance ; et ce régime subsista, presque sans altération jusque vers les dernières années du XVe siècle. A cette époque, le testament de Charles III, successeur du roi René, et dernier comte de Provence, lui fit d'autres destinées. Dès l'instant que la famille provençale fut appelée à se confondre avec la grande nation française, il était facile de prévoir l'abolition successive et prochaine des institutions et des coutumes d'autrefois. Vainement Charles III, léguant sa couronne à Louis XI, avait-il expressément stipulé, comme une condition indispensable de cette donation, la conservation des priviléges acquis aux peuples provençaux par une possession immémoriale. Rien au monde ne pouvait empêcher l'exécution de cette loi fatale qui prédestine les petits États, quand ils sont absorbés par les grands, à leur être, un peu plus tôt un peu plus tard, complétement assimilés. Le génie de la France essentiellement centralisateur et qu'on a toujours vu tendre vers l'unité, comme à l'élément principal de sa force, rendait ce résultat encore plus inévitable.

Cependant malgré les atteintes portées successivement aux franchises de ce pays, et qui furent la cause principale des troubles qui l'agitèrent plus d'une fois, la ville de Tarascon put conserver quelque temps encore, même sous le règne du monarque le plus absolu, certains débris de ses anciennes institutions (1). Sa vie municipale s'éteignait ainsi par degrés, jusqu'à ce que vînt le grand mouvement social et politique de 1789 qui marqua sa dernière heure, et n'en laissa subsister que le souvenir.

§. 5.

De quelques institutions particulières de la ville de Tarascon, notamment des jeux et fêtes de la *Tarasque*.

Entre les coutumes et les usages des temps anciens il n'en était pas d'aussi populaires à Tarascon et en Provence que les jeux et les fêtes de la *Tarasque*. Nous en avons précédemment nommé l'instituteur et remarqué combien heureuse était la pensée qui lui avait suggéré l'idée de cette création. Ces solennités d'un caractère purement civil avaient dans son intention le double but d'unir entre eux, par le lien d'une véritable fraternité, les divers membres de la famille tarasconnaise, et de perpétuer dans sa mémoire le

(1) Sous le règne de Charles IX, un sieur de Lubières ayant été nommé par ce prince gouverneur de la ville de Tarascon, il fut adressé au monarque de très-humbles remontrances fondées sur le droit et l'usage immémorial où était cette ville de se gouverner par ses Consuls : ces remontrances furent écoutées, et la nomination du sieur de Lubières n'eut pas de suite. En 1640, M. de Mazargues, fils du comte d'Ornano nommé par le roi gouverneur de la ville, se démit de ses fonctions pour ne pas élever de conflit avec la Communauté. En 1646, le Conseil Municipal et les Consuls protestent contre l'attribution que se faisait à lui-même du titre de gouverneur de la ville le sieur de Beauregard commandant le Château. Ce titre et les prérogatives qui y étaient attachées restèrent l'une des annexes du Consulat jusqu'à l'année 1687. A cette époque, Louis XIV réunit définitivement le gouvernement de la ville à celui du Château.

souvenir de ses origines religieuses. Elles se célébraient chaque année le lundi après la Pentecôte, et de plus elles entraient dans le programme des réjouissances publiques quand un événement extraordinaire motivait ces manifestations.

La noblesse, la bourgeoisie, les artisans concouraient ensemble, mais avec des rôles différents, à la célébration de ces jeux.

Les chevaliers de la Tarasque choisis dans les premières familles de la ville représentaient la noblesse. A leur tête était l'*Abbat*, ou abbé de la jeunesse. Il présidait aux jeux, et avait, tant qu'ils duraient, la police de la ville. Les chevaliers de la Tarasque faisaient les honneurs de la cité auprès des étrangers attirés en grand nombre par la singularité et l'éclat de ces fêtes. Leur costume était : culotte de serge rose, justaucorps de batiste, manches de même plissées, garnies en mousseline et ornées de dentelles, bas de soie blancs, souliers blancs, talon, houpe et bordure rouges, chapeau monté, cocardes rouges, ruban de même couleur, en guise de collier, et un autre de même couleur passé en sautoir, au bas duquel pendait une petite Tarasque en argent.

Le jour de la Pentecôte les chevaliers assistaient aux vêpres, mais en habit bourgeois. Ils parcouraient ensuite la ville précédés de tambours et de trompettes, distribuant des cocardes rouges que les hommes portaient à la boutonnière, et les femmes, à la ceinture. Le corps des mariniers du Rhône suivait les chevaliers et distribuait des cocardes bleues attachées avec du chanvre ; venaient ensuite tous les corps de métiers, chacun dans le rang qui lui était assigné par le cérémonial. Cette promenade se renouvelait le lendemain, sous le nom de *parade*, à l'issue de la messe qui avait été servie par deux chevaliers en costume, ce jour-là, ainsi que leurs collègues. A midi, des hommes de peine vêtus d'un costume se rapprochant de celui des chevaliers, mais beaucoup moins riche, allaient chercher la Tarasque et la conduisaient hors de la porte de Jarnègues. On la voyait revenir bientôt portée par une douzaine d'hommes au moyen de poignées saillantes. L'un d'eux était introduit dans la cavité du monstre pour diriger ses mouvements, ouvrir à des moments donnés, au moyen d'un ressort, sa gueule toute béante, et loger dans ses narines des fusées qui devaient éclater successivement.

La Tarasque ayant été amenée à la place du marché, un chevalier mettait le feu à l'une de ces fusées et la première course commençait. C'était véritablement une course au clocher, impétueuse, échevelée, se croisant dans tous les sens, de temps en temps accompagnée par les détonations des fusées en éclat. Le monstre, horrible à voir dans la forme qu'on lui avait donnée à cette époque, paraissait s'agiter dans les convulsions de la rage. Il y avait à prendre garde à ne pas se trouver sur son passage. Mais, au milieu d'une foule dont les rangs pressés se heurtaient confusément les uns contre les autres, il était bien difficile que les spectateurs, même les plus avisés, ne fussent quelquefois atteints dans ce tourbillon par les mouvements désordonnés de la Tarasque. Il ne résultait jamais ou presque jamais de ces rencontres des accidents bien graves. Tout au plus des contusions légères ou des chutes qui excitaient, ainsi que le brouhaha résultant de ce pêle-mêle, l'hilarité bruyante de la foule.

Après les courses de la Tarasque trois fois renouvelées, les autres corps de métiers venaient successivement faire leurs jeux.

Les *Portefaix* paraissaient les premiers. L'un d'eux représentant Saint Christophe, patron de la corporation, portait sur les épaules un enfant beau de visage et richement vêtu. Six autres, des plus vigoureux, portaient sur un brancard un tonneau appelé la *bouto embriaigo*. Les Prieurs tenaient une gourde remplie de vin, et la présentaient à tout le monde. Il fallait boire, bon gré mal gré, ou du moins avoir l'air de le faire.

Puis venaient les *Paysans*. Deux d'entre eux tenaient un cordeau, pour imiter les alignements que l'on suit en plantant la vigne, mais en réalité pour donner des crocs-en-jambes aux curieux qui n'avaient pas le soin de se garer. C'était ensuite le tour des *Bergers*. Ils escortaient trois toute jeunes filles choisies parmi les plus belles. Elles étaient élégamment vêtues et montées sur une ânesse portant elle-même une espèce d'estrade sur laquelle posaient ces petits personnages. Le charme de ces figures enfantines avait quelque chose de séduisant ; mais il n'était pas sans quelque danger. Deux bergers se tenaient aux deux extrémités de l'estrade avec l'apparence de la plus parfaite bonhomie. Si quelqu'un s'approchait pour contempler de plus près ce joli *trio*, ils saisissaient avec adresse ce moment pour barbouiller le visage de l'imprudent admirateur de cette scène avec une plume trempée dans l'huile de genièvre (*oli de cade*) ou l'égratigner par des orties attachées au bout d'un bâton. Ce jeu s'appelait celui de *Notre-Dame-des-Pâtres*.

Les *Jardiniers* se contentaient de jeter dans la foule, et surtout dans les groupes formés par les femmes, des graines d'épinards qui glissaient assez souvent à travers les interstices des vêtements. Les *Meuniers* barbouillaient de farine le visage des curieux. Les *Arbalétriers* décochaient des flèches inoffensives, et dont la pointe était émoussée. Puis venait le *Guet*, c'est-à-dire une longue enfilade de mules richement harnachées, et montées par les *Agriculteurs* ou les *Ménagers*. A leur tête s'avançait le *capitaine* de la corporation précédé du *porte-drapeau*. Une musique retentissante composée de tymbales, de tambours et de trompettes marchait en avant du cortége qui défilait en grand apparat, distribuant du pain bénit sur son passage. Les *Mariniers* suivaient. Six forts chevaux du halage du Rhône traînaient une charette chargée d'un bateau rempli d'eau que l'on vidait avec des égouttoirs sur la tête des curieux et surtout des dames qui, se tenant aux fenêtres, n'avaient pas la précaution d'en fermer les vitrages. Ce jeu se nommait l'*esturgeon*. Venait ensuite le défilé de la Confrérie de Saint-Sébastien, formée par les *Bourgeois*, précédés par les tambours et la musique : ils marchaient sur deux rangs portant chacun un pain bénit au bout d'un bâton. Enfin, le clergé de la ville, y compris le Chapitre, marchait en procession, suivi du Corps Municipal. Tout ce monde entrait dans l'église de Sainte-Marthe. Les Prieurs de chaque corporation déposaient aux pieds de la Patronne de la ville le pain bénit ainsi que les aumônes prescrites ; car, par une attention bien délicate et qui montre toute la bonté de son âme, le roi René avait voulu qu'à l'occasion de ces fêtes, qui portaient la joie au foyer de toutes les familles, les classes les plus indigentes participassent, à leur manière, à l'allégresse publique. Dans ce but, il avait réglé que toutes les corporations verseraient ce jour-là, à titre de prestation, une aumône devant être distribuée aux pauvres par la Confrérie des *Charitadiers de Madame Sainte Marthe*. Au sortir de l'église se formait la danse provençale connue sous le nom de *farandoulo*, à laquelle se mêlaient indistinctement toutes les classes des citoyens et qui parcouraient toutes les rues de la ville.

Tel était l'ensemble de ces fêtes de la Tarasque, aujourd'hui presque entièrement tombées en désuétude. Si elles présentaient dans leurs détails quelque chose de grotesque et de bizarre, on ne saurait nier que l'idée qui en avait fourni l'inspiration ne fût excellente ; l'effet moral qui en résultait ne l'était pas moins. La civilisation moderne a mis comme un abîme entre nos idées et nos mœurs et celles de nos ancêtres. Il faut pour émouvoir nos générations *blasées* des scènes d'un autre genre. Autant ces réminiscences du temps passé leur paraissent insipides, autant et plus auraient semblé dégoûtants aux âmes simples et pures d'autrefois certains spectacles d'aujourd'hui.

Nous avons, à la page précédente, rappelé, à la louange du roi René, la pensée puisée par lui dans la bonté de son cœur de consacrer ces fêtes patriotiques par un acte public de charité, et de faire à la population indigente une part dans la joie commune. Ce souvenir si honorable pour la mémoire de ce prince est resté consigné dans nos archives municipales. Voici ce que nous y lisons, dans le style de ce temps :

« S'ansits le nombre des pains de las charitad de la ville
« de Tharascon qui se porte, les fêtes de la Pentecôte, à
« l'église de Madame Sainte-Marthe, suivant l'ancienne
« coutume, et pour en donner pour l'amour de Dieu aux
« pauvres, après être bénézi en l'église de Madame Sainte-
« Marthe : l'an 1452 instituade la dite caritat (1). »

Vient ensuite dans cet acte la nomenclature des diverses Confréries ou Corporations existant au sein de la population tarasconnaise, au nombre de vingt-sept : les hortolanes (jardiniers), les sartiers (tailleurs), les hostaliers (aubergistes), les fabres (les fabricants), les notaires, les capellans, les gentilshommes, etc. etc. ; puis la fixation de la part contributive que chacune d'elles devait fournir à cette collecte.

L'offrande la plus considérable était celle qui était faite au nom de la *Communauté*, sous le nom de *communs pains :* elle atteignait le chiffre de 600. Les Corporations les

(1) *Livre Rouge*, f° 403.

plus imposées étaient celles des gentilshommes et des capellans. La première devait fournir 300 pains, et la seconde 150. La contribution des autres Confréries était proportionnée à leur facultés présumées, et le nombre total des pains à distribuer aux pauvres à l'occasion des fêtes de la *Tarasque* s'élevait à 1921.

§ 6.

Des personnages célèbres nés ou ayant vécu à Tarascon : — Les dignitaires ecclésiastiques. — Les illustrations politiques et militaires. — Les théologiens et les auteurs ascétiques. — Les orateurs sacrés. — Les hommes de lettres, troubadours, poëtes, historiens. — Les savants et les médecins illustres. — Le laboureur Henri.

Il n'entre point dans notre pensée de présenter ici la biographie complète de chacun des personnages dont le nom doit venir dans cette notice. Nous devons nous borner à quelques indications qui suffiront à les faire connaître.

Parmi ceux qui occupèrent dans l'Église de hautes positions, nous distinguons sur l'antique siége d'Arles en 1259 un archevêque né à Tarascon et dont le nom se lie à un fait historique d'une certaine importance. C'est celui de Bertrand de Malferrat, confondu par quelques-uns avec Bertrand de Saint-Martin qui fut aussi archevêque d'Arles, mais seulement en 1266. Ce fut au commencement de l'épiscopat du premier que fut consacré définitivement le droit de souveraineté des rois de France sur la ville et le château de Beaucaire, ainsi que sur la terre d'*Argence* qui en était une annexe. Les archevêques d'Arles avaient sur ces domaines des droits de suzeraineté incontestables, et que Saint Louis roi de France s'obstinait à méconnaître. Ce monarque n'était que le cessionnaire des comtes de Toulouse qui avaient possédé avant lui la ville et le château de Beaucaire, et n'avaient pu, en conséquence, lui en transférer le domaine qu'au même titre et sous les mêmes charges dont il était grevé quand ils en étaient les possesseurs. Or il était constant que, jusqu'au moment de cette transmission, les comtes de Toulouse s'étaient toujours reconnus les feudataires de l'archevêque d'Arles; lui avaient, en cette qualité, promis foi et hommage, et payé annuellement une certaine redevance en témoignage de cette subordination.

Le roi de France tenait à se soustraire à ce vasselage. L'archevêque d'Arles, gardien responsable des droits de son Église, n'y pouvait consentir. De là un conflit auquel les Souverains Pontifes avaient longtemps, mais vainement cherché une solution. Enfin, dans l'année 1259 les parties déférèrent d'un commun accord le règlement de cette question au célèbre Guido Fulcodi, de Saint-Gilles, depuis pape sous le nom de Clément IV. Par sa sentence arbitrale du mois d'octobre de cette année, le médiateur désigné décida : 1° que le roi de France serait dispensé, eu égard à sa dignité, de prêter à l'archevêque d'Arles le serment de fidélité et d'hommage, mais que néanmoins il lui paierait, pour la cession de ses droits de suzeraineté sur la ville et le château de Beaucaire, une rente annuelle et perpétuelle de 100 marcs d'argent; 2° que si, plus tard, la ville de Beaucaire était aliénée, même au profit d'un prince du sang qui ne parvînt point à la couronne, le nouveau possesseur serait tenu de prêter à l'archevêque d'Arles le serment de fidélité et d'hommage.

Nous trouvons ensuite Pierre Gantelmi, évêque de Riez, l'un des trois fils de ce Raymond Gantelmi mort en 1220 et dont l'inscription que nous avons vue gravée près du portail latéral de l'église de Sainte-Marthe fait un si bel éloge; Bertrand d'Aymini, dont nous avons parlé déjà, mort évêque d'Avignon à la fin de l'année 1309 ; un autre Bertrand de Tarascon, évêque d'Orange, mort en 1414 ; Pierre Fabre, religieux Carme, créé en 1423 archevêque de Cagliari par le pape Martin V, et devenu, par suite de la démission de son siége, après dix-sept ans d'épiscopat, patriarche de *Césarée*, *in partibus infidelium*.

Mais il est un nom illustre entre tous les autres : c'est celui d'Honoré du Laurens, né à Tarascon le 12 mars 1554, mort archevêque d'Embrun en 1612. Il appartenait à cette *famille du XVIe siècle* dont la monographie, écrite d'une manière si intéressante par Jeanne du Laurens, a été publiée l'an dernier par M. Charles de Ribbe, d'Aix (1). Avant d'entrer dans les ordres, Honoré du Laurens avait été marié. Avocat général au Parlement de Provence, il avait refusé par modestie la première présidence de cette cour que lui avait offerte le roi Henri IV. Mais il ne put, malgré ses résistances, décliner le fardeau de l'épiscopat. Après en avoir exercé les fonctions pendant douze ans, il mourut pauvre, et mérita que l'on inscrivît sur sa tombe cet éloge, que « depuis Saint Marcellin, premier évêque d'Embrun, et « Saint Pélade l'un de ses successeurs, il ne s'était présenté « en cet archevêché aucun personnage plus digne d'être « qualifié du nom de Saint. (2) »

(1) Peu de livres offrent une lecture plus attachante. Composé dans le style de Saint François de Sales et avec le même gracieux abandon, il présente une ravissante peinture des mœurs domestiques au XVIe siècle. On y voit ce qu'était encore dans ce temps cette chose sainte et sacrée qui s'appelle la famille, les principes qui présidaient à l'éducation des enfants, et comment on parvenait à en faire des hommes.

(2) *Hist. de Provence*, par Honoré Bouche. Tome II, p. 840.

Quelques familles tarasconnaises ont joué un rôle politique assez important dans l'*Histoire de la Provence*. De ce nombre était celle dont était issu cet Albert de Tarascon que nous avons vu chargé de l'exécution du testament de Raymond Béranger IV. « Plusieurs autres membres de cette « maison, dit l'abbé Pithon-Curt, honorée des principaux « emplois à la Cour de Provence, ont eu part à l'administra- « tion des finances, au gouvernement de l'État, à l'édu- « cation et à la tutelle de leurs souverains (2). » Mais entre ces diverses familles aucune peut-être n'égale en illustration celle des Gantelmi que déjà nous avons plusieurs fois nommée. Quelques-uns la font descendre de la tige des Stuarts d'Écosse dont elle avait le blason. Elle avait été, dit-on, hostile aux Comtes de Provence de la maison de Barcelonne dans leurs démêlés avec les princes des Baux ; mais elle se rallia sincèrement à celle d'Anjou et lui donna ses plus fidèles et ses plus vaillants serviteurs.

Jacques Gantelmi, fils aîné de Raymond et frère de l'évêque de Riez, avait suivi Charles 1er d'Anjou à la conquête du royaume de Naples dont le pape Urbain IV lui avait donné l'investiture. Il prit part à la fameuse bataille donnée le 28 février 1266 sous les murs de Bénévent, et dans laquelle périt Mainfroi, compétiteur de Charles à la couronne des Deux-Siciles. Son fils aîné Rostaing avait servi sous le même drapeau : c'est le même qui eut la bonne fortune d'échapper, en 1282, au massacre des Vêpres Siciliennes où un seul gentilhomme provençal Guillaume des Porcellets trouva grâce devant les égorgeurs, en considération de sa vertu Nous trouvons encore deux membres de cette famille élevés successivement à la dignité de grands Sénéchaux de Provence : en 1283, sous Charles 1er, Bérenger Gantelmi, frère de

(2) *Histoire de la Noblesse du Comtat-Venaissin.* Tome I, p. 115.

Jacques qui avait assisté à la bataille de Bénévent ; et en 1355, sous la reine Jeanne, Jean Gantelmi, petit-fils de Rostaing (des Vêpres Siciliennes), et fondateur de l'abbaye de Saint-Honorat. Il mourut le 6 mai de l'année 1375, et fut inhumé dans l'église de ce monastère.

S'il fallait maintenant désigner tous ceux qui se distinguèrent avec des mérites et sous des titres divers dans la carrière des armes, nous aurions à nommer à peu près tous les membres de l'ancienne noblesse tarasconnaise. Nous voyons figurer avec éclat dans cette liste glorieuse les Aymini, les Raymond de Modène, dont l'un, surnommé le brave Pomérol, blessé en 1522 au siége de Rhodes qu'il défendait à côté du grand maître Villiers de l'Isle Adam, fut fait prisonnier et mourut dans un dur esclavage pour n'avoir jamais voulu renoncer à sa religion ni à son drapeau, malgré les offres les plus séduisantes qui lui étaient faites par le vainqueur, comme la récompense de son apostasie. Les Mont-Calm, les de Sade, dont l'un des derniers mourut à Tarascon peu d'années avant la Révolution, avec le grade de chef d'escadre, les Doria, les Gras-Préville, les Léautaud, dont quelques-uns périrent sur le champ de bataille pendant les guerres du règne de Louis XIV, et d'autres méritèrent de la part des maréchaux de Turenne et de Villars, sous lesquels ils avaient servi, les témoignages les plus honorables.

Après les hommes d'action, les hommes d'étude, et, au premier rang, ceux qui cultivèrent la science de la religion, ou les théologiens.

Parmi eux, les PP. Charles Bouquin, controversiste habile, Boyer de Sainte-Marthe, Gay, Bernard, Rey, de l'Ordre de Saint Dominique, furent des professeurs distingués, et laissèrent des ouvrages qui attestent un savoir assez étendu (1).

(1) Nous avons du P. Bouquin mort en 1696 : 1° *Solis Aquinalis splendores circa sacrosanctum Eucharistiæ sacramentum aliaque Chris-*

Au nombre des auteurs ascétiques, nous pouvons citer, outre M. Aubry, curé de Sainte-Marthe, dont nous avons parlé déjà, une sainte personne dont l'existence eut beaucoup d'analogie avec celle de Sainte Jeanne de Chantal, fondatrice de l'Ordre de la Visitation, et qui a laissé quelques opuscules de piété dignes de la plume de Sainte Thérèse. Marguerite d'Astier, issue de l'une des premières familles de ce pays, se montra, dès son enfance, un ange de vertu. Par déférence pour la volonté de ses parents, elle consentit à épouser M. de Raousset-Laudun, et l'ayant perdu après quelques années de mariage, elle embrassa la règle des Capucines dans un monastère de Marseille dont le gouvernement lui fut confié bientôt, et où elle mourut le 12 mai 1708, en odeur de sainteté. Sa vie a été écrite par M. Paul Bois, curé de Noyers, et archiprêtre de Sisteron.

Quelques prédicateurs tarasconnais honorèrent également la chaire chrétienne : entre autres les PP. Théodose et de Guinet, l'un et l'autre capucins ; le P. Antoine Fabre, religieux carme, qui fut appelé en 1743 par les autorités ecclésiastiques et civiles à prêcher le panégyrique de la ville d'Arles, discours qui fut imprimé et qui renferme d'assez curieux détails sur l'histoire de cette ville ; l'abbé Planchot qui avait eu l'honneur, quelques années avant la Révolution, d'annoncer la sainte parole, en des occasions solennelles,

tianæ religionis arcana. 1 vol. in-f°; 2° un autre ouvrage moins volumineux sur *les antiquités apostoliques* et un commentaire dogmatique de la prose du Saint Sacrement. — **Du P. Boyer de Ste-Marthe**, mort vers le milieu du dernier siècle: une Histoire chronologique de l'Église de St-Paul-trois-Châteaux, et un travail semblable sur celle de Vaison. — **Du P. Gay**: *Ager Dominicanus, seu elogia rythmica Sanctorum Ordinis Prædicatorum.* — **Du P. Bernard Rey**, décédé dans les premières années de ce siècle: des Conférences théologiques restées inédites.

devant le roi Louis XVI, et dans une autre circonstance, en présence de l'Académie des sciences ; le P. Georges, religieux augustin qui avait survécu à la suppression de son Ordre, et portait dans la chaire toute la verve et l'ardeur d'un missionnaire etc.

Voici venir maintenant les précurseurs de la littérature et, à plus d'un titre, de la civilisation moderne. C'est pour la Provence un souvenir bien glorieux d'avoir été le foyer d'où jaillit au XIIe siècle l'étincelle qui ralluma le flambeau partout éteint dans le reste de l'Europe du savoir et du bon goût. Sous l'impulsion intelligente des princes de la maison de Barcelonne, surgirent des divers points de ce pays ces Bardes, imitateurs de ceux de la Grèce ancienne, et créateurs du *gai saber*, que l'on appelle les Troubadours.

La ville de Tarascon est justement fière d'avoir fourni son contingent à cette noble phalange : en 1189, Arnaud Daniel ; en 1200, Thomiers et Palagis ; en 1210, Richard ; en 1230, Hugues de Lubières ; en 1313, Arnaud de Villeneuve. Nous pouvons revendiquer encore deux autres noms, quoiqu'ils ne nous appartiennent point par droit de naissance : ceux de Pierre Cardinal, qui passa dans cette ville la plus grande partie de sa vie, et d'Alix, comtesse de Die, qui y finit également ses jours, suivant les uns en 1152, d'après les autres en 1193 (1). Cette femme célèbre, originaire du Dauphiné, avait composé sur la *Tarasque* un ouvrage dont la *Statistique du Département* a dit, fort mal à propos, qu'il avait été *l'origine des traditions populaires de cet animal fabuleux* (2). Loin d'avoir donné

(1) Voir l'abbé Pithon-Curt. Tome IV, p. 21.
(2) *Statistique du Département*. Tome III, p. 296.
Parmi les œuvres d'Arnaud Daniel dont Pétrarque, l'un des princes de la poésie italienne faisait le plus grand cas, on distingue *ses*

naissance à nos traditions, ce poëme a été inspiré par ces traditions elles-mêmes qui ont fourni à l'auteur le sujet et le thème de son œuvre.

Dans son *Histoire du Dauphiné*, Chorier raconte de la comtesse de Die qu'ayant été de la part d'un Adhémar de Monteil, prince d'Orange, l'objet d'une affection qu'elle ne partageait point, ce prince en mourut de chagrin. Alix se fit alors religieuse dans un monastère de Tarascon; ce qui montre que dès le XII° siècle, et deux cents ans avant l'érection de l'abbaye des Bénédictines, qui ne remonte qu'à l'année 1352, il y avait déjà dans ce pays une communauté de religieuses.

Avant d'y entrer, la comtesse de Die avait été l'un des

Sirventes, ses *Sixtines*, ses *Aubades*, ses *Martégales*, et surtout un poëme sur les erreurs du paganisme, intitulé : *Las Phantaumariei del paganismo*, qui se trouvent dans les manuscrits de la bibliothèque impériale et en d'autres collections.

Pierre Cardinal, instituteur public à Tarascon, y mourut en 1306, âgé de près de cent ans. On a conservé de lui *las lauzons* (les louanges) *de la dama d'Argensa*. Mais, suivant toutes les apparences, ce nom est un pseudonyme, attendu qu'au temps de ce troubadour la terre d'Argense, d'abord propriété des archevêques d'Arles, puis celle des comtes de Toulouse, avait passé dans le domaine de la couronne de France. L'auteur des nouvelles recherches sur l'histoire de la ville de Beaucaire suppose que cette prétendue dame d'Argense n'était autre que *Claudine d'Albe de Roquemartine* appartenant à l'une des premières familles tarasconnaises.

Dans son *Histoire de Provence*, page 270 et suiv., César Nostradamus dit de Pierre Cardinal que « né de pauvres et humbles parents
« et toutefois bien nourri aux bonnes lettres, il excellait d'esprit et
« d'élégance sur tous les poëtes de son temps, et en toutes langues,
« même en sa naturelle provençale qu'il faisait merveilleusement
« résonner en ses beaux vers. »

Ajoutons que, suivant quelques auteurs, ce troubadour, bien qu'ayant passé à Tarascon la plus grande partie de sa vie, n'y aurait pas fini ses jours, mais serait mort à Naples en l'année 1306.

ornements principaux de ces Académies ou tribunaux littéraires établis sur divers points de la Provence sous le nom de *Cours d'amour*. Cette institution des temps chevaleresques, qui se lie étroitement à l'histoire des Troubadours, ramène encore le souvenir de l'illustre famille tarasconnaise, dont plus d'une fois déjà nous avons eu à rappeler le nom, celle des Gantelmi, seigneurs de Romanil, où ils avaient une existence princière : ils avaient fondé dans ce manoir l'une de ces Académies, la plus célèbre peut-être entre celles du même temps. Les Cours d'amours, exclusivement composées par les dames les plus instruites, et quelques-unes du plus haut lignage, avaient à juger deux sortes de questions : les questions d'honneur et les questions littéraires. Là comparaissaient les chevaliers prévenus d'avoir enfreint les lois de la courtoisie, comme on les entendait à cette époque. Là encore les Troubadours venaient avec empressement faire hommage de leurs plus fraîches compositions aux dames de la cour et disputer entre eux, dans les épreuves d'un concours public, le prix de la victoire. Les sentences rendues étaient sans appel et s'exécutaient ponctuellemment. Phanète Gantelmi et Laure de Sade, la même qui a été chantée par Pétrarque, brillaient au premier rang à la Cour d'amour de Romanil. César Nostradamus parlant de ces deux dames dans son histoire de Provence dit « qu'elles étaient
« humbles en leur parler, sages en leurs œuvres, accom-
« plies en toutes vertus. Toutes deux romansaient très-
« promptement en toute sorte de rythmes provençales »

Ces paroles du vieil historien donnent à penser que cette institution valait mieux que ne semblerait l'indiquer le nom qu'elle portait. Elle produisit deux résultats, sans contredit, excellents : la politesse dans les mœurs et le progrès dans les lettres.

Depuis ces temps mémorables le soufle poétique ne s'est

jamais tout à fait éteint dans ce pays. Toutes ses créations n'ont pas été également heureuses : il n'en est même aucune que l'on puisse considérer comme hors ligne : nous remarquons cependant dans ce genre d'écrits quelques auteurs dont les noms méritent de n'être pas complétement oubliés. Dans le milieu du dernier siècle, le P. Thomas Chaix, religieux carme, obtint de l'Académie des jeux floraux de Toulouse une récompense qui était une éclatant témoignage de son talent. Une distinction semblable lui avait été décernée en 1736 par l'Académie de Marseille. En 1750, Privat de Fontanille publiait un poëme héroïque en dix chants, sous le titre de *Malthe* ou l'*Isle Adam*. Cet illustre Grand maître est le héros du poëme, et la religion en est le sujet. Prise dans son ensemble, cette production n'a rien que de médiocre ; dans ses détails elle présente des traits qui ne dépareraient pas les meilleurs modèles du genre.

Quelques années avant la Révolution, Charles Raymond de Pomérol-Modène décédé à Tarascon en 1785 exerçait sa verve satyrique contre un usage, alors assez répandu, aujourd'hui tombé à peu près en désuétude. Il écrivit sous le titre de *la Chaise à porteur*, ou *l'homme cheval*, un ouvrage dans le goût et à l'imitation du *Lutrin* de Boileau. Cette composition n'a jamais vu le jour : son auteur ne la communiquait guère qu'à ses amis. Mais ceux qui en eurent connaissance assuraient y avoir trouvé tant d'esprit et une versification si heureuse qu'ils n'hésitaient pas à la placer à côté de celle qui lui avait servi de modèle.

Il est un nom qui semble éclipser tous ceux que nous venons d'enregistrer : c'est celui de Louis-Antoine Chalamont de la Visclède, célèbre surtout par ses succès académiques, répétés si souvent que s'il eût voulu réunir en une collection les divers prix qui lui furent successivement adjugés, il aurait pu facilement, assure-t-on, en former

un médaillier. Ce littérateur, né à Tarascon en 1692, mourut en 1760 à Marseille où s'était passée la plus grande partie de sa vie. « Il remplit avec distinction, » dit l'abbé de Feller, « pendant plusieurs années, la place de secré-
« taire perpétuel de l'Académie de cette ville. Avec beau-
« coup de finesse dans l'esprit, il en avait très-peu dans le
« caractère ; et on trouve peu d'hommes de lettres qui
« aient eu une simplicité de mœurs plus aimable. Sa con-
« versation était intéressante, son commerce, sûr et
« utile à tous ceux qui en jouissaient. Mgr de Belzunce, de
« glorieuse et sainte mémoire, l'honorait de son amitié par-
« ticulière et se plaisait beaucoup dans sa société. L'amé-
« nité de son humeur et les saillies de son esprit le faisaient
« en effet rechercher des meilleures compagnies. On admi-
« rait surtout son talent d'improvisation qui s'exerçait de
« la manière la plus heureuse sur les sujets les plus arides
« et les plus inattendus (1). »

Nous avons de lui des discours académiques en grand nombre, des odes morales qui honorent le poëte autant

(1) On voulut un jour le mettre à l'épreuve dans une réunion où se trouvait un père récollet. Il fut sommé de faire sur le champ un poëme sur le *Tibi*, sorte d'agrafe en ivoire qui servait à rattacher sous le menton le manteau de ces religieux ; aussitôt, et sans aucune préparation, M. de la Visclède débuta ainsi :

« Je chante ce saint gueux dont l'orgueil séraphique,
« Dédaignant du crochet l'usage tyrannique,
« Et cherchant dans l'ivoire un ornement nouveau,
« D'un *Tibi* triomphant décora son manteau. »

La société se prit à applaudir, et le bon religieux, homme de sens, fut le premier à rire de cette saillie. « Voilà, dit-il, un poëme qui
« détruit par le fondement notre Ordre bâti sur l'humilité. » — « Oh !
« non ! reprit la Visclède, puisque je le prends seulement par la
« gorge. »

que le chrétien, et diverses autres pièces imprimées dans ses *Œuvres diverses* publiées en 1727 en 2 vol. in-12.

Nous avons à signaler maintenant des auteurs dont le talent s'exerça sur des genres plus sérieux.

Léon Ménard, né à Tarascon le 11 septembre 1703, mort à Paris le 1er octobre 1767, avait été conseiller au présidial de Nîmes. Mais les souvenirs qu'il a laissés du magistrat, quoique très-honorables, sont effacés par ceux de l'homme de lettres. Il les cultiva toute sa vie avec une sorte de passion, et se fit connaître surtout par des travaux historiques qui lui valurent l'honneur d'être admis dans l'Académie des Inscriptions et Belles lettres. Son ouvrage le plus répandu, celui qui fonda principalement sa renommée, et qu'on lit encore avec beaucoup d'intérêt, est l'*Histoire de la ville de Nîmes*, 7 vol. in-4º 1750. Il écrivit encore celle des évêques de cette ville, 2 vol. in-12, et une vie de Fléchier. Il a fourni également à la collection des Mémoires de l'Académie des Inscriptions plusieurs dissertations sur les antiquités de la Provence et du Comtat Venaissin, pièces qui ne sont pas la partie la moins précieuse de ce recueil.

Deux hommes se distinguèrent principalement dans l'étude et l'enseignement des sciences proprement dites. Le premier, Jean Bertet, jésuite, né à Tarascon en 1622, mourut en 1692. Linguiste et littérateur habile, il joignit à ces deux sortes de mérites celui d'un mathématicien consommé. Le second, plus célèbre encore, fut Joseph Privat de Mollières, né dans cette ville en 1677. Entré dans la Congrégation de l'Oratoire où il professa pendant quelques années avec distinction les humanités et la philosophie, il en sortit pour se rendre à Paris où l'attirait son admiration pour le P. Mallebranche. Il se lia avec lui d'une amitié devenue bientôt très-étroite, mais dont la mort du grand métaphysicien, survenue peu après, brisa bientôt les nœuds.

L'abbé de Mollières se livra dès lors exclusivement à l'étude des sciences exactes, pour lesquelles il avait des aptitudes et un goût très-prononcés. L'Académie des sciences se l'associa en 1721 et, deux ans plus tard, il obtint au collége de France une chaire qu'il occupa pendant près de vingt ans avec le plus grand éclat. Les leçons qu'il y donna ont été recueillies en divers ouvrages dont le mérite est attesté par la traduction qui en fut faite en plusieurs langues étrangères. Tous ceux qui ont pu les apprécier s'accordent à dire de l'auteur que si la partie purement hypothétique de ses œuvres donne prise à la critique par certains endroits, rien n'égale la clarté, la précision et la rigueur de sa méthode dans l'exposition des principes et la déduction de leurs conséquences. Sous ce rapport on peut, sans exagération, l'appeler l'émule de Descartes et de Newton.

L'abbé de Mollières appartenait à la même famille que celui dont il a été parlé au chap. v. de la IIe partie de cet ouvrage. Il était fort prévenu en faveur de ses théories et avait dans le caractère certaines singularités qui tenaient surtout à ses habitudes d'esprit toujours dans les abstractions, mais qui n'ôtaient rien aux qualités de son cœur ni au mérite de sa vertu. Il mourut à Paris dans les sentiments d'un saint ecclésiastique le 12 mai 1742, âgé de soixante-cinq ans.

A la suite des savants, ou plutôt dans leur nombre, nous devons signaler quelques illustrations de l'art médical.

André du Laurens né à Tarascon en 1558, mort à Paris en 1609, était l'un des frères du saint archevêque d'Embrun que nous avons fait connaître précédemment. Il suivit la carrière de son père (1), et après de solides études il

(1) Louis du Laurens, originaire de la Savoie, vint en Provence pour y exercer la médecine. Il se fixa d'abord à Tarascon en 1553 et il y eut cinq enfants; puis à Arles, où il en eut six autres. Parmi ces derniers il faut compter, en première ligne, Gaspard du Laurens,

obtint jeune encore dans les épreuves d'un brillant et difficile concours une chaire à l'école de médecine de Montpellier. La duchesse de Crussol-d'Uzès, qui l'avait de bonne heure apprécié et lui avait de grandes obligations, le présenta au roi Henri IV et le lui fit agréer pour son premier médecin. Le monarque n'eut jamais qu'à se féliciter d'un pareil choix ; tout le temps qu'il vécut, André du Laurens jouit constamment non-seulement de sa confiance, mais de son amitié. La science médicale d'André du Laurens s'est révélée par de nombreux écrits, entre lesquels l'un des plus remarquables, à cause de la singularité de son sujet, est celui où l'auteur traite du pouvoir attribué jadis aux rois de France de guérir les écrouelles par un simple attouchement, le jour de leur sacre. Cet ouvrage fut imprimé à Lyon en 1609, sous ce titre : *De mirabili strumas sanandi vi regibus Galliarum Christianis divinitùs concessâ.*

Nous devons citer, comme une autre célébrité de la même catégorie, Pierre Fabre, né à Tarascon en 1716. Il fut professeur royal au collége de chirurgie et conseiller du comité de l'Académie royale. Il est auteur d'un assez grand nombre d'ouvrages de chirurgie et de thérapeutique dont

---

archevêque d'Arles en 1603, mort en 1630, et qui ne laissa pas une mémoire moins honorée que son frère l'archevêque d'Embrun. Ce fut à lui que l'on dut la création, à travers la Crau, de la route allant d'Arles à Salon. Un autre de ses frères, Julien du Laurens, né à Tarascon en 1557, était chanoine-théologal de l'église métropolitaine de St-Trophime. Il revint à Tarascon y passer ses derniers jours et les consacrer au service spirituel des pauvres malades de l'hôpital ; il y mourut victime de son dévouement. Une de ses sœurs, Honorade du Laurens avait épousé, en 1596, Jean de Barrême, surnommé le *petit guerrier*, juge royal et viguier à Tarascon. (Voir pour de plus amples détails sur cette famille la *Monographie* publiée par M. Charles de Ribbe.)

plusieurs ont mérité les honneurs de la traduction en langues étrangères. Antoine Fabre, religieux grand carme mort en 1793, qui s'était distingué par son talent pour la prédication, ainsi que nous l'avons vu, était l'un de ses frères.

Un dernier nom terminera cette revue des personnages célèbres qui ont jeté quelque lustre sur ce pays. Il ne s'agit point ici d'un savant, ni d'un gentilhomme de vieille race, ni d'un grand écrivain, ni d'un capitaine renommé pour ses exploits militaires, mais d'un simple laboureur, dont le nom n'en est pas moins resté historique, malgré l'obscurité de sa condition, à cause de l'immense service rendu par lui à sa patrie en des jours néfastes.

La ville de Tarascon était alors dans une situation (1) des plus compromises et n'était menacée de rien moins que de voir passer tous ses habitants au fil de l'épée. C'était en 1590, au plus fort des guerres de la Ligue. Depuis près de trente ans déjà ce pays était tenu continuellement en alarme du côté du Languedoc par les Huguenots qui ne se cachaient point du dessein de venir piller le trésor de Sainte-Marthe, et n'attendaient qu'un moment favorable pour l'exécuter; de l'autre par les Ligueurs, déjà maîtres de toute la Provence à l'exception des Baux et de Tarascon qu'ils serraient de très-près, et dont ils dévastaient à plaisir le territoire. Cette ville épuisée d'argent et de ressources était réduite aux dernières extrémités. Le duc de Savoie, chef des Ligueurs en Provence, profitant de ces circonstances

(1) Elle entretenait trois frégates pour garder les passages du Rhône contre les Huguenots et les Ligueurs; 500 Corses étaient à sa solde et tous les citoyens valides sous les armes. Les Chanoines eux-mêmes formaient un corps de garde la nuit; et dans la pénurie d'argent où l'on se trouvait, les femmes avaient fait aux besoins de la défense commune le sacrifice de leurs bijoux.

désastreuses, avait envoyé l'un de ses lieutenants, le comte de Castellane d'Ampus à la tête d'une division de son armée pour s'emparer de la ville. Ce projet avait d'autant plus de chance de succès qu'un certain nombre des habitants, gagnés au parti de la Ligue, avait des intelligences avec l'ennemi du dehors et lui avait promis son concours pour la réussite de l'attaque qu'il méditait. Il avait été convenu que le 8 janvier, entre huit et neuf heures du matin, à un signal donné par la cloche de la chapelle de Notre-Dame-de-Bonaventure et répété par celle de l'église des Frères Prêcheurs, les factieux de la ville fondraient inopinément sur le poste de la porte Saint-Jean, la seule qui ne fût pas murée, et qu'à la faveur de ce désordre les troupes du duc de Savoie entreraient par cette porte qui devait leur être ouverte. Le mot de ralliement était celui de la *mort*, indiquant qu'on ne devait faire quartier à quiconque opposerait la moindre résistance.

Toutes les mesures avaient été si bien prises et avec un si grand secret que la veille au soir personne en ville n'en avait connaissance, excepté les Ligueurs qui devaient concourir au succès du complot.

Une circonstance providentielle en empêcha l'exécution. Le 7 janvier au soir un laboureur nommé Henri était entré dans l'église des Pères Dominicains sans autre dessein que celui de faire sa prière. Les conjurés s'y trouvaient en cet instant-là même, et ne se doutant point de la présence de Henri qu'ils n'avait point aperçu, ils arrêtaient entre eux les dernières dispositions pour l'attaque du lendemain. Henri entendit tout, et il s'empressa d'aller à l'instant même dévoiler aux Consuls les secrets venus à sa connaissance. Pas un moment ne fut perdu pour mettre la ville en état de défense. Les conjurés découverts et saisis furent livrés aux officiers du roi ; toutes les troupes dont on pouvait disposer, mises sous les armes ; enfin, aucune des précautions que dictait la prudence dans un péril aussi imminent ne fut négligée. Le lendemain, les signaux promis furent donnés à l'heure convenue. Trompé par ce faux avis, d'Ampus, à la tête de douze à quatorze cents hommes, sort de son embuscade et se précipite sur la place. Il croyait courir à une victoire certaine : il trouva une déroute complète. Atteint lui-même d'un coup d'arquebuse, il tomba pour ne plus se relever et mourut bientôt après des suites de sa blessure. Sa petite armée, privée de son chef et décimée par le feu des troupes tarasconnaises postées sur les remparts, se dispersa et on ne la revit plus. On fit ensuite le procès aux Ligueurs. Ceux que l'on reconnut coupables furent pendus sur la place du marché à une poutre où étaient gravés leurs noms, et qui fut ensuite déposée dans le ravelin de la porte Saint-Jean qu'ils avaient voulu livrer à l'ennemi, afin d'y être un monument de leur perfidie et du châtiment qu'elle leur avait attiré. Elle y resta jusqu'à l'année 1758, époque où fut démoli ce ravelin pour faire place à la nouvelle porte Saint-Jean.

Chaque année, le 8 janvier, jour anniversaire de la défaite des Ligueurs, et nonobstant les réclamations de plusieurs habitants qui avaient demandé au Parlement, mais sans l'obtenir, l'abolition d'un usage qui leur paraissait rappeler d'odieux souvenirs, on faisait une procession générale en reconnaissance de cette délivrance. On remarquait que lorsque la procession arrivait devant le couvent des Dominicains, ces religieux étaient obligés d'en fermer les portes ; parce que, dit-on, on avait acquis la preuve de leur complicité dans cette conspiration.

Henri qui l'avait découverte reçut de la ville 500 écus d'or *au soleil*, autant à titre de récompense, que comme un subside qui devait l'aider à vivre ; car les Ligueurs l'ayant menacé plus d'une fois de lui faire un mauvais parti, il ne pouvait plus, sans s'exposer à un grave péril, s'éloigner des la ville et travailler aux champs.

A cette gratification le Conseil Municipal ajouta dans l'année 1592 une faveur nouvelle. Par une délibération du 9 avril de cette année, il exonérait Henri, pour tout le temps qu'il vivrait, de l'acquit du droit de *Capage*, impôt de capitation correspondant, à peu près, à notre contribution personnelle.

En même temps le surnom de la *mort*, qui était le mot de ralliement des conspirateurs, lui fut vulgairement donné, et ses descendants ont continué de le porter jusqu'à nos jours. Mais sa postérité masculine s'étant éteinte, ce surnom a passé à une famille Véran, alliée par mariage à celle de Henri (1).

(1) Voir en confirmation de ces détails le *Registre des délibérations du Conseil Municipal.* n° 25.

FIN.

www.ingramcontent.com/pod-product-compliance
Lightning Source LLC
Chambersburg PA
CBHW060502230426
43665CB00013B/1357